中国石油天然气集团有限公司年鉴

2023 简本

中国石油天然气集团有限公司 编

石油工业出版社

图书在版编目（CIP）数据

中国石油天然气集团有限公司年鉴.2023简本／中国石油天然气集团有限公司编.--北京：石油工业出版社，2025.2.--ISBN 978-7-5183-7371-0

Ⅰ.F426.22-54

中国国家版本馆CIP数据核字第2025S1U874号

出版发行：石油工业出版社
（北京安定门外安华里2区1号　100011）
网　　　址：www.petropub.com
图书营销中心：（010）64523731
编 辑 部：（010）64523591
电子邮箱：nianjian@cnpc.com.cn
经　　销：全国新华书店
印　　刷：北京中石油彩色印刷有限责任公司

2025年2月第1版　2025年2月第1次印刷
710毫米×1000毫米　开本：1/16　印张：25.75
字数：470千字

定价：58.00元
（如出现印装质量问题，我社图书营销中心负责调换）
版权所有，翻印必究

编 辑 说 明

一、《中国石油天然气集团有限公司年鉴》是中国石油天然气集团有限公司组织编纂的资料性工具书。编纂工作遵循实事求是原则，全面、系统、客观地记述中国石油天然气集团有限公司的发展和成就，并力求做到思想性、资料性、准确性和科学性的统一。

二、《中国石油天然气集团有限公司年鉴2023》记述中国石油天然气集团有限公司2022年生产经营、企业管理及改革创新等方面的基本情况和重要事项，向广大读者展示集团公司为建设基业长青世界一流综合性国际能源公司所做出的努力和取得的成就。

三、《中国石油天然气集团有限公司年鉴2023简本》（以下简称《简本》）精选《中国石油天然气集团有限公司年鉴2023》中重要内容、关键资料、典型数据，读者查询信息更实用、更便捷。

四、《简本》所引用的各种数据和资料，截至2022年底，个别内容略有延伸。除注明外，一般指中国石油天然气集团有限公司统计数据。

五、《简本》内容为8个部分：总述、大事记、专文、主营业务、企业管理、光荣榜、所属单位、附录。

目 录 contents

第一部分 总 述

中国石油天然气集团有限公司基本情况 ……………………………………… 2
中国石油天然气集团有限公司 2022 年工作情况 ……………………………… 8
中国石油天然气集团有限公司组织机构 ………………………………………… 10
中国石油天然气集团有限公司领导 ……………………………………………… 15
中国石油天然气股份有限公司组织机构 ………………………………………… 16
中国石油天然气股份有限公司领导 ……………………………………………… 23

第二部分 大事记

中国石油天然气集团有限公司 2022 年大事记 ………………………………… 26

第三部分 专 文

中国石油天然气股份有限公司 2021 年度业绩发布会在北京举行 …………… 54
集团公司第五届石油精神论坛在北京举行 ……………………………………… 55
中国石油土库曼斯坦新气田投产 ………………………………………………… 57
第一届金砖国家能源合作论坛在北京举行 ……………………………………… 57
中国石油科学技术协会成立大会在北京召开 …………………………………… 59
第四届中俄能源商务论坛举行 …………………………………………………… 60

第四部分 主营业务

油气勘探开发生产 ………………………………………………………………… 64
 概述 ……………………………………………………………………………… 64
 勘探开发主要成果 ……………………………………………………………… 65
 油气勘探 ………………………………………………………………………… 69

1

勘探工程技术	76
油田开发	78
天然气开发	80
矿权管理	81
储量管理	82
油藏评价	84
采油工程	85
地面工程	86
海洋工程	87
储气库	88
炼油与化工	**90**
概述	90
炼化生产及主要产品	92
化工产品及炼油特色产品销售	94
炼化工程建设	95
商储油业务	98
销售	**100**
概述	100
成品油业务	101
车用加气业务	101
非油业务	102
互联网业务	102
投资管理与网络建设	103
天然气销售	**104**
概述	104
天然气批发销售业务	105
天然气终端销售业务	105
液化石油气销售业务	106
LNG 接收站业务	106
增值业务	106
工程技术与工程建设	**107**
工程技术	107
工程建设	114

国际业务	116
海外油气业务	116
国内油气勘探开发国际合作	118
国际贸易	118
国际合作与外事工作	120
新能源与新材料	**121**
概述	121
新能源	121
新材料	122
科技与信息	**124**
科技发展	124
标准化工作	136
数字信息化工作	136
安全环保与质量节能	**139**
新冠肺炎疫情防控	139
安全生产与应急管理	139
环境保护	140
低碳管理	141
HSE 体系管理	142
节能节水	142
职业健康	142
质量管理与监督	143
计量工作	143

第五部分　企业管理

企业管理与监督	146
集团公司法人治理	146
股份公司法人治理	146
国家高端智库建设	150
发展计划	151
财务资产管理	151
资金管理	152

组织人事管理·· 153

生产经营·· 153

资本运营·· 154

石油金融·· 155

产业投资·· 155

法律工作·· 155

改革与企业管理·· 157

工程和物装管理·· 157

纪检监察与巡视巡察··· 158

内部审计·· 160

维稳信访与综合治理··· 161

保密密码工作·· 161

档案管理·· 162

党建、思想政治工作与企业文化建设·· **163**

党建工作·· 163

思想理论工作·· 164

新闻舆论工作·· 165

企业文化与品牌管理··· 166

加强文化资源建设··· 166

群工工作·· 167

共青团和青年工作··· 168

统战工作·· 169

乡村振兴和公益捐赠··· 169

第六部分 光荣榜

第26届中国青年五四奖章·· 172

第21届全国青年岗位能手·· 172

2022年全国向上向善好青年··· 172

2021年度全国五四红旗团支部·· 172

2021年度全国优秀共青团员··· 172

2021年大国工匠年度人物·· 173

全国五一劳动奖状··· 173

全国五一劳动奖章	173
全国工人先锋号	173
全国家庭工作先进个人	174
全国最美家庭	174
全国和谐劳动关系创建示范企业	174
2020—2021年度集团公司五四红旗团委	174

第七部分　所属单位

油气新能源板块	**178**
大庆油田有限责任公司	178
中国石油天然气股份有限公司辽河油田分公司	179
中国石油天然气股份有限公司长庆油田分公司	181
中国石油天然气股份有限公司塔里木油田分公司	183
中国石油天然气股份有限公司新疆油田分公司	185
中国石油天然气股份有限公司西南油气田分公司	187
中国石油天然气股份有限公司吉林油田分公司	189
中国石油天然气股份有限公司大港油田分公司	190
中国石油天然气股份有限公司青海油田分公司	192
中国石油天然气股份有限公司华北油田分公司	194
中国石油天然气股份有限公司吐哈油田分公司	195
中国石油天然气股份有限公司冀东油田分公司	197
中国石油天然气股份有限公司玉门油田分公司	199
中国石油天然气股份有限公司浙江油田分公司	201
中石油煤层气有限责任公司	203
南方石油勘探开发有限责任公司	205
中国石油天然气股份有限公司储气库分公司	206
中油国际管道公司	208
中石油阿姆河天然气勘探开发（北京）有限公司	209
中国石油俄罗斯公司	210
中国石油（伊拉克）鲁迈拉公司	213
中国石油（伊拉克）哈法亚公司	214
中国石油（哈萨克斯坦）阿克纠宾公司	215

中国石油乍得公司	217
中国石油尼日尔公司	218
中国石油加拿大公司	219
中国石油集团西部钻探工程有限公司	220
中国石油集团长城钻探工程有限公司	223
中国石油集团渤海钻探工程有限公司	224
中国石油集团川庆钻探工程有限公司	226
中国石油集团东方地球物理勘探有限责任公司	228
中国石油集团测井有限公司	230
中国石油集团海洋工程有限公司	233
中国石油天然气股份有限公司勘探开发研究院	235
中国石油集团工程技术研究院有限公司	236
中石油深圳新能源研究院有限公司	238
中国石油迪拜研究院	239
炼化新材料板块	**240**
中国石油天然气股份有限公司大庆石化分公司	240
中国石油天然气股份有限公司吉林石化分公司	242
中国石油天然气股份有限公司抚顺石化分公司	244
中国石油天然气股份有限公司辽阳石化分公司	246
中国石油天然气股份有限公司兰州石化分公司	248
中国石油天然气股份有限公司独山子石化分公司	250
中国石油天然气股份有限公司乌鲁木齐石化分公司	252
中国石油天然气股份有限公司宁夏石化分公司	254
中国石油天然气股份有限公司大连石化分公司	255
大连西太平洋石油化工有限公司	256
中国石油天然气股份有限公司锦州石化分公司	258
中国石油天然气股份有限公司锦西石化分公司	259
中国石油天然气股份有限公司大庆炼化分公司	260
中国石油天然气股份有限公司哈尔滨石化分公司	262
中国石油天然气股份有限公司广西石化分公司	264
中国石油四川石化有限责任公司	265
中国石油天然气股份有限公司广东石化分公司	267
中石油云南石化有限公司	269

中国石油天然气股份有限公司大港石化分公司	270
中国石油天然气股份有限公司华北石化分公司	272
中国石油天然气股份有限公司呼和浩特石化分公司	273
中国石油天然气股份有限公司辽河石化分公司	275
中国石油天然气股份有限公司长庆石化分公司	276
中石油克拉玛依石化有限责任公司	277
中国石油天然气股份有限公司庆阳石化分公司	279
中石油燃料油有限责任公司	280
中国石油天然气股份有限公司润滑油分公司	281
中国石油天然气股份有限公司东北化工销售分公司	282
中国石油天然气股份有限公司西北化工销售分公司	284
中国石油天然气股份有限公司华北化工销售分公司	285
中国石油天然气股份有限公司华东化工销售分公司	286
中国石油天然气股份有限公司华南化工销售分公司	288
中国石油天然气股份有限公司西南化工销售分公司	289
中国石油天然气股份有限公司天然气销售北方分公司	291
中国石油天然气股份有限公司天然气销售东部分公司	292
中国石油天然气股份有限公司天然气销售西部分公司	293
中国石油天然气股份有限公司天然气销售南方分公司	294
中国石油天然气股份有限公司东北销售分公司	296
中国石油天然气股份有限公司西北销售分公司	297
中石油昆仑好客有限公司	298
中国石油天然气股份有限公司北京销售分公司	299
中国石油天然气股份有限公司上海销售分公司	301
中国石油天然气股份有限公司湖北销售分公司	302
中国石油天然气股份有限公司广东销售分公司	304
中国石油天然气股份有限公司云南销售分公司	306
中国石油天然气股份有限公司辽宁销售分公司	308
中国石油天然气股份有限公司吉林销售分公司	309
中国石油天然气股份有限公司黑龙江销售分公司	311
中国石油天然气股份有限公司天津销售分公司	313
中国石油天然气股份有限公司河北销售分公司	315
中国石油天然气股份有限公司山西销售分公司	317

中国石油天然气股份有限公司内蒙古销售分公司	318
中国石油天然气股份有限公司陕西销售分公司	320
中国石油天然气股份有限公司甘肃销售分公司	322
中国石油天然气股份有限公司青海销售分公司	324
中国石油天然气股份有限公司宁夏销售分公司	326
中石油新疆销售有限公司	327
中国石油天然气股份有限公司重庆销售分公司	328
中国石油天然气股份有限公司四川销售分公司	329
中国石油天然气股份有限公司贵州销售分公司	331
中国石油天然气股份有限公司西藏销售分公司	332
中国石油天然气股份有限公司江苏销售分公司	333
中国石油天然气股份有限公司浙江销售分公司	334
中国石油天然气股份有限公司安徽销售分公司	335
中国石油天然气股份有限公司福建销售分公司	336
中国石油天然气股份有限公司江西销售分公司	337
中国石油天然气股份有限公司山东销售分公司	338
中国石油天然气股份有限公司河南销售分公司	339
中国石油天然气股份有限公司湖南销售分公司	341
中国石油天然气股份有限公司广西销售分公司	342
中石油海南销售有限公司	343
中国石油天然气股份有限公司石油化工研究院	344
中石油（上海）新材料研究院有限公司	345
支持服务板块	**347**
中国石油管道局工程有限公司	347
中国石油工程建设有限公司	349
中国寰球工程有限公司	350
中国昆仑工程有限公司	351
中国石油集团工程有限公司北京项目管理分公司	353
中国石油技术开发有限公司	354
中国石油集团渤海石油装备制造有限公司	355
宝鸡石油机械有限责任公司	356
宝鸡石油钢管有限责任公司	357
中国石油集团济柴动力有限公司	358

中国石油天然气股份有限公司规划总院	360
中国石油集团经济技术研究院	360
中国石油集团安全环保技术研究院有限公司	361
中国石油集团工程材料研究院有限公司	362
昆仑数智科技有限责任公司	364
中国石油中东公司	365
中国石油中亚俄罗斯公司	366
中国石油尼罗河公司	367
中国石油拉美公司	368
中国石油西非公司	369
中国石油亚太（香港）公司	370
集团公司离退休职工管理中心（老干部局）	371
中国石油天然气集团有限公司咨询中心	371
北京石油管理干部学院	372
石油工业出版社有限公司	373
中国石油报社	374
中国石油审计服务中心有限公司	375
中国石油物资采购中心（中国石油物资有限公司）	376
中国石油集团共享运营有限公司	376
中国石油运输有限公司	377
中国华油集团有限公司	378
中国石油学会	378
中国石油企业协会	379
资本金融板块	**381**
中油财务有限责任公司	381
昆仑银行股份有限公司	381
昆仑信托有限责任公司（中油资产管理有限公司）	382
昆仑金融租赁有限责任公司	383
中石油专属财产保险股份有限公司	384

附　录

附表1　中国石油天然气集团有限公司主要指标完成情况 … 388

附表 2　中国石油天然气股份有限公司油气业务主要数据 ·· 389
附表 3　中国石油天然气股份有限公司炼油化工和新材料业务主要数据 ························ 389
附表 4　中国石油天然气股份有限公司销售业务主要数据 ·· 390
附表 5　中国石油天然气股份有限公司已评估证实储量和证实开发储量 ························ 390
附表 6　2022 年《福布斯 2000》中综合排名前 30 位的石油天然气公司 ························ 392
附表 7　2022 年世界最大 50 家石油公司综合排名 ·· 393
附表 8　2018—2022 年主要石油公司经营指标 ·· 396
附表 9　2018—2022 年主要石油公司财务指标 ·· 397

中国石油天然气集团有限公司年鉴
2023简本

第一部分
总　述

中国石油天然气集团有限公司基本情况

中国石油天然气集团有限公司（英文缩写CNPC）是国有重要骨干企业和全球主要的油气生产商和供应商之一，是集油气和新能源、炼化销售和新材料、支持和服务、资本和金融等业务于一体的综合性国际能源公司。经过几十年来的发展建设和几代石油人的不懈奋斗，集团公司经营规模不断壮大，综合实力和国际竞争力持续提升，2022年在《财富》全球500强排名中位居第四。

一、历史沿革

燃料工业部（1949年10月—1955年7月）

1949年10月1日，中央人民政府第一次会议决定成立中央人民政府燃料工业部，专管全国煤炭、石油和电力工业的恢复及建设工作。10月19日，中央人民政府任命陈郁为燃料工业部部长；11月，中共中央批准燃料工业部成立党组，陈郁任书记。1949年底，全国石油职工人数1.1万人（不包括台湾省）。

1950年4月13日，燃料工业部决定，成立石油管理总局，使石油工业由分散管理逐步过渡到部、总局、厂矿三级管理，形成集中统一管理的体制格局。5月31日，任命徐今强为代理局长。到1954年12月，石油管理总局所属企事业单位32个，职工人数6.6万人，为中华人民共和国成立初期的6倍；工业总产值3.17亿元，原油生产能力102万吨，原油加工能力175万吨。

石油工业部（1955年7月—1970年6月）

1955年7月30日，第一届全国人大二次会议决定，以燃料工业部所属石油管理总局为基础，成立石油工业部，统揽全国石油企业和石油生产建设工作，并任命李聚奎为部长。经中共中央批准，李聚奎兼任党组书记。1967年6月，根据中共中央决定，中国人民解放军对石油工业部实行军事管制。

到1969年底，石油工业部职工人数40.3万人。

石油工业部加强西部勘探开发，建成玉门、新疆、青海、四川4个油气生产基地。1958年，勘探战略东移，用3年多时间建成年产600万吨原油生产能力的大庆油田，做到石油基本自给。1961—1970年，组织华北、四川、江汉、辽河、吉林等石油会战。到1969年底，原油生产能力达到2410万吨，石油工业成为国民经济的重要支柱。

1966—1970年，石油工业部上缴财政181.2亿元，占国家财政收入的7.2%。1970年，总产值106亿元，占全国工业总产值的4.4%。

第一部分 总 述

燃料化学工业部（1970年6月—1975年1月）

1970年6月，中共中央将石油工业部、煤炭工业部、化学工业部合并，组建燃料化学工业部，并成立燃料化学工业部党的核心小组和革命委员会。主要负责包括煤炭、石油在内的燃料和化学工业的发展建设，业务上归口国家计划委员会管理。中共中央任命伊文为燃料化学工业部党的核心小组组长、革委会主任。1971年9月伊文调出，由康世恩代理燃料化学工业部党的核心小组组长和革委会主任职务。

燃料化学工业部成立后，石油工业管理部门高速度高效率组织江汉、辽河、陕甘宁、吉林石油会战，加强对大庆、胜利等油田的开发调整。到1975年，有大庆、胜利、大港、辽河、扶余、克拉玛依、江汉、长庆、川中、玉门、冷湖、延长12个油田。同时，原油加工能力大幅提升，管道建设和石油机械制造业快速发展，石油化工工业迅猛崛起，石油工业成为当时发展最快的行业。中华人民共和国成立以来，累计向国家上缴580亿元，石油产品换汇在全国出口总收入中的比重，也由"三五"时期的0.6%增加到7.1%。

到1975年1月，职工总数81.4万人。

石油化学工业部（1975年1月—1978年3月）

1975年1月17日，第四届全国人大一次会议决定，撤销燃料化学工业部，分别成立煤炭工业部和石油化学工业部，并任命康世恩为石油化学工业部部长、党的核心小组组长。

1978年底，全国累计探明石油地质储量68.13亿吨、天然气地质储量1578.13亿立方米，原油产量年均递增18.6%，原油产量上1亿吨台阶，成为世界第八大产油国。

到1978年3月，由石油化学工业部直属管理或以石油化学工业部为主双重管理的企事业单位达到28个，以地方为主双重管理或地方管理的企事业单位有57个，职工总数95.8万人。

石油工业部（1978年3月—1988年9月）

1978年3月5日，第五届全国人大一次会议决定，撤销石油化学工业部，分别成立石油工业部和化学工业部。宋振明任石油工业部部长、党组书记。1978年3月，石油工业部企事业单位有93个，职工总数120万人。

1982年1月30日，石油工业部决定成立中国海洋石油总公司，2月15日挂牌。

1978—1988年，10年间全国探明石油地质储量相当于过去30年的总和，1985年中国成为世界第六大产油国。

到1985年底，全国在21个省（自治区、直辖市）发现油田253个、气田 78 个，建成陆上油气生产勘探开发基地 17 个、海上油气生产基地 4 个。大庆油田第一个连续 10 年稳产 5000 万吨，胜利油田年产原油超过 3000 万吨，辽河油田建成我国第三个年产原油 1000 万吨的油气区，华北油田连续 10 年稳产 1000 万吨以上，东部地区成为中国的主要产油区。

中国石油天然气总公司（1988 年 9 月—1998 年 7 月）

1988 年 3 月，国家决定设立能源部，将石油工业部的政府职能移交能源部，隶属石油工业部的中国海洋石油总公司分立，以石油工业部为基础组建中国石油天然气总公司。4 月 9 日，第七届全国人大一次会议决定撤销石油工业部，组建中国石油天然气总公司。5 月，中国海洋石油总公司正式成立。9 月 17 日，召开中国石油天然气总公司成立大会。王涛任中国石油天然气总公司总经理、党组书记。

中国石油天然气总公司成立初期职工总数 135.8 万人，1997 年底，职工总数 149.6 万人。

中国石油天然气总公司是具有法人资格的正部级全民所有制国家公司，负责规划、组织、管理和经营陆上石油天然气资源勘探、开发、生产建设以及与油气共生或钻遇的其他矿藏的开采利用工作。

1988—1998 年，中国石油天然气总公司组织实施"稳定东部、发展西部"战略方针，1997 年 1 月提出"稳定东部、发展西部、油气并举、立足国内、开拓国际"发展方针。

10 年间，西部开发了塔里木油田和吐哈油田；东部大庆油田连续 10 年保持原油稳产 5500 万吨以上；陕京一线建成投产。1997 年，中国石油天然气总公司新增探明石油地质储量 7.3 亿吨、天然气地质储量 1170 亿立方米。生产原油 1.43 亿吨、天然气 171.7 亿立方米，在国外获份额油 97 万吨。

中国石油天然气集团公司（1998 年 7 月—2017 年 12 月）

1998 年 3 月 10 日，第九届全国人大一次会议审议通过《国务院机构改革方案》，决定将中国石油天然气总公司和中国石油化工总公司组建为两个特大型石油石化企业集团公司。

7 月 27 日，两大集团公司召开成立大会；7 月 28 日，两大集团公司正式挂牌。马富才任中国石油天然气集团公司总经理、党组书记。职工总数 158.2 万人。主营业务从主要从事油气勘探开发扩展到上下游、内外贸、产运销一体化经营。

1999 年 2 月，按照国务院领导指示，中国石油天然气集团公司成立筹备组，启动重组与上市工作。重组直接涉及 53 个企事业单位、5000 多亿元资产、154 万名职工。1999 年 10 月 28 日，中国石油天然气集团公司召开大会，独家

第一部分 总 述

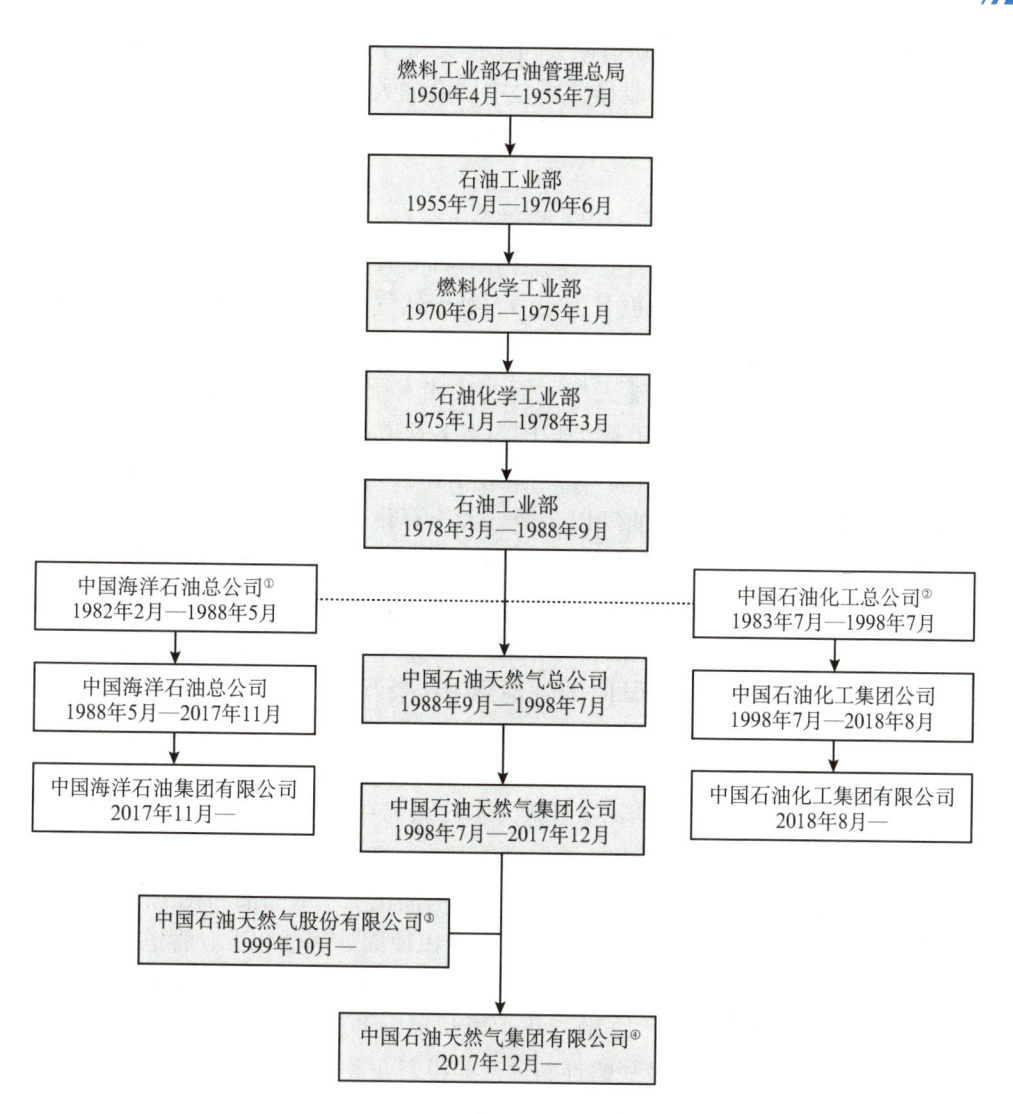

```
┌─────────────────────────┐
│ 燃料工业部石油管理总局    │
│ 1950年4月—1955年7月      │
└───────────┬─────────────┘
            ↓
┌─────────────────────────┐
│       石油工业部          │
│ 1955年7月—1970年6月      │
└───────────┬─────────────┘
            ↓
┌─────────────────────────┐
│      燃料化学工业部       │
│ 1970年6月—1975年1月      │
└───────────┬─────────────┘
            ↓
┌─────────────────────────┐
│      石油化学工业部       │
│ 1975年1月—1978年3月      │
└───────────┬─────────────┘
            ↓
┌─────────────────────────┐
│       石油工业部          │
│ 1978年3月—1988年9月      │
└───────────┬─────────────┘
```

┌─────────────────────────┐   ┌─────────────────────────┐
│ 中国海洋石油总公司①   │ ·············· │ 中国石油化工总公司②   │
│ 1982年2月—1988年5月   │   │ 1983年7月—1998年7月   │
└───────────┬─────────────┘   └───────────┬─────────────┘
            ↓   ↓
┌─────────────────────────┐   ┌─────────────────────────┐ ┌─────────────────────────┐
│ 中国海洋石油总公司   │   │ 中国石油天然气总公司   │ │ 中国石油化工集团公司   │
│ 1988年5月—2017年11月   │   │ 1988年9月—1998年7月   │ │ 1998年7月—2018年8月   │
└───────────┬─────────────┘   └───────────┬─────────────┘ └───────────┬─────────────┘
            ↓   ↓   ↓
┌─────────────────────────┐   ┌─────────────────────────┐ ┌─────────────────────────┐
│ 中国海洋石油集团有限公司 │   │ 中国石油天然气集团公司   │ │ 中国石油化工集团有限公司 │
│ 2017年11月—   │   │ 1998年7月—2017年12月   │ │ 2018年8月—   │
└─────────────────────────┘   └───────────┬─────────────┘ └─────────────────────────┘
                                           ↓
                               ┌─────────────────────────┐
                               │ 中国石油天然气股份有限公司③│
                               │ 1999年10月—   │
                               └───────────┬─────────────┘
                                           ↓
                               ┌─────────────────────────┐
                               │中国石油天然气集团有限公司④│
                               │ 2017年12月—   │
                               └─────────────────────────┘

中国石油天然气集团有限公司历史沿革

注：① 1982年2月，中国海洋石油总公司成立，归口石油工业部管理。1988年5月，原隶属石油工业部的中国海洋石油总公司正式分立。

② 1983年2月，中共中央、国务院发出通知，决定组建中国石油化工总公司，对分属石油工业部等部门和地方管理的炼油化工等企业组成一个行业性总公司；7月，中国石油化工总公司正式成立。

③ 1999年10月，中国石油天然气集团公司独家发起创立中国石油天然气股份有限公司；11月，中国石油天然气股份有限公司完成工商注册登记。

④ 2019年12月，国家石油天然气管网集团有限公司成立，中国石油天然气集团有限公司国内有关管道业务划归国家石油天然气管网集团有限公司。

发起创立中国石油天然气股份有限公司（英文缩写 PetroChina）。11 月 5 日，股份公司完成工商注册登记。股份公司是中国石油天然气集团公司最大的控股子公司，主要经营石油天然气勘探开发、炼油化工、油气管道运输、油气产品和化工产品销售等业务。

中国石油天然气集团有限公司（2017 年 12 月— ）

  2017 年 11 月，国务院国资委同意中国石油天然气集团公司由全民所有制企业改制为国有独资公司，更名为中国石油天然气集团有限公司。12 月 15 日，取得改制后营业执照。

  2019 年 12 月，国家石油天然气管网集团有限公司（简称国家管网集团）成立，中国石油天然气集团有限公司国内有关管道业务划归国家管网集团。

  截至 2022 年底，中国石油天然气集团有限公司在中国境内有大庆油田、长庆油田、新疆油田等 17 家油气田企业，大连石化、独山子石化、兰州石化等 33 家炼化企业，分布于全国各省（自治区、直辖市）的一批成品油销售和天然气销售企业，以及一批技术服务、科技研发、金融支持等单位。在海外有一批从事油气田勘探开发、管道运输和国际贸易的企业。在"一带一路"沿线 19 个国家运作着 51 个油气合作项目。职工总数 102 余万人。

二、发展现状

  中国石油天然气集团有限公司总体实行总部—业务板块—企业三级管理。油气新能源板块主要从事国内外油气勘探开发、天然气销售、油田技术服务以及新能源等业务。炼化新材料板块主要从事炼油化工、成品油和化工产品销售、国际贸易等业务。支持服务板块主要从事油田地面、炼油化工、管道工程勘察设计和施工建设，石油化工装备制造，科研、新闻出版、咨询、运输、共享运营、后勤服务等业务。资本金融板块主要从事财务公司、银行、信托、保险、租赁等金融支持业务，以及战略性新型产业投资业务。

  油气新能源板块。勘探开发业务拥有大庆、长庆、新疆、辽河、塔里木、四川等多个大型油气生产区，2022 年国内原油产量 10500 万吨、天然气产量 1455 亿立方米。海外油气业务建成中亚—俄罗斯、中东、非洲、拉美、亚太 5 大油气合作区，中亚、中哈、中俄、中缅等跨国油气管道和欧洲、美洲、亚太三大运营中心，海外油气权益产量当量实现 1 亿吨规模稳产，并保持较强的盈利能力。天然气销售业务全面完成天然气"稳效保供"业务，全面推进营销体系转型升级，2022 年国内销售天然气 2178 亿立方米。油田技术服务业务有物探、钻井、测井、井下作业等门类齐全的油气田工程技术服务队伍，集团公司

第一部分 总 述

所属中国石油集团东方地球物理勘探有限责任公司（BGP）、中国石油集团长城钻探有限公司（GWDC）等企业是全球重要的石油工程技术服务商，不仅有力支撑保障集团公司油气业务的发展，还服务于全球70多个国家和地区油气市场。新能源业务规模化发展步伐加快，"清洁替代、战略接替、绿色转型"三步走总体部署有序推进，新能源开发利用能力达800万吨标准煤/年，绿色产业布局初步形成。

炼化新材料板块。炼油化工及新材料业务在国内有8个大型炼化一体化企业，14个千万吨规模炼厂，2022年原油加工量2.03亿吨。医用聚烯烃、溶聚丁苯橡胶（SSBR）、负极焦等多个产品形成工业产能，成立中石油（上海）新材料研究院和中国石油日本新材料研究院。成品油销售业务形成覆盖全国的营销网络，运营加油站近2.3万座，2022年成品油销量1.73亿吨。

支持服务板块。工程建设业务主要从事油田地面、炼油化工、管道工程勘察设计和施工建设，有油气田地面工程、管道、炼化等建设队伍，集团公司所属中国石油管道局工程有限公司（CPP）、中国石油工程建设有限公司（CPECC）、中国寰球工程有限公司（HQCEC）等企业在全球范围内为用户提供专业高效的工程建设服务。装备制造业务生产的勘探、钻采、炼化、动力等石油装备产品，出口到80多个国家和地区。科研、新闻出版、咨询、运输、共享运营、后勤服务等业务支持服务保障能力和市场竞争力不断提升。

资本金融板块。主要从事财务公司、银行、信托、租赁、保险、证券、基金等金融支持业务，以及战略性新型产业投资业务，有较为齐全的金融牌照，实现由传统的资金管理向现代金融、产融结合、投融协同的转变，相关业务保持特色稳健发展。

2023年是贯彻党的二十大精神的开局之年，集团公司将以习近平新时代中国特色社会主义思想为指导，深入贯彻落实党的二十大和中央经济工作会议精神，落实中央企业负责人会议部署要求，紧紧围绕扎实推进中国式现代化，完整、准确、全面贯彻新发展理念，服务和融入新发展格局，坚持稳中求进工作总基调，遵循"坚持高质量发展、坚持深化改革开放、坚持依法合规治企、坚持全面从严治党"兴企方略和"专业化发展、市场化运作、精益化管理、一体化统筹"治企准则，大力实施"创新、资源、市场、国际化、绿色低碳"五大发展战略和"人才强企、提质增效、低成本发展、文化引领"四大战略举措，更好统筹发展和安全，着力发展主业，着力改革创新，着力从严治企，着力防控风险，着力铸根塑魂，奋进高质量发展，加快建设基业长青的世界一流综合性国际能源公司，为全面建设社会主义现代化国家开好局起好步作出更大贡献。

（范旭强 靳 烨）

中国石油天然气集团有限公司 2022 年工作情况

2022 年，面对复杂严峻的形势、艰巨繁重的能源安全保障和改革发展稳定任务，集团公司坚决贯彻习近平总书记重要指示批示精神和党中央、国务院决策部署，贯彻"疫情要防住、经济要稳住、发展要安全"的总要求，坚持稳中求进、顶压前行，经受住新冠肺炎疫情、油价巨幅震荡等重大考验，战胜国际风云变幻诸多风高浪急的挑战，取得了令人瞩目的发展成就。全年国内外油气产量当量 32323 万吨、同比增长 2.8%；加工原油 20346 万吨，销售成品油 17271 万吨，国内销售天然气 2178 亿立方米，营业收入 3.4 万亿元，利润总额 2669 亿元、净利润 1804 亿元，多项指标创造历史纪录，利润总额、净利润居央企首位。

油气和新能源业务发展势头良好，增储上产保供增效业绩斐然。国内油气勘探开发取得新进展，围绕新区新领域强化风险勘探和重大预探领域甩开勘探，发现和落实 9 个亿吨级、9 个千亿立方米规模储量区，2022 年新增探明石油技术可采储量 1.39 亿吨、天然气技术可采储量 3354 亿立方米。国内生产原油 10500 万吨、天然气 1455 亿立方米，油气产量当量创历史新高。海外油气业务高质量发展取得新成效，全年油气权益产量当量 10233 万吨，连续第四年稳产在 1 亿吨以上。天然气销售保供稳效成果突出，国内销量 2178 亿立方米。新能源业务发展全面提速，累计建成风光发电装机规模超 140 万千瓦，地热供暖总面积达 2500 万平方米。油田技术服务业务坚持以技术为本，服务水平和市场竞争力持续提升。

炼化销售和新材料业务布局结构持续优化，销售市场份额巩固提升。炼油化工转型升级取得重大突破，广东石化炼化一体化、吉林石化揭阳 ABS 项目全面建成，吉林石化、广西石化两个大乙烯项目开工建设。推进减油增化、减油增特，2022 年国内加工原油 16490.2 万吨，生产成品油 10574.4 万吨，生产乙烯 741.9 万吨、同比增长 10.5%，生产新材料 85.5 万吨、同比增长 56.3%，开发化工新产品 119 个牌号，化工产品销售量 3735 万吨。坚持批零一体、油非互促，国内销售成品油 10423 万吨，市场份额稳中有升，综合能源服务站数量较快增长。持续优化进口原油资源，协调推动进口管道气增供，优化现货 LNG 采购，国际贸易保障能力稳步提升。

支持和服务业务服务质量与市场竞争力不断提高，战略支持作用有效发挥。工程业务积极推进重点工程项目建设，有力保障油气稳产上产、炼化转型升级和绿色低碳发展，获国家优质工程金奖 3 项。装备制造业务推进设备改造和技术进步，高效产品和特色服务供给能力持续提升。海外大区公司按照新体制新机制，综合协调作用有效发挥。各研究咨询及服务机构围绕集团公司主业发展和提质增效，着力发挥支撑作用，取得新的工作成效。

资本和金融业务保持特色稳健发展，着力打造产融结合升级版。中油资本发挥牌照齐全优势，积极推动产融结合向纵深发展，绿色金融租赁、新能源特色保单等一批新业务落地。昆仑资本基本建立市场化的治理结构和运行制度，紧密围绕新能源、新材料、新技术领域，首个成果转化项目顺利启动，多支基金稳步推进，实现良好开局。

强化过程管控和责任落实，质量健康安全环保形势总体平稳。组织开展安全生产大检查，推动国家关于安全生产15项硬措施落实到位，完成安全生产专项整治三年行动。开展建设项目环境管理和排污许可专项整治以及VOCs管控能力提升百日专项行动，持续加强生态环境隐患排查治理和风险防控。推进节能节水、温室气体控排和碳资产管控，全年节能74万吨标准煤、节水923万立方米，集团公司连续11年获评"低碳榜样"企业。国ⅥB标准汽油质量升级按期完成。印发实施加强员工健康管理工作指导意见，抓细抓实新冠肺炎疫情防控各项措施，有效保障员工身心健康。

深化改革管理创新和提质增效，高质量发展动力活力不断增强。认真执行国企改革三年行动方案，改革任务全面完成。持续深化体制机制改革，设立装备制造事业部，海外业务体制机制优化调整落实到位。部署开展提质增效价值创造行动，全年增效201亿元。一体推进"以案促改、严肃财经纪律、合规管理强化年"工作，依法合规治企迈上新台阶。优化科研组织体系，整合海洋油气研发力量，组建南海研究中心。部署油气"九大工程"、炼化"八大方向"，两个原创技术策源地建设加快推进。制定重大基础研究十年行动计划，关键核心技术攻关取得一批重要成果。"数智中国石油"建设稳步推进，昆仑ERP实现单轨平稳运行。

党的建设持续深化，全面从严治党向纵深推进。以习近平新时代中国特色社会主义思想为指导，扎实开展迎接党的二十大胜利召开和贯彻落实党的二十大精神系列活动。严格落实"第一议题"制度，贯彻落实习近平总书记对中国石油和中国石油相关工作的系列重要指示批示精神，推动党史学习教育常态化长效化，"两个维护"更加自觉。推进基层党建"三基本"建设和"三基"工作有机融合，基层党组织战斗力执行力进一步提升。开展人才强企工程推进年活动，干部和人才队伍结构持续优化。加强党风廉政建设和反腐败工作，强化"关键少数"监督，持续纠"四风"树新风，完成新一轮巡视巡察全覆盖，企业政治生态持续向好。

（范旭强　靳　烨）

中国石油天然气集团有限公司组织机构[①]

单　位	地　址	备注
一、总部部门（16个）		
1　综合管理部/党组办公室（董事会办公室、维稳信访工作办公室、保卫部）	北京市	
2　政策研究室	北京市	
3　发展计划部（对外合作办公室、新能源新材料发展办公室）	北京市	
4　财务部	北京市	
5　人力资源部/党组组织部（党组编制办）	北京市	
6　生产经营管理部（智能运营中心）	北京市	
7　法律和企改部	北京市	
8　质量健康安全环保部	北京市	
9　科技管理部（知识产权管理办公室）	北京市	
10　数字和信息化管理部	北京市	
11　工程和物装管理部	北京市	
12　国际部（外事部）	北京市	
13　党组巡视工作领导小组办公室	北京市	
14　审计部	北京市	
15　党群工作部/直属党委	北京市	
16　党组宣传部/企业文化部（新闻办公室）	北京市	
二、纪检监察组	北京市	
三、专业公司（5个）		
1　中国石油国际勘探开发有限公司	北京市	
2　中国石油集团油田技术服务有限公司（中国石油天然气集团有限公司工程技术分公司）	北京市	

[①] 本篇资料截至2022年12月31日。

第一部分 总 述

续表

	单 位	地 址	备 注
3	中国石油集团工程股份有限公司（中国石油天然气集团有限公司工程建设分公司）	新疆维吾尔自治区克拉玛依市	
4	中国石油集团资本股份有限公司	新疆维吾尔自治区克拉玛依市	
5	中国石油集团昆仑资本有限公司	海南省海口市	
四、油气和新能源子集团（油气新能源板块）（21个企业）			
1	大庆石油管理局有限公司	黑龙江省大庆市	
2	辽河石油勘探局有限公司	辽宁省盘锦市	
3	长庆石油勘探局有限公司	陕西省西安市	
4	新疆石油管理局有限公司	新疆维吾尔自治区克拉玛依市	
5	四川石油管理局有限公司	四川省成都市	
6	吉林石油集团有限责任公司	吉林省松原市	
7	大港油田集团有限责任公司	天津市	
8	华北石油管理局有限公司	河北省任丘市	
9	新疆吐哈石油勘探开发有限公司	新疆维吾尔自治区哈密市	
10	中油国际管道公司	北京市	
11	中国石油俄罗斯公司	俄罗斯莫斯科	
12	中国石油乍得公司	乍得恩贾梅纳	
13	中国石油尼日尔公司	尼日尔尼亚美	
14	中国石油集团西部钻探工程有限公司	新疆维吾尔自治区乌鲁木齐市	成员企业
15	中国石油集团长城钻探工程有限公司	北京市	成员企业
16	中国石油集团渤海钻探工程有限公司	天津市	成员企业
17	中国石油集团川庆钻探工程有限公司	四川省成都市	成员企业
18	中国石油集团东方地球物理勘探有限责任公司	河北省涿州市	成员企业
19	中国石油集团测井有限公司	陕西省西安市	成员企业
20	中国石油集团海洋工程有限公司	北京市	成员企业
21	中国石油集团工程技术研究院有限公司	北京市	
五、炼化销售和新材料子集团（炼化新材料板块）（11个企业）			

11

续表

	单 位	地 址	备 注
1	中国石油大庆石油化工有限公司	黑龙江省大庆市	
2	吉化集团有限公司	吉林省吉林市	
3	中国石油抚顺石油化工有限公司	辽宁省抚顺市	
4	中国石油辽阳石油化纤有限公司	辽宁省辽阳市	
5	中国石油兰州石油化工有限公司	甘肃省兰州市	
6	新疆独山子石油化工有限公司	新疆维吾尔自治区克拉玛依市	
7	中国石油乌鲁木齐石油化工有限公司	新疆维吾尔自治区乌鲁木齐市	
8	中国石油大连石油化工有限公司	辽宁省大连市	
9	中国石油锦州石油化工有限公司	辽宁省锦州市	
10	中国石油锦西石油化工有限公司	辽宁省葫芦岛市	
11	中国联合石油有限责任公司	北京市	
六、支持和服务子集团（支持服务板块）（32个企业）			
1	中国石油管道局工程有限公司	河北省廊坊市	成员企业
2	中国石油工程建设有限公司	北京市	成员企业
3	中国寰球工程有限公司	北京市	成员企业
4	中国昆仑工程有限公司	北京市	成员企业
5	中国石油集团工程有限公司北京项目管理分公司	北京市	成员企业
6	中国石油技术开发有限公司	北京市	
7	宝鸡石油机械有限责任公司	陕西省宝鸡市	
8	宝鸡石油钢管有限责任公司	陕西省宝鸡市	
9	中国石油集团济柴动力有限公司	山东省济南市	
10	中国石油集团渤海石油装备制造有限公司	天津市	
11	中国石油集团经济技术研究院	北京市	
12	中国石油集团安全环保技术研究院有限公司	北京市	
13	中国石油集团石油管工程技术研究院	陕西省西安市	
14	昆仑数智科技有限责任公司	北京市	

第一部分　总　述

续表

	单　位	地　址	备　注
15	中国石油中东公司	阿联酋迪拜	
16	中国石油中亚俄罗斯公司	哈萨克斯坦阿拉木图	
17	中国石油尼罗河公司	苏丹喀土穆	
18	中国石油拉美公司	委内瑞拉加拉加斯	
19	中国石油西非公司	乍得恩贾梅纳	
20	中国石油亚太（香港）公司	香港特别行政区	
21	离退休职工管理中心（老干部局）	北京市	
22	中国石油天然气集团有限公司咨询中心	北京市	
23	北京石油管理干部学院	北京市	
24	石油工业出版社有限公司	北京市	
25	中国石油报社	河北省涿州市	
26	中国石油审计服务中心	河北省廊坊市	
27	中国石油物资采购中心（中国石油物资有限公司）	北京市	
28	中国石油集团共享运营有限公司	北京市	
29	中国石油运输有限公司	新疆维吾尔自治区乌鲁木齐市	
30	中国华油集团有限公司／中国石油天然气集团有限公司机关服务中心	北京市	
31	中国石油学会	北京市	
32	中国石油企业协会	北京市	
七、资本和金融子集团（资本金融板块）（5个企业）			
1	中油财务有限责任公司	北京市	成员企业
2	昆仑银行股份有限公司	新疆维吾尔自治区克拉玛依市	成员企业
3	昆仑信托有限责任公司	浙江省宁波市	成员企业
4	昆仑金融租赁有限责任公司	重庆市	成员企业
5	中石油专属财产保险股份有限公司	新疆维吾尔自治区克拉玛依市	成员企业
八、中国石油天然气股份有限公司		北京市	

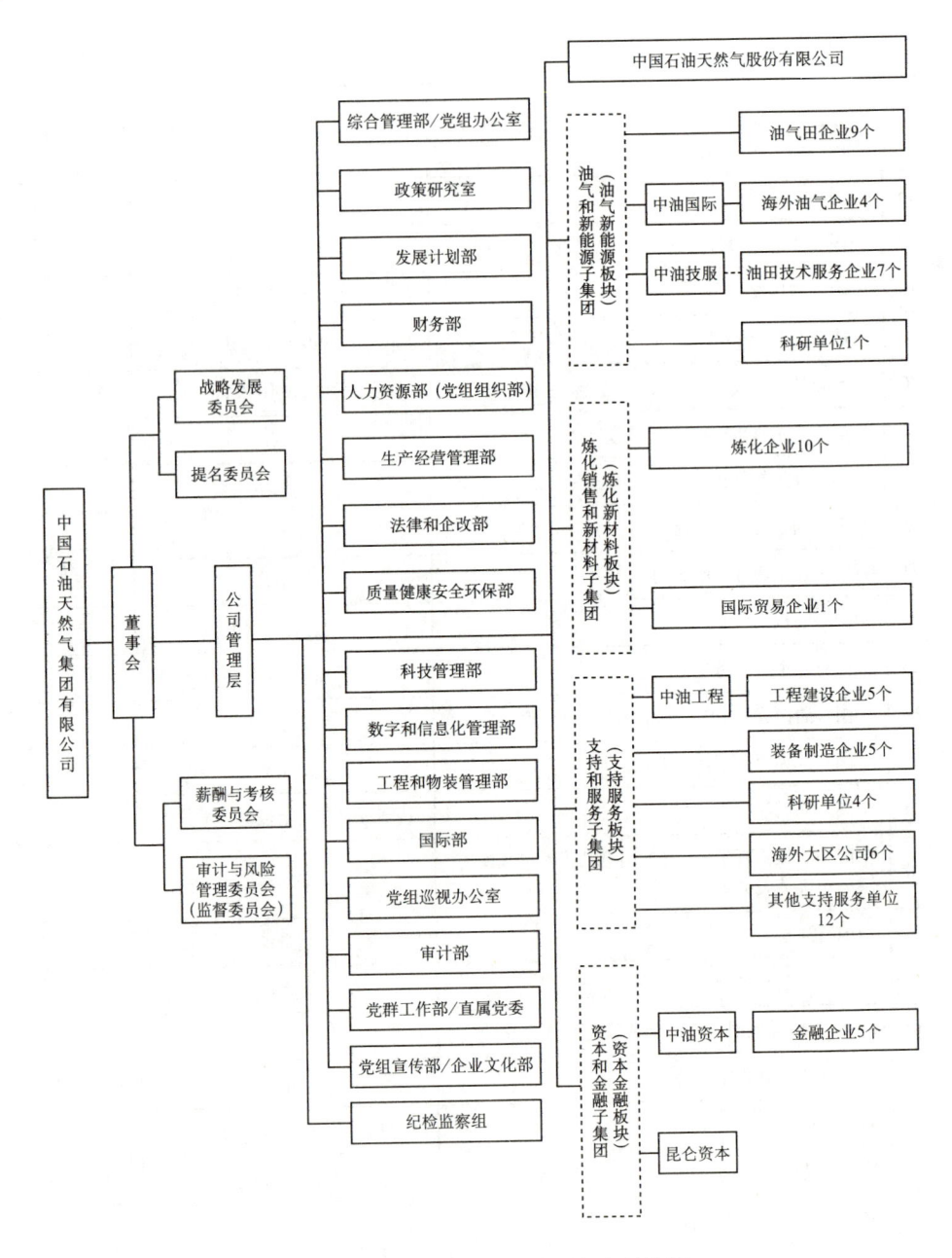

中国石油天然气集团有限公司组织结构图

中国石油天然气集团有限公司领导

董事会成员

序 号	姓 名	职 务
1	戴厚良	中国石油天然气集团有限公司董事长
2	侯启军	中国石油天然气集团有限公司董事
3	段良伟	中国石油天然气集团有限公司董事
4	李建红	中国石油天然气集团有限公司外部董事
5	王用生	中国石油天然气集团有限公司外部董事
6	石 岩	中国石油天然气集团有限公司外部董事
7	杨 亚	中国石油天然气集团有限公司外部董事
8	高云虎	中国石油天然气集团有限公司外部董事
9	杨 华	中国石油天然气集团有限公司职工董事

董事会秘书

姓 名	职 务
徐新福	中国石油天然气集团有限公司董事会秘书

集团公司领导

序 号	姓 名	职 务
1	戴厚良	中国石油天然气集团有限公司董事长、党组书记
2	侯启军	中国石油天然气集团有限公司董事、总经理、党组副书记
3	段良伟	中国石油天然气集团有限公司董事、党组副书记
4	焦方正	中国石油天然气集团有限公司党组成员、副总经理
5	蔡安辉	中国石油天然气集团有限公司党组成员、总会计师
6	黄永章	中国石油天然气集团有限公司党组成员、副总经理、安全总监
7	钱朝阳	中国石油天然气集团有限公司党组成员、纪检监察组组长
8	任立新	中国石油天然气集团有限公司党组成员、副总经理
9	谢 军	中国石油天然气集团有限公司党组成员、副总经理

总经理助理

序号	姓名	职务
1	杨华	中国石油天然气集团有限公司总经理助理
2	张华林	中国石油天然气集团有限公司总经理助理
3	谢海兵	中国石油天然气集团有限公司总经理助理
4	姜力孚	中国石油天然气集团有限公司总经理助理
5	赵颖	中国石油天然气集团有限公司总法律顾问兼首席合规官
6	贾勇	中国石油天然气集团有限公司总经理助理

中国石油天然气股份有限公司组织机构

单位	地址
一、股份公司总部	
（一）董事会、监事会机构（2个）	
1　董事会办公室	北京市
2　监事会办公室	北京市
（二）总部部门（14个）	
1　综合管理部	北京市
2　发展计划部（对外合作办公室、新能源新材料发展办公室）	北京市
3　财务部	北京市
4　人力资源部	北京市
5　生产经营管理部（智能运营中心）	北京市
6　法律和企改部	北京市
7　质量健康安全环保部	北京市
8　科技管理部	北京市

第一部分　总　述

续表

	单 位	地 址
9	数字和信息化管理部	北京市
10	工程和物装管理部	北京市
11	国际部	北京市
12	审计部	北京市
13	党群工作部	北京市
14	企业文化部	北京市
二、专业公司（6个）		
1	中国石油天然气股份有限公司油气和新能源分公司	北京市
2	中国石油天然气股份有限公司炼油化工和新材料分公司	北京市
3	中国石油天然气股份有限公司销售分公司	北京市
4	中国石油天然气股份有限公司天然气销售分公司	北京市
5	中国石油天然气股份有限公司海外勘探开发分公司	北京市
6	中国石油国际事业有限公司（中国石油天然气股份有限公司国际贸易分公司）	北京市
三、油气田企业（17个）		
1	大庆油田有限责任公司	黑龙江省大庆市
2	中国石油天然气股份有限公司辽河油田分公司	辽宁省盘锦市
3	中国石油天然气股份有限公司长庆油田分公司	陕西省西安市
4	中国石油天然气股份有限公司塔里木油田分公司	新疆维吾尔自治区库尔勒市
5	中国石油天然气股份有限公司新疆油田分公司	新疆维吾尔自治区克拉玛依市
6	中国石油天然气股份有限公司西南油气田分公司	四川省成都市
7	中国石油天然气股份有限公司吉林油田分公司	吉林省松原市
8	中国石油天然气股份有限公司大港油田分公司	天津市
9	中国石油天然气股份有限公司青海油田分公司	青海省海西州

续表

	单 位	地 址
10	中国石油天然气股份有限公司华北油田分公司	河北省任丘市
11	中国石油天然气股份有限公司吐哈油田分公司	新疆维吾尔自治区哈密市
12	中国石油天然气股份有限公司冀东油田分公司	河北省唐山市
13	中国石油天然气股份有限公司玉门油田分公司	甘肃省酒泉市
14	中国石油天然气股份有限公司浙江油田分公司	浙江省杭州市
15	中石油煤层气有限责任公司	北京市
16	南方石油勘探开发有限责任公司	广东省广州市
17	中国石油天然气股份有限公司储气库分公司	北京市
四、炼化企业（33个）		
1	中国石油天然气股份有限公司大庆石化分公司	黑龙江省大庆市
2	中国石油天然气股份有限公司吉林石化分公司	吉林省吉林市
3	中国石油天然气股份有限公司抚顺石化分公司	辽宁省抚顺市
4	中国石油天然气股份有限公司辽阳石化分公司	辽宁省辽阳市
5	中国石油天然气股份有限公司兰州石化分公司	甘肃省兰州市
6	中国石油天然气股份有限公司独山子石化分公司	新疆维吾尔自治区克拉玛依市
7	中国石油天然气股份有限公司乌鲁木齐石化分公司	新疆维吾尔自治区乌鲁木齐市
8	中国石油天然气股份有限公司宁夏石化分公司	宁夏回族自治区银川市
9	中国石油天然气股份有限公司大连石化分公司	辽宁省大连市
10	大连西太平洋石油化工有限公司	辽宁省大连市
11	中国石油天然气股份有限公司锦州石化分公司	辽宁省锦州市
12	中国石油天然气股份有限公司锦西石化分公司	辽宁省葫芦岛市
13	中国石油天然气股份有限公司大庆炼化分公司	黑龙江省大庆市
14	中国石油天然气股份有限公司哈尔滨石化分公司	黑龙江省哈尔滨市
15	中国石油天然气股份有限公司广西石化分公司	广西壮族自治区钦州市

第一部分　总　述

续表

	单　位	地　址
16	中国石油四川石化有限责任公司	四川省成都市
17	中国石油天然气股份有限公司广东石化分公司	广东省揭阳市
18	中石油云南石化有限公司	云南省昆明市
19	中国石油天然气股份有限公司大港石化分公司	天津市
20	中国石油天然气股份有限公司华北石化分公司	河北省任丘市
21	中国石油天然气股份有限公司呼和浩特石化分公司	内蒙古自治区呼和浩特市
22	中国石油天然气股份有限公司辽河石化分公司	辽宁省盘锦市
23	中国石油天然气股份有限公司长庆石化分公司	陕西省咸阳市
24	中石油克拉玛依石化有限责任公司	新疆维吾尔自治区克拉玛依市
25	中国石油天然气股份有限公司庆阳石化分公司	甘肃省庆阳市
26	中石油燃料油有限责任公司	广东省珠海市
27	中国石油天然气股份有限公司润滑油分公司	北京市
28	中国石油天然气股份有限公司东北化工销售分公司	辽宁省沈阳市
29	中国石油天然气股份有限公司西北化工销售分公司	甘肃省兰州市
30	中国石油天然气股份有限公司华东化工销售分公司	上海市
31	中国石油天然气股份有限公司华北化工销售分公司	北京市
32	中国石油天然气股份有限公司华南化工销售分公司	广东省广州市
33	中国石油天然气股份有限公司西南化工销售分公司	四川省成都市

五、成品油销售企业（34个）

1	中国石油天然气股份有限公司东北销售分公司	辽宁省沈阳市
2	中国石油天然气股份有限公司西北销售分公司	甘肃省兰州市
3	中石油昆仑好客有限公司	北京市
4	中国石油天然气股份有限公司北京销售分公司	北京市
5	中国石油天然气股份有限公司上海销售分公司	上海市

续表

	单 位	地 址
6	中国石油天然气股份有限公司湖北销售分公司	湖北省武汉市
7	中国石油天然气股份有限公司广东销售分公司	广东省广州市
8	中国石油天然气股份有限公司云南销售分公司	云南省昆明市
9	中国石油天然气股份有限公司辽宁销售分公司	辽宁省沈阳市
10	中国石油天然气股份有限公司吉林销售分公司	吉林省长春市
11	中国石油天然气股份有限公司黑龙江销售分公司	黑龙江省哈尔滨市
12	中国石油天然气股份有限公司天津销售分公司	天津市
13	中国石油天然气股份有限公司河北销售分公司	河北省石家庄市
14	中国石油天然气股份有限公司山西销售分公司	山西省太原市
15	中国石油天然气股份有限公司内蒙古销售分公司	内蒙古自治区呼和浩特市
16	中国石油天然气股份有限公司陕西销售分公司	陕西省西安市
17	中国石油天然气股份有限公司甘肃销售分公司	甘肃省兰州市
18	中国石油天然气股份有限公司青海销售分公司	青海省西宁市
19	中国石油天然气股份有限公司宁夏销售分公司	宁夏回族自治区银川市
20	中石油新疆销售有限公司	新疆维吾尔自治区乌鲁木齐市
21	中国石油天然气股份有限公司重庆销售分公司	重庆市
22	中国石油天然气股份有限公司四川销售分公司	四川省成都市
23	中国石油天然气股份有限公司贵州销售分公司	贵州省贵阳市
24	中国石油天然气股份有限公司西藏销售分公司	西藏自治区拉萨市
25	中国石油天然气股份有限公司江苏销售分公司	江苏省南京市
26	中国石油天然气股份有限公司浙江销售分公司	浙江省杭州市
27	中国石油天然气股份有限公司安徽销售分公司	安徽省合肥市
28	中国石油天然气股份有限公司福建销售分公司	福建省福州市
29	中国石油天然气股份有限公司江西销售分公司	江西省南昌市

续表

	单 位	地 址
30	中国石油天然气股份有限公司山东销售分公司	山东省青岛市
31	中国石油天然气股份有限公司河南销售分公司	河南省郑州市
32	中国石油天然气股份有限公司湖南销售分公司	湖南省长沙市
33	中国石油天然气股份有限公司广西销售分公司	广西壮族自治区南宁市
34	中石油海南销售有限公司	海南省海口市

六、海外企业（6个）

	单 位	地 址
1	中石油国际投资有限公司	北京市
2	中石油阿姆河天然气勘探开发（北京）有限公司	北京市
3	中国石油（伊拉克）鲁迈拉公司	伊拉克巴士拉省
4	中国石油（伊拉克）哈法亚公司	伊拉克米桑省
5	中国石油（哈萨克斯坦）阿克纠宾公司	哈萨克斯坦阿克纠宾市
6	中国石油加拿大公司	加拿大阿尔伯塔省

七、科研及其他单位（4个）

	单 位	地 址
1	中国石油天然气股份有限公司勘探开发研究院	北京市
2	中国石油天然气股份有限公司规划总院	北京市
3	中国石油天然气股份有限公司石油化工研究院	北京市
4	中石油香港有限公司	香港特别行政区

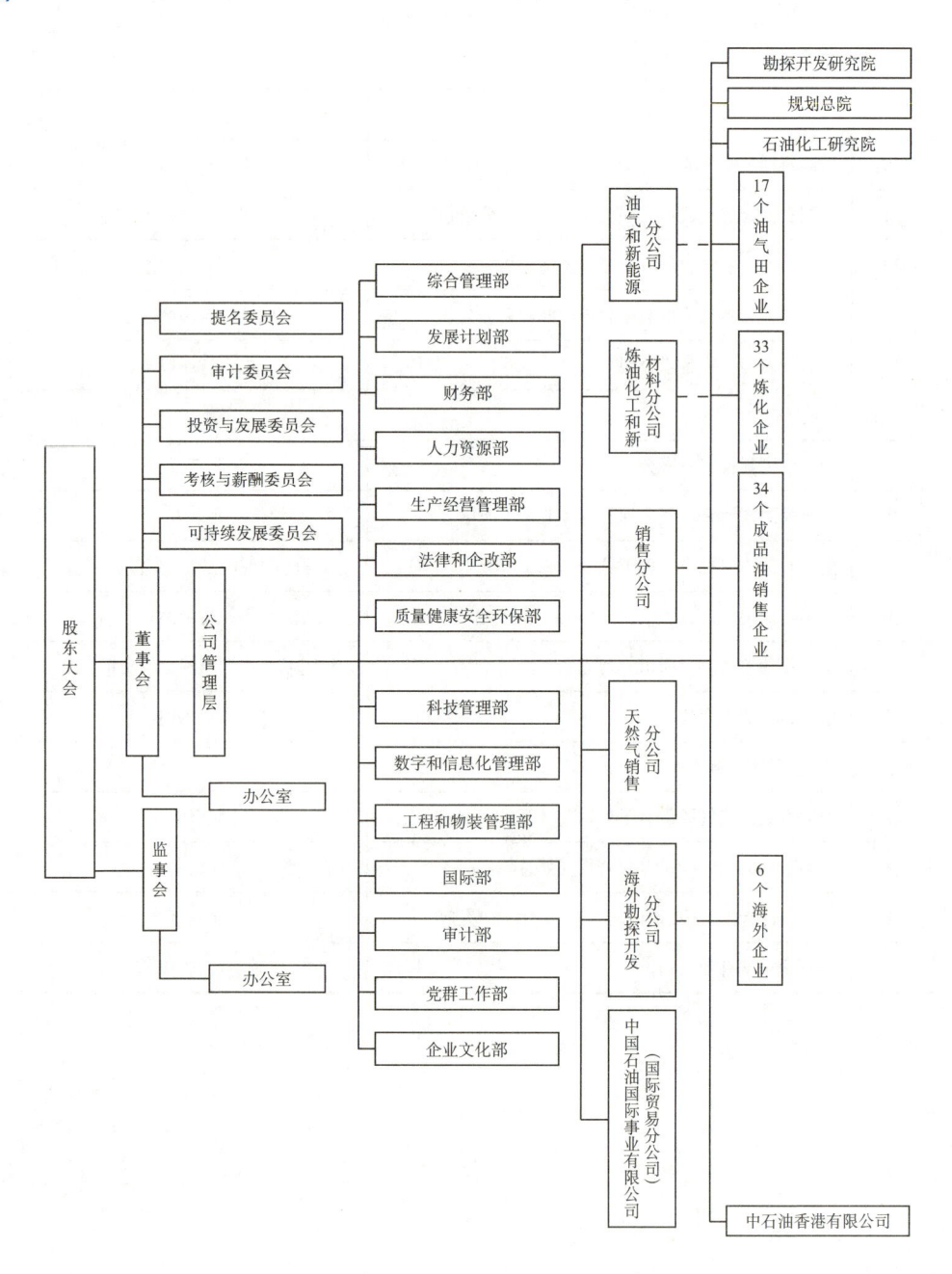

中国石油天然气股份有限公司组织结构图

- 股东大会
  - 董事会
    - 提名委员会
    - 审计委员会
    - 投资与发展委员会
    - 考核与薪酬委员会
    - 可持续发展委员会
    - 办公室
  - 监事会
    - 办公室
  - 公司管理层
    - 综合管理部
    - 发展计划部
    - 财务部
    - 人力资源部
    - 生产经营管理部
    - 法律和企改部
    - 质量健康安全环保部
    - 科技管理部
    - 数字和信息化管理部
    - 工程和物装管理部
    - 国际部
    - 审计部
    - 党群工作部
    - 企业文化部

分公司：
- 油气和新能源分公司
  - 勘探开发研究院
  - 规划总院
  - 石油化工研究院
  - 17个油气田企业
- 炼油化工和材料分公司
  - 33个炼化企业
- 销售分公司
  - 34个成品油销售企业
- 天然气销售分公司
- 海外勘探开发分公司
  - 6个海外企业
- 中国石油国际事业有限公司（国际贸易分公司）
  - 中石油香港有限公司

第一部分 总 述

中国石油天然气股份有限公司领导

董事会成员

序 号	姓 名	职 务
1	戴厚良	中国石油天然气股份有限公司董事长
2	侯启军	中国石油天然气股份有限公司副董事长
3	段良伟	中国石油天然气股份有限公司董事
4	焦方正	中国石油天然气股份有限公司董事
5	黄永章	中国石油天然气股份有限公司董事
6	任立新	中国石油天然气股份有限公司董事
7	谢 军	中国石油天然气股份有限公司董事
8	梁爱诗	中国石油天然气股份有限公司独立非执行董事
9	德地立人	中国石油天然气股份有限公司独立非执行董事
10	蔡金勇	中国石油天然气股份有限公司独立非执行董事
11	蒋小明	中国石油天然气股份有限公司独立非执行董事

董事会秘书

姓 名	职 务
王 华	中国石油天然气股份有限公司董事会秘书

监事会成员

序 号	姓 名	职 务
1	蔡安辉	中国石油天然气股份有限公司监事会主席
2	谢海兵	中国石油天然气股份有限公司监事
3	赵 颖	中国石油天然气股份有限公司监事
4	蔡 勇	中国石油天然气股份有限公司监事
5	兰建彬	中国石油天然气股份有限公司监事
6	何江川	中国石油天然气股份有限公司监事
7	金彦江	中国石油天然气股份有限公司监事
8	付 斌	中国石油天然气股份有限公司监事

总裁班子成员

序 号	姓 名	职 务
1	黄永章	中国石油天然气股份有限公司总裁
2	焦方正	中国石油天然气股份有限公司总地质师
3	任立新	中国石油天然气股份有限公司高级副总裁
4	杨继钢	中国石油天然气股份有限公司副总裁、总工程师
5	张明禄	中国石油天然气股份有限公司安全总监
6	朱国文	中国石油天然气股份有限公司副总裁
7	张道伟	中国石油天然气股份有限公司副总裁
8	万 军	中国石油天然气股份有限公司副总裁
9	王 华	中国石油天然气股份有限公司财务总监、董事会秘书

（于维海）

中国石油天然气集团有限公司年鉴
2023简本

第二部分
大事记

中国石油天然气集团有限公司 2022 年大事记

1 月

3 日　石油化工研究院和润滑油公司联合开发的昆仑润滑连续清洁生产成套技术低黏度 PAO 工业示范装置开车成功，实现第一次工业应用，打破国外技术垄断。

4 日　中共中央总书记、国家主席、中央军委主席习近平考察由华油集团运营管理的北京冬奥村（冬残奥村）住宿服务区域时强调，要提高精准化、精细化管理和服务水平，努力打造安全、温馨、舒适的"运动员之家"；要严格落实"双闭环"管理，完善场馆防疫措施，尽最大努力防止疫情发生；把食品安全放在第一位，越是智能化，越要注重源头把控，确保万无一失。习近平勉励广大干部员工，能够参加北京 2022 年冬奥会和冬残奥会的志愿服务工作，是人生难得的机会，希望服务团队要振奋精神、鼓足干劲，团结协作、共同努力，确保期间各项服务保障工作顺利，让各国参赛人员充分感受到中国人民的热情好客和文明礼貌，感受到春天般的温暖。

同日　集团公司 2022 年质量健康安全环保工作会议（视频）在北京召开。集团公司董事长、党组书记戴厚良出席并讲话。

同日　中共中央组织部研究，谢军同志任中国石油天然气集团有限公司副总经理、党组成员；21 日国务院决定，同意谢军为中国石油天然气集团有限公司副总经理人选。

同日　中国石油收到北京冬奥组委颁发的碳中和特殊贡献牌匾。2021 年 12 月，中国石油自愿向北京冬奥组委赞助 20 万吨国家核证自愿减排量（CCER），以实际行动积极支持北京冬奥会筹办工作。

5 日　中国石油天然气集团有限公司碳中和技术研发中心正式运行。该中心依托安全环保研究院，由勘探开发研究院、规划总院联合共建。

6 日　石油化工研究院自主开发的 PEC-31 碳三加氢催化剂在兰州石化完成性能标定，至此中国石油实现从碳二到碳九系列加氢催化剂全覆盖。

7 日　由中国兵器工业集团有限公司、中国石油天然气集团有限公司、中国核工业集团有限公司、中国长江三峡集团有限公司、中国航天科技集团有限公司五家单位组成的央企伟大精神宣讲报告团走进中国石油，在中国石油科技交流中心作首场巡回宣讲报告会。

8日 1时45分，青海省海北藏族自治州门源回族自治县发生6.9级地震，中国石油青海、甘肃两地企业第一时间启动应急预案，驰援抗震救灾，全力保障油品供应稳定。

9日 集团公司党组2021年度领导班子专题民主生活会在北京召开。中央纪委副书记、国家监委副主任傅奎，国务院国资委党委委员、副主任袁野，中央巡视组副部长级巡视专员、中央纪委国家监委第四监督检查室主任曲吉山，中央企业党史学习教育第二指导组组长卢纯以及中央组织部、国务院国资委有关厅局领导和同志，中央企业党史学习教育第二指导组有关成员到会指导。会上通报集团公司党组2020年度领导班子民主生活会整改措施落实情况及2021年度领导班子专题民主生活会征求意见情况。集团公司党组书记戴厚良代表党组领导班子作对照检查，深入查找存在的不足和差距，明确整改方向，提出整改措施。集团公司党组领导班子成员侯启军、段良伟、刘跃珍、焦方正、黄永章、钱朝阳、任立新、谢军逐一进行对照检查发言，开展批评与自我批评。

10日 集团公司党史学习教育总结会议（视频）在北京召开。中央企业党史学习教育第二指导组组长卢纯、副组长童应安到会指导。集团公司党组书记、董事长戴厚良讲话。

12日 集团公司2021年度党建工作责任制考评动员部署会（视频）在北京召开。

同日 "铁人国际"移动应用平台正式上线。

13日 集团公司2022年工作会议（视频）在北京召开。集团公司董事长、党组书记戴厚良作《苦干实干勇毅前行，开创高质量发展新局面，以优异成绩迎接党的二十大胜利召开》主题报告，集团公司总经理、党组副书记侯启军作生产经营报告，党组副书记段良伟主持会议。集团公司党组领导刘跃珍、焦方正、黄永章、钱朝阳、任立新、谢军，外部董事李建红、石岩、杨亚、高云虎等出席会议。14日下午工作会议闭幕，戴厚良作总结讲话，并为集团公司2021年度杰出成就奖获得者——工程技术研究院周英操颁奖。会上签订党风廉政建设责任书、安全环保责任书和业绩合同，大庆油田等40家单位被评为"2021年度中国石油天然气集团有限公司先进集体"，辽河油田周鹰等500名员工被评为"2021年度中国石油天然气集团有限公司先进工作者"；长庆油田、塔里木油田、西南油气田、南方公司、独山子石化、大港石化、长庆石化、北京销售8家单位入选首批"中国石油绿色企业"；长庆油田、川庆钻探、克拉玛依石化、工程建设公司、宝鸡钢管5家企业被认定为集团公司第二批创新性企业。

大庆油田等 9 家单位作大会发言，塔里木油田等 10 家单位作书面交流。

14 日　工程材料研究院牵头申报的"十四五"首批国家重点研发计划"先进结构与复合材料"重点专项——苛刻环境能源井钻采用高性能钛合金管材研发及应用获科学技术部批复，项目总经费 9130 万元，研究周期 4 年。

15 日　《旗帜》杂志刊发集团公司党组书记、董事长戴厚良署名文章《坚持"两个一以贯之"，在完善公司治理中切实加强党的领导》。

19 日　集团公司党组书记、董事长戴厚良参加指导勘探开发研究院领导班子党史学习教育专题民主生活会。

同日　集团公司总经理、党组副书记侯启军到北京销售国家高山滑雪中心 1 号橇装供油装置、金龙综合能源服务站以及天然气销售北京分公司潭柘寺门站调研，强调全力以赴服务保障北京冬奥会，落实落细冬季保供等重点工作，确保安全平稳运行。

21 日　《学习时报》刊发集团公司党组书记、董事长戴厚良署名文章《深入学习贯彻习近平生态文明思想，为建设能源强国贡献力量》。

24 日　按照党中央国务院关于推动碳达峰碳中和工作统一部署，集团公司成立以公司主要领导为组长的碳达峰碳中和工作领导小组，统筹推进碳达峰碳中和工作。

25 日　北京冬奥火种巡回展示收官之站到中国石油。展示活动在北京中国石油大厦和全国 7 个冬奥社区、广场，以连线方式同步进行。集团公司董事长、党组书记戴厚良，北京冬奥组委市场开发部部长朴学东致辞。

同日　集团公司董事长、党组书记戴厚良视频连线广东石化炼化一体化项目，提出"确保装置一次开车成功"明确要求。4 月 15 日，戴厚良以视频形式调研广东石化炼化一体化项目建设和生产准备情况，强调以"钉钉子"精神将项目建设好、投产好、运行好。9 月 21 日，戴厚良到广东石化现场调研，强调锚定全面投产运行目标不动摇，加强统筹、强化落实，稳扎稳打，确保项目高质量建成投产。

同日　集团公司总经理、党组副书记侯启军到寰球工程公司调研，强调不断提升核心竞争力，助力集团公司炼化业务转型升级。

26 日　集团公司 2022 年党风廉政建设和反腐败工作会议（视频）在北京召开。集团公司党组书记、董事长戴厚良出席会议并讲话。

同日　历时一个半月的集团公司所属单位领导班子专题民主生活会督导任务完成，4 个党史学习教育指导组累计审阅对照检查材料以及个人发言提纲 1100 余份，提出并反馈意见建议近 9000 个，实现全过程和全覆盖督导。

27日　中国石油压裂优化设计软件 FrSmart1.0Beta 版在勘探开发研究院对外发布，实现国产压裂优化设计软件零的突破。

28日　中国石油数据中心（克拉玛依）入选工业和信息化部发布的"2021年度国家绿色数据中心"，2月7日入选"国家新型数据中心典型案例"。

29日　国家发改委办公厅、工业和信息化部办公厅批准同意中国石油吉林石化公司炼油化工转型升级项目由储备项目转为规划项目。2月8日，项目启动仪式以视频方式在吉林市吉林石化丙烯腈装置项目用地现场、北京中国石油大厦举行。项目包括新建年产120万吨乙烯等21套炼油化工装置，改造9套装置，停运7套装置，是中国石油第一个全部使用绿电的化工项目。吉林省委书记景俊海，集团公司董事长、党组书记戴厚良出席启动仪式。11月12日项目在吉林市开工建设。

30日　中国石油天然气集团有限公司与俄罗斯石油股份公司签署《低碳发展领域合作谅解备忘录》《〈保障中国西部炼厂供油的原油购销合同〉补充协议3》。

2 月

3日　中国石油天然气集团有限公司与俄罗斯天然气工业股份公司签署《中俄远东天然气购销协议》，6月16日签署《中俄远东供气项目技术协议》，9月6日签署《中俄东线天然气购销协议》相关补充协议。

4日　中国石油在2022年北京冬奥会张家口赛区点燃冬奥历史上首支利用自主电解水技术制取的绿氢火炬。

9日　集团公司2022年网络安全与信息化工作会议（视频）在北京召开。

9—17日　集团公司总经理、党组副书记侯启军到长城钻探公司、煤层气公司、国际事业公司、共享运营公司、昆仑工程公司调研，强调充分发挥各自企业优势特点，推动主营业务高质量发展。

10日　集团公司2021年度所属单位党委书记抓基层党建工作首场述职评议会议（视频）在北京召开。集团公司党组书记、董事长戴厚良出席会议并讲话。至2月17日共组织3场述职评议会议，30家所属单位的22名党委书记、8名党委副书记进行述职评议。

18日　集团公司2022年工程和物装管理工作会议（视频）在北京召开。

同日　中国石油分子管理创新联合体成立大会在北京召开，宣布中国石油分子管理创新联合体正式成立。该联合体由规划总院牵头，联合独山子石化等7家单位，以及清华大学等10家国内外高校和科研院所，共同组建成立。

22日　中国石油国内勘探与生产业务2022年工作会议在北京召开。

25日　中国石油CCUS工作推进会在北京召开，启动300万吨CCUS重大工程示范项目。

28日　集团公司与通用技术集团宝石花医疗深化改革专业化整合签约仪式在北京举行。国务院国资委党委委员、副主任翁杰明出席并讲话，集团公司董事长、党组书记戴厚良，总经理、党组副书记侯启军参加会议。

3月

2日　集团公司2022年党建工作部署会（视频）在北京召开。

同日　大庆油田采油二厂第六作业区采油48队采油工刘丽当选2021年"大国工匠年度人物"。

同日　集团公司勘探开发人工智能技术研发中心揭牌成立。该中心依托勘探开发研究院，联合昆仑数智、大庆油田、长庆油田、塔里木油田、西南油气田、中国石油大学（北京）、西南石油大学共建。

同日　庆阳革命老区千万吨油气生产基地专题报告会在甘肃兰州举行，标志着陇东千万吨油气生产基地全面建成。

同日　中国石油第一个利用长停井开发的地热示范工程项目在长庆油田建成，每天节约天然气400立方米，年减排二氧化碳293吨。

4日　集团公司2022年提质增效及亏损企业治理工作推进会（视频）在北京召开。集团公司董事长、党组书记戴厚良出席并讲话。

8日　2021年度集团公司巾帼建功先进集体和个人表彰暨第二届"感动石油·巾帼风采"故事分享会，采用线上直播方式举行。大庆油田第二采油厂第六作业区南二一联合站等50个集体被授予"巾帼建功先进集体"，长庆油田白王畹力等200名女职工被授予"巾帼建功先进个人"。

10日　中国石油天然气集团有限公司与中国出口信用保险公司在北京签署战略合作协议。

同日　中国石油天然气集团有限公司和中国绿化基金会联合发起、合作开展"互联网+全民义务植树"——"我为碳中和种棵树"公益活动。截至2022年底，募资金额1788.98万元，参与人数超55.92万人次。首批3550亩林地已启动建设。

12日　集团公司董事长、党组书记戴厚良代表中国石油与新疆维吾尔自治区党委副书记、区政府主席、党组书记艾尔肯·吐尼亚孜在北京签署项目合作协议。

15 日　集团公司决定，优化调整海外业务体制机制，构建"总部直管＋专业化管理＋区域性监管"三位一体的海外业务管理架构，17 日集团公司召开海外业务体制机制优化调整部署动员会，集团公司董事长、党组书记戴厚良出席并讲话。

同日　集团公司党组印发《关于开展"转观念、勇担当、强管理、创一流"主题教育活动的通知》，在集团公司范围内组织开展第 20 次主题教育。

22 日　应急管理部党委委员、副部长刘伟到中国石油总部调研，对中国石油安全生产工作给予充分肯定。集团公司董事长、党组书记戴厚良主持调研座谈会，表示将牢固树立"防范胜于救灾"理念，坚持识别大风险、消除大隐患、杜绝大事故，全面推进安全生产专项整治三年行动。

同日　中共中央组织部研究，蔡安辉同志任中国石油天然气集团有限公司总会计师、党组成员，免去刘跃珍同志的中国石油天然气集团有限公司总会计师、党组成员职务。

同日　国务院国资委改革办公布最新"科改示范企业"名单，中国石油"科改示范企业"增至 7 家。

26 日　塔里木油田联合中油测井完全自主攻关研发的国产化 89 型耐压 245 兆帕、耐温 210℃的射孔技术，在塔里木博孜 1301 井复杂工况条件下试验成功，达到世界先进水平。

29 日　股份公司第八届监事会第十次会议以现场会议和视频方式召开，审议通过《监事会关于公司 2021 年度财务报告审查意见书》《监事会关于公司 2021 年度利润分配预案审查意见书》等 8 个议案并形成会议决议。

同日　集团公司人才强企工程推进年启动会（视频）在北京召开。8 月 18 日，集团公司高层次人才引进工作推进会在河北涿州召开。

30 日　股份公司第八届董事会第十四次会议在北京以现场会议及视频连线方式召开，审议通过《关于公司 2021 年度总裁工作报告》《关于董事会授权收购项目管理小组行权情况的报告》等 16 项议案并形成有效决议。

31 日　股份公司在北京举行 2021 年度业绩发布会（详见专文）。

4 月

2 日　辽阳石化 2 万吨 / 年 1,4- 环己烷二甲醇（CHDM）重大工业试验项目一次投料开车成功，使中国石油成为全球第三家掌握 PETG 共聚酯上下游完整生产技术的企业。

6 日　中共中央组织部研究，刘跃珍同志退休；国务院决定，同意蔡安辉为中国石油天然气集团有限公司总会计师人选，同意刘跃珍不再担任中国石油天然气集团有限公司总会计师职务。

7日　集团公司董事长、党组书记戴厚良到中国石油报社、石油工业出版社调研，强调切实担负起"举旗帜、聚民心、育新人、兴文化、展形象"使命任务，准确定位企业发展方位，坚定正确政治方向、舆论导向和价值取向，持续提高新闻宣传出版的传播力、引导力、影响力、公信力。

10日　中共中央总书记、国家主席、中央军委主席习近平在中国海洋大学三亚海洋研究院连线"深海一号"作业平台，强调推动海洋科技实现高水平自立自强，加强原创性、引领性科技攻关，把装备制造牢牢抓在自己手里，努力用我们自己的装备开发油气资源，提高能源自给率，保障国家能源安全。

12日　中国共产党中国石油天然气集团有限公司直属第十二次代表大会在北京召开，审议并通过集团公司直属第十一届委员会、直属纪律检查委员会工作报告，选举产生中国共产党中国石油天然气集团有限公司直属第十二届委员会、直属纪律检查委员会及出席中央企业系统（在京）党代表会议代表。集团公司党组书记、董事长戴厚良出席并讲话。

同日　大庆油田工程建设公司自主攻关打造的国内第一条可实现原料钢管进料、定长、坡口、打磨、全自动对接焊接、质量检验的"管管接长"生产线正式投产运营，填补国内空白。

13日　辽河油田储气库公司直属团支部获"全国五四红旗团支部"称号，青海油田采油三厂刘亦菲获"全国优秀共青团员"称号。

14日　集团公司天然气保供工作会议（视频）在北京召开。集团公司总经理、党组副书记侯启军出席并讲话。

15日　中国石油科技园A19地块一期项目开工建设，总建筑面积11.59万平方米。

19日　昆仑资本有限公司以云签约形式与上海杉杉锂电材料科技有限公司签署战略投资协议，是昆仑资本有限公司成立以来的首笔投资。

20日　集团公司2022年保密密码工作会议在北京召开。

20—22日　集团公司总经理、党组副书记侯启军出席在海南举行的博鳌亚洲论坛年会，应邀参加"一带一路：合作发展的新实践"分论坛并作发言交流。

22日　集团公司参与出资设立的油气行业气候倡议组织昆仑股权投资基金在海南琼海正式启动。

同日　中国石油天然气集团有限公司成为新型电力系统技术创新联盟首批成员单位。联盟由国家电网公司发起，发电企业、石油石化企业等31家单位组建成立。

同日　中国石油向香港教育界捐赠防疫物资仪式在香港举行，共捐赠36万只KN95口罩、9万剂抗原快速检测试剂和1万盒连花清瘟胶囊。

22—23日　侯启军到驻海南省油气企业调研，强调找准自身定位，做好发展规划，通过创新推动绿色和数字化转型，推进企业高质量发展。

23日　中国工程院院士、中国化工学会理事长，中国石油天然气集团有限公司董事长、党组书记戴厚良在中国化工学会成立100周年纪念大会上作报告。

25日　集团公司以视频形式，在北京、兰州、西安等多地连线，举行长庆油田"岗位建功'十四五'、油气跨越6800"全国引领性劳动竞赛启动仪式。

同日　《中国石油炼油化工技术丛书》首发式在北京举行，是集团公司组织出版的首套炼油化工领域自主创新技术系列专著丛书。

26日　中国石油北京冬奥会、冬残奥会服务保障工作总结表彰会议在北京召开，表彰华油集团等12个"北京2022年冬奥会和冬残奥会服务保障先进集体"，李石大等80名"北京2022年冬奥会和冬残奥会服务保障先进个人"。在此之前，4月19日，华油集团北京冬奥村服务团队和北京华服物业管理有限责任公司石油科技交流中心获"北京2022年冬奥会、冬残奥会北京市先进集体"，华油集团阳光物业公司办公室（党委办公室）主任王晓峰和华油集团中油阳光国际酒店管理有限责任公司副总裁孙军获"北京2022年冬奥会、冬残奥会北京市先进个人"称号。

同日　中国石油天然气集团有限公司与国家电网有限公司在北京签署战略合作框架协议。

27日　集团公司贯彻落实全国巡视工作会议精神暨2022年巡视工作动员部署会在北京召开。本轮巡视共派出6个巡视组，对15家单位进行常规巡视，对2家单位开展巡视"回头看"。集团公司党组书记、董事长、党组巡视工作领导小组组长戴厚良出席并讲话。

28日　集团公司2022年度国家高端智库重点课题启动会在北京召开。集团公司董事长、党组书记、国家高端智库建设工作领导小组组长戴厚良出席并讲话。

同日　辽河油田（盘锦）储气库有限公司获全国五一劳动奖状；华北油田刘静、抚顺石化倪大龙、吉林石化赵景林、大庆炼化姜绍军、上海销售袁婷婷、西南油气田熊波、长庆油田魏诚7人获全国五一劳动奖章，管道局机械公司孟令晨获"职业职工技能比赛"单列表彰的全国五一劳动奖章；华油集团华油阳光冬奥服务团队、大港油田第一采油厂输注作业区原油外输班、东方物探海洋物探处东方勘探二号船队、天然气管道第二工程有限公司CPP217机组、吉林油田新木采油厂创新维修工作站、大庆油田信息技术公司软件分公司、湖北销售武汉分公司盘龙大道加油站、四川销售成都分公司金牛坝加油站、甘肃销售临夏分公司城北加油站、长庆油田第二采油厂南梁采油作业区梁三转中心站、青海油田采油一厂尕斯第三采油作业区、乌鲁木齐石化炼油厂芳烃车间12家单位或集体获"全国工人先锋号"称号。

29日 股份公司第八届董事会第十五次会议以书面审议方式召开，审议《关于选举公司董事的议案》《关于调整公司董事会考核与薪酬委员会成员的议案》等6项议案并形成有效决议。股份公司监事会以书面方式召开第八届监事会第十一次会议，会议审阅通过《关于选举公司监事的议案》《公司2022年第一季度报告》2个议案并形成会议决议。

同日 股份公司第八届董事会第十五次会议，同意焦方正担任公司总地质师；股份公司公告，因年龄原因，刘跃珍辞去公司董事职务，孙龙德辞去公司副总裁、总地质师职务，李鹭光辞去公司副总裁职务。

同日 中国石油天然气集团有限公司与农业农村部在北京签署合作框架协议。

30日 中国石油巴西公司参建的里贝拉项目梅罗油田第一生产单元Guanabara号FP-SO（海上浮式生产储油船）成功投产，原油日处理能力18万桶，天然气日处理能力1200万立方米，是巴西生产能力最大的FP-SO。

本月 吉林油田新215区块16号大井丛平台投产，共有油水井72口，是亚洲最大的陆地采油平台。

本月 工程建设公司中东地区公司承建的伊拉克哈法亚油田地面建设EPCC工程（三期）、上海寰球工程有限公司与中工国际联合体执行的乌兹别克斯坦纳沃伊PVC、烧碱、甲醇生产综合体项目获"2020—2021年度中国建筑工程鲁班奖（境外工程）"。

5 月

3日 辽河油田建设有限公司电焊工张亮获第26届中国青年五四奖章。

6日 集团公司团委表彰一批五四红旗团委（团支部）、优秀共青团员、优秀共青团干部，大庆油田团委等59个团委获"集团公司五四红旗团委"称号，吉林石化有机合成厂乙烯动力联合车间团支部等41个团支部获"集团公司五四红旗团支部"称号，周子钰等148人获"集团公司优秀共青团员"称号，苏欣悦等100人获"集团公司优秀共青团干部"称号。

9日　集团公司董事长、党组书记戴厚良到天然气销售北京分公司等在京单位开展安全生产工作检查，强调坚决守住安全生产红线。

11日　国际权威品牌评估机构Brand Finance公布"2022年度全球油气公司品牌价值50强"榜单，中国石油以297亿美元的品牌价值位居全球第三，在中国油气公司中排名最高。

12日　中国石油天然气集团有限公司分别与华东理工大学、中国中车集团有限公司签署战略合作框架协议。

15日　华北油田工会副主席、团委书记，工会女职工委员会主任付丽莉获评全国妇联"第十三届全国家庭工作先进个人"；四川销售甘孜州色达县加油站泽仁娜姆家庭获评"2022年全国最美家庭"。

16日　西部钻探联合新疆油田、中油测井在新疆油田玛湖凤南FNHW4063四井平台实施"双压裂"施工作业，历时11天，完成110段压裂施工，单日最高施工14段，日均施工10段，单日最大泵注液量1.53万立方米，刷新国内单机组桥射联作压裂工艺日均施工段数和单日泵注液量最高两项纪录，是国内首例实施的"双压裂"施工作业，填补国内"双压裂"技术空白。

18日　集团公司学习贯彻党的十九届六中全会精神专题培训班开班，集团公司党组书记、董事长戴厚良讲授第一课。

19日　股份公司决定，成立中国石油日本新材料研究院，9月30日在北京正式成立。集团公司董事长戴厚良和总经理侯启军共同揭牌。

同日　中国石油首口设计超9000米深井——塔里木油田满深10井开钻，设计斜深9186米。

20日　中国石油广东石化炼化一体化项目年产50万吨聚丙烯装置建成中交，是全球单线挤压机能力最大的聚丙烯装置。7月30日，年产260万吨芳烃联合装置建成中交，是全球单套生产能力最大的芳烃装置。

同日　中国石油转型升级重要项目——兰州石化新建年产3.5万吨特种丁腈橡胶装置建设项目投产。

23日　中油测井建成投产国内第一条测井装备全流程智能化加工生产线。

26日　中国石油发布2021年度社会责任报告，已连续发布16年。

29日　股份公司公告，兰建彬、何江川、金彦江当选公司职工代表监事；因年龄原因，付锁堂辞去公司职工代表监事职务；因工作变动原因，李家民、刘宪华辞去公司职工代表监事职务。

30日　大庆油田勘探开发研究院"三超"文化展厅入选全国首批科学家精神教育基地。

同日　国内首座自主设计高含硫天然气净化厂——西南油气田剑阁区块礁滩气藏试采地面工程净化厂投产。

31日—6月8日　集团公司总经理、党组副书记侯启军对生产经营管理部、勘探与生产分公司等部分单位数字和信息化建设工作进行调研，强调以数字和信息化建设为抓手推进企业业务模式重构、管理模式变革、商业模式创新，用数字化投资撬动和放大现有业务，为集团公司高质量发展赋能。

本月　中油测井首次应用自主研发的230℃/170兆帕小直径测井系列仪器，完成大港油田千探1井测井任务，实现国内首套超高温高压CPLog测井装备成功应用，创CPLog测井装备213℃最高作业温度纪录。

6 月

1日　中国石油发布《2021年环境保护公报》，已连续发布23年。

2日　集团公司"青春心向党、建功新时代"青年座谈会暨青年精神素养提升工程动员部署会在北京召开。集团公司党组书记、董事长戴厚良为广大石油青年讲授精神素养提升第一课。

同日　集团公司决定，中国石油中亚公司改设为中国石油中亚俄罗斯公司，调整中国石油中亚俄罗斯公司、西非公司协调监督范围，海外大区公司设立13个国别代表处。

同日　塔里木油田沙漠公路零碳示范工程在塔克拉玛干沙漠建成投运，成为中国首条零碳沙漠公路。

5日　中国石油发布《中国石油绿色低碳发展行动计划3.0》，提出"碳循环经济体系"理念，部署三大行动及十大工程，细化绿色低碳转型实施路线图。

6日　中国石油完成全球天然气行业首笔绿色贷款提款。此次贷款由中国银行（香港）有限公司提供，用于国际事业公司全球首份长贸液化天然气（LNG）碳中和协议下的贸易结算。

8日　集团公司董事长戴厚良在北京出席金砖国家工商理事会2022年度视频会议，中国石油作为能源与绿色经济工作组中方组长单位作小组年度工作汇报。

9日　股份公司2021年度股东大会（视频）在北京召开。会议以投票方式表决，赞成批准《2021年度董事会报告》《2021年度监事会报告》等9项普通议案；赞成通过《关于给予董事会发行债务融资工具一般性授权事宜的议案》《关于修订公司章程的议案》2项特别议案。股份公司董事长、大会主席戴厚良主持并讲话。

第二部分 大事记

同日 股份公司监事会以现场会议和视频方式召开第八届监事会第十二次会议,审议通过《关于选举公司监事会主席的议案》,并形成会议决议。

同日 股份公司公告,选举谢军为公司董事,蔡安辉为公司监事、监事会主席,谢海兵、赵颖、蔡勇为公司监事;因工作变动原因,吕波辞去公司监事会主席、监事职务;因年龄原因,张凤山辞去公司监事职务;因工作变动原因,姜力孚、卢耀忠辞去公司监事职务。

10日 集团公司第五届石油精神论坛在北京举行(详见专文)。

11日 管道局应用自主研发的多功能模块化海床挖沟机,完成孟加拉国首条海洋管道工程100多千米管道铺设,实现最大后挖沟深度11.9米,创造"海陆定向钻穿越"和"航道后深挖沟"两项世界纪录。

13日 集团公司总经理、党组副书记侯启军到经济技术研究院调研改革发展和国家高端智库建设情况,强调高站位高起点高标准推进科研工作和智库建设工作,为建设基业长青的世界一流企业贡献智库力量。

同日 集团公司决定,成立中国石油天然气集团有限公司知识产权管理办公室,与集团公司科技管理部合署办公,负责归口管理专利、技术秘密、工法和著作权等知识产权工作。

14日 中国石油天然气集团有限公司与中国华电集团有限公司在北京签署深化战略合作框架协议。

15日 中国石油天然气集团有限公司与道达尔能源公司签署阿尔比恩项目研发合作协议。

同日 股份公司公告,因个人原因,西蒙·亨利辞去公司独立董事职务,同时卸任投资与发展委员会委员职务。

同日 《人民日报》在产经版刊发中国石油深化改革、大力推进公司治理体系和治理能力现代化的企业实践文章《中国石油扎实推动改革 "改"出活力 "治"出效率》。

同日 宝鸡钢管自主研发的世界最高强度级别CT150连续管全球首发,强度级别超过1100兆帕。

17日 《学习时报》刊发集团公司党组书记、董事长戴厚良署名文章《以稳增长的有力实践为稳经济贡献石油力量》。

同日 集团公司董事长戴厚良以视频形式参加在俄罗斯举行的圣彼得堡国际经济论坛能源分论坛,表示中国石油将加强与各国同行在传统能源和新能源领域全面合作,共同推进全球能源行业实现可持续发展。

同日 股份公司第八届董事会第十六次会议以书面审议方式召开,审议

《关于调整部分董事会专门委员会成员的议案》《关于辽河油田（盘锦）储气库有限公司股权交易的议案》等3项议案并形成有效决议。

同日　股份公司第八届董事会第十六次会议，同意聘任张道伟、万军担任公司副总裁，聘任王华担任公司财务总监、董事会秘书；因年龄原因，柴守平辞去公司财务总监、董事会秘书职务。

18日　由中央党校和集团公司联合主办的"国际传播能力建设与企业角色"高端论坛在北京举行。集团公司董事长、党组书记戴厚良致辞指出，中国石油在大力发展国际业务的同时，坚持把树立企业形象与彰显国家形象相结合，主动服务国家战略，全面提升国际传播效能。

同日　中国石油土库曼斯坦新气田投产（详见专文）。

21日　第一届金砖国家能源合作论坛在北京举行（详见专文）。

同日　国家发展改革委办公厅、工业和信息化部办公厅批准同意中国石油广西石化炼化一体化转型升级项目转为规划项目。7月28日，项目启动仪式在钦州市广西石化乙烯装置项目用地现场、北京中国石油大厦举行。项目包括新建120万吨/年乙烯裂解等16套炼化装置。广西壮族自治区党委书记、人大常委会主任刘宁，集团公司董事长、党组书记戴厚良出席启动仪式。

22日　国务院国资委副主任、党委委员袁野到中国石油专题督促指导"稳增长、防风险、促改革、强党建"工作，参观国际事业公司原油交易大厅，在石油大厦组织召开专题座谈会。集团公司董事长、党组书记戴厚良作工作汇报。

同日　2022年金砖国家工商论坛在北京以线上线下结合方式举行，集团公司董事长戴厚良应邀出席"加快绿色转型，推动全球可持续发展"专题研讨会并发言，分享中国石油在绿色低碳方面的探索和实践。

同日　中国石油天然气集团有限公司与北京城市副中心党工委管委会在北京签署新能源战略合作框架协议。

23日　中国石油天然气集团有限公司与中国科学院在北京签署战略合作协议。

同日　"中国石油—北京大学基础研究合作项目管理委员会和技术委员会第一次会议"以线上线下相结合的方式召开，审议通过项目管理办法和2022年基础研究合作项目计划，标志着中国石油与北京大学战略合作正式运行。

同日　川庆钻探承钻的西南油气田双鱼001-H6井安全钻至9010米完钻，创中国陆上最深天然气水平井纪录。

24日　集团公司安全生产工作会（视频）在北京召开。集团公司董事长、党组书记戴厚良主持会议并对"安全生产十五条硬措施"进行逐条宣贯。

25日　华北油田山西沁水煤层气田井口日产和日外输商品气量均突破550万立方米，年地面抽采能力超过20亿立方米，建成中国最大煤层气田。

26日　长庆油田第五采气厂苏东39-61储气库建成投产，设计库容22.3亿立方米、工作气量10.8亿立方米，是国家石油天然气基础设施重点工程，也是内蒙古自治区首座天然气储气库。

30日　集团公司第二届科学技术委员会第一次全体会议在北京召开。会议首次邀请能源化工等领域外部院士加入。集团公司董事长、党组书记、科学技术委员会主任戴厚良出席并讲话，为科技委员会委员代表颁发聘书。

同日　第十三届"绿色发展·低碳生活"主旨论坛在北京举办，中国石油凭借在绿色低碳发展方面的优异表现和推动中国能源结构清洁化的卓越贡献，获评"中国低碳榜样"。这是中国石油第十一次获评此奖项。

本月　中国石油成功实现鲁迈拉合资公司重组交割，替代BP成为鲁迈拉项目作业者。

7　月

1日　中国石油首个水面光伏项目——大庆油田星火水面光伏示范工程并网发电，装机规模18.7兆瓦，年均发电2750万千瓦·时。截至2022年底发电1304万千瓦·时。

4日　宝石机械成功研制国内首台静音型8000米自动化钻机。

5日　集团公司总经理、党组副书记侯启军到规划总院调研，强调聚焦集团公司战略谋划、运营优化和转型升级开展研究，及时、有效、精准地提供决策支持和技术服务。

6日　侯启军到昆仑数智调研，强调发挥赋能作用，为集团公司转型升级提供有力支持。

13日　勘探开发研究院研发的太阳能泡排智能加注装备在青海油田南八仙气田完成首轮试运行，标志着国内首试成功绿色智能泡沫排水采气，实现二氧化碳"零排放"。

15日　侯启军到储气库公司和中油国际管道公司调研，强调围绕集团公司主营核心业务稳运行、促发展，加强储运能力建设，为天然气安全平稳保供提供良好服务。

同日　国务院国资委发布2021年度和2019—2021年任期中央企业负责人经营业绩考核结果，中国石油均获评A级，入选2019—2021年任期业绩优秀企业和科技创新突出贡献企业。

同日 《科技日报》头版刊发集团公司董事长、党组书记戴厚良署名文章《建设国家战略科技力量和能源与化工创新高地》，刊发集团公司科技创新通讯报道《打造原创技术策源地——国产大乙烯技术实现"2.0版本"升级》。

同日 中国石油全球首艘大型DP浅水特种作业船"BGP Innovator"（东方物探创新者号）在大连交付，实现最浅5米水深作业，填补全球同类海域勘探装备空白，标志着中国海洋油气勘探装备研发制造实现历史性跨越。

16日 中国石油完成碳市场交易履约任务，2021年以来累计采购碳排放配额600万吨。

19日 侯启军到勘探开发研究院调研，强调加快科技创新，强力支撑集团公司油气增储上产。

25日 塔里木油田博孜—大北超深气区100亿立方米产能建设工程开工，包含新建博孜天然气处理厂1座，处理能力2000万米^3/日，新建天然气外输管线150.8千米、凝析油外输管线243.1千米，新部署井位54口，新建产能天然气50.92亿米^3/年、凝析油61.5万吨/年。这标志着中国最大超深凝析气田全面投入开发建设。

26日 由海洋工程EPC总承包实施的国家管网集团册镇海底管道变形缺陷永久修复项目海底管卡安装成功，是世界当前使用的最大异形管卡，创6项国内第一、两项世界首创。

27—28日 集团公司2022年领导干部会议（视频）在北京召开。集团公司董事长、党组书记戴厚良作题为《坚持依法合规治企和强化管理，为建设基业长青的世界一流企业提供坚强保障》讲话，总经理、党组副书记侯启军通报生产经营和提质增效情况。集团公司领导焦方正、蔡安辉、黄永章、钱朝阳、任立新、谢军，外部董事李建红、石岩等出席会议。长庆油田等8家单位作会议交流发言，大庆油田等8家单位作书面交流。

8 月

2日 2022年《财富》世界500强排行榜发布，中国石油位列第四。

5日 中央政治局委员、中央书记处书记、中央纪委副书记、国家监委主任杨晓渡到新疆油田考察调研采油二厂81号联合处理站及油田发展建设历程、生产经营效益及油气水处理工艺流程等情况。

9日 昆仑ERP系统在大庆石化实现单轨运行，开创国产ERP系统在大型企业核心业务领域应用先河。

12日 股份公司第八届董事会临时会议以书面审议方式召开，审议《关于公司拟将美国存托股从纽约证券交易所退市及相关事项的议案》《关于聘任公司秘书的议案》2项议案并形成有效决议。

同日　股份公司董事会同意聘任王华先生担任公司秘书。

同日　华油集团所属中国华铭国际投资有限公司莫斯科中国贸易中心获俄罗斯建筑行业最高荣誉——"年度最佳竣工工程奖",当年获"中国建设工程鲁班奖（境外工程）"。

16日　大港油田勘探开发研究院何书梅获中国地质学会第三届优秀女地质科技工作者奖。国际勘探开发公司王仁冲、冀东油田勘探开发研究院王政军、东方物探张宏伟获中国地质学会第五届野外青年地质贡献奖。

17日　中国石油科学技术协会成立大会暨第一次代表大会在北京召开（详见专文）。

18日　大庆油田生态环境管护公司、长庆油田第二采油厂获"全国绿化先进集体"称号,集团公司质量健康安全环保部低碳处绿化负责人柳军、大庆油田生态资源管理部原主任王天臣被表彰为"全国绿化劳动模范"。

18—20日　集团公司总经理、党组副书记侯启军到甘肃、陕西两地调研,强调以革命性举措推动油气上产和企业转型升级,推动西部综合能源业务取得新突破。

19日　集团公司参与承办的"绿色低碳·能源变革"国际高端论坛在北京召开。中国工程院院士、集团公司董事长戴厚良主持主论坛开幕式并作题为"绿色低碳背景下的中国能源安全与发展战略"主旨演讲。

22日　勘探开发研究院高级工程师黄士鹏获中国地质学会第十八届青年地质科技金锤奖,大港油田勘探开发研究院一级工程师官全胜、塔里木油田勘探开发研究院油气藏评价所所长张银涛获银锤奖。

22—24日　集团公司总经理、党组副书记侯启军到盘锦市部分石油石化企业调研,强调充分发挥一体化优势,做好抗洪防汛和复产工作,在集团公司高质量发展和新时代东北振兴上展现更大担当和作为。

23日　股份公司第八届监事会第十三次会议以现场会议和视频方式召开,审议通过《监事会关于公司2022年中期财务报告审查意见书》《监事会关于公司2022年中期利润分配方案审查意见书》《公司2022年半年度报告及中期业绩公告》等3个议案并形成会议决议。

25日　股份公司在北京举行2022年中期业绩发布会,公司上半年油气两大产业链平稳高效运行,经营业绩创同期最好水平,营业收入1.6万亿元,归属于母公司股东净利润823.9亿元。股份公司董事长戴厚良出席并致辞。

同日　集团公司维稳信访安保工作会议（视频）在北京召开。

同日　股份公司第八届董事会第十七次会议在北京以现场会议及视频连线方式召开，审议《公司2022年中期财务报告》《公司2022年中期利润分配方案》等6项议案并形成有效决议。

29日　集团公司董事长、党组书记戴厚良在北京主持召开销售分公司领导班子和销售企业负责人座谈会，专题调研成品油销售业务发展情况，强调奋力推动集团公司市场营销高质量发展。

同日　集团公司与国家电投集团等组成的联合体成功竞配广西钦州90万千瓦海上风电示范项目，是中国石油首个通过竞争性配置获得指标的海上风电示范项目。

30日　中国石油工程作业智能支持中心（EISC）揭牌仪式在北京举行。集团公司董事长、党组书记戴厚良和总经理、党组副书记侯启军共同揭牌。

同日　股份公司决定，勘探与生产分公司更名为油气和新能源分公司，炼油与化工分公司更名为炼油化工和新材料分公司，撤销天然气与管道分公司。

31日—9月5日　2022年中国国际服务贸易交易会在北京举办，集团公司在油轮运输、通信服务、快递服务等多个领域，达成服务采购交易额超5亿元。

9月

2日　集团公司董事长、党组书记戴厚良在北京参加2022年新员工集中培训开班式并讲授第一课，勉励新员工努力成为国家能源事业发展的合格建设者和优秀接班人。

同日　集团公司联合中国乡村发展基金会和浙江蚂蚁公益基金会共同发起"加油宝贝"儿童健康保障项目。

3日　集团公司决定，调整中国石油天然气集团有限公司机关服务中心管理体制，与中国华油集团有限公司"一个党委，两块牌子"。

5日　集团公司董事长、党组书记戴厚良到海洋工程、中油技开调研，强调集中精力抓好企业各项任务落实，为推动集团公司高质量发展做出积极贡献。

同日　工程材料研究院自主研发的2205双相不锈钢专用超高温酸化缓蚀剂，大幅降低双相不锈钢在酸液体系中的腐蚀速率，仅为SY/T 5405—2019行业标准限制值的17%，标志着中国石油在不锈钢酸化缓蚀剂领域获重大突破。

同日　四川省泸定县发生6.8级地震，集团公司党组第一时间作出保供救援整体部署，中国石油各驻四川省企业全力救灾。

6日　中国企业联合会、中国企业家协会联合发布"2022中国跨国公司

100大及跨国指数"榜单，中国石油位列第一，连续11年蝉联榜首。

8日　玉门油田300兆瓦光伏并网发电项目正式启动，项目安装容量360兆瓦，建成后年均发电量6.058亿千瓦·时，是中国石油建设的最大光伏发电项目。

同日　中国石油选送的视频作品《晓光》获第五届中央企业优秀故事一等奖。

9日　集团公司董事长、党组书记戴厚良到上海参加中央企业助力上海高质量发展大会并发言，与上海市政府签订全面战略合作协议，并到上海销售公司、中石油（上海）新材料研究院现场调研，进行安全检查。

13日　中国石油天然气集团有限公司与中国科学技术协会在北京签署全面战略合作协议。

16日　集团公司院士座谈会在北京召开，郭尚平、贾承造、苏义脑、袁士义、孙龙德、胡文瑞、黄维和、邹才能、刘合、李宁、高金吉等院士发言，围绕贯彻能源发展新战略、加快科技人才队伍建设等方面建言献策。中国工程院院士，集团公司董事长、党组书记戴厚良出席并讲话。

19—20日　集团公司董事长、党组书记戴厚良在合肥参加2022世界制造业大会、安徽省与中央企业合作发展座谈会，到中国科学技术大学座谈交流，并到安徽销售现场调研，强调全面贯彻新发展理念，不断推进企业高质量发展。

19—23日　五集专题纪录片《中国福气》在凤凰卫视中文台首播，中国石油微信公众号、铁人先锋等多个平台联动播出，累计播放量308.6万次。

20日　大庆油田勘探开发研究院非常规勘探研究室副主任刘鑫，大港油田第六采油厂第二采油作业区采注一组副组长周洋洋，青海油田采气一厂采气工刘馨思雅，华北油田第三采油厂工程技术研究所所长、党支部副书记朱治国，抚顺石化公司维修一车间钳工首席技师王建，辽阳石化公司研究院聚酯研究室主任林妍妍，独山子石化公司炼油二部副经理、党委副书记蒉永龙，锦州石化公司仪电车间电气维修三班组长赵亚东，河北销售邢台分公司第二十三加油站经理王忠伟，中油管道检测技术有限责任公司电气设计主任工程师刘高菲，宝石机械公司海洋石油装备分公司生产运行部副经理安浩11位青年获第21届"全国青年岗位能手"称号。

21日　由中国石油与中国石化、上汽集团、宁德时代、上海国际汽车城集团联合投资的上海捷能智电新能源科技有限公司正式成立。该公司将以动力电池租赁业务为核心，开展换电技术研究推广、电池运营管理、大数据服务等，构建车电分离完整生态，打造标准化平台，为新能源车主带来更安全可靠、方便快捷的优质出行体验。

22日 集团公司贯彻落实习近平总书记致大庆油田发现60周年贺信重要指示精神三周年座谈会在北京召开。集团公司党组书记、董事长戴厚良出席并讲话。

同日 集团公司董事长、党组书记戴厚良和总经理、党组副书记侯启军共同为中国石油展览厅开展。展厅以"新时代、新石油"为主题，综合运用半景画、岩雕、铜浮雕、石刻、仿真模型、微缩景观等多种展览方式，展示图片1000多张，展品400余件。

同日 集团公司决定，成立中国石油天然气集团有限公司科学技术协会，秘书处设在集团公司党群工作部。

23日 在全国安全生产电视电话会议后，集团公司立即召开安全生产工作会议。集团公司董事长、党组书记戴厚良出席并讲话。

25日 中国石油首个20万吨/年EVA项目生产出质量合格的EVA发泡料TL-V1803产品，创国内同类装置产出合格产品速度最快纪录。

28日 《习近平经济思想研究》刊发集团公司党组书记、董事长戴厚良署名文章《坚定担负起能源央企的责任使命》。

29日 股份公司公告，选举付斌为公司职工代表监事；因年龄原因，王亮辞去公司监事职务。

30日 塔里木油田李亚林获"2021年度孙越崎能源大奖"。

本月 西部钻探工程院自主研发的我国第一套小尺寸近钻头导向系统在新疆油田陆梁区块LU3053井现场成功应用，填补国内空白。

10 月

5日 《学习时报》刊发集团公司党组书记、董事长戴厚良署名文章《坚持依法合规治企，为建设世界一流法治企业提供坚强保障》。

9日 煤层气公司在鄂尔多斯盆地东缘大吉区块投产的，进尺分别为3700米和3600米的吉深14-5平01井、平02井，在控压限产前提下获单井日产超10万立方米高产工业气流，达到国内中浅层煤层气直井平均产量60—100倍，标志着中国石油国内首个深层煤层气开发试验区率先在世界2000米以深煤层气新领域取得重大突破。

10日 尼日尔总统穆罕默德·巴祖姆率领国家政府官员一行30多人视察尼日尔公司尼贝管道项目第三标段施工现场。

12日 中国石油天然气集团有限公司与联合石油天然气投资有限公司在北

京签署《中华人民共和国渤海湾盆地高升区块提高石油采收率合同终止协议》，高升项目正式终止。

14日　中国石油连续12年定点帮扶的江西横峰县入选2022年度国家乡村振兴示范县创建单位。

16日　中国共产党第二十次全国代表大会在人民大会堂开幕，中国石油11名党代表在大会现场聆听党的二十大报告。22日，大庆油田钻探工程公司钻井二公司1205钻井队队长张晶当选第二十届中央委员会候补委员。

同日　中国石油天然气集团有限公司与巴西国家石油公司合作的位于桑托斯盆地阿拉姆深水勘探区块的首口探井——古拉绍-1井测试获高产油流。11月10日，中国石油宣布古拉绍-1井测试获得成功，海外深水油气勘探取得重大突破。

17日　《求是》杂志刊发集团公司党组书记、董事长戴厚良署名文章《书写"我为祖国献石油"新时代答卷》。

17—18日　党的二十大代表，集团公司党组书记、董事长戴厚良在党的二十大中央企业系统（在京）代表团分组会议上发言，表示坚决把思想和行动统一到党的二十大精神上来，为实现报告擘画的宏伟蓝图贡献石油力量。

20日　第十一届"黄汲清青年地质科学技术奖"公布，新疆油田勘探开发研究院宋永获"地质科技研究者奖"，大港油田勘探开发研究院韩文中获"野外地质工作者奖"。

24日　集团公司召开党组会（扩大），传达学习中国共产党第二十次全国代表大会精神。11月1日，集团公司召开学习贯彻党的二十大精神宣讲报告会，集团公司党组书记、董事长戴厚良作宣讲，集团公司党组印发《关于按照中央统一部署认真学习宣传贯彻党的二十大精神的通知》；9日，集团公司举行学习贯彻党的二十大精神专题辅导报告会，中央宣讲团成员、中央党史和文献研究院院长曲青山应邀作专题辅导；11日，集团公司党组副书记、总经理侯启军宣讲党的二十大精神；14日，集团公司党组副书记段良伟宣讲党的二十大精神；15日，集团公司党组领导蔡安辉、黄永章、钱朝阳、谢军分别到总部部门和企业宣讲党的二十大精神；17日，集团公司党组领导焦方正宣讲党的二十大精神。12月9日，集团公司党组领导任立新宣讲党的二十大精神。

同日　中国石油凭借为粤港澳大湾区建设做出的积极贡献，获"领航'9+2'粤港澳大湾区杰出贡献企业"称号。

同日　中国地质学会首批会士名单公布，勘探开发研究院党委书记、副院长窦立荣当选中国地质学会会士。

25日　中远海运中国石油国际事业公司LNG运输项目首制船命名及交付仪式在上海举行，标志着中国石油首批3艘自有LNG船队首制船"少林"号正式交付使用。

26日　集团公司总经理侯启军通过视频方式出席第27届土库曼斯坦油气大会并发言。

27日　股份公司第八届董事会第十八次会议以书面审议方式召开，审议《关于公司2022年第三季度报告的议案》《关于公司2022年业务发展和投资计划优化调整方案的议案》2项议案并形成有效决议。

同日　股份公司第八届监事会第十四次会议以书面方式召开，审阅通过《公司2022年第三季度报告》，并形成会议决议。

同日　2022中国知识管理年会暨China MIKE（中国最具创新力知识型组织）颁奖典礼在深圳举办，规划总院获"2022 China MIKE大奖"，是中国石油首次获得该奖项。

30日　集团公司董事长戴厚良在北京视频连线出席2022阿布扎比首席执行官圆桌会议并发言。

截至10月31日　中国石油污染源在线监测系统联网监测点815个，实现企业重点废水废气排放口在线监测全覆盖。

11 月

2日　集团公司天然气冬季保供动员部署会（视频）在北京召开。集团公司董事长、党组书记戴厚良出席并讲话。

4—5日　集团公司董事长、党组书记戴厚良在上海参加第五届中国国际进口博览会暨虹桥国际经济论坛开幕式、RCEP与更高水平开放高层论坛，出席中国石油国际合作论坛并作题为《扩大开放合作，携手应对挑战，共同守护绿色低碳转型中的能源供应安全》主旨演讲。中国石油分别与联益集团、斯伦贝谢等全球30家合作伙伴签署30份采购协议，合同总金额167.9亿美元。

6日　党的二十大代表，集团公司党组书记、董事长戴厚良到山东销售济南分公司城中党支部宣讲党的二十大精神，开展党建带团建活动，并到驻山东省石油企业调研，强调深入学习贯彻党的二十大精神，全力推动高质量发展。

6—20日　集团公司参加在埃及举行的联合国气候大会第27次缔约方大会。在气候投融资边会、中国碳捕集利用与封存最新进展边会、基于自然解决方案推动气候和生物多样性协同治理边会上，进行主旨发言。

9日　工程建设公司巴布油田综合设施项目获"'一带一路'国际项目大

奖"，是迄今为止中国石油企业在 PMI（中国）项目管理大奖评选中获得的最高奖项。

11 日　集团公司决定，成立中国石油天然气集团有限公司关心下一代工作委员会，办公室设在离退休职工管理中心（老干部局）。

12 日　第十七届中国青年科技奖颁奖仪式在温州举行，塔里木油田油气工程研究院院长刘洪涛获评中国青年科技奖特别奖。

13 日　中国石油天然气集团有限公司持有 20% 权益的莫桑比克 4 区项目首批开发的科洛尔浮式液化天然气（LNG）项目首船 LNG 外运。项目设计 LNG 年产能超 330 万吨，是世界上第一个水深超过 2000 米的超深水浮式 LNG 项目，也是中国石油海外单体投资最大项目。

14 日　集团公司在北京召开李德生院士学术座谈会。中国工程院院士、集团公司董事长、党组书记戴厚良出席并讲话。

17 日　集团公司总经理、党组副书记侯启军到贵州习水调研中国石油乡村振兴帮扶示范项目，强调利用好习水县丰富资源，发挥好中国石油产业优势，创新帮扶模式，为全面推进乡村振兴贡献石油智慧、石油方案和石油力量。

17—18 日　集团公司总经理、党组副书记侯启军到西南油气田蜀南气矿泸州采气作业区阳 42 井中心站党支部宣讲党的二十大精神，开展党建带团建活动，并到驻四川省石油企业调研，强调认真学习贯彻党的二十大精神，全力推动企业高质量发展。

20 日　集团公司与辽宁省政府在沈阳签署中国石油在辽宁省重点企业转型发展合作框架协议、与大连市政府签署大连石化搬迁改造项目合作框架协议。

21 日　集团公司董事长、党组书记戴厚良到部分驻辽宁省石油石化企业调研，强调完整准确全面贯彻新发展理念，锚定世界一流目标，科学谋划企业高质量发展，为新时代东北全面振兴、全方位振兴做出新贡献。

同日　由中国石油牵头组建的油气钻完井技术国家工程研究中心揭牌，成为中国油气钻完井工程领域唯一的国家级科技创新平台。

24 日　集团公司定点帮扶县视频调研会在北京召开。集团公司董事长、党组书记、乡村振兴和对口支援工作领导小组组长戴厚良出席并讲话。

26 日　中油测井自主研发的先锋 127 型超深穿透射孔弹将穿孔深度提升至 2258 毫米，再次创造世界纪录，通过美国石油学会（API）认证。

28 日　中国石油 11 项成果获 2022 年中国化工学会科学技术奖，其中 8 项成果获科技进步奖、2 项成果获技术发明奖、1 项成果获基础研究成果奖。润滑油公司牵头承担的"高端发动机油关键添加剂自主技术开发及产业化应用"项目获科技进步奖一等奖，石油化工研究院独立承担的"茂金属聚丙烯催化技术开发与应用"项目获技术发明奖一等奖。

29日　第四届中俄能源商务论坛举行（详见专文）。

30日　西南油气田部署在重庆市梁平区的大页1H井测试获日产页岩气32.06万立方米，是中国首次在二叠系吴家坪组页岩气勘探取得重大突破。实钻证实，有利勘探区面积2885平方千米，资源量达万亿立方米。

同日　全国最大原油商业储备库——广东揭阳520万立方米原油商业储备库（320万立方米部分）建成中交。在此之前，6月30日，商储库（200万立方米部分）中交投用。

12 月

1日　由中国石油国家高端智库与标普全球共同主办的"2022国际能源发展高峰论坛"在北京召开。集团公司董事长戴厚良出席论坛开幕式并致辞。

同日　集团公司决定，在工程和物装管理部设立中国石油天然气集团有限公司装备制造事业部，纳入支持和服务子集团，对集团公司装备制造业务实施专业化管理和一体化统筹。

同日　中油资产和昆仑信托管理体制调整。

2日　《人民日报》刊发集团公司党组书记、董事长戴厚良署名文章《以"五个坚定不移"保障国家能源安全》。

7日　冀东油田南堡1-29储气库开始采气，标志着中国第一座海上储气库正式进入首轮采气期。

12日　中国石油首个风光储一体化开发项目——大庆油田采油七厂葡二联地区小型分布式电源集群应用示范工程一期工程正式并网发电，装机容量2.22兆瓦。

14日　集团公司承办的"新材料产业高质量发展"科技高端论坛在北京召开。中国工程院院士、集团公司董事长戴厚良作主旨报告。

14—15日　集团公司2022年度油气勘探年会（视频）在北京召开。

18日　中国石油广东石化炼化一体化项目进入全面投产阶段，每年可加工原油2000万吨，生产乙烯产品120万吨、芳烃产品260万吨。该项目是中国石油一次性投资规模最大项目，也是国内唯一可全部加工劣质重油的炼化基地。

截至18日　塔里木油田自1999年"气化南疆"以来累计向南疆五地州输气超500亿立方米。

20日　股份公司在第十二届香港国际金融论坛暨中国证券金紫荆奖颁奖

典礼上获"最佳上市公司"奖，股份公司董事长戴厚良获"2022年度卓越企业家"奖，总裁黄永章获"最佳上市公司CEO"奖。

21日　股份公司第八届董事会第十九次会议以书面审议方式召开，审议《关于公司2023年度业务发展与投资计划的议案》《关于公司2023年度预算报告的议案》2项议案并形成有效决议。

22—24日　中国石油2022年度油气田开发年会在北京召开。

26日　西南油气田当年生产天然气376亿立方米、原油6.8万吨，年油气产量当量突破3000万吨。

同日　吉林油田北湖风电场C2风机启动，标志着中国石油风电项目第一台风机正式并网发电，实现中国石油陆上大规模集中式风力发电领域零的突破。

27日　集团公司2022年度所属单位党员领导干部民主生活会督导工作启动会在北京召开，决定成立11个督导组，对总部部门和所属单位进行全覆盖督导。

同日　长庆油田当年生产天然气500.6亿立方米，标志着中国建成第一个年产500亿立方米特大型产气区。

同日　集团公司炼化信息化业务整合部署会（视频）在北京召开，以昆仑数智为主体，整合大庆石化信息技术中心、兰州石化自动化研究院，全面提升昆仑数智为集团炼化领域数字产业化和产业数字化服务能力。

同日　第十六届全国高技能人才评选公布，青海油田史昆、西部钻探谭文波获中华技能大奖，大庆油田杨海波、西南油气田王川洪、川庆钻探张勇、渤海钻探赵增权、吉林石化李永翔、大港石化王峰、管道局邵洪波被评为全国技术能手，大庆油田刘丽获评国家技能人才培育突出贡献个人；大港油田获评国家技能人才培育突出贡献单位。

27—28日　中国石油2022年度油气田新能源年会（视频）在北京召开。

29日　尼日尔共和国总统穆罕默德·巴祖姆视察尼日尔公司炼厂项目。

同日　集团公司2023年生产经营会议（视频）在北京召开。

30日　西南油气田龙王庙组气田水提锂中试装置建成投运，处理规模500米^3/日，年产碳酸锂50吨，是国内首次利用天然气开采伴生气田水成功制得工业级碳酸锂产品。

截至12月31日　长庆油田当年油气产量当量突破6500万吨，达到6501.55万吨，再次刷新国内油气产量当量纪录。

本年　集团公司党组认真落实"第一议题"制度，组织学习第一议题51次、93项，组织17次党组理论学习中心组学习。推动党的二十大精神直通一线，两级理论学习中心组学习 2600 余次，宣讲 3800 余场次。集团公司党组集体研究讨论"三重一大"事项 302 项。

　　本年　中国石油主要生产指标稳定增长，经营业绩创历史最好水平，营业收入 3.4 万亿元，利润总额 2668.7 亿元，净利润 1803.6 亿元，为国家宏观经济大盘稳定做出重要贡献。

　　本年　中国石油国内油气勘探发现和落实 9 个亿吨级、9 个千亿立方米规模储量区，新增探明石油技术可采储量 13922 万吨、天然气技术可采储量 3354 亿立方米，生产原油 10500 万吨、天然气产量 1455 亿立方米；海外在深水、新层油气勘探取得 2 个 10 亿吨级、3 个亿吨级重大发现，油气权益产量当量 10233 万吨、连续第四年稳产在 1 亿吨以上；天然气销售保供稳效成果突出，国内销售 2178 亿立方米。

　　本年　中国石油开工建设 47 个风光发电项目，新增装机规模 110 万千瓦；新建成地热供暖面积 1006 万平方米；CCUS 专项工程二氧化碳注入量突破 100 万吨，产油 31 万吨。

　　本年　中国石油国内加工原油 16490.2 万吨、生产成品油 10574.4 万吨、生产乙烯 741.9 万吨、化工产品销售量 3735 万吨。国内销售成品油 10423 万吨。石油产品国际贸易量 4.3 亿吨。

　　本年　中国石油生产新材料产品 85.5 万吨，医用聚烯烃、丁腈橡胶等 14 种产品形成工业产能。溶聚丁苯橡胶、茂金属树脂、PE-RT 管材料三大系列产品以及三元共聚聚丙烯专用料 TF1007 产销量位居全国第一。

　　本年　中国石油积极推动甲烷控排行动，回收放空气和伴生气超 20 亿立方米。作为 OGCI 在中国的唯一成员企业，与成员企业董事长 /CEO 联合签发《力争实现甲烷零排放倡议》。

　　本年　中国石油申请国内外专利 6862 件，其中发明专利 6618 件、国外专利 137 件，刷新历史纪录；获国内外专利授权 2625 件，其中国内授权专利 2541 件、国外授权专利 84 件。获第二十三届中国专利奖银奖 3 项，优秀奖 5 项。

　　本年　中国石油坚持自主创新，勇当国家战略科技力量，形成 6 项标志性技术成果，取得 20 项重大科技进展。提高油气采收率实验室入选国家科技部遴选的首批 20 个标杆全国重点实验室建设名单。

　　本年　中国石油搭建完成我国油气行业唯一覆盖全国的北斗高精度网。

　　本年　集团公司层面六个方面 86 项改革任务、企业层面 7666 项改革任务全部完成，高质量完成国企改革三年行动任务。

本年　中国石油作为北京2022年冬奥会和冬残奥会官方油气合作伙伴，为赛事提供"油气氢餐宿"立体服务保障。提前完成北京地区油品升级工作，8座加氢站为816辆氢燃料电池车提供服务，为14座冬奥场馆供应氢气14万千克，1357人组成的冬奥服务团队为44个国家和地区7500余名"冬奥村民"提供服务。

本年　中国石油投入乡村振兴和社会公益资金6.66亿元，实施帮扶项目1080个。投入6400万元用于教育事业。

（任洁江　刘倩倩）

中国石油天然气集团有限公司年鉴
2023简本

第三部分
专　文

中国石油天然气股份有限公司2021年度业绩发布会在北京举行

2022年3月31日，股份公司在北京以电话会议和网络直播形式举行2021年度业绩发布会，股份公司董事长戴厚良出席会议并致辞。股份公司执行董事、高级副总裁任立新介绍股份公司2021年经营业绩概要，财务总监、董事会秘书柴守平主持发布会并作2021年财务业绩回顾与分析报告，副总裁田景惠，副总裁、总工程师杨继钢，安全总监张明禄出席发布会。集团公司总经理助理李越强、张华林，董事会秘书徐新福，总部有关部门负责人等列席会议。

2021年，股份公司归属于母公司股东净利润921.7亿元，同比增加731.6亿元。国内原油储量接替率2.21，创股份公司上市以来新高。经营利润1611.5亿元，同比增加852.2亿元，全年主要成本费用增幅远低于收入增幅，油气单位操作成本、炼油单位现金加工成本等主要成本指标得到有效控制。

戴厚良表示，中国石油将继续秉承"绿色发展、奉献能源，为客户成长增动力、为人民幸福赋新能"价值追求，努力创造更加优异业绩，回馈广大投资者和股东，实现企业与环境、社会及所有利益相关方共同可持续发展。

戴厚良在致辞中感谢各位投资者、分析师和媒体记者长期以来对中国石油的关注与关心。他说，过去一年，面对世纪疫情和百年变局，中国石油上下勇毅前行，实施一系列开创性举措，取得一批历史性突破、标志性成果，多项经营业绩指标创历史新高，油气两大产业链平稳高效运行，绿色低碳转型实现快速起步，科技创新成果丰硕，提质增效升级版成效明显，安全环保和新冠肺炎疫情防控扎实推进，社会责任全面履行，公司治理体系和治理能力现代化水平持续提升。

戴厚良表示，当前新冠肺炎疫情仍在蔓延，百年变局加速演进，世界经济复苏不确定性因素增多，全球能源格局面临深度调整，国际油价高位震荡，能源清洁替代、降低碳排放、应对气候变化成为大势所趋，数字化智能化推动行业重塑。这些对股份公司继续做好工作、提升价值带来新挑战，提出更高要求。同时也要看到，中国经济长期向好基本面没有改变、具有强大韧性和活力，国家持续深化改革开放、坚定扩大内需、积极改善营商环境、大力支持实体经济发展，为企业发展创造良好外部环境；股份公司长期以来在油气资源、管理、技术、人才等方面积累坚实基础和比较优势。这些都为股份公司发展创造良好条件。

戴厚良表示，2022年中国石油将坚持创新、资源、市场、国际化、绿色低碳"五大战略"，持续推动油气勘探开发实现新发展，持续提升炼化业务整体创效水平，更加注重供产销联动协调，持续加强天然气市场营销，持续推进绿色低碳转型，持续强化科技创新，持续提质增效和价值创造，持续做好风险防范化解工作，持续促进企业与社会共同发展，努力创造优异的经营业绩，开创高质量发展新局面。

集团公司第五届石油精神论坛在北京举行

2022年6月10日，集团公司第五届石油精神论坛在北京举行，深入学习贯彻习近平新时代中国特色社会主义思想，深化落实习近平总书记对中国石油和中国石油相关工作重要指示批示精神，深刻体悟总书记对石油战线和石油员工的关心关爱，汲取思想伟力、赓续精神血脉，进一步凝聚新时代新征程团结奋斗的磅礴力量。集团公司党组书记、董事长戴厚良作题为《牢记嘱托跟党走、传承精神勇担当，为加快建设能源强国谱写石油新篇章》讲话。集团公司党组领导侯启军、蔡安辉、钱朝阳、任立新出席，党组副书记段良伟主持。

戴厚良指出，精神既是国家强盛之魂，民族存续之根，也是企业立足之本。中国石油把习近平新时代中国特色社会主义思想和总书记重要指示批示精神作为思想航标精神旗帜，认真贯彻落实习近平总书记关于加强党对国有企业的全面领导、能源的饭碗必须端在自己手里、高水平科技自立自强、推进绿色低碳和碳达峰碳中和、建设世界一流企业等重要指示批示精神，坚决做党和国家最可信赖的骨干力量、依靠力量，建设国家战略科技力量和能源与化工创新高地取得积极进展，绿色发展和低碳转型迈出坚实步伐，公司治理效能和规模实力持续提升，不断推动中国石油高质量发展迈上新台阶。

戴厚良强调，要把弘扬伟大精神作为神圣使命政治责任，不断丰富发展石油精神的时代内涵和实践价值。石油精神是全体石油人共同的精神家园，饱含着习近平总书记对石油战线的殷殷嘱托，必须站在"两个维护"的高度，深刻领会并丰富发展石油精神和大庆精神铁人精神的内涵要义，创新传承路径，赓续精神血脉，让石油精神放射出新的时代光芒。石油精神是石油战线红色基因和优良传统的凝练升华，是中国共产党人精神和中华民族伟大精神的生动体现，必须将石油精神深深融入广大员工的血脉，使其代代相传，成为社会主义核心价值观的丰富滋养，成为鼓舞激励我们拼搏进取、从胜利走向胜利的强大精神动力。石油精神是以大庆精神铁人精神为典型代表的时代精神，彰显了广大石油人矢志奋斗的精神品质。弘扬石油精神和大庆精神铁人精神，必须坚持"干"字当头、"实"字托底、"严"字为要，始终保持狭路相逢勇者胜、越是艰险越向前的进取精神，心无旁骛干事业、聚精会神抓发展。

戴厚良强调，要把凝聚干事创业精神力量作为时代命题重要任务，不断引领百万石油员工在能源强国建设中奋勇争先再创佳绩。要坚定不移厚植爱党爱国情怀，始终同以习近平同志为核心的党中央保持高度一致，深刻领会"两个确立"的决定性意义，牢记中国石油是党的中国石油、国家的中国石油、人民的中国石油，把"石油工人心向党、坚定听党话跟党走"的忠诚融入血液。要坚定不移砥砺初心使命，持续加大国内勘探开发力度，加快绿色低碳转型，全面推进"油气热电氢"综合性国际能源公司建设，推动高水平科技自立自强，加快打造"数字中国石油"，切实担负起保障国家能源安全的时代重任。要坚定不移弘扬优良传统，锻造永葆本色永远向前的新时代石油铁军，善于从中华文明中汲取营养，加快推进新时代石油先进文化建设，持之以恒强作风。深入实施人才强企工程，全面实施青年精神素养提升工程，确保石油事业薪火相传、后继有人。要坚定不移践行责任担当，坚决贯彻落实党中央"疫情要防住、经济要稳住、发展要安全"的部署要求，高效统筹新冠肺炎疫情防控、生产经营和改革发展，毫不松懈抓好安全生产，确保安全环保形势稳定、企业和队伍大局稳定，以主动作为和优异业绩迎接党的二十大胜利召开。

论坛上，西安石油大学铁人精神研究中心首席专家、主任郭岗彦，中国政法大学思想政治研究所副教授郭继承，中国社会科学院工业经济研究所所长史丹，中国企业文化研究会理事长孟凡驰4位专家教授，先后从精神价值层面、传统文化范畴、能源战略视野、企业文化角度等，阐述石油工业发展的形势与方向、举好精神旗帜的作用与意义。长庆油田党委结合高质量建成6000万吨级特大型油气田、东方物探党委围绕勇当国际物探行业技术"领跑者"作了发言。来自科研和生产一线的张晶、伏喜胜、周英操作先进事迹报告。大庆油田1205钻井队队长张晶表示要以实际行动回答好新时代"铁人三问"；"从参加工作至今只干一件事，就是把中国润滑油的事做好"，润滑油公司首席科学家伏喜胜坚守匠人匠心，不断追求卓越；"把论文写在钻台上，写在井场上，写在油气勘探开发主战场上"，油气钻完井技术国家工程研究中心副主任周英操表示，要志存高远，勇攀科技高峰。

国务院国资委宣传工作局副局长、一级巡视员侯洁，西安石油大学党委副书记张木、党委宣传部部长赵承胜、马克思主义学院院长张海涛参加论坛。集团公司总经理助理、股份公司管理层成员，总部部门、纪检监察组、专业公司负责人和各单位党委负责人在主分会场参加。论坛在中国石油"铁人先锋""中油阅读"App 以及中国石油网站和新媒体等同步进行现场直播，近 130 万人次观看直播。

中国石油土库曼斯坦新气田投产

2022 年 6 月 18 日，中国石油阿姆河公司巴格德雷合同区 B 区西部气田投产仪式在土库曼斯坦列巴普州加迪恩集气总站举行。土库曼斯坦总统谢尔达尔·别尔德穆哈梅多夫出席仪式并发表讲话，中国驻土库曼斯坦大使钱乃成和中国石油天然气集团有限公司总经理侯启军分别致辞。谢尔达尔·别尔德穆哈梅多夫听取中国石油阿姆河公司汇报中土油气合作情况，参观加迪恩集气总站中控室，表示土中天然气合作进展顺利，富有成效，希望双方继往开来，推动双方合作项目取得新进展。

6 月 20 日上午，谢尔达尔·别尔德穆哈梅多夫在阿什哈巴德总统府接见侯启军，强调土库曼斯坦高度重视发展土中双边关系，油气领域是双方合作的重要方向，多年来中国石油在土库曼斯坦开展的天然气合作富有成效，为土中两国经济和能源发展做出重要贡献，土中天然气合作具有战略性、长期性，双方合作前景光明。土库曼斯坦油气副总理阿卜杜拉赫曼诺夫与侯启军一行举行会谈。侯启军汇报中国石油在土库曼斯坦业务开展情况，以及中国天然气市场现状及未来发展趋势，表示中国石油将与土库曼斯坦合作伙伴共同深化天然气领域互利合作，落实中土两国元首达成的重要共识。阿卜杜拉赫曼诺夫指出，土库曼斯坦天然气资源丰富，是中国长期稳定的天然气供应国，希望双方公司在现有合作基础上共同努力，扩大合作成果。

第一届金砖国家能源合作论坛在北京举行

2022 年 6 月 21 日，第一届金砖国家能源合作论坛在北京举行。论坛由金砖国家工商理事会中方理事单位中国石油天然气集团有限公司与中国工程院能源与矿业工程学部联合主办，中国石油勘探开发研究院承办。

论坛以"深化金砖能源合作，助力绿色转型发展"为主题，秉承"立足工商、聚焦合作、服务金砖、面向全球"的理念，邀请来自金砖五国的嘉宾、专家，共同把脉世界能源发展形势，共商金砖国家能源合作大事。金砖国家工商理事会中方理事、中国石油天然气集团有限公司董事长戴厚良，金砖国家工商理事会中方主席、中国工商银行董事长陈四清和中国工程院能源与矿业工程学部主任周守为在开幕式致辞。

戴厚良在致辞时表示，应对气候变化与推动能源清洁低碳转型已成为全球共识，各国纷纷采取积极行动和有效措施，加速绿色低碳转型。金砖国家作为新兴市场国家和发展中国家的代表，成员国中既有能源生产大国，又有能源消费大国，在参与全球能源治理和稳定全球能源市场方面被给予诸多关注和期盼，具有举足轻重的作用和地位。近年来，金砖国家能源双边贸易规模不断扩大，能源合作不断深入，深化务实合作已具备坚实基础。金砖国家在能源资源、供需、产业和技术方面具有明显的互补优势。深度挖掘互补优势，加强国家之间务实合作，构建金砖国家新时代能源发展伙伴关系，不仅有助于各国经济社会发展，也能够更好地发挥金砖国家及发展中国家力量，共同维护全球能源市场安全发展，提升金砖国家参与全球能源治理的话语权和影响力。

为打造"能源金砖"，扛起能源与绿色经济工作组中方单位责任担当，戴厚良表示，将加强与金砖各国在能源领域和企业的全面合作，实现以合作促发展、以发展促共赢。一是推动金砖国家能源合作已有成果落地见效，开展相关政策体系、基础设施配套和基础理论研究，促进科技成果转化与应用。二是推动金砖国家能源信息平台共建共享，加强能源政策、信息、案例、合作项目交流共享，深度挖掘能源合作机会。三是推动金砖国家能源多边合作开放，深化全方位、多层次合作，共同参与全球能源治理，形成发展融合、利益共享的多方合作局面。四是推动金砖国家能源合作论坛定期召开，通过碰撞思想、交融观念，把握机遇、直面挑战，共同把合作机制做实，把市场蛋糕做大，把发展动能做强。

金砖国家工商理事会中方副秘书长、中国石油天然气集团有限公司总经理助理李越强主持论坛。开幕式上，能源与绿色经济工作组巴西、俄罗斯、印度和南非各方组长分别视频致辞。能源与绿色经济工作组中方组长、中国石油勘探开发研究院常务副院长窦立荣代表工作组，发布中、英、俄、葡四种语言的《后疫情时代为金砖国家可持续发展贡献能源力量》联合倡议书。该倡议书从"维护能源市场稳定、解决能源贫困、可再生能源产业链合作和自主减排"4个方面提出10条倡议，呼吁各能源企业把握合作机遇，齐心协力，助力金砖国家在后疫情时代实现高质量发展。中国石油天然气集团有限公司国家高端智库常务副主任、中国石油经济技术研究院院长余国应邀作题为《金砖国家能源合作现状与前景展望》的主旨报告。

来自外交部、中国工程院、金砖国家工商理事会中方理事单位和能源与绿色经济工作组中方成员单位及五国能源企业代表、驻华使节、国际组织和院校等的嘉宾现场参加论坛活动。论坛期间举行主题为"把脉能源大势，共享绿色未来"和"擘画合作蓝图，携手共赢发展"对话，13位嘉宾围绕国际能源形势和市场、金砖国家能源合作前景、务实能源合作等研讨交流。

本届金砖国家能源合作论坛是金砖国家工商理事会能源领域首次创办的论坛，是疫情以来金砖国家工商界举办的层次最高、范围最广的交流活动，在能源企业间搭建沟通和交流的平台，为助力能源领域务实合作，丰富金砖主席国年度成果，推动新时代能源发展伙伴关系建设做出重要贡献。

中国石油科学技术协会成立大会在北京召开

2022年8月17日，中国石油科学技术协会成立大会暨第一次代表大会在北京召开。集团公司董事长、党组书记戴厚良，中国科学技术协会党组成员、书记处书记张桂华出席会议并讲话，共同为"中国石油科学技术协会"揭牌。

戴厚良指出，中国石油科学技术协会的成立，是集团公司党组深入学习贯彻习近平总书记重要讲话和指示批示精神的重要举措，标志着集团公司科技治理迈出新步伐，对于推动中国石油科技事业高质量发展、加快建设国家战略科技力量和能源与化工创新高地具有重要意义。集团公司正处于推进高质量发展、建设世界一流企业的关键时期，必须将科技创新作为实现高质量发展最核心、最可持续的驱动力，在推进能源科技高水平自立自强中勇挑重担、敢打头阵，为建设世界科技强国和能源强国贡献石油力量。中国石油科学技术协会要切实增强创新发展的使命感、责任感和紧迫感，坚持以习近平新时代中国特色社会主义思想为指导，带头学深悟透习近平总书记关于科技创新重要论述，加强对科技工作者政治引领，充分发挥凝聚科技人才、促进自主创新、激发创造活力等方面作用。

戴厚良强调，中国石油科学技术协会要按照"服务好科技工作者、服务好创新驱动发展、服务好全员科学素质提高、服务好公司科学决策"定位，履职尽责、扎根基层，大力推动开放型、枢纽型、平台型科协组织建设，切实加强政治引领、开展学术交流、搭建创新平台、深化科普活动，团结引领广大石油科技工作者积极投身新时代科技创新主战场，为集团公司建设科技强企、人才强企，成为国家战略科技力量做出应有贡献。

戴厚良要求，广大科技工作者要做坚定理想信念的表率，始终把政治建设摆在首位，持续强化理论武装，深刻领悟"两个确立"决定性意义，自觉做习近平新时代中国特色社会主义思想的坚定信仰者、忠实实践者；要做勇攀科技高峰的表率，敢为天下先、敢啃硬骨头，聚焦重大科技项目、重大科学问题和关键核心技术问题，埋头钻研、聚力攻坚；要做践行科学家精神的表率，坚持立德、立学、立言、立行相统一，把践行科学家精神、弘扬石油精神和大庆精神铁人精神深度融合，切实肩负起时代赋予的科技创新重任。

集团公司党组副书记段良伟主持会议，集团公司党组成员、副总经理焦方正出席会议。北京市科学技术协会党组成员、副主席孟凡兴宣读成立中国石油科学技术协会的批复文件，中国工程院院士、中国石油科学技术协会筹备组组长孙龙德作筹备工作报告。中国科学技术协会、北京市科学技术协会有关部门负责人，集团公司总经理助理、管理层成员，院士代表，总部部门、纪检监察组、专业公司和各单位相关负责人及大会代表在主分会场参会。

中国石油科学技术协会成立大会后，集团公司召开科学技术协会第一次代表大会、一届一次全体委员会议，通过中国石油科学技术协会章程，选举产生中国石油科学技术协会第一届委员会委员和主席、副主席、常务委员会委员。

第四届中俄能源商务论坛举行

2022年11月29日，第四届中俄能源商务论坛以线下与线上相结合方式在北京和莫斯科两地举行。国家主席习近平同俄罗斯总统普京分别向中俄能源商务论坛致贺信。

习近平贺信中指出，中俄能源合作是两国务实合作的重要基石，也是维护全球能源安全的积极力量。面对外部风险挑战，中俄双方加强沟通协作，推进重大合作项目，显示出中俄能源合作的强劲韧性，诠释了中俄新时代全面战略协作伙伴关系的广阔前景。中方愿同俄方一道，打造更加紧密的能源合作伙伴关系，促进能源清洁绿色发展，共同维护国际能源安全与产业链供应链稳定，为国际能源市场长期健康可持续发展作出新的贡献。

国务院副总理韩正出席论坛开幕式，宣读习近平主席贺信并致辞。韩正表示，能源安全是各国实现经济发展、社会稳定的重要基础。在两国元首战略引领下，中俄能源合作稳步推进，取得了一系列新成果。当前，全球能源体系正发生深刻变革，产业链供应链安全稳定面临诸多风险挑战。中国将继续加强资源统筹和政策支持，扎实做好能源安全保供，确保人民群众温暖过冬。中俄双方要落实好两国元首的重要共识，打造更加紧密的能源合作伙伴关系，为增进两国人民福祉、促进全球能源安全与可持续发展作出更大贡献。

韩正就深化中俄能源合作提出三点建议。一是着力优化营商环境，确保能源贸易持续稳定发展，按计划有序推进重大项目合作。二是支持能源生产国、过境国、消费国加强协作，畅通国际能源产业链供应链，维护全球能源市场安全稳定。三是构建绿色低碳的全球能源治理格局，积极推动建立全球清洁能源合作伙伴关系，共同应对气候变化挑战。

俄罗斯联邦政府副总理诺瓦克，俄罗斯总统能源发展战略和生态安全委员会秘书长、俄罗斯石油股份公司总裁谢钦出席开幕式。谢钦宣读俄罗斯总统普京贺信并致辞，诺瓦克作致辞。中国国家能源局局长章建华和俄罗斯科学院院士、俄罗斯科学院世界经济和国际关系研究所主席登金主持开幕式。中国石油天然气集团有限公司董事长戴厚良出席开幕式并致辞。

诺瓦克表示，中国是俄罗斯最大的贸易伙伴。俄罗斯也是中国的主要贸易伙伴之一。这为双方合作提供了强大的动能。能源在俄中务实合作发展中具有关键性意义。俄方愿意进一步开展合作，推动俄中能源合作行稳致远。

谢钦表示，在全球能源危机背景下，两国的合作有着独特的机遇，俄中经贸关系是增长极。中国提出的碳达峰碳中和目标对俄罗斯非常重要。俄方也考虑在油气开采、管道运输和油轮输送等领域使用最先进的清洁环保技术。

戴厚良表示，中俄能源合作将迎来更加广阔的前景。我们要抓住机遇、直面挑战，进一步拓展两国能源合作的广度、深度。建议双方共同保障油气资源供给安全，认真执行好能源合作的战略大项目，继续发挥好能源合作在双方经贸交往中的引领支撑作用，确保石油、天然气等传统能源供给安全。全面提升油气全产业链合作水平，共同应对能源转型面临的能源结构性短缺和成本上涨等问题，实现更高水平的融合发展。积极挖掘绿色低碳合作潜力，携手共建绿色低碳能源生态圈。共同参与全球能源治理，推动完善更加公平公正、均衡普惠、开放共享的全球能源治理体系，努力为维护全球能源安全和中俄油气合作健康发展贡献智慧和力量。

本届论坛主题为"深化中俄能源合作，共促能源安全与绿色可持续发展"。与会代表就中俄在石油、天然气、煤炭、电力、核能及新能源等领域合作展开讨论，就绿色氢能商业化等话题进行交流。论坛期间发布《中俄能源合作投资指南（中国部分）》。

本届论坛由中国石油天然气集团有限公司和俄罗斯石油股份公司联合主办，中国国家能源局、俄罗斯总统能源发展战略和生态安全委员会为协调单位。来自中俄双方的有关部门和能源企业、金融机构、研究机构、行业协会的300多名代表参加论坛开幕式。

（任洁江　刘倩倩）

中国石油天然气集团有限公司年鉴
2023简本

第四部分
主营业务

油气勘探开发生产

【概述】 中国石油国内油气勘探与生产业务、新能源业务、储气库业务及国内勘探开发对外合作项目运营组织管理由中国石油天然气股份有限公司油气和新能源分公司（简称油气新能源公司）统筹负责。截至2022年底，油气新能源公司归口管理单位17个，分别是大庆油田有限责任公司、辽河油田分公司、长庆油田分公司、塔里木油田分公司、新疆油田分公司、西南油气田分公司、吉林油田分公司、大港油田分公司、青海油田分公司、华北油田分公司、吐哈油田分公司、冀东油田分公司、玉门油田分公司、浙江油田分公司、中石油煤层气有限责任公司、南方石油勘探开发有限责任公司、储气库分公司。

2022年，国内油气勘探取得4项重大战略突破、15项重要发现，落实9个亿吨级和9个千亿立方米规模储量区。新增探明石油地质储量86216万吨（含凝析油1038万吨），新增探明天然气地质储量6845亿立方米（含页岩气671亿立方米），新增探明石油地质储量连续17年超过6亿吨，新增探明天然气地质储量连续16年超过4000亿立方米。全年生产原油10500万吨、天然气1455亿立方米，油气产量当量再创历史新高。

（张 磊）

1. 勘探开发工作量

2022年，油气勘探二维地震8618千米、三维地震20236平方千米，钻井1316口，进尺442.1万米；原油开发钻井9750口，进尺1948.1万米；天然气开发三维地震1590平方千米，钻井3327口，进尺1468.2万米；完钻水平井2512口（表1）。

2. 油气储量

2022年，新增探明石油地质储量8.6亿吨、天然气地质储量6845亿立方米，SEC口径油气储量接替率1.12。

3. 油气产量

2022年，生产原油10500万吨、天然气1455亿立方米，分别同比增加189万吨、77亿立方米；油气产量当量22090万吨、同比增产799万吨，再创历史新高。

4. 经济效益指标

2022年，上市业务销售收入6558亿元，税前利润1377亿元，净现金流1489亿元。

表1 2022年勘探开发工作量

项	目	2022年	2021年	同比增减
勘探	二维地震（千米）	8618	5832	2786
	三维地震（平方千米）	21826	16986	4840
	钻井（口）	1316	1464	-148
	进尺（万米）	442.1	468.2	-26.1
开发	原油 钻井（口）	9750	8775	975
	原油 进尺（万米）	1948.1	1654.4	293.7
	天然气 钻井（口）	3327	2393	934
	天然气 进尺（万米）	1468.2	723.8	744.4
	完钻水平井（口）	2512	2568	-56

注：勘探地震中含天然气前期评价工作量1590平方千米。

【勘探开发主要成果】

1. 油气勘探取得一批新的重要成果

2022年，突出整体研究和顶层设计持续强化地质综合研究和工程技术攻关，突出新区新领域目标准备和战略发现持续强化风险勘探和重大预探领域甩开勘探，突出12大增储领域和12大战略接替领域，持续强化富油气区带集中勘探、整体勘探、立体勘探、精细勘探，突出地震先行，持续强化地震勘探追加投资22亿元，持续推进矿权三年保卫战、采矿权倍增和SEC增储专项行动，取得4项重大战略性突破和15项重要发现，发现和落实9个亿吨级和9个千亿立方米级规模储量区。塔里木盆地塔北富满富东1井试获日产气40.5万立方米、油21.4立方米高产油气流，鹰山组二段断控高能滩复合油气藏勘探取得重大突破，发现碳酸盐岩超深层超高压油气勘探新领域；准噶尔盆地南缘天湾1井白垩系试获日产气76万立方米、油127立方米高产油气流，南缘深层隐伏背斜型构造勘探取得重大突破，发现8000米超深层碎屑岩超高压油气藏；四川盆地川东地区大页1H井试获日产气32万立方米，吴家坪组海相页岩气新层系新领域勘探首获重大突破，开辟四川盆地页岩气规模增储新阵地；渤海湾盆地保定凹陷保清1X井、高77X井、高67X井东营组—馆陶组分别试获日产油106立方米、41立方米和43立方米高产油流，取得老区新凹陷石油勘探的重大突破，发现亿吨级高效规模储量区，对深化老区精细勘探意义重大。新增石油、天然气探明地质储量分别为 8.6 万吨、6845 亿立方米。

2. 油气产量当量再创历史新高

2022 年，紧盯"七年行动方案"目标，瞄准全年任务，克服新冠肺炎疫情、洪涝灾害和地震等影响，强化产运销储联动，5 次调整全年运行计划，生产原油 10500 万吨，同比增长 189 万吨，实现四连升，创"十三五"以来最大增幅。天然气产量持续保持较快增长，产量 1455 亿立方米，再创新高，同比增长 77 亿立方米。油气产量当量 22090 万吨、同比增产 799 万吨，再创历史新高。西南油气田油气产量当量同比增加 233 万吨、达到 3062 万吨，成为第四个超 3000 万吨的油气田；松辽、鄂尔多斯、四川、渤海湾、新疆、柴达木等六大油气生产基地地位持续夯实，产量当量及其同比增量分别为 21667 万吨、735 万吨，分别占相应总量的 98%、92%。

3. 油气老区稳产基础不断夯实

2022 年，突出"控递减"和"提高采收率"两条主线，强基固本，夯实老区稳产基础。实施"压舱石工程"，基于对油田开发形势的准确研判和前期准备，召开工程启动会并开展专题培训，精心制定 10 个示范项目上产稳产 1000 万吨部署方案并推进实施。狠抓精细油藏描述，完成年度部署审查项目 86 个，覆盖地质储量 14.18 亿吨，成果应用提供井位 5720 口，增加可采地质储量 2064 万吨；强化注水专项治理，实施注水工作量 40.9 万井次，推广完善 17 项配套工艺，分注率提高 0.5 个百分点，分注合格率提高 1.7 个百分点，井口水质达标率提高 0.3 个百分点；开展长停井治理，恢复长停井 7633 口（其中采油井 5380 口、注入井 2253 口），开井率 76.2%，连续 6 年稳步提升，同比提高 0.9 个百分点。推进 CCUS（碳捕集、利用与封存）业务，继续加大碳源组织与注入力度，二氧化碳注入 111 万吨（内部碳源占 51.6%）、产油 24.8 万吨，其中吉林油田注入 43 万吨、大庆油田注入 30 万吨；持续推进重大开发试验，突出 10 大试验项目，持续推进化学驱油、热采工业化推广力度，加大转变注水开发方式、气驱技术攻关与应用，产油 2313 万吨，占总产量的 22%；开展老气田综合治理，苏里格、克拉 2、龙王庙、涩北等 10 个（含安岳气田震旦系）重点气田的开发调整和克深 8、台南、苏里格等 3 个提高采收率项目现场开发试验，预计可提高采收率 5—13 个百分点、增加经济可采储量 3337 亿立方米。全年油田自然递减率 9.34%、综合递减率 4.20%，均创股份公司上市以来最好水平。

4. 油气产能建设效果持续好转

2022 年，坚持"技术进步提单产"和"强化管理提效益"两条主线，强化方案设计优化和效益倒逼，开展项目效益排队和优选，推进油气产建项目达标达产达效，确保新建产能对产量、效益、成本控降的正向拉动。推进开发方式转变，推广大井丛平台式集约化建产新模式，油、气平台化钻井分别占总钻井数的74%、71%以上，其中6口井以上油、气平台井数分别占53%、46%，地面工程建设推进标准化设计、工厂化预制、模块化建设、标准化施工，节约土地4839亩（1亩≈666.67平方米）和投资15.9亿元；加大水平井规模应用力度，完钻水平井2512口，水平井体积压裂1427口，油、气水平井分别以16.9%和33.7%的投产井数贡献41%和58%的新井产能；配套完善验收考核制度，为实现油气科学配产，核定实际生产能力，规范产能建设项目管理，实现产能与产量联动，编制印发油气产能标定、验收与配产管理实施细则。全年完钻井12440口，新建油、气产能1172万吨、278.3亿立方米，产能完成率分别为97.7%和101.5%。

5. 天然气冬季保供能力不断提升

国内油气和新能源业务一直将天然气冬季保供作为战略性民生工程常抓不懈。2022年初以来，按照"四个坚持、五个最、六个到位"要求，提前谋划，统筹气田生产、产能建设和储气库注采、建设，提升保供能力，冬季保供量继续保持5%以上增幅。气田生产态势良好，加强生产动态分析，精心维护老井能力，加快新井投产节奏，优化气井配产，加快地面工程配套，10—12月生产天然气385.7亿立方米，12月生产天然气136.6亿立方米，同比增加3040万立方米，冬季气田生产能力保持良好。储气库生产态势良好，13座在役库、12座先导试验库共25座库投入注气，年注气156.4亿立方米，同比增加34.6亿立方米，超国家能源局下达任务9.8亿立方米；按期完成注采转换相关工作，保供期采气137.3亿立方米，高月冲锋能力1.85亿米^3/日，同比增加2500万米^3/日。装置检维修工作进展顺利，全年完成天然气处理厂105座、装置176套检修，完成储气库13座、装置24套检修。

6. 创新动力活力不断增强

2022年，科技创新机制持续完善，强化科研与生产深度融合。落实科技项目全成本预算，协调推动直属研究院所科技项目全成本管理，勘探院实现收支平衡、略有盈余。

勘探地质理论取得创新性成果，生烃机理认识取得突破性进展，发现富藻烃源岩早熟早排机制，渤海湾盆地为沙河街组一段下亚段生油门限变浅700米，创新泥灰岩成烃新模式，四川盆地发现雷口坡组三段烃源岩新类型；有效储层发育机理不断创新，勘探下限不断拓展；海相碳酸盐岩、前陆冲断带、岩性及页岩油气等领域成藏富集规律认识不断深化，推动这些领域在多盆地取得重大发现或突破。

开发地质技术取得阶段性重要成果，页岩油形成以"可动油储量丰度"为核心的地质工程"甜点"评价体系，水平井靶层由"厚油层"转向厚度小于5米的"黄金靶层"；碳酸盐岩缝洞体雕刻形成断储结构空间精细表征技术，新井成功率95%以上，高效井占比69%；第四代智能分注形成油管内非接触对接缆控分注技术，实现2段到4段提级分注，7个示范区应用1194口井，含水上升率下降1.39个百分点、自然递减率下降3.07个百分点，水驱动用程度显著提高。

工程技术创新持续推进，地震强化"两宽两高一单点"采集和叠前深度偏移处理攻关，同类区块资料品质大幅提高；钻井6000米以上超深井平均井深同比增加132米，钻井周期缩短7.6%，平均机械钻速提高9.4%；测井攻关建立页岩油可动油含量测井表征方法，"甜点"分类精度提高10%以上；压裂改造针对"三超"储层，研发形成超深"铣—刮—捞—刷"四合一井筒准备技术、完井试油一体化技术和加重压裂液体系，配套超深层大通径分层压裂技术，实现8000米左右超深层精准改造，平均作业效率提升40%以上。

数字化转型智能化发展持续推进，基本形成国内上游业务数字化转型统一标准场景模板建设方案；以数据中台、业务中台和专业软件共享环境建设为重点，持续提升勘探开发梦想云数据湖和平台技术能力；强化开展数据共享和数据治理，完成数据资源目录建设，持续推进数据入湖，促进数据资产化。

7. 安全环保形势保持稳定

2022年，全面贯彻习近平生态文明思想和关于安全生产的重要论述，认真落实"四全"和"三个管住"的工作要求。

QHSE体系建设更加完善，以全要素量化审核、专项审核和联合审核相结合的方式，发现问题16594项，对其中265项严重问题进行问责，全员安全环保理念显著增强，QHSE制度标准体系日臻完善。

重大风险得到有效控制，统筹推进危险化学品、油气长输管道、城镇燃气、房屋建筑物安全等安全风险专项治理工作，安全生产专项整治三年行动圆满收官，投资隐患治理项目438项，强化特殊敏感时期风险升级管控。

绿色发展建设成效突出，新增7个矿权通过地方绿色矿山验收，全面推广钻井不落地技术，无污染清洁作业技术覆盖率100%，VOCs治理全面达标，主要污染物COD、氨氮、二氧化硫、氮氧化物、二氧化碳、甲烷较全年控制目标分别减排9%、35%、21%、10%、5%、1%。

质量管理水平稳定提升，原油新标准全项检测能力建设全面建成，督促各企业组织产品质量监督抽查 9198 批次，合格率 99.32%，其中原油、天然气合格率 100%；抽查入井流体体系 1154 批次，不合格 87 批次，合格率 92.46%，阻止不合格产品进入生产现场。

健康管理水平全面提升，指导 18 家企业及海外项目科学有序应对新冠肺炎疫情变化，督促落实国家卫健委职业病危害专项治理工作要求，全年非生产亡人 702 人，同比下降 10.32%；继续保持安全生产责任事故"零"死亡，全面杜绝较大及以上质量安全环保事件，自产油气产品质量"零"不合格，健康管理稳中向好。

8. 经营业绩创近八年最好水平

2022 年，推进提质增效价值创造专项行动，实施十个方面 38 项具体措施，同比提质增效 130 亿元，取得显著成效。投资管控建立"1+N"投资闭环管理体系，强化效益倒逼和项目排队优选，通过工程成本管控节约建设投资 70 亿元以上；深化改革全面完成国企改革三年行动 1171 项任务和对标管理提升行动 987 项任务，"油公司"模式和三项制度改革完成专业化重组整合 20 项业务、萎缩退出及移交 6 项业务，新型采油气作业区 444 个全部完成转型、总体建设到位率 100%，压减二级、三级机构 756 个、减员 2.76 万人，完成压减法人 7 户任务目标；亏损治理亏损面和亏损户数均为近 12 年最低，亏损额为近 10 年最低，4 家重点治理亏损油田全部实现扭亏为盈；大力实施油气完全成本降压行动，一企一策制定、审查、完善完全成本压降工作方案，强化源头控制，挖掘各环节降本潜力，实现完全成本逐年下降，剔除跨周期调节影响，2022 年完全成本控制在预算目标以内；深化成本对标，召开对标管理工作推进视频会，总结共享先进经验和做法，以各项生产经营指标的改善评价工作成效，开展成本对标改善行动。"两利四率"实现"两增一控三提高"，上市业务账面税前利润 1377.3 亿元、净利润 1140.4 亿元，为近 8 年同期最好水平。未上市业务账面税前利润亏损 54.3 亿元、净利润亏损 60.4 亿元。

（范文科　向书政）

【油气勘探】 2022 年，股份公司分层次设置油气预探项目（石油预探项目 30 个、天然气勘探项目 22 个、内部流转勘探项目 10 个）和风险勘探项目，其中重点勘探项目 20 个。国内油气勘探坚决贯彻落实习近平总书记关于大力提升勘探开发力度的重要指示批示精神，全面落实集团公司党组决策部署和要求，超前谋划，精心组织，扎实推进，克服新冠肺炎疫情影响，取得 4 项重大战略突破、15 项重要发现，落实 9 个亿吨级和 9 个千亿立方米级规模储量区，为国内原油产量稳中有升，天然气产量快速增长奠定扎实的资源基础。

油气勘探突出"六油三气"重点勘探，加快高效规模资源落实，突出风险勘探与甩开预探，加强重点地区和重点领域集中勘探，加大地震勘探部署和实施力度，强化各盆地各探区综合地质研究工作，加大工程技术攻关力度，形成鄂尔多斯盆地中浅层、长 7₁₊₂ 段页岩油、长 7₃ 段页岩油、上里塬地区环 84 区块、准噶尔盆地玛湖风城组、吉南凹陷井井子沟组、塔里木盆地富满地区、河套盆地兴隆构造带、渤海湾盆地保定凹陷等 9 个亿吨级规模储量区以及鄂尔多斯盆地太原组灰岩、本溪组天然气、苏里格陕 28 区块、四川盆地蓬莱—中江灯影组二段、川中古隆起北斜坡灯影组—龙王庙组、陆相致密气、川南页岩气、大庆合川流转区茅口组、塔里木盆地库车坳陷博孜—大北地区等 9 个千亿立方米级规模储量区。

2022 年，二维地震 8618 千米，三维地震 21826 平方千米，钻井 1316 口、进尺 442.1 万米，试油交井 616 口，新获工业油气流井 408 口，综合探井成功率 57%。新增探明石油地质储量 86216 万吨（含凝析油 1038 万吨）、技术可采储量 13922 万吨（含凝析油 279 万吨），新增探明天然气地质储量 6845 亿立方米（含页岩气 671 亿立方米）、技术可采储量 3354 亿立方米（含页岩气 154 亿立方米）。

1. 渤海湾盆地主要勘探成果

保定凹陷石油勘探取得重大突破。加强太行山前地质结构和成藏条件研究，构建保定凹陷油气早生早排和浅层富集成藏模式，优选清苑构造带部署实施探井 5 口，在 1450—1700 米东营组和馆陶组均钻遇 50 米以上厚油层，保清 1X 井试油获日产油 106 立方米，高 77X 井、高 67X 井均获日产油 41 立方米以上高产，保定凹陷石油勘探取得重大突破。落实含油面积 33.4 平方千米，在老区新凹陷发现亿吨级高效规模储量区，对深化渤海湾盆地老区精细勘探具重大意义。

辽河滩海葵花岛构造带葵探 1 井油气勘探取得重要发现。立足滩海深层，加强断裂演化、保存条件和油气成藏研究，部署实施的葵探 1 井在中生界 5658—5835 米井段 8 毫米油嘴测试获日产气 19.94 万立方米，在沙河街组三段 4776—4546 米井段 7 毫米油嘴测试获日产气 15.45 万立方米，在东营组三段下部 3616—3767 井段 12 毫米油嘴测试获日产气 9.8 万立方米，首次在滩海中生界、沙河街组三段发现高产气藏，初步落实有利含气面积 400 平方千米，开辟辽河坳陷深层天然气勘探新领域。

饶阳凹陷杨武寨沙河街组三段下部深层石油勘探取得重要发现。加强冀中坳陷深层油气成藏条件研究，在深层沙河街组三段下部烃源岩、沉积储层和成藏研究基础上，优选杨武寨构造带部署钻探 4 口井，钻遇 49—116 米厚油层，完试 2 口井均获工业油流，强 104X 井在沙河街组三段下部 4365—4375 米井段 8 毫米油嘴测试，获日产油 88.6 立方米。初步控制有利含油面积 24 平方千米，冀中坳陷深层勘探取得重要发现，拓展东部老区勘探新领域。

歧口凹陷滨海斜坡区碎屑岩潜山勘探取得新进展。加强歧口凹陷南部断阶带二叠系碎屑岩潜山成藏研究，实施的埕海 45 井在二叠系上石盒子组钻遇 68 米厚油层，1844—1908 米井段测试获日产油 63.6 立方米，新类型潜山勘探取得新成果。

2. 松辽盆地主要勘探成果

三肇凹陷肇页 1H 井页岩油勘探取得重要发现。2022 年，加强三肇凹陷页岩油地质评价研究，优选稀油带部署的肇页 1H 风险探井在青山口组 2211—3843 米井段压裂，3 毫米油嘴测试，获日产油 16.8 立方米高产，试采 42 天稳定日产油 15—17 立方米，累计产油 744 立方米，三肇凹陷页岩油新区勘探取得重要发现，有望推动松辽盆地北部近万平方千米页岩油稀油带的整体突破。

古龙凹陷精细勘探取得新进展。近年来，持续深化中浅层精细勘探，加强远源、近源、源上三种成藏类型评价研究，古龙凹陷、巴彦查干、江桥等地区 68 口探评井在葡萄花油层、萨零组等层系获工业油流，21 口井获日产油大于 10 吨。落实含油面积 238.6 平方千米，新增探明石油地质储量 4692 万吨、经济可采储量 771 万吨，为大庆油田原油稳产奠定资源基础。

长岭凹陷乾安地区石油精细勘探取得新进展。近年来，强化老资料重新认识，滚动精细挖潜，勘探评价一体化，乾安地区黑 203 等 8 口井在青山口组和姚家组获日产 3.5—71.8 立方米工业油流。落实含油面积 239 平方千米，新增探明石油地质储量 1144 万吨、经济可采储量 161 万吨，发现效益增储新层系，落实含油面积 51 平方千米，为吉林油田原油稳产奠定资源基础。

3. 鄂尔多斯盆地主要勘探成果

鄂尔多斯盆地长 7_3 段纹泥型页岩油勘探取得重要发现。加强延长组长 7_3 段页岩油地质评价和"甜点"刻画，部署实施岭页 1H 和池页 1H 风险探井在长 7_3 段压裂测试，分别获日产油 116 吨、36.6 吨高产，岭页 1H 井试采 234 天，获日产油 21.8 吨稳产，累计产油 4719 吨，长 7_3 段纹层型页岩油勘探取得重要发现，落实含油面积 795 平方千米。

乌拉力克组海相页岩油气勘探取得重要发现。加强鄂尔多斯盆地西缘乌拉力克组页岩源储特征研究、"甜点"段（区）刻画和评价，部署实施的 4 口直井均获工业油气流，其中李 86 井在 4522—4535 米压裂测试获日产气 15.22 万立方米，试采稳定日产气 1.5 万立方米；银探 3 井在 4238—4272 米压裂测试获日产油 6.6 立方米、气 1013 立方米，实现中国古生界海相页岩油的首次发现，初步落实乌拉力克组页岩油气有利勘探面积 1 万平方千米，展现该区海相页岩油气较大的勘探潜力。

中浅层石油勘探取得重要进展。近年来，加强古地貌河道砂体油藏群成藏研究和中生界浅层勘探目标落实评价，部署实施的白 293 等 178 口井在长 3 段以上中浅层获日产 4.34—105.6 吨工业油流，井均日产油 13.2 吨。落实含油面积 327 平方千米，新增探明石油地质储量 1.02 亿吨、经济可采储量 1739 万吨，建产 75.3 万吨，对长庆油田原油稳产上产具有重要意义。

本溪组天然气勘探取得新进展。近年来，加强三角洲—潮汐砂坝砂体分布预测研究和有效砂体刻画，7 口探井在本溪组获工业气流，37 口开发井单井日产气超 10 万立方米，其中 2 口井超百万立方米。落实含气面积 4928 平方千米，形成千亿立方米高效规模储量区，对长庆油田天然气稳产上产具有重要意义。

盆地东缘山西组页岩气勘探获新进展。坚持多层系立体勘探，强化山西组页岩"甜点"评价和成藏研究，大吉 3-4 井在山西组山 2^3 亚段压裂后获日产气 1.78 万立方米，试采 6 个月，稳定日产气 1 万立方米，累计产气 151 万立方米；吉平 1H 井试采一年半，稳定日产气 3.3 万立方米，累计产气 1800 万立方米，初步落实有利区面积 800 平方千米，展现山西组 2^3 亚段页岩气具有工业产气能力，对煤层气公司天然气增储上产发挥重要作用。

冀东探区佳县地区新层系天然气勘探取得新进展。近两年来，开展石千峰组千 5 段、下石盒子组盒 6 段、本溪组等新层系评价研究，新井钻探以及老井复查上试，13 口井新获工业气流，井均日产气 2.13 万立方米，最高日产 7.5 万立方米（米 26 井），落实含气面积 592 平方千米，对冀东油田天然气勘探开发一体化上产具有重要意义。

4. 四川盆地主要勘探成果

四川盆地大页 1H 井吴家坪组页岩气新层系勘探首获重大突破。加强开江—梁平海槽吴家坪组深水陆棚岩相古地理研究，强化水平井提产工艺攻关，探索吴家坪组新层系页岩气勘探潜力，部署钻探的大页 1H 井在 4530—5990 米井段压裂测试，获日产气 32 万立方米高产，压力系数 2.02。初步估算 5000 米以浅有利面积 2885 平方千米，开辟四川盆地页岩气规模增储新阵地，对推动中国页岩气勘探开发具有重要战略意义。

川中古隆起北斜坡东坝 1 井天然气勘探取得重要发现。近两年，加强川中古隆起北斜坡整体研究，认为具备多层系立体勘探潜力，部署风险探井东坝 1

井在灯影组四段、龙王庙组测试均获日产气 20 万立方米以上高产，北斜坡灯影组四段取得首次突破，落实灯影组四段有利含气面积 807 平方千米，在蓬莱气区又发现龙王庙组新产层。

充探 1 井雷口坡组泥灰岩油气勘探取得重要发现。立足川中雷口坡组海相领域，强化源储一体非常规油气成藏研究，部署的风险探井充探 1 井首次在雷口坡组三段 3489—3604 米测试，获日产气 10.9 万立方米、凝析油 47 立方米工业油气流，发现雷口坡组三段泥灰岩新的油气藏类型，初步落实有利含油气面积 4600 平方千米，开辟四川盆地海相非常规油气勘探新领域。

威远、渝西地区深层页岩气勘探取得重要进展。持续推进五峰组—龙马溪组深层页岩气评价勘探，威远自 201 井区 62 口井试气获井均日产气 19.4 万立方米，落实含气面积 130.6 平方千米，新增探明天然气地质储量 847 亿立方米、经济可采储量 164 亿立方米；渝西地区足 203 井区、威远自 205 井区 3 口井试气，获井均日产气 19.5 万立方米，落实含气面积 178.3 平方千米。浙江大安区块大安 1H 井、大安 2H 井分别获日产气 27 万立方米、26 万立方米，展现渝西地区深层页岩气规模增储潜力。

吉林油田自贡探区二叠系天然气勘探取得重要发现。深化综合地质研究，加强多层系立体勘探，部署钻探的自贡 1 井在茅口组 3064—3075 米井段 13 毫米油嘴测试，获日产气 25.7 万立方米；吉富 1 井在栖霞组—茅口组 3051—3089 米井段测试，获日产气 8.5 万立方米，初步落实有利含气面积 678 平方千米，展现自贡地区栖霞组—茅口组良好的勘探潜力，对吉林油田增储上产具有重要意义。

天府气区致密气勘探取得新进展。加强致密气"甜点"精细评价及提产技术攻关，勘探开发一体化实施，天府气田沙溪庙组 99 口井获工业气流，日产气 0.53 万—98.7 万立方米，井均日产气 29 万立方米；立体勘探须家河组致密气，天府 101 井、永浅 1 井分别获日产气 28 万立方米、31 万立方米高产，展示天府气区致密气巨大的勘探潜力。

茅口组一段泥灰岩致密气勘探取得新发现。加强二叠系茅口组一段烃源岩、沉积储层及成藏研究，探索其泥灰岩勘探潜力，部署钻探的新探 1 井和大坝 1 井，在茅口组一段分别获日产 4.5 万立方米、4.2 万立方米工业气流，且试采稳定，初步落实有利含气面积 1260 平方千米，证实茅口组一段泥灰岩致密气具有较大的勘探潜力和稳产能力，开辟海相泥灰岩非常规勘探新领域。

5. 准噶尔盆地主要勘探成果

准噶尔盆地南缘东湾构造带天湾 1 井天然气勘探取得重大突破。加强"双复杂"区地震采集处理解释技术攻关，强化圈闭评价和落实，部署钻探的风险探井天湾1井在清水河组8066—8092米井段8.1毫米油嘴测试，获日产气75.82万立方米、油127.2立方米，油压123.4兆帕，压力系数2.15，准噶尔盆地南缘深层隐伏背斜型构造勘探取得重大突破。初步落实清水河组和头屯河组有利含油气面积597平方千米，展现8000米以深碎屑岩领域巨大的勘探潜力，进一步坚定准噶尔盆地南缘中段寻找大油气田的信心。

玛北风城组致密油、页岩油勘探取得重要进展。近年来，加强玛北风城组页岩油和致密油"甜点"评价和油气成藏研究，风险探井玛页1H井在风城组三段页岩油段压裂后获日产油108立方米，试采170天，稳定日产油40立方米，累计产油5931立方米；针对风城组二段致密油钻探的大斜度井玛51X井在风城组二段压裂后获日产油107立方米，落实含油面积145平方千米，展示玛湖风城组致密油、页岩油巨大的勘探潜力和良好的开发前景。

玛湖凹陷夏云1井夏子街组石油勘探取得新发现。强化夏子街组白云质碎屑岩储层和成藏研究，部署实施的夏云1风险探井在夏子街组4869—4988米井段，3.5毫米油嘴试油获日产油58立方米，在风城组三段5107—5218米试油获日产油30.4立方米。初步落实夏子街组有利含油面积1572平方千米，开辟夏子街组云质岩石油勘探新领域。

吐哈准东区块吉木萨尔凹陷井井子沟组石油勘探取得新进展。加强井井子沟组整体研究和重新认识，吉木萨尔凹陷吉新4井试油获日产油27立方米，吉新2-2H井试采稳定日产油51立方米，累计产油4978立方米，初步落实有利含油面积183平方千米，证实吉木萨尔凹陷西部井井子沟组具有良好成藏条件，展现其常规砂岩油藏勘探较大的勘探潜力。

6. 塔里木盆地主要勘探成果

塔里木盆地富东1井奥陶系断控高能滩勘探获重大突破。加强富满地区奥陶系鹰山组岩相古地理研究，强化高能滩体刻画，部署钻探的预探井富东1井在鹰山组二段7925—8359米井段7毫米油嘴测试，获日产气40.5万立方米、油21.4立方米高产，压力系数2.1，鹰山组二段断控高能滩复合油气藏新类型勘探取得重大突破，落实含油气面积397.1平方千米，发现一个超深层超高压油气勘探新领域。

玉科—富源地区奥陶系深层新发现三条油气富集带。加大富满东部新的主断裂和次级断裂甩开力度，部署实施的满深8井、富源6井、玉科7井在一间房组—鹰山组分别获日产油423立方米、554立方米、83立方米，日产气94万立方米、53万立方米、18万立方米高产，新发现F_I20、F_I18和$F_{II}53$三个断裂油气富集带，证实不仅主断裂带可高产富集，次级断裂带同样可高产富集，含油气范围进一步东扩，落实含油气面积158平方千米，展现富满东部地区超深层仍具有巨大勘探潜力。

库车坳陷博孜1和大北12气藏外围勘探取得重要进展。加强断裂系统和天然气成藏重新认识研究，强化三维地震精细处理解释和圈闭落实，博孜1号构造博孜2401、博孜2402等井在巴什基奇克组—巴西改组获日产气24万立方米以上，新落实含气面积47.6平方千米、探明天然气地质储量534亿立方米、经济可采储量232亿立方米；大北12号构造大北13井在巴什基奇克组获日产气11.5万立方米，新落实含气面积30平方千米。博孜1和大北12气藏含气范围大幅扩展，储量规模均达近千亿立方米增储区。

7.柴达木盆地主要勘探成果

牛中—牛东地区油气勘探取得重要发现。加强烃源岩和成藏条件再认识，强化圈闭目标落实评价，部署钻探的牛17井在5190—5200米井段压裂后，5毫米油嘴测试，获日产气12.67万立方米，实现阿尔金山前基岩勘探由隆起区向斜坡区扩展；牛16井在侏罗系小煤沟组1645—1785米压裂测试，获日产油25.5立方米、气2400立方米，试采稳定日产油8.5立方米、气2400立方米，首次实现侏罗系低压油气藏工业稳产，整体展现较好的规模增储潜力。

柴西北红沟子地区上干柴沟组（N_1）碳酸盐岩油藏勘探取得新进展。加强上干柴沟组（N_1）碳酸盐岩岩相古地理和岩性油气藏成藏研究，甩开部署的沟11井在3860—3868米井段试油获日产油36立方米、气7466立方米，落实含油面积44平方千米，柴西北地区碳酸盐岩新层系勘探取得新进展。

8.河套盆地主要勘探成果

河套盆地临河坳陷中部扎格构造带扎格1井石油勘探取得新发现。加大地震勘探部署力度，强化圈闭目标落实，甩开部署的扎格1井在临河组一段5083—5090米试油，获日产油367立方米，临河组二段5480—5488米试油，获日产油174立方米高产，初步落实有利含油面积197平方千米，临河坳陷中部扎格构造带有望形成河套盆地增储新区带。

9.其他中小盆地主要勘探成果

吐哈盆地丘东洼陷致密砂岩气勘探取得重要发现。加强洼槽区三角洲沉积体系刻画和大面积致密砂岩成藏研究，部署吉7H井在三工河组5330—5400米井段压裂测试，获日产气5.3万立方米、凝析油40.7立方米，试采370天，稳定日产气2.8万立方米、凝析油30.4立方米，累计产气635万立方米、油7409立方米。甩开部署的吉702H井获日产气5.24万立方米、凝析油55.7立方米，侏罗系深层致密气下洼进源勘探获重要发现。落实含气面积39平方千米，对吐哈油田增储上产具有重要意义。

10. 风险勘探工作及成果

立足战略性、全局性、前瞻性重大领域和目标，加强盆地基础研究、整体研究，创新油气地质认识，精细组织管理，加快目标落实和实施推进，2022年部署风险探井46口，完钻44口井，完试31口井，27口井获工业油气流，取得2项重大战略性突破和10项重要发现。其中，准噶尔盆地南缘中段天湾1井、四川盆地大页1H井吴家坪组页岩气获重大战略性突破，川西北龙门山推覆带红星1井二叠系栖霞组、鄂尔多斯盆地长岭页1H井、池页1H井延长组长73亚段页岩油、四川盆地川中古隆起北斜坡东坝1井灯影组四段、充探1井雷口坡组三段泥灰岩、准噶尔盆地玛湖西斜坡夏云1井夏子街组、盆1井西凹陷盆中1井白碱滩组、玛湖玛页1H井风城组页岩油、松辽盆地北部三肇凹陷肇页1H井页岩油等获重要发现。全面完成年度目标，为2023年油气勘探开辟新领域。

（孙瑞娜 范土芝）

【勘探工程技术】 2022年，集团公司加大三维地震勘探部署，年度部署地震工作量创历史新高。物探业务科学统筹生产组织，严格现场质量控制，强化重点难点地区物探技术攻关，持续打造物探技术利剑，促进物探技术水平与管理水平双提升，支撑国内上游业务持续高质量发展。钻井和测井工程面对"低深难"的勘探形势和"两高一低"的开发现状，突出创新驱动和精益管理，提升钻井和测井业务在油气勘探发现、原油产量稳定和天然气业务快速发展中的支撑保障和提质增效作用。全年钻井13735口、进尺3253.4万米，完成水平井2512口；探井测井1229口井、开发井测井14609口井、生产井测井51320口井次，解释符合率探井85.7%、开发井96.7%，保持较高水平。

2022年，二维地震计划采集8475千米，完成8618千米；三维地震计划采集23503平方千米，完成20236平方千米；三维重磁资料面积28439平方千米，二维时频电磁剖面长度2857千米，微生物化探550平方千米；井中地震99口，其中零井源距VSP 76口、非零井源距VSP 14口、Walkaway VSP 4口、Walkaround VSP 1口、三维VSP 4口。

2022年，深化精细地震资料处理解释，助力高效勘探和效益开发取得新进展。处理二维地震8.09万千米、三维地震11.11万平方千米；解释二维地震18.77万千米、三维地震31.69万平方千米，发现落实圈闭7513个，面积7.47万平方千米，提交井位7667口，采纳4021口，支撑部署风险井位46口，油气

第四部分　主营业务

重大突破与发现参与率 100%，为油气高效勘探和低成本开发提供有力支撑。

2022 年，针对前陆冲断带、碳酸盐岩、构造岩性和页岩油气四大领域，设立 16 个物探技术攻关课题，处理解释二维地震 218.7 千米、三维地震 3824 平方千米。其中，前陆冲断带领域重点攻关准噶尔盆地南缘、塔里木盆地塔西南和柴达木盆地英雄岭等"双复杂"探区地震成像技术，落实勘探目标；碳酸盐岩领域重点攻关塔西南寒武系盐下、鄂尔多斯石炭系太原组、川中和塔东等碳酸盐岩储层描述技术，落实钻探圈闭；构造岩性领域聚焦松辽、渤海湾、吐哈、福山、海拉尔等地区岩性目标精细成像，拓展勘探战场；页岩油领域重点攻关川中侏罗系、南堡凹陷古近系页岩油"甜点"刻画技术，指导水平井轨迹设计。

2022 年，聚焦勘探开发生产面临的共性问题，突出关键、核心、引领性技术研发，围绕人工智能、"双复杂"目标、裂缝型致密储层和陆相碎屑岩等领域设立 7 个课题，在多个方面取得重要技术进展与突破。在人工智能方面，创新基于复杂岩相智能识别的速度建模技术，提高特殊地质体速度建模精度，改善盐下目的层成像效果；研发 F-X 域智能去噪技术，提高噪声压制效率和精度，效率比常规技术提升约 3.5 倍。在"双复杂"领域，创新多约束初至走时层析技术和复杂地表静校正技术，更好地解决巨厚黄土区和疏松近地表山地的长波长静校正问题，在准噶尔盆地南缘、鄂尔多斯盆地庆城、柴达木盆地英中等地区应用取得良好效果，资料信噪比、保幅性、成像精度明显提升，井震相关系数 0.85。在裂缝型致密储层领域，创新研发相控双孔隙结构因子渗透性预测技术，提高致密砂岩储层孔隙度和含气饱和度预测精度，四川盆地秋林地区侏罗系沙溪庙组致密砂岩渗透率预测误差小于半个数量级。在陆相碎屑岩领域，探索多波多分量地震资料处理解释技术，首次利用横波资料发现纵波无响应的隐蔽河道砂储层，横波资料刻画河道砂储层总面积较纵波增长 38%，支撑四川盆地秋林地区侏罗系沙溪庙组致密气储量提交。

2022 年，完成水平井 2595 口，占钻井总井数的 18.9%，其中长庆、新疆、西南、大庆等是水平井主要应用油田。通过优化井身结构、优选提速工具及钻头、强化钻井参数、推广油基钻井液、完善提速模板等措施实现提速提效。

2022 年，推广应用精细控压钻井固井、欠平衡钻井 282 井次，主要应用在西南油气田和新疆油田，在窄密度窗口钻井、固井和易漏地层钻井提速等方面取得显著成效。

2022 年，为解决环空间隙小、井底 ECD 大、套管难以下入、固井质量差等难题，推广应用随钻扩眼技术 37 井次。为解决部分构造地层倾角大，采用常规钻具组合钻进易斜、吊打机械钻速慢的难题，推广应用垂直钻井系统 114 口井。

在川渝页岩气、长庆致密油致密气、新疆玛湖吉木萨尔等重点产建区块继续推进大井丛工厂化作业，2022年完成3口井以上平台1776个、井数7996口，占比57.6%，同比提高1.4个百分点。

（叶新群）

2022年，中国石油555口探井应用成像测井（不含阵列感应和阵列侧向），探井覆盖率45.2%，其中阵列声波、电成像、核磁共振、地层测试MDT/XPT、元素俘获/岩性扫描和旋转式井壁取心分别为332井次、414井次、307井次、26井次、178井次和46井次，分别占探井总数的27%、33.7%、25%、2.1%、14.5%和3.7%。

（袁 超）

【油田开发】截至2022年底，股份公司累计动用地质储量219.83亿吨，可采储量63.46亿吨，标定采收率28.87%；日产油水平27.93万吨，年产油10500万吨，累计产油49.42亿吨，地质储量采出程度22.43%，可采储量采出程度77.70%，地质储量采油速度0.47%，剩余可采储量采油速度6.82%，储采比14.70；老井自然递减率9.12%，综合递减率4.05%；年产液量9.50亿吨，油田综合含水率89.82%；日注水312.8万立方米，年注水11.23亿立方米，月注采比1.06，累计注采比1.04；采油井总井数260014口，开井198187口，平均单井日产油1.41吨；注水井总井数102824口，开井76629口，平均单井日注水40.8立方米（表2）。

表2　2022年采油、注水情况

项　目	2022年	2021年	同比增减
采油井总井数（口）	260014	257626	2388
采油井开井数（口）	198187	193722	4465
平均单井日产油（吨）	1.41	1.41	0
注水井总井数（口）	102824	101017	1807
注水井开井数（口）	76629	76063	566
平均单井日注水（立方米）	40.8	40.7	0.1

2022年，生产原油10500万吨（含液化气），其中自营区产油9956万吨、合作区产油544万吨（表3）。

表3 2022年原油产量、商品量情况

万吨

项　目	2022年	2021年	同比增减
原油产量	10500	10311	189
其中，自营区（含风险作业）原油产量	9956	9669	287
合作区原油产量	544	642	-98
原油商品量	10397	10204	193

大庆油田强化水驱和聚合物驱挖潜、扩大复合驱规模、加快外围有效动用，年产原油2971万吨，累计生产原油24.9亿吨，继续发挥中国石油原油产量"压舱石"的作用。长庆油田加快长7页岩油开发建设，加大低产低效区块治理力度，年产原油2570万吨。塔里木油田推进评价建产一体化，碳酸盐岩油藏实现高效开发，年产原油736万吨。新疆油田加快推进玛湖500万吨原油上产工程，强化老区挖潜，年产原油1441万吨。辽河油田克服特大洪水影响，年产原油933万吨。青海、吉林、华北、大港、吐哈、冀东、浙江、玉门、南方等油田通过艰苦努力，克服汛期、冰雪极端天气和新冠肺炎疫情等困难，为股份公司产量的持续较快增长贡献力量（表4）。

表4 2022年各油气田原油产量

万吨

油气田	2022年	2021年	同比增减	油气田	2022年	2021年	同比增减
股份公司总计	10500	10311	189	大港油田	400	394	6
大庆油田	2971	2945	26	青海油田	235	234	1
长庆油田	2570	2536	34	吐哈油田	139	135	4
新疆油田	1441	1370	71	冀东油田	105	121	-16
辽河油田	933	1008	-75	玉门油田	69	59	10
塔里木油田	736	638	98	南方公司	32	31	1
华北油田	442	424	18	西南油气田	7	6	1
吉林油田	417	407	10	浙江油田	2	2	0

2022年，自营区钻井9560口，进尺1935.2万米，新建产能1130.2万吨。

为扎实推进老油田稳产专项行动，建立良好的油田开发秩序，实现高质量可持续发展，2022年集团公司决定启动老油田"压舱石工程"。"压舱石工程"是一项战略性、前瞻性的系统工程，是对开发体系全方位深层次的升级改造和创新，是对现有开发技术的集成应用与创新发展；是集团公司油田开发的统领性工程，是集团公司原油业务1亿吨以上长期高质量发展的基石。实施老油田压舱石工程，就是要解决集团公司生存和发展的根基问题，统筹当前与长远，超前谋划，建立良好的油田开发秩序。

（郑　达）

【天然气开发】2022年，天然气开发以集团公司天然气发展战略和"十四五"规划为指导，全面落实集团公司党组决策部署，以"提新井产量，控老井递减，提产量规模，控投资成本"为工作思路，抓好评价增储和效益建产，抓实稳产和提高采收率，持续推动国内天然气业务高质量发展。

2022年，钻井3503口，新建产能275.77亿立方米。其中：苏里格气田钻井1193口，新建产能69.1亿立方米；靖边气田钻井322口，新建产能20.3亿立方米；神木气田钻井327口，新建产能13.3亿立方米；庆阳气田钻井51口，新建产能3.6亿立方米；长宁页岩气田投产井60口，新建产能18.4亿立方米；威远页岩气田投产井65口，新建产能21.1亿立方米；泸州页岩气田投产井66口，新建产能13.2亿立方米；安岳气田投产井15口，新建产能7.2亿立方米；博孜—大北气田投产井7口，新建产能7.8亿立方米；克深气田投产井5口，新建产能6.6亿立方米（表5）。

表5　2022年天然气产能建设

油气区	钻井（口）			进尺（万米）			新建产能（亿立方米）		
	2022年	2021年	同比增减	2022年	2021年	同比增减	2022年	2021年	同比增减
总　计	3503	3163	340	1203	981	222	275.77	245.88	29.9
长庆气区	2226	2128	98	804	771	33	126.2	111.3	14.9
塔里木气区	31	47	−16	8	3.2	4.8	26.8	32.4	−5.6
西南气区	582	161	421	237	51.8	185.2	93.1	79.1	14.0
青海气区	151	219	−68	17	21	−4	5.6	6.1	−0.5
大庆油区	8	6	2	3	2.8	0.2	2.3	2.9	−0.6

续表

油气区	钻井（口）			进尺（万米）			新建产能（亿立方米）		
	2022年	2021年	同比增减	2022年	2021年	同比增减	2022年	2021年	同比增减
新疆油区	18	4	14	8	2	6	3.1	1.1	2.0
煤层气公司	103	148	−45	27	44.7	−17.7	5.4	3.7	1.7
华北油区	182	388	−206	38	64	−26	6.0	1.9	4.1
浙江油区	51	27	24	15	7	8	3.6	5.1	−1.5
吉林油区	15	8	7	7	3.3	3.7	0.7	0.9	−0.2
其他油气区	136	27	109	39	10.2	28	3.0	1.4	1.6

（孙广伯）

【矿权管理】 2022年，落实集团公司对矿权管理总体要求，面对国家全面推进矿权竞争性出让、探矿权到期延续硬退减、油气监管更加严格的改革形势，围绕集团公司高质量发展的需要和实施"矿权保护工程"的战略部署，矿权管理抓重点、强基础，组织院士专家、全国"两会"代表向中央和有关部委提出政策建议，在推进转采保根基、竞争新区拓空间、依法合规护形象、建章立制强管理等重点工作中，精心组织、明确节点、责任到人，完成全年各项工作任务。

2022年底，集团公司有油气（含煤层气、页岩气）探矿权319个、登记面积82.15万平方千米，采矿权576个、登记面积15.25万平方千米，总计矿权895个、登记面积97.4万平方千米。

加强诚信自律管理，客观实际公示年度勘查开采信息。按照自然资源部开展矿业权勘查开采信息公示工作的有关规定，2022年度认真贯彻落实"谁填报、谁负责，如实填报、杜绝弄虚作假，出现问题要追责"的信息公示工作总体要求，通过修规范、优流程、勤沟通、强审查，精心组织，按时完成259个探矿权、560个采矿权区块的勘查开采信息填报与公示。

加强矿权缴费管理，为及时取得矿权许可证提供支持。按照自然资源主管部门及国家税务总局要求，2022年度探矿权、采矿权使用费按照年度分批（年度矿权发生变化领取许可证前缴纳）和集中（年度矿权无变化）两种缴纳方式，共缴纳4.79亿元。其中，分批缴纳2.58亿元，集中缴纳2.21亿元。

（王玉山 刘军平）

【储量管理】 2022年，储量管理贯彻落实集团公司关于"积极转变增储理念，实施储量管理改革"的指示要求，持续转变储量管理理念，加强以经济可采储量为核心的储量管理与评价体系建设，全面实施规范管理、精细管理、动态管理。严把新增储量入口关，突出新增储量的经济性、可升级动用性；推进"SEC增储工程"，提升接替率，为集团公司增储上产、提质增效夯实储量基础，超额完成储量业绩指标和工作目标。集团公司储量管理主要包括国内新增三级储量、探明储量复（核）算、已开发可采储量标定、探明未开发及控制预测储量评价分类、SEC证实储量评估以及储量数据信息管理、标准体系制定。

新增探明石油地质储量85177.59万吨，技术可采储量13643.77万吨。其中：已开发地质储量20078.96万吨，技术可采储量3742.31万吨，未开发地质储量65098.63万吨，技术可采储量9901.46万吨；新增探明溶解气地质储量1231.37亿立方米，技术可采储量187.39亿立方米。新增探明地质储量大于1亿吨的油田3个，为塔里木盆地的富满油田、河套盆地的巴彦油田和鄂尔多斯盆地的庆城油田。截至2022年底，累计探明石油地质储量274.99亿吨，技术可采储量72.05亿吨。其中，已开发地质储量213.03亿吨，技术可采储量61.95亿吨，未开发地质储量61.96亿吨，技术可采储量10.10亿吨。

新增探明天然气地质储量6844.80亿立方米，技术可采储量3354.37亿立方米。其中，已开发地质储量1570.13亿立方米，技术可采储量645.55亿立方米，未开发地储量5274.67亿立方米，技术可采储量2708.82亿立方米；新增探明凝析油地质储量1038.06万吨，技术可采储量278.64万吨。新增探明储量规模为大型的气田有4个，为鄂尔多斯盆地的青石峁气田、苏里格气田和四川盆地的天府气田、蓬莱气田。截至2022年底，累计探明天然气地质储量13.69万亿立方米，技术可采储量7.04万亿立方米。其中：已开发地质储量9.19万亿立方米，技术可采储量4.91万亿立方米；未开发地质储量4.50万亿立方米，技术可采储量2.13万亿立方米。

新增探明气层气地质储量6173.47亿立方米，技术可采储量3199.96亿立方米，凝析油地质储量1038.06万吨，技术可采储量278.64万吨。截至2022年底，累计探明气层气地质储量11.39万亿立方米，技术可采储量6.36万亿立方米。其中：已开发地质储量7.94万亿立方米，技术可采储量4.56万亿立方米；未开发地质储量3.45万亿立方米，技术可采储量1.80万亿立方米。

新增探明页岩气地质储量671.33亿立方米，技术可采储量154.41亿立方米。截至2022年底，累计探明页岩气地质储量17636.73亿立方米，技术可采储量4132.23亿立方米。其中，已开发地质储量10443.93亿立方米，技术可采储量 2489.62 亿立方米，未开发地质储量 7192.80 亿立方米，技术可采储量 1642.61 亿立方米。

2022 年无新增探明煤层气储量。截至 2022 年底，累计探明煤层气地质储量 5396.10 亿立方米，技术可采储量 2658.78 亿立方米。其中：已开发地质储量 2124.91 亿立方米，技术可采储量 1035.57 亿立方米；未开发地质储量 3271.19 亿立方米，技术可采储量 1623.21 亿立方米。

2022 年，新区动用原油地质储量 60475.4 万吨，技术可采储量 10278.66 万吨；老区增加技术可采储量 2318.43 万吨。

截至 2022 年底，已开发油田 327 个，比 2021 年底增加新投入开发油田 5 个，实际标定原油已开发地质储量 2193003.92 万吨，技术可采储量 631151.20 万吨，平均采收率 28.8%。

新区动用气层气地质储量 1662.61 亿立方米，技术可采储量 886.00 亿立方米；老区增加技术可采储量 4.24 亿立方米。

截至 2022 年底，已开发气田 185 个，实际标定气层气已开发地质储量 82165.08 亿立方米，技术可采储量 47060.39 亿立方米，平均采收率 57.3%。

新区动用页岩气地质储量 2682.94 亿立方米，技术可采储量 617.79 亿立方米。

截至 2022 年底，已开发页岩气田 4 个，比 2021 年底增加新投入开发页岩气田 1 个，实际标定页岩气已开发地质储量 10443.93 亿立方米，技术可采储量 2489.62 亿立方米，平均采收率 23.8%。

新区动用煤层气地质储量 224.64 亿立方米，技术可采储量 112.09 亿立方米。

截至 2022 年底，已开发煤层气田 4 个，实际标定煤层气已开发地质储量 2124.91 亿立方米，技术可采储量 1035.57 亿立方米，平均采收率 48.7%。

2022 年，国内上游业务总证实石油储量 76053 万吨，其中证实已开发储量 66965 万吨、证实未开发储量 9089 万吨。SEC 证实石油储量变化因素：扩边与新发现新增证实储量 7849 万吨，老区提高采收率新增证实储量 1690 万吨，受油价上升等影响修正新增证实储量 6302 万吨。国内上游业务石油储量接替率 1.52，储采比 7.31。

2022 年，国内上游业务总证实天然气储量 20435 亿立方米，其中证实已开发储量 11454 亿立方米、证实未开发储量 8981 亿立方米。SEC 证实天然气储量变化因素：扩边与新发现新增证实储量 1765 亿立方米，老区提高采收率新增证实储量 37 亿立方米，存量证实储量受转轻烃等影响修正核减证实储量 903 亿立方米。国内上游业务天然气储量接替率0.71，储采比16.14。

2022年，新增探明石油地质储量41个油田，其中新命名的油田1个（石树沟油田）、新增探明石油地质储量大于1亿吨的油田3个（富满油田、巴彦油田和庆城油田）。

新增天然气（含页岩气和煤层气）探明储量14个气田，其中新命名的气田3个（青石峁气田、蓬莱气田、天府气田）、新增探明天然气储量规模为大型的气田有4个（青石峁气田、天府气田、苏里格气田、蓬莱气田）。

（付　玲）

【油藏评价】　2022年，油藏评价工作立足增加经济可采储量，提供效益建产目标，突出规模储量集中评价、中浅层优质储量效益评价、非常规资源进攻性评价和开发先导试验，提高资源创效能力。新区原油产能建设立足效益建产，强化方案设计，强化大井丛水平井等新技术应用，强化实施过程管控，强化达标达产分析，提升产能建设管理水平，为集团公司原油稳产上产发挥重要作用。

2022年，新增探明石油地质储量85178万吨，经济可采储量11734万吨，其中已开发地质储量20079万吨、经济可采储量2924万吨，分别占年度新增探明地质储量的23.6%和24.9%。新增探明地质储量中渗透率小于5毫达西的低—特低渗透地质储量63279万吨，经济可采储量7732万吨，分别占新增探明地质储量的74.3%和65.9%，比例较2021年显著下降。

塔里木不断发展完善走滑断裂控储成藏地质理论，勘探开发一体化推动富满油田高效增储建产，探明地质储量2.25亿吨，经济可采储量3014万吨，近三年累计新增探明储量4.0亿吨，2022年原油产量260万吨。河套盆地兴隆构造带立足"近源强势输导、大型鼻隆汇聚、临洼富集"成藏特点，整体实施评价井12口，均获工业油流，其中7口井获超百立方米高产油流，新增探明石油地质储量1.24亿吨，经济可采储量2393万吨，连续两年新增探明储量超亿吨，实现新区优质储量规模高效发现。鄂尔多斯盆地强化长3以上中浅层高效储量落实评价，获工业油流井185口，新增探明石油地质储量1.02亿吨，经济可采1739万吨，支撑油田开发建产80.5万吨，实现资源—储量—产量的快速转化。鄂尔多斯盆地聚焦长6、长8低渗透油藏规模储量，深化油藏地质认识，强化工艺技术攻关，落实规模效益储量，新增探明石油地质储量1.35亿吨，经济可采储量1565万吨，夯实上产稳产资源基础。庆城页岩油围绕储量升级，深化烃源岩品质、储层物性、含油性等研究，在乐27区新增探明地质储量1.02亿吨，经济可采储量784万吨，庆城油田累计探明石油地质储量11.53亿吨，页岩油产量164万吨。准噶尔盆地深入开展西北缘老区再认识、再评价，在克拉玛依八区风城组、车排子车 455 井区石炭系探明石油地质储量 2649 万吨，经济可采储量 473 万吨，培植准备落实地质储量 2100 万吨，有力支撑老区稳产上产。松辽盆地北部立足老区精细评价，深化小油藏群富集规律认识，勘探开发一体化围绕高产井优快增储建产，新增探明石油地质储量 2473 万吨，经济可采储量 217 万吨。松辽盆地南部突出河道砂体预测技术，多属性融合刻画 3—5 米薄层，乾 195-37 直井再获 17.1 立方米高产油流，乾安油田实现滚动外扩，新增探明石油地质储量 1099 万吨，经济可采储量 155 万吨。辽河宜庆流转区块创新认识、多层兼顾、立体评价，乐 83 块长 6 水平井产能获突破，投产水平井 4 口，日产油 9.0—17.2 吨，初产是直井的 10 倍左右，新增探明石油地质储量 1793 万吨，经济可采储量 208 万吨。

（邢厚松）

【采油工程】 2022 年，采油采气工程系统聚焦高质量发展，推进采油采气技术进步，促进管理创新，抓好安全作业和清洁生产，为油气勘探发现、原油产量稳定和天然气业务快速发展提供有力的保障和支撑。

2022 年，井下作业总工作量 247947 井次，其中维护作业 154156 井次、增产增注措施 73405 井次、大修 6233 口，其他 14092 井次（表6）。在油水井总数逐年增长的情况下，井下作业总工作量、维护性作业工作量得到有效控制，为股份公司降本增效做出积极贡献。

表6　2022 年井下作业主要指标

时间	总工作量（井次）	单井作业次数（井次/口）	维护工作量（井次）	维护次数（井次/口）	油水井措施（井次）	大修（口）	其他（井次）
2022 年	247947	0.66	154156	0.41	73405	6233	14092
2021 年	230349	0.675	143845	0.422	68741	5138	12625
同比增减	17598	−0.015	10311	−0.012	4664	1095	1467

持续推进带压作业规模应用，促进井下作业技术升级换代。2022 年实施油气水井带压作业 6140 口井，减少注入水排放 138.54 万立方米，提前恢复注水 185.22 万立方米，增产原油 12.55 万吨，增产天然气 1.2 亿立方米，创经济效益 5.85 亿元。推进连续油管作业，提高施工效率，降低成本。2022 年实施各类连续油管作业 4396 井次，节约成本 1.6 亿元。推进井下作业视频监控平台建设，依托平台推广井下作业电子监督和承包商管理系统，实现远程监督和承包商的自动量化考核。截至 2022 年底，各油田公司实现井下作业视频监控全覆盖。

（王延峰）

【地面工程】 2022年，实施项目3212项，已完工1651项，建成各类站场248座、管道6400千米、油气水井14200口。截至2022年底，各油气田累计建成各类站场、管线等数量见表7。

表7 截至2022年底集团公司各油气田累计建成站场、管线数量

时间	油田				
	计量站（座）	转油站（座）	注水站（座）	采出水处理（站）	集中处理站（原油联合站）（座）
截至2022年底	7592	3047	1126	522	244
截至2021年底	8700	1884	1216	512	253
增减	-1108	1163	-90	10	-9

时间	油田	气田			
	各类管线（千米）	集（输）气站（座）	清管站（座）	增压站（座）	污水处理站（座）
截至2022年底	277925	799	27	32	186
截至2021年底	269228	745	87	25	22
增减	8697	54	-60	7	164

时间	气田	
	天然气净化厂（处理厂）（座）	各类管线（千米）
截至2022年底	73	109379
截至2021年底	84	103823
增减	-11	5556

2022年，确立油田产能、气田产能、油气管道、提质增效及老油气田改造、储气库、新能源等6大类56项重点工程。重点工程建成投产为实现油气产量目标、天然气冬季保供和提质增效打下坚实基础。

油田产能建设重点项目6项：塔里木富满油田跃满区块产能建设、富满油田产能骨架工程、长庆庆城页岩油田产能骨架工程、新疆玛湖—吉木萨尔致密油田产能骨架工程、辽河曙光油田稠油稳产、华北巴彦油田产能建设。

天然气产能建设项目10项：长庆苏里格气田300亿立方米产能骨架调整完善工程、冀东神木气田、长庆米脂气田、塔里木博孜—大北气田、冀东神木气田佳县区块、西南安岳气田、川中致密气田、泸州页岩气产能骨架工程，西南

威远—泸州页岩气集输干线工程，大庆合川气田先导试验。

油气管道工程6项：长庆页岩油外输系统调整工程，塔里木油田博孜天然气外输管道工程，塔里木油田博孜凝析油外输管道工程，新疆油田克独输油管道增输改造工程，西南油气田威远、泸州区块页岩气集输干线工程，福山油田东部集输管线工程。

提质增效与老油气田改造工程8项：塔里木和田河气田、阿克莫木气田，青海尖北—东坪区块，西南油气田万州、引进、大竹分厂及磨溪净化厂硫黄回收装置尾气治理改造工程，长庆油田原油稳定及轻烃回收工程（三期）。

储气库工程15项：长庆油田苏东39-61、榆37，西南油气田铜锣峡、黄草峡，塔里木油田牙哈、柯克亚，辽河油田双台子，吐哈油田温吉桑，冀东油田南堡1-29，华北油田文23、叶县、苏桥库群，大港油田驴驹河、板南，大庆油田升平等储气库建设。

新能源工程11项：吉林油田15万千瓦自消纳风光发电项目，长庆姬塬油田风光发电项目，辽河油田沈茨锦风光发电项目，辽河油田欢喜岭采油厂、特种油开发公司CCUS地面工程，大庆油田龙一联地区清洁能源综合利用工程，大庆油田葡二联地区小型分布式电源集群应用示范工程，冀东油田自发自用光伏发电站建设项目，吐哈鲁克沁油田清洁能源替代先导示范工程，吐哈三塘湖油田清洁能源替代先导示范工程，华北油田任丘市万锦新城与石油新城（二期）地热供暖项目，玉门油田可再生能源制氢示范项目。

（班兴安　苗新康）

【海洋工程】　2022年，辽河、大港、冀东三个海上油田生产石油198.02万吨、天然气4.29亿立方米。其中，海上自营油田生产石油97.60万吨、天然气4.21亿立方米（表8），海上对外合作区块油田生产石油100.42万吨、天然气809万立方米（表9）。

表8　2022年海上自营油田石油、天然气产量

时间	辽河海上 石油（万吨）	辽河海上 天然气（亿立方米）	大港海上 石油（万吨）	大港海上 天然气（亿立方米）	冀东海上 石油（万吨）	冀东海上 天然气（亿立方米）	合计 石油（万吨）	合计 天然气（亿立方米）
2022年	7.3	0.23	29.40	2.27	60.9	1.72	97.60	4.21
2021年	9.55	0.16	29.45	2.21	67.1	1.46	106.1	3.83
同比增减	2.25	0.07	−0.05	0.06	−6.2	0.26	−8.5	0.38

表 9　2022 年海上对外合作区块油田石油、天然气产量

时间	月东 石油（万吨）	赵东 石油（万吨）	赵东 天然气（万立方米）	合计 石油（万吨）	合计 天然气（万立方米）
2022 年	49.72	50.7	809	100.42	809
2021 年	49	34.82	685	83.82	685
同比增减	0.72	15.88	124	16.6	124

截至 2022 年底，中国石油环渤海滩浅海矿区内建人工岛（井场）22 座、固定钢平台 12 座、海底管道 125.6 千米、海底电（光）缆 134.83 千米。

（麦　巍）

【储气库】 2022 年，集团公司储气库业务持续深入贯彻落实国家关于加快天然气产供储销体系建设的一系列工作要求，按照储气库"达容一批、新建一批、评价一批"总体规划部署思路，重点围绕储气库生产与运行、建设与评价、技术攻关、标准体系建设及业务合资合作等五方面工作，完成年度既定工作任务，实现储气库整体工作气量 159 亿立方米目标（全口径，且含先导试验库），同比新增工作气量 20 亿立方米，增速 14%，高月高日最大采气能力达 18500 万立方米，同比新增采气量 2500 万立方米。

2022 年，实施储气库建设项目 26 个（在役库扩容达产项目 8 个、新库续建项目 7 个、先导试验项目 11 个），新库启动建设项目 11 个，前期评价项目 6 个。投产注采井 58 口，新投产集注站 4 座，开展扩容达产、新建及先导项目 30 个，钻井 75 口，投产 52 口；投产集注站 4 座，全面完成新增 2500 万米^3/日冲峰能力建设任务。

大庆四站、吉林双坨子、苏东 39-61、板南（白 15 库）建成投运，冬季调峰新增 750 万米^3/日冲峰能力；驴驹河冬季采气调峰新增 100 万米^3/日冲峰能力；苏桥、京 58、呼图壁、双 6 等新井全部按计划完成，冬季调峰新增 1650 万米^3/日冲峰能力。

2022 年（自然年），15 座在役储气库群注气 136.6 亿立方米，采气 117.7 亿立方米（表 10）。

表10　2022年（自然年）中国石油在役储气库注气量与采气量

亿立方米

储气库	注气量	采气量	储气库	注气量	采气量
大港大张坨	16.9	15.8	辽河雷61	1.3	1.4
华北京58	4.1	4.4	大庆四站	1.6	0.8
辽河双6	30.8	22.4	吉林双坨子	3.1	0.2
华北苏桥	12.6	13	大港驴驹河	0.8	0
大港板南	2.9	3.5	华北文23	1.5	0
新疆呼图壁	29.2	29.1	吐哈温西一	2.2	0
西南相国寺	21.5	22.9	长庆苏东39-61	5	0.7
长庆陕224	3.1	3.5	合　计	136.6	117.7

（王连刚）

炼油与化工

【概述】 中国石油是国内第二大成品油生产商和石油化工产品供应商。炼油化工与新材料业务是中国石油产业链承上启下、增值创效的重要环节，为上游生产后路畅通和下游产品市场供给提供保障，是提高中国石油竞争力的重要领域。中国石油的炼油、化工生产、化工产品销售和新材料业务由中国石油天然气股份有限公司炼油化工和新材料分公司（简称炼化新材料公司）负责管理。2022年6月底，海外炼化业务实现专业归口管理，新发展规划、新项目评价、计划预算、生产运行、装备材料、数字科技、技术管理、质量、职业健康、安全、环保等业务由炼化新材料公司进行专业化管理，管辖哈萨克斯坦奇姆肯特炼厂、乍得恩贾梅纳炼厂、尼日尔津德尔炼厂、法国拉瓦莱炼厂、新加坡SRC炼厂、苏格兰炼厂、日本千叶炼厂、苏丹化工厂等8家海外炼化企业。8月30日，股份公司根据新材料事业发展和专业公司业务变化情况，将"炼油与化工分公司"正式更名为"炼油化工和新材料分公司"。截至2022年底，炼化新材料公司归口管理34家单位，包括25家炼化企业、6家化工销售公司、燃料油公司、润滑油公司及石油化工研究院，业务指导4家油田炼化企业及8家海外炼化企业。

2022年底，炼化新材料公司资产总额4587.51亿元，同比增长6.7%。用工总量16.5万人，同比减少0.85万人。

2022年，中国石油国内炼油能力2.24亿吨/年，占国内炼油总能力的24%，位居国内第二、世界第三；乙烯产能861万吨/年，占国内总产能的18%，位居国内第二、世界第六。

2022年，炼化新材料公司加工原油1.65亿吨，同比减少184万吨，生产成品油1.06亿吨，同比减少318万吨。生产乙烯742万吨，同比增加71万吨，创历史新高。海外炼化企业加工原油3856万吨、生产成品油2867万吨。

经营业绩稳中有升。全年盈利350亿元，保持历史较高水平，其中炼油盈利372亿元、化工亏损22亿元。33家实现盈利，大连石化账面利润90亿元；锦州石化、辽阳石化、锦西石化、克拉玛依石化、长庆石化、宁夏石化、辽河石化、大港石化等8家企业盈利超过20亿元。成本控制效果显著。炼油完全加工费273.2元/吨，低于兄弟企业18元/吨，可比口径下降9元/吨，连续六年实现硬下降。化工完全加工费1656元/吨，可比口径下降21元/吨。亏损治理进展明显。国务院国资委考核的98户全级次企业中，净亏损5户，同比减少7户；亏损面同比下降6个百分点，同比减亏13.7亿元。

安全环保总体受控。三年专项整治计划整改率99.98%；危险化学品集中治理7个治理专项完成4个；应急管理部、国务院国资委现场督导检查问题整改率92%，作业总量同比下降8%；外排口在线数据小时均值累计超标次数同比下降54%；绿色企业由5家增至6家；新冠肺炎疫情防控取得初步胜利，健康企业由2家增至7家，全年非生产性亡人236人，同比下降22%。

平稳运行持续向好。全年装置运行平稳率99.73%，同比提升0.02个百分点；非计划停工21次，同比下降36%，损工时数同比下降17.6%；辽河石化、克拉玛依石化、庆阳石化、华北石化、玉门油田公司炼油化工总厂、呼和浩特石化6家企业完成检修任务。

结构优化不断深入。优化原油采购，降本7亿元。减产汽油749万吨、增产柴油965万吨。生产炼油特色产品1540万吨，同比增长8%，低硫船用燃料油、石蜡、石油焦产量同比分别增长33%、5.4%和6.4%。互供乙烯原料120万吨，互供催化油浆32.8万吨，同比增长15%，互供船用燃料油调和组分15.1万吨，同比增长214%。化工商品总量3260万吨，同比增长2.6%。合成树脂、尿素分别生产1162万吨、254.9万吨，同比分别增长6.2%、5.2%。两套乙烷制乙烯装置产量134万吨。增加汽油出口130万吨、柴油出口230万吨，增效40亿元以上，出口成品油1145万吨。

营销能力显著提升。销售化工产品3735万吨，统销2580万吨，扩销85万吨，出口67万吨，直销率70.2%，超出KPI考核指标1.7个百分点；高端高效牌号化工产品销售55万吨，同比增长10.7万吨，增效5.6亿元。中油e化电商平台正式上线，实现统销化工产品全部在线交易。销售低硫船用燃料油635万吨，同比增加228万吨；销售石油焦363万吨，同比增加21万吨；销售润滑油171万吨，其中特种油同比增加5.3万吨。

转型发展步伐加快。广东石化开工有序推进，吉化揭阳ABS项目进展顺利，吉林石化炼油化工转型升级项目全面开工建设，广西石化炼化一体化项目完成总体设计审查。塔里木二期乙烯可行性研究上报国家发改委，大连西中岛炼化一体化、长庆二期乙烯、兰州石化转型升级、辽阳石化转型升级等项目完成预可行性研究初审评估，南通新材料项目按计划推进。

新事业取得新突破。生产新材料85万吨，同比增长56%；生产化工新产品119个牌号84万吨，产量同比增长126%。加快实施碳达峰行动方案，开展12个专项研究，形成"1+10+N"系列方案。"工业互联网＋安全生产"完成试点开发，昆仑ERP系统在大庆石化单轨运行。

管理提升成效突出。炼油综合商品率93.83%，较目标值高0.23个百分点；

乙烯收率 36.73%，同比提高 2.58 个百分点；设备设施整体达标率 60% 以上；同比提质增效量化成效 52 亿元。改革三年行动目标全面完成，压减二级、三级组织机构 490 个，减幅 11.4%，用工总量 16.5 万人，比年初减少 8484 人，完成法人压减 12 户。

广东石化炼化一体化项目于 2012 年 4 月动工，总体进度计划历经数次调整，2013 年起项目处于缓建状态。2017 年，集团公司对项目建设规模、生产工艺方案进行重新论证，确定由原规划的 2000 万吨 / 年炼油改为 "2000 万吨 / 年炼油 +260 万吨 / 年芳烃 +120 万吨 / 年乙烯" 炼化一体化项目，确定国内加工高硫、含酸、重质原油的绿色、智能、效益型世界级炼化一体化基地定位。2018 年 12 月，项目建设工作重新启动，经过 3 年多工程建设，2022 年 8 月项目 189 个主项单元全部中交，8 月 21 日完成首批内贸俄罗斯原油收储，10 月 26 日常减压Ⅱ套首次引原油备料试车，12 月 18 日全面进入开工投产阶段。

（王翔洲）

【炼化生产及主要产品】 2022 年，中国石油国内炼厂（含广东石化）加工能力 2.24 亿吨，炼化企业主要分布在东北、西北、西南地区，主要加工原油为自产大庆原油、长庆原油、新疆原油，以及进口俄罗斯原油、哈萨克斯坦原油和海上进口原油等。

炼油生产装置主要包括常减压蒸馏、催化裂化、加氢裂化、延迟焦化、催化重整、芳烃分离、加氢精制等。其中：常减压装置 41 套，2022 年总加工量 16250 万吨；催化裂化装置 39 套，总加工量 5622 万吨；加氢裂化装置 17 套，总加工量 2303 万吨；延迟焦化装置 16 套，总加工量 1583 万吨。

炼油产品主要包括液化气、汽油、煤油、柴油、低硫船用燃料油、炼油芳烃、润滑油、石蜡、沥青、石油焦等。

2022 年，炼化新材料公司认真落实集团公司党组部署，持续深入开展各种专项工作，积极应对油价波动、疫情反弹、销售不及预期等市场变化，紧紧围绕市场和效益，全方位优化生产经营组织，不断夯实长周期平稳运行基础，以市场为导向、以集团产业链平稳顺畅运行和效益最大化为目标，全力接收上游刚性资源，坚持以销定产、以产定供、以产促销，加强产销联动，紧盯国内成品油消费变化趋势，持续加大产品结构优化力度，把握阶段性市场机会，继续深入开展减油增化工作。原油加工量 1.65 亿吨，同比减少 184 万吨；成品油产量 1.06 亿吨，同比减少 317.3 万吨；汽油产量 4351.4 万吨，同比减少 587.4 万吨；柴油产量 5364.9 万吨，同比增加 540.4 万吨；航空煤油产量 858.1 万吨，同比减少 270 万吨。做好内部生产优化，利用中国石油独有原油资源优势，适应市场需求，主动调整生产，增产低硫船用燃料油、低硫石油焦、石蜡、润滑油等特色产品。2022年船用燃料油业务整体迈上新台阶，生产低硫船用燃料油640万吨，同比增加158.8万吨；生产石油焦363万吨，同比增加22万吨；生产石蜡142万吨，同比增加7.3万吨；生产润滑油167.9万吨，同比减少21万吨（表1）。

表1 2022年国内原油加工量、炼油产品产量

万吨

项目	2022年	2021年	同比增减
原油加工	16490	16674	−184
汽油、煤油、柴油	10574.4	10891.7	−317.3
其中，汽油	4351.4	4938.8	−587.4
煤油	858.1	1128.3	−270
柴油	5364.9	4824.5	540.4
润滑油	167.9	188.9	−21
石蜡	142	134.7	7.3
沥青	252	352.7	−100.7
石油焦	363	341.0	22
低硫船用燃料油	640	481.2	158.8

2022年，炼化新材料公司主动强化市场研判和产销衔接，推动资源向市场迁移，进一步压减汽油产量、加大生产柴汽比优化调整力度与灵活度，优化内部乙烯原料互供，为生产优化提供空间。生产炼油芳烃395万吨，同比增加27.8万吨；柴汽比1.01—1.42之间灵活调整；内部乙烯原料互供120万吨，同比减少8.3万吨，其中石脑油互供89.7万吨，占比74.8%，增长3.9个百分点。

化工产品主要包括有机原料、合成树脂、合纤原料及聚合物、合成纤维、合成橡胶和化肥等。

2022年，7家炼化一体化企业（不含广东石化）共有乙烯裂解装置13套，乙烷制乙烯装置2套，聚乙烯（PE）装置22套，聚丙烯（PP）装置29套，丁醇/辛醇生产装置3套，可生产顺丁橡胶、丁苯橡胶、丁腈橡胶、乙丙橡胶和氯磺化聚乙烯五大类橡胶产品的合成橡胶装置11套，化肥生产包括合成氨、尿素、复合肥及丙烯腈装置副产的硫铵，其中尿素装置4套。抓市场机遇，优化

计划安排，稳定生产运行，增产高效、高附加值化工产品。乙烯产量创新高，持续保持 ABS、丁辛醇、高压聚乙烯、乙丙橡胶、丙烯腈、烷基苯、环氧乙烷等装置高负荷生产。

2022 年主要化工产品产量 2532.97 万吨（表 2）。

表 2 2022 年主要化工产品产量

万吨

项 目	2022 年	2021 年	同比增减	项 目	2022 年	2021 年	同比增减
乙烯	741.9	671.3	70.6	尿素	254.9	242.2	12.7
合成树脂	1162	1090.3	71.7	对二甲苯	196.27	203.99	−7.72
合成橡胶	104.4	104.4	0	丁醇	41.4	41.88	−0.48
合成纤维	3.3	2.2	1.1	辛醇	29.6	24.89	4.71

（焦丽菲）

【化工产品及炼油特色产品销售】 2022 年，炼化新材料公司持续落实集团公司市场营销工作会议精神和三年行动方案，围绕"市场导向、客户至上、以销定产、以产促销、一体协同、竞合共赢"的工作方针和"六个坚持"的基本遵循，按照"高标准、严要求、上台阶、创一流"的要求，主动适应新时期炼化新材料业务高质量发展的新形势、新部署，加大转型升级和新市场培育，进一步巩固专业能力，实施创新战略、品牌战略、高端化战略、国际化战略，全方位打造竞争优势。强化创新驱动，以推进"六统筹"和实现"两个转变"为工作着力点，提升营销能力和队伍能力，优化完善体制机制，增强活力和动力，推进国际知名、国内一流化工产品和有机材料贸易商建设，为客户成长增动力，为人民幸福赋新能。

全年统销化工产品 2580.7 万吨，同比增加 107.9 万吨（其中：合成树脂销量 1136.4 万吨，同比增加 72.6 万吨；合成橡胶销量 98.1 万吨，同比减少 1.1 万吨；有机产品销量 982.8 万吨，同比增加 15.6 万吨）；高端产品销量 55.2 万吨，同比增长 19%；扩销 84.7 万吨，同比减少 85 万吨；直销率 70.2%，同比提高 0.8 个百分点；出口 67 万吨，其中石蜡 51.6 万吨。全面实现"中油 e 化"线上交易，全年完成线上交易量 2780 万吨。

（范学民）

2022 年，统筹做好润滑油、石蜡、沥青、石油焦等炼油特色产品销售工作，销售燃料油 1460 万吨（表 3），销售润滑油及相关产品 171.3 万吨（表 4）。

表 3　燃料油销量

万吨

项　目	2022 年	2021 年	同比增减
销量	1460	2028.6	-568.6
其中，沥青	561	864.7	-303.7
保税船用燃料油	645	144.9	500.1

表 4　润滑油销量

万吨

项　目	2022 年	2021 年	同比增减
销量	171.3	178	-6.7
其中，车用油	17	21.4	-4.4
工业油	28.8	31.6	-2.8
特种油	62.1	56.8	5.3

（焦丽菲）

【炼化工程建设】 2022 年，炼化新材料公司按照集团公司党组统一部署，锚定建设世界一流炼化业务，遵循"五有""五化""五调整"原则，深入落实炼化业务"十四五"规划，紧扣炼化一体化主题，大力推动减油增化、减油增特及"三新""双碳"项目落地实施，持续深化供给侧结构性改革，优化投资结构，保障重点项目投资需求，加快推动炼化业务转型升级和产业迈向中高端，从"燃料型"向"化工产品和有机材料型"转型。

（缪　超）

2022 年，集团公司 5 项炼化重点工程有序高效推进，4 项特色产品项目建成投产。

广东石化炼化一体化项目。项目总投资 654.2 亿元，建设规模 2000 万吨/年炼油、120 万吨/年乙烯、260 万吨/年芳烃，并配套建设原油码头和产品码头、公用工程及辅助设施等。项目于 2019 年 6 月开工建设，2022 年 6 月 26 日两套 1000 万吨/年常减压装置中交、6 月 30 日 120 万吨/年乙烯装置中交。截至 2022 年底，项目 41 套主体装置，已中交 40 套（20 万吨/年聚丙烯装置 2023 年中交），主体装置实体工程施工已全部结束，全面进入投料试车阶段。10 月 26 日 1000 万吨/年常减压装置Ⅱ成功引入原油，12 月 24 日 300 万吨/年延迟焦化装置Ⅰ顺利产出第一塔焦炭，330 万吨/年柴油加氢Ⅰ、120 万吨/年航空煤油加氢、80 万吨/年焦化石脑油加氢等三套装置一次开车成功，产出合格产品。

吉化（揭阳）分公司60万吨/年ABS及其配套工程。项目总投资64.9亿元，项目建设内容包括60万吨/年ABS、12万吨/年丙烯腈、0.4万吨/年乙腈、5万吨/年甲基丙烯酸甲酯、15万吨/年废酸再生装置，及部分公用工程和辅助设施。项目于2020年10月开工建设，2022年7月22日建成中交。截至2022年底，各生产装置、公用工程及辅助生产设施已全部完成中间交接、工程交接，全面进入联动试车、实物料试车，准备投料试车。

广东揭阳520万立方米原油商业储备库建设工程。由广东石化建设，项目总投资69.81亿元，主要建设内容包括520万立方米商业储备库、配套30万吨级码头泊位、储库与码头泊位管道。项目于2021年3月开工建设，2022年6月30日200万立方米库区建成中交，11月30日320万立方米库区建成中交。截至2022年底，120万立方米储罐已投用，400万立方米部分开展开工投用前的PSSR验收及相关开工手续的办理工作。

吉林石化炼油化工转型升级项目。项目总投资339.45亿元，建设规模120万吨/年乙烯及配套装置、辅助生产设施、公用工程设施、储运设施。项目可行性研究报告于2022年2月11日批复，总体计划安排2022年全面启动、2023年形成建设高潮、2024年末项目中交、2025年新乙烯开车。项目于9月23日开工建设，截至2022年底完成两批基础设计批复，西部区域丙烯腈装置、东部区域乙烯装置桩基施工。

广西石化炼化一体化转型升级项目。项目总投资304.59亿元，主要建设内容为120万吨/乙烯裂解装置和下游化工产品装置，配套新建和改造部分炼油装置单元，以及相应的公用工程、储运和辅助生产设施。项目可行性研究报告于2022年7月15日批复，总体计划安排为2023年全面启动、2024年形成建设高潮、2025年上半年项目中交推进。截至2022年底，完成总体设计审查，基本完成工艺包选商，开展工艺包设计，岩土勘察、试夯、试夯检测、东油沥青改造等"四通一平"相关工程现场施工已启动。

建成投产一批特色产品项目。独山子石化6万吨/年溶聚丁苯橡胶生产线、兰州石化3.5万吨/年特种丁腈橡胶项目、克拉玛依石化15万吨/年白油加氢装置、辽阳石化五号工程等项目建成投产，投料试车一次成功。

2022年，炼化新材料公司完成20个项目、21个批次基础设计审查批复，共批复概算投资145亿元，较上报概算核减3.5亿元，审减率2.3%。吉林石化转型升级项目完成2个批次基础设计审批，批复工程费115.8亿元，占全部工程费的41%。完成吉林石化转型升级项目总体设计审查，批复概算投资339.2

亿元，较上报概算核减 17.1 亿元，审减率 5%（表 5）。

表 5 2022 年项目基础设计审查批复情况

序号	地区公司	项目名称	可行性研究批复日期	基础设计批复日期	基础设计概算总投资（万元）上报	基础设计概算总投资（万元）批复	基础设计概算总投资（万元）增减额
		已批复基础设计项目合计（20 项、21 批次）			1485018	1450204	-34814
1	吉林石化	炼油化工转型升级项目（第一批）	2022.02.11	2022.09.22	304661	294243	-10418
1	吉林石化	炼油化工转型升级项目（第二批）	2022.02.11	2022.10.18	874741	864327	-10414
2	抚顺石化	发挥资源优势增产油蜡特色产品改造工程	2022.01.26	2022.10.29	86661	83156	-3505
3	大庆石化	乙烯装置脱瓶颈及下游配套项目	2021.08.03	2022.06.13	44337	41747	-2590
4	独山子石化	聚丙烯装置 235 线改造项目	2021.08.30	2022.12.06	25444	23652	-1792
5	大庆石化	40 万吨/年二氧化碳回收项目	2022.06.13	2022.08.11	9903	9859	-44
6	四川石化	新建燃料电池氢气装置	2022.03.10	2022.04.08	3573	3157	-416
7	乌鲁木齐石化	渣场土壤修复治理项目	2022.06.27	2022.09.01	18263	16720	-1543
8	石化院	1000 吨/年溶液法高端弹性体中试装置	2022.02.23	2022.04.08	17022	17027	5
9	兰州石化	炼油区中央控制室项目	2022.04.28	2022.06.13	13762	13748	-14
10	兰州石化	化工区非抗爆控制室隐患治理项目	2022.05.06	2022.06.14	10907	10396	-511
11	兰州石化	300 万吨/年重油催化裂化装置 MIP 改造（II 期）	2022.08.09	2022.09.06	4165	4155	-10
12	华北石化	150 万吨/年原油火车卸车设施	2022.05.23	2022.06.22	4962	4864	-98
13	华北石化	油品运行部燃料油罐区流程改造项目	2022.05.23	2022.07.26	5079	5074	-5
14	长庆石化	氢气提纯项目	2022.05.23	2022.07.21	3080	2981	-99
15	哈尔滨石化	80 万吨/年航煤产能建设项目	2022.06.13	2022.11.04	10441	10157	-284
16	哈尔滨石化	国 VI B 汽油生产消瓶颈技术改造项目	2022.06.13	2022.11.04	14095	13252	-843
17	长庆石化	催化裂化装置降烯烃 MIP 及配套改造项目	2022.09.01	2022.11.11	18084	16846	-1238

续表

序号	地区公司	项目名称	可行性研究批复日期	基础设计批复日期	基础设计概算总投资（万元）		
					上报	批复	增减额
18	大庆石化	炼油污水场废气及异味治理项目	2022.10.12	2022.11.17	5351	4960	−391
19	广东石化	成品油首站	2022.09.16	2022.11.18	6060	5642	−418
20	四川石化	220kV 总降变隐患治理项目	2022.07.20	2022.11.23	4427	4241	−186
		已批复总体设计项目					
1	吉林石化	炼油化工转型升级项目（总体设计）	2022.02.11	2022.08.11	3564242	3392567	−171675

2022年，完成竣工验收项目388个，其中二类项目4个、三类项目48个、四类项目336个。一类项目华北石化炼油质量升级与安全环保改造工程未完成竣工决算审计，竣工验收推迟。

（罗汉华）

【商储油业务】 2022年，商储油分公司深入贯彻落实习近平总书记"能源的饭碗必须端在自己手里""确保粮食、能源资源、重要产业链供应链安全"等重要指示精神，坚持以依法合规管理为基础，紧紧围绕集团公司的专业化发展、市场化运作、精益化管理、一体化统筹的治企准则，牢固树立精益管理思想，实施低成本发展不动摇，立足经营管理出效益，切实把集团公司关于经营上精打细算、管理上精雕细刻的要求落到实处，为集团公司的整体创效和相关炼化企业的平稳运行做出积极的贡献并取得较好的经营业绩。

2022年，商储油分公司盈利2.06亿元，同比增加2亿元。全年购销总量391万吨，其中经营性采购原油41.5万吨、销售原油141.1万吨，效益17.1亿元。

抢抓时机，采购原油补库。9月初油价跌破90美元／桶，采购原油13万吨；12月初油价再次下跌，采购原油27万吨，到岸价格低于80美元／桶，分别低于全年均价9美元／桶和19美元／桶。

提高站位，发挥保障服务作用。强化与炼化企业配合，为降低炼化企业库存和将份额油留在炼化新材料板块内，代炼化企业采购原油199.3万吨，其中配合广东石化开工，代采原油110.9万吨；落实集团公司要求，配合平衡西部资源，在高油价情况下，独山子商储库收储7.6万吨，同时为增加下游炼厂加工资源保障能力，在四川商储库收储 30 万吨；借出原油 41 万吨，为炼化企业加工资源提供有力保障。

借助政策利好，解决留抵难题。商储油分公司深入研究增值税期末留抵退税政策，与税务局对接，争取到政策支持，2022 年 7 月 12 日完成留抵退税工作，退税金额 46.13 亿元；为落实集团公司降本增效要求，商储油分公司通过与昆仑信托公司沟通谈判，将贷款年利率由 3.915% 降至 3.33%，降幅 15%。两项工作共计节约财务费用 2.6 亿元。

严抓合规经营，推进取证工作。全力按照既定时间节点，组织受托企业办理商储库工商注册和单独办理危险化学品经营许可证，其中内部托管 9 家商储库全部完成工商注册，取得危险化学品经营许可证。委托国家管网集团管理的 4 个商储库，全部完成工商注册，林源库已取得危险化学品经营许可证，有序推进剩余 3 个商储库取证工作。

履行 GC 管理职责，发挥专业优势。为落实集团公司对受托管理的 GC 业务"提水平、上台阶"的要求，2021 年 11 月商储油分公司代表集团公司对 GC 业务统一管理后，短时间内理顺工作流程，厘清各方职责，克服密级高风险大、人员配备不足、政策重大变化等诸多问题，快速进入角色，履行职责。按财政部新下发文件要求，与国家石油储备中心联系沟通，申请 GC 财政补贴资金 20 亿元。配合国家石油储备中心和集团公司质量健康安全环保部完成 GC 基地库存原油的盘点工作；参与研究广东惠来国储库交钥匙时间节点及提出大连和广西 420 代储库原油移库预备方案；参与研究新设五大储备基地的选择、可行性研究；参与研讨新增国储项目及扩建方案的研究。

（刘如杰）

销售

【概述】 中国石油成品油、天然气、非油、车用润滑油及其他炼油小产品的销售业务，以及加油（气）站、光伏电站、加氢站、充换电站、油气氢电非综合服务站等的建设与运维，由中国石油天然气股份有限公司销售分公司（简称销售分公司）负责组织管理。销售分公司中国石油专业分公司之一，业务归属炼化销售与新材料子集团，归口管理31家省级销售企业，东北销售、西北销售两家资源配置型大区公司和昆仑好客1家专业公司。

2022年是成品油销售业务"十四五"规划全面推开之年，也是全力打造"国际知名、国内一流"油气氢电非综合服务商的重要一年。销售分公司持续深入贯彻集团公司党组对销售业务的战略定位以及市场营销工作会议精神，聚焦"市场、成本、管理、变革"四个维度，落实落细"筑底板、拓空间、增活力、夯基础、强保障、扬优势"六方面重点任务，全力以赴保运行、提销量、增效益，整体工作平稳有序运行。

2022年，销售分公司销售成品油10515万吨（含供集团公司内部企业销量），其中自营纯枪销量6108万吨，非油店销收入277.6亿元、毛利总额50.1亿元，加油卡累计发行量2.38亿张，沉淀资金338.3亿元，费用总额440.2亿元，税前利润15.4亿元，净利润2.8亿元，实现持续扭亏，较好完成集团公司党组下达的提质增效目标任务（表1）。

表1 2022年销售分公司主要经营业绩

指　　标	2022年	2021年	同比增减
国内成品油销量（万吨）	10515	11172	−657
其中，纯枪	6108	6410	−302
批发	4407	4762	−355
税前利润（亿元）	15.4	32.6	−17.2
净利润（亿元）	2.8	22.8	−20
营业收入（亿元）	9173	7814	1359
其中，非油店销收入	277.6	248.7	28.9
资产总额（亿元）	2855	2882	−27

第四部分　主营业务

【成品油业务】 2022年，面对俄乌冲突冲击能源市场、新冠肺炎疫情反复影响资源产销、竞争加剧挤压增销创效空间等不利因素，销售企业认真贯彻落实集团公司各项部署要求，在炼化销售和新材料子集团的统筹协调下，践行"二十四字"营销工作方针，以市场为导向、效益为目标，强化批零一体、油非互促，分环节、分品号、分地区组织差异化营销，油气氢电非综合服务商建设迈出新步伐，质量健康安全环保、依法合规治企、三项制度改革等工作取得新进展，整体工作平稳有序。

批发量效持续改善。持续加强市场研判，精细营销策略，组合零售和批发价格，把握市场节奏营销，实现销量份额持续改善。2022年成品油自营批发、直销3526万吨，同比减少251万吨，价格到位率同比提高4个百分点。

加快变革营销模式。年内初步完成市场趋势预判逻辑下的批发零售一体化量化营销模型，在销量效益阶段性目标的指引下，量化产量、销量、库存、毛利、成本等的量效函数关系，通过阶段性运营，获得最大效益，驱动销售企业营销人员配置由经验功能型向数字智能型转变。差异化区域营销策略，优化调拨价结算政策，四川销售、辽宁销售等8家单位试点汽油柴油批零一体化价格，定期跟进试点单位增量策略实施情况及效果，及时兑现考核激励。

推进线上营销业务。以"全在线"为目标，持续推动销售企业提升线上开单率，推动深化系统功能应用，打造差异化竞争利器。2022年，中油直批App认证客户11.2万个，同比增长98%，线上订单率95.8%，超额完成全年90%的工作目标。

加强客户经理队伍建设。优化《加油站经理积分制管理指导意见（试行）》积分考核和管理方式，将积分与加油站经理的待遇、个人发展等挂钩，畅通与管理岗位转换通道，激发站经理队伍活力和战斗力。

【车用加气业务】 2022年，贯彻落实集团公司党组关于车用加气终端一体化运营整合工作"积极稳妥推进，务期必成"的要求，推进整合工作。按照既定计划，有序开展现场踏勘、安全评估、资产评估、合同示范文本编制、人员安置、证照资质对接、资源保障对接等工作，各专项工作均稳步推进，初步完成首批19家单位132座加气站点业务整合。

加快推进LNG业务，抢抓市场窗口期，创新方式方法推进与昆仑能源的合作，并根据市场变化动态调整投资规模、节奏和布局。2022年运营加气站517座，其中LNG站265座、CNG站218座、L-CNG站34座。销售车用燃气112.6万吨，同比增长11.8%。

2022年，加快发展加气业务，完成首批19家单位132座加气站业务整合；

通过存量加油站增设方式，新投运加气站 87 座，新增加气能力 26.13 万吨/年。

【非油业务】 锚定高质量发展目标不动摇，全力克服国内新冠肺炎疫情多点散发、民生产品原材料价格上涨、经济下行压力持续增大等因素影响，各项工作取得新成绩。2022 年非油店销收入 277.6 亿元、非油毛利 50.1 亿元，同比分别增长 11.5% 和 10%。昆仑好客本部利润 8018 万元、同比增长 70%（表 2）。

表 2　2022 年非油业务主要经营指标

项　目	2022 年	2021 年	同比增减
非油收入（亿元）	280.5	272.5	8
其中，店销收入	277.6	248.7	28.9
毛利（亿元）	50.1	45.8	4.3
毛利率（%）	17.9	16.8	1.1 个百分点
非油利润（亿元）	0.8	20.6	−19.8

建立一体营销助力增收创效，优化单品单站运营，组合"商品+服务+油品"礼包，开展全国性主题营销，非油店销收入、毛利总额同比分别增长 11.5% 和 10%，油非转换率 19.8%、同比增长 1.8 个百分点，吨油非油收入 454.6 元、同比增长 17%。

统筹推进自有商品开发运营和物流优化，强化资源保障，优化效益结构，为发展蓄势增力。提升集采执行力，集采商品开码率提升 20%，有效遏制平台外采购，集采 28 亿元、同比增长 33%。提升商品运营力，加强商品汰换迭代，集采谈判引入 600 余款新品，联合头部品牌推出 8 个系列 95 款新品，增收近 9000 万元，批准 18 个省 36 个系列新品开发计划，108 款特色商品纳入集中运营，有效改善低水平重复开发问题。

【互联网业务】 持续发挥互联网业务桥梁纽带作用，推进会员体系建设，推广加油卡移动支付应用，互联网营销实现新突破。截至 2022 年底，零售线上注册用户 1.29 亿户、同比增长 41%，电子卡开卡 3137 万张；中油直批 App 认证客户 11.2 万个、同比增长 98%，线上订单率 95.8%，"油易贷"试点取得预期效果。

发挥加油卡营销促销媒介作用，加大记名卡发行力度，截至 2022 年底，累计发卡 23805 万张。2022 年，实名活跃客户 4205 万户，卡销比 52.96%，同比增长 4.7 个百分点。

第四部分 主营业务

加强移动支付能力输出，拓展移动支付方式，与支付宝、平安银行、银联以及民生银行、光大银行等开展联合营销，引入 1.7 亿元促销资源。支持销售企业开展电子券、支付等方面的联合营销，引入外部促销资源 16.7 亿元，带动汽油销售 93 万吨，非油销售 2.8 亿元。

2022 年，"中油好客 e 站"微信公众号围绕服务保障、农忙保供、营销活动、社会责任等多方面发布图文推送，全国各地发布推文 4126 篇，累计浏览 4201.3 万次。

截至 2022 年底，零售线上注册用户 1.29 亿户、同比增长 41%，电子卡开卡 3137 万张。2022 年，汽油移动支付比例 22%，同比提高 13 个百分点；"中油好客 e 站"App 日活用户峰值 174.9 万人，同比提升 77.4%。

【投资管理与网络建设】 贯彻落实集团公司高质量发展方针，紧扣建设国际知名、国内一流油气氢电非综合服务商的战略目标，以提升存量网络创效能力、谋求未来转型发展机遇为核心，保重点与控投资统筹兼顾，围绕投资优化、终端网络布局优化、存量网络挖潜、新能源拓展和管理提升，进一步优化投资结构和网络开发。2022 年新开发加油站 140 座、投运 187 座，新建加氢站（综合能源服务站）23 座、充换电站 280 座、光伏站（库）542 座。

适应国内能源消费变化趋势，坚持优化存量、抢占增量，调整投资方向、转变开发方式，自主新建为主，鼓励合资合作，投资重点向新能源、LNG 业务和数字化转型升级倾斜，新站开发侧重城区站、汽油站，严控柴油站，以资源优势发展参股站、绿岛站。2022 年新开发项目中，新建和股权项目占比 88%，同比提升 5.7 个百分点；收购项目占比 2%，下降 4 个百分点；单站投资 1791.3 万元、下降 17.4%，吨油投资 156 万元、基本持平。

从严调整网络开发政策。遵循集团公司的整体投资政策，贯彻落实集团公司和销售分公司年度会议精神，下调销售企业新建项目投资权限，并取消收购、新增租赁和股权投资项目权限，原则上不再通过收购资产或股权方式开发加油（气）站。进一步放缓网络开发节奏，基于加油站网络开发处于投资高点的总体判断，结合新能源行业快速发展的态势，落实控制常规加油（气）站特别是区外高价站开发的总体要求，引导各企业进一步放缓网络开发节奏，重点关注网络结构的优化提升。2022 年新开发加油站 140 座、投运 187 座，新建成加氢站（综合能源服务站）23 座、充换电站 280 座、光伏站（库）542 座。

天然气销售

【概述】 中国石油天然气股份有限公司天然气销售分公司（简称天然气销售公司）是中国石油旗下的专业化天然气销售公司，与昆仑能源有限公司实行一套班子、两块牌子，内部称谓为天然气销售公司（昆仑能源有限公司），按直属企业管理，作为中国石油的天然气销售业务一体化运营管理平台和投融资平台、天然气销售业务的管理主体和经营主体，是天然气销售业务的利润中心、经营管理中心和资本运营中心。批发分销和终端零售业务实行"分别经营、分账核算"，批发分销业务在天然气销售公司项下运营，终端零售业务在昆仑能源有限公司项下运营。主要从事天然气批发、城镇燃气、天然气支线管道、LNG/CNG终端加注、天然气发电和分布式能源、LNG加工与储运、LPG销售等七大类业务，市场范围覆盖全国31个省（自治区、直辖市）和香港特别行政区。天然气销售公司设机关职能部门22个、附属机构8个，直属单位5个，昆仑能源有限公司香港本部董事会秘书处1个；下设二级单位41个，其中天然气省公司30个、液化石油气公司5个、液化天然气单位2个、其他类型单位4个。天然气销售公司内部实行"总部机关—省（区）公司—项目公司"的三级管理模式。截至2022年底，直接用工2.74万人，其中员工2.57万人、劳务及非全日制用工0.17万人，另有业务外包1.34万人，整体用工规模4.08万人。同时，对天然气销售川渝分公司实施业务管理和考核。

（唐高嵩　曹旭刚　赵　艺）

2022年，股份公司天然气销售2178.1亿立方米，同比增长6.0%。

（赵　艺）

2022年6月，集团公司印发《中国石油天然气集团有限公司天然气销售管理办法》，按照整合油气田周边销售和煤层气销售，规范零散气销售和终端销售，推进天然气业务健康发展，提升天然气资源保障能力的要求，天然气销售公司作为集团公司国内天然气销售业务归口管理主体和经营主体，归口管理煤层气销售业务，推进车用加气终端一体化运营整合。9月30日，完成62家合同用户三方划转协议的签订工作，涉及合同量134.3亿立方米，天然气产业链向全面统购统销迈出坚实一步。12月30日，完成第一批132座车用加气终端一体化运营整合协议签订，推动油气销售优势互补、协调运行。

按照国务院国资委和集团公司改革工作要求，将深化国企改革三年行动与"双百行动"改革有机结合，42项任务全面完成，昆仑能源有限公司入选国务院国资委国有企业公司治理示范企业名单，在国务院国资委"双百企业"专项考核中获"优秀"评级。

（单新煜　赵　艺）

【天然气批发销售业务】　2022年，受国际地缘政治冲突、新冠肺炎疫情扰动、国际油气价格高企等超预期因素影响，国内天然气需求增速降至历史低点，资源呈现"西多东少"局面，管网管输瓶颈突显。天然气销售公司坚决落实集团公司党组决策部署，统筹保供与稳效，坚持高质量发展和产业链协同，围绕优化资源组合、优化市场布局、优化销售流向"三个优化"，助力天然气销量和市场份额稳步提升。

（闵俊豪）

2022年，天然气销至全国31个省（自治区、直辖市）及香港特别行政区，覆盖中国七成以上地级市主城区，保持较高市场份额。天然气销售结构中，城市燃气占比68.1%，发电占比8.3%，工业燃料占比4.4%，化肥占比3.6%，化工占比2.8%，LNG工厂占比3.1%，CNG占比1.6%，LNG装车占比1.0%，其他占比7.1%。

（周　澜）

全年投产196个新项目，新增气量32.4亿立方米。

（赵　艺）

【天然气终端销售业务】　2022年，认真贯彻落实集团公司市场营销工作会议部署要求，以"二十四字"营销工作方针和"六个坚持"为基本遵循，发挥批零一体化优势推动终端销量快速增长。抓住资源供需紧张有利时机全力顺价，购销价差显著提升。借鉴先进企业经验搭建客服质量管理体系，弥补管理短板。加强市场开发商机管理，重点新开发项目顺利推进。理顺开口申请管理流程，优化终端天然气供应链。组织特种气体市场开发，开辟新业务领域。克服新冠肺炎疫情多发及经济疲软不利影响，完成年度各项任务。

2022年，天然气终端销售与管输气量590.0亿立方米，同比增长10.3%。销售量474.7亿立方米，同比增长6.7%；零售量311.0亿立方米，同比增长13.9%。

天然气销至全国31个省（自治区、直辖市）及香港特别行政区。天然气销售结构中，管道气占比64.8%，CNG占比5.2%，LNG占比10.5%，管输气占比19.6%。

（马　军）

【液化石油气销售业务】 2022年，销售液化石油气561.55万吨，利润3.6亿元。

天然气销售公司液化石油气销售量在东北区域占37.9%、华北区域占15.9%、西北区域占15.6%、西南区域占18.1%、其他区域占12.5%。液化石油气批发销售占67.8%，终端销售占32.2%。

（李艳平）

【LNG接收站业务】 天然气销售公司建成运行江苏、唐山、海南3座LNG接收站（储备库），总能力1330万吨/年；有LNG储罐14座，总罐容208万立方米，折合天然气储备能力13亿立方米。

天然气销售公司3座自有LNG接收站（储备库）接卸LNG1126.4万吨，同比下降10.8%；总外输量160.7亿立方米，同比下降3.9%。随着国家管网集团LNG接收站对外开放业务日趋成熟，天然气销售公司进口LNG资源配置更加灵活，为平衡区域市场需求，2022年增加对粤东、深圳迭福等租用接收站的LNG资源投放，致使自有接收站负荷率有所下降。

（刘筠竹）

【增值业务】 2022年，增值业务围绕"十四五"发展目标定位，以"依托主业、促进主业、服务主业"为根本遵循，克服新冠肺炎疫情不利影响，深挖市场潜力，坚持规模效益发展，努力探索发展新路径，经营规模和盈利水平持续提升，同口径业绩指标达到历史最好水平，为天然气销售公司实现年度提质增效目标、推动产业链多元化转型发展贡献力量。

2022年，增值业务围绕年度经营目标，重点围绕六大业务布局，做大做强自主品牌。开发新项目、拓展新业务，持续拓展高效业务，挖掘业务潜力，盈利水平进一步提升。"昆仑慧享+"线上线下一体化电商服务平台全面上线运营。燃气保单销售125万件，保费规模1.3亿元；昆仑品牌的工装规模稳步增长，燃气具销售2.89万台，同比增长68%。增值业务营业收入40.5亿元，同比增加7.1亿元，增长21%。毛利润10亿元，同比增长29%。

（翟羽达）

工程技术与工程建设

【工程技术】 截至2022年底，主要专业施工队伍6771支。按专业分：物探队273支，钻井队1161支，测井队845支，井下作业队700支，录井、固井等技术服务队伍3792支。按市场分：国内5587支，国外1184支。员工总量10.84万人，其中合同化员工8.21万人、市场化员工2.63万人。资产总额1700亿元，资产负债率42.2%。

2022年，三维地震采集7.97万平方千米、钻井进尺2468万米、压裂3.84万层段、测井9.72万井次，同比分别增长10%、18.2%和10.9%。天然气商品量107.1亿立方米，同比增长3.1%，实现连续四年增长。收入同比增长8.5%，7家企业全部盈利。中油技服和各成员企业均超额完成集团公司下达的考核指标。渤海钻探、川庆钻探、东方物探、中油测井被评为集团公司先进集体。

（宿永鹏）

2022年，物探专业用工2.4万人，各类队伍197支，其中地震作业队164支、非地震作业队22支、VSP队11支（表1）。

表1 2022年集团公司物探队伍及动用情况

项　目	2022年	2021年	同比增减
在册队伍（支）	197	197	0
其中，地震作业队	164	164	0
非地震作业队	22	22	0
VSP队	11	11	0
动用各类作业队伍（队次）	235	235	0
国内，地震队	116	123	-7
非地震队	24	23	1
VSP队	9	9	0
国外，地震队	55	46	9
非地震队	17	17	0
VSP队	2	0	2

有地震遥测仪器172台（套），主机控制单元172个，总道数172.13万道。其中：国内地震遥测仪器94台（套），总道数80.76万道；国外地震遥测仪器78台，总道数91.37万道。重力仪13台，磁力仪20台，电法仪523台。数

据处理计算主机 5466 台，CPU11865 个（包括单核、双核、四核、八核 CPU，共 127966 核），GPU520 个（共 1721600 核）。资料解释计算机主机 1010 台，CPU1957 个（包括单核、双核、四核、八核 CPU，共 17968 核），GPU24 个（共 18432 核）。磁带机 73 台，绘图仪 61 台。可控震源主要有 8 种型号 694 台，同比增加 12 台。车装钻机有 43 种型号 965 台，人抬钻机有 11 种型号 1373 台（套），推土机有 12 种型号 214 台。各类物探测量仪器共计 2927 台（套），其中卫星定位仪 2206 台、卫星导航仪 379 台、全站仪 342 台（表 2）。

表 2 2022 年集团公司地球物理勘探装备情况

项　目	2022 年	2021 年	同比增减
地震仪器（台/套）	172	174	−2
主机控制单元（个）	172	174	−2
总道数（万道）	172.13	167.1	5.03
平均每台仪器（道）	10000	9605	395
采集站（万个）	105	108	−3
非地震仪器（台）	556	556	0
其中，重力仪	13	13	0
磁力仪	20	5	15
电法仪	523	536	−13
磁化率仪	0	2	−2
资料处理计算机	1.18 万个 CPU（12.8 万核）	1.39 万个 CPU（12.77 万核）	减少 0.21 个 CPU（增加 0.03 万核）
资料解释计算机	1957 个 CPU（17968 核）	1971 个 CPU（17546 核）	减少 14 个 CPU（增加 422 核）
可控震源（台）	694	682	12
车装钻机（台）	965	1058	−93
人抬钻机（台）	1373	1433	−60
推土机（台）	214	218	−4
物探测量仪器（台）	2927	2998	−71
其中，卫星定位仪	2206	2262	−56
卫星导航仪	379	389	−10
全站仪	342	347	−5

1. 地球物理勘探

2022 年，二维地震采集 3.78 万千米，三维地震采集 8.04 万平方千米（表3、表4）。

表3　2022 年集团公司二维地震、三维地震采集情况

项　目	2022 年	2021 年	同比增减
二维地震采集（万千米）	3.78	3.45	0.33
其中，国内	0.91	0.91	0
三维地震采集（万平方千米）	8.04	8.65	−0.51
其中，国内	2.32	2.15	0.17

表4　2022 年集团公司国内外物探野外采集工作量

	项　目	2022 年	2021 年	同比增减
国内勘探	二维地震施工（队次）	39	38	1
	生产记录（万张）	45.96	41.51	4.45
	地震剖面（万千米）	0.905	0.91	−0.005
	三维地震施工（队次）	77	85	−8
	生产记录（万张）	345.5	402.10	−56.6
	采集工作量（万平方千米）	2.32	2.15	0.17
	VSP 工作（队）	9	9	0
	VSP 测井（口）	272	336	−64
国外勘探	二维地震施工（队次）	13	13	0
	生产记录（万张）	199.31	159.33	39.98
	地震剖面（万千米）	2.88	2.54	0.34
	三维地震施工（队次）	42	49	−7
	生产记录（万张）	4716.65	4980.44	−263.79
	采集工作量（万平方千米）	5.72	6.50	−0.78

处理二维地震剖面 78595.78 千米，同比减少 43721.72 千米，下降 35.7%；处理三维地震资料 178579.7 平方千米，同比增加 820.19 平方千米，增长

0.46%。

解释二维地震剖面 13419 条、697690.07 千米，同比减少 57207.45 千米，下降 7.6%；解释三维地震区块 799 个、455520.57 平方千米，同比减少 31508.06 平方千米，下降 6.5%；绘制深度构造图 3338 张，发现圈闭 7691 个，面积 78303.49 平方千米；复查圈闭 9306 个，面积 67228.41 平方千米；提供井位 11399 口，采纳井位 6149 口。

（吴志伟）

2. 钻井

2022 年，动用钻井队伍 1361 支。其中，国内 1141 支，包括集团公司内 1128 支，集团公司外 13 支；国外 220 支，包括集团公司内 87 支，集团公司外 133 支（表 5）。钻井顶驱 622 台，单闸板、双闸板、环形等防喷器 5217 台，控制系统 1921 套，节流压井管汇 2271 套，地质导向仪器 155 套/307 串，固井水泥车 709 台（表 6）。

表 5　2022 年中油油服钻井队数量

项　目	2022 年	2021 年	同比增减
钻井队数量（支）	1361	1213	148
国内钻井队数量（支）	1141	975	166
其中，集团公司内	1128	954	174
集团公司外	13	21	−8
国外钻井队数量（支）	220	238	−18
其中，集团公司内	87	83	4
集团公司外	133	155	−22

表 6　2022 年中油油服主要装备统计

装备名称	2022 年	2021 年	同比增减
顶驱（台）	622	613	9
防喷器（台）	5217	5296	−79
控制系统（套）	1921	1964	−43
节流压井管汇（套）	2271	2937	−666
地质导向仪器（套/串）	155/307	159/309	−4/−2
固井水泥车（台）	709	688	21

中油技服钻井队伍在国内外市场开钻 9855 口，完井 9803 口，钻井进尺 2444.58 万米。其中，国内集团公司内开钻 8579 口，完井 8546 口，钻井进尺 2150.50 万米；国内集团公司外开钻 249 口，完井 238 口，钻井进尺 75.78 万米；国外集团公司内开钻 325 口，完井 316 口，钻井进尺 74.57 万米；国内集团公司外开钻 702 口，完井 703 口，钻井进尺 143.74 万米（表 7）。

表 7　2022 年中油技服钻井队伍工作量完成情况

项目	2022 年	2021 年	同比增减
开钻（口）	9855	9740	115
其中，国内集团公司内	8579	8796	-217
国内集团公司外	249	212	37
国外集团公司内	325	225	100
国外集团公司外	702	507	195
完井（口）	9803	9602	201
其中，国内集团公司内	8546	8678	-132
国内集团公司外	238	203	35
国外集团公司内	316	225	91
国外集团公司外	703	496	207
进尺（万米）	2444.58	2311.18	133.4
其中，国内集团公司内	2150.50	2084.25	66.25
国内集团公司外	75.78	64.53	11.25
国外集团公司内	74.57	49.34	25.23
国外集团公司外	143.74	113.06	30.68

（杨建永）

3. 测井

2022 年，测井专业用工总量 14530 人，同比减少 419 人。队伍总量 956 支，同比减少 16 支。其中：国内市场 851 支，同比减少 1 支；国外 105 支，同比减少 15 支，分布在 17 个国家和地区。

有主要专业设备 1135 套，同比减少 14 套。其中：裸眼测井设备 540 套，同比减少 41 套；生产测井设备 291 套，同比增加 6 套；射孔取心设备 254 套，同比减少 10 套；LWD 设备 50 套，同比增加 11 套。

测井采集工作量 159064 井次。其中：国内 151181 井次，同比增加 13237 井次；国外 7883 井次，同比增加 1598 井次。因井况、路况等原因造成测井未成功 7956 井次，占总工作量的 4.76%，同比下降 0.45%（表 8）。完成探井测井解释处理工作量 15 万层、开发井测井解释处理工作量 68 万层；解释油层 8.2 万层、气层 1.5 万层；老井复查 6825 井次，复查发现油气层 3078 层。探井解释符合率 88.52%，开发井解释符合率 97.13%。

表 8　2022 年集团公司测井工作量

项　目	2022 年	2021 年	同比增减
工作总量（井次）	159064	144229	14835
其中，裸眼测井	24170	20579	3591
生产测井	54211	50264	3947
工程测井	42419	36239	6180
射孔	38264	37147	1117
LWD	594	240	354
国内工作量（井次）	151181	137944	13237
国外工作量（井次）	7883	6285	1598
因故测井未成功（%）	4.76	5.21	−0.45 个百分点

（邹　辉）

4. 录井

2022 年，集团公司录井专业员工总数 7145 人，同比增加 22 人。主要录井技术装备 3494 台，同比减少 626 台，下降 15.2%，总新度系数 0.31。综合录井仪 1367 台，新度系数 0.28，国内 1223 台，分布在 16 个油区；国外 144 台（集团公司内 98 台、集团公司外 46 台），服务于亚太、中亚、非洲、中东、美洲等地区的 18 个国家。其中：国产综合录井仪 1334 台，同比增加 176 台，增长 15.2%，新度系数 0.29；进口综合录井仪 33 台，新度系数 0.08。

集团公司录井企业录井施工 10867 口井，同比增加 716 口井，增长 6.6%。录井仪器（综合录井和气测录井）施工总天数 417014 天，同比增加 79311 天，增长 19.0%。

（席云龙）

5. 井下作业

2022 年，井下作业系统用工总量 5.4 万人，队伍 1835 支。按专业性质分类：压裂酸化队 177 支、试油队 231 支、大修队 288 支、侧钻队 19 支、小修队 698 支、测试队 257 支、带压作业队 170 支；按资质登记分类：甲级队 428 支、乙级队 1226 支、丙级队 181 支，甲乙级队伍占总数的 90.14%。

2022年，井下作业系统有修（通、钻）井机2237台，同比减少129台，下降5.45%。其中：车载修井机1547台，占总量的69.16%，同比下降5.67%；通井机650台，占总量的29.06%，同比下降6.47%；车载钻机40台，占总量的1.79%，同比增长29.03%。1000型以上压裂泵车1159台，共计253.3万水马力；2000型及以上压裂泵车1023台，占压裂泵车总量的88.27%。连续油管车141台，制氮车40台，液氮泵车58台，带压作业设备167套。

井下作业工作量8.13万井次，试油10505层。其中：国内井下作业工作量7.93万井次，试油6977层；国外井下作业工作量1996井次，试油3528层（表9）。

表9 2022年集团公司井下作业工作量

项　目	2022年	2021年	同比增减
井下作业工作量（万井次）	8.13	8.37	-0.24
其中，国内井下作业（万井次）	7.93	8.21	-0.28
国外井下作业（井次）	1996	1614	382
压裂（井次）	17369	16759	610
酸化（井次）	1610	1120	490
小修（井次）	55583	60393	-4810
大修（井次）	5452	5154	298
侧钻（井次）	295	288	7
试油（层）	10505	9783	722
其中，国内试油（层）	6977	6280	697
国外试油（层）	3528	3503	25

（吴志伟）

6. 风险作业

2022年，西部钻探、长城钻探、渤海钻探、川庆钻探等四家企业分别在苏里格致密气气区、威远页岩气气区开展风险开发作业服务业务。两大气区共有20个风险作业区块，工区面积合计16906平方千米，探明天然气地质储量13133.4亿立方米。其中：苏里格致密气气区有16个风险作业区，面积15545平方千米，探明天然气地质储量8651.5亿立方米；威远页岩气气区有4个风险作业区，面积1361平方千米，探明天然气地质储量4481.9亿立方米。四家企业下设6个风险作业服务项目部，16个作业区，建成53座集气站，投产各类气井6058口，生产天然气1186.5亿立方米。东方物探在柴达木盆地台南、涩北两个矿权区块开展风险勘探作业，区块面积9200平方千米，下设油气风险合作项目部。中油技服风险作业服务业务在职人员1504人。

2022年，投资61.9亿元，同比下降7.34%；完钻气井413口，压裂350口、投产375口，分别完成计划的99.8%、86.6%、91.9%，同比分别下降18.4%、28.1%、19.5%（表10）。

表10　2022年风险作业产量完成情况

气区	单位	投产 井数（口）	投产 进度（%）	投产 同比增长（%）	产量 井口量（亿立方米）	产量 进度（%）	产量 同比增长（%）	产量 商品量（亿立方米）	凝析油（吨）
苏里格	西部钻探	22	100.0	−31.3	9.76	104.1	8.4	9.16	18141
苏里格	长城钻探	124	106.0	−16.2	27.95	102.4	1.2	25.95	25529
苏里格	渤海钻探	109	73.2	−1.8	15.76	105.6	4.8	14.79	17805
苏里格	川庆钻探	56	87.5	−44.0	19.12	102.3	1.8	17.94	12725
苏里格	小计	311	88.4	−20.5	72.59	103.3	3.1	67.84	74200
威远	长城钻探	33	97.1	37.5	15.21	88.4	2.1	14.30	0
威远	川庆钻探	31	140.9	−39.2	26.00	103.2	2.8	24.95	0
威远	小计	64	114.3	−14.7	41.21	97.2	2.5	39.25	0
合计		375	91.9	−19.5	113.80	101.0	2.9	107.08	74200

风险作业区完钻井385口（水平井155口），压裂投产361口（水平井150口），建产能39.6亿立方米，产能完成率100%。苏里格致密气区，完钻井323口，压裂投产298口（水平井87口），建产能20.5亿立方米，产能完成率93.1%。

（吴志伟）

【工程建设】　中国石油集团工程股份有限公司（简称中油工程）是中国石油天然气集团有限公司控股的大型油气工程综合服务商，于2016年12月完成重大资产重组并上市。主要面向国内外能源化工工程行业提供全产业链"一站式"综合服务，业务范围覆盖油气田地面、油气储运、炼油化工、聚酯化纤、煤化工、LNG等油气领域，以及海洋工程、环境工程、风光电工程、地热工程、生物质能、氢产业链、CCUS、油气伴生资源开发等领域，服务能力涵盖项目咨询、FEED、PMC、设计、采购、施工、开车、试运、生产服务、培训、投融资等全价值链。具备年均2000万吨原油产能、300亿立方米天然气产能、8000

千米长输管道、150米水深内海底管道、2600万立方米原油储罐、1600万立方米成品油储罐、2个千万吨级炼油和百万吨级乙烯的EPC总承包建设能力。在2022年度国际承包商250强和全球承包商250强榜单中，分别位列第30位和31位，在十大国际油气工程承包商中位列第三。

2022年，生产经营稳中有进、进中提质，营业收入918.7亿元、同比增长4.7%；净利润10.6亿元（表11）。

表11　2022年中油工程主要经营指标

亿元

指　标	2022年	2021年	同比增减
新签合同额	1023.8	1011	12.8
收入	918.7	877.8	40.9
净利润	10.6	3.6	7.0
税费	18.58	15.39	3.19

中油工程开展提质增效价值创造行动，落实"四提质六增效"10个方面38项行动举措，以项目为中心促开源、降成本、堵漏洞。经济增加值0.67亿元，创重组上市以来最好水平；综合毛利率7.4%，同比提高2.2个百分点。

2022年，中油工程坚持"一切工作到项目"，建立重点项目三级领导挂牌督导机制，加强工程项目建设安全、质量、环保、进度、合同、廉洁"六大控制"，深化标准化设计、规模化采购、工厂化预制、模块化建设、信息化管理、数字化交付"六化"应用，科学组织筹划、靠实资源保障，各类项目平稳有序推进，全年执行工程10367项、完工4104项。推动广东石化项目建设，高水平完成建设目标，打造中国石油工程建设史上的标杆示范。建成中俄东线南段（安平—泰安和泰安—泰兴段）、双台子储气库等国家石油天然气基础设施及泰国东北部成品油管道、伊拉克哈法亚油田注水增压、俄罗斯AGPP二期等一批境外重点工程，承建的锦州石化、盛虹炼化一体化等转型升级项目及天利高新EVA、兰州石化丁腈橡胶等新材料项目投产。伊拉克哈法亚三期项目获评国家优质工程金奖，塔里木沙漠公路"零碳"示范项目入选央企十大超级工程，阿联酋巴布项目获"一带一路"国际大奖。

2022年，中油工程完成改革三年行动373项任务、对标管理提升327项任务，完成国务院国资委改革三年行动目标任务。

（邢海峰　吴林林）

国际业务

【海外油气业务】 1984年8月，石油工业部成立中国石油天然气勘探开发公司，是具有对外合作经营权的经营实体企业。1993年，中国石油天然气总公司执行中共中央、国务院"利用两种资源、两个市场"战略方针，坚持走出国门实施国际化经营，重新启用中国石油天然气勘探开发公司名称。2017年6月，集团公司海外油气业务体制机制改革，名称改为中国石油国际勘探开发有限公司（简称中油国际公司）作为集团公司（股份公司）所属专业公司，由集团公司实施全面管理，授权负责海外油气项目的业务归口管理工作。2022年3月，根据集团公司党组关于海外业务体制机制优化调整相关文件，中油国际公司主要承担业务管理和商务管理工作，负责海外油气勘探开发、炼化管道运营、项目经营管理、新项目开发、新能源、资产优化等业务管理工作，负责发展计划、预算、并购处置相关财务业务、法律合同、股东事务等商务管理工作。截至2022年底，中油国际公司设本部部门17个、国内直属单位3个（专家中心、后勤保障中心、HSSE技术支持中心）技术研究中心、中油锐思技术开发有限责任公司，以及中油国投伊拉克公司（简称FZE公司）、中油国际（哈萨克斯坦）有限公司（简称CIK公司）、中油国际（尼罗）有限责任公司（简称CINL公司）、中国石油拉美有限公司（简称CNPCA公司）4个股东行权法律实体。中油国际公司中方主体员工662人。

2022年，面对哈萨克斯坦"一月事件"、乌克兰危机、中美博弈等地缘政治影响，伊拉克、乍得、秘鲁等主要资源国局势动荡，以及新冠肺炎疫情持续蔓延、OPEC+限产等严峻挑战，中油国际公司贯彻落实集团公司决策部署、油气和新能源子集团工作要求，开展提质增效、亏损企业治理、企业改革三年行动和人才强企"四大工程"，实现油气业务量效齐增、资产优化再获突破、重大风险有效应对，海外业务体制机制优化调整顺利过渡，QHSE业绩保持良好，各项任务目标全面完成。全年完成油气权益产量当量10233万吨，其中原油权益产量7705万吨、天然气权益产量317.4亿立方米。油气权益产量当量连续四年保持1亿吨以上稳产。经营净利润、自由现金流实现经济增加值五年来首次转正，经营效益创历史最好水平。

海外油气勘探坚持资源战略不动摇，聚焦重点勘探区块，加强地质研究，强化勘探方案部署，深水、新层油气勘探均获重大进展。巴西阿拉姆深水勘探区块首口探井试油日产1011吨，10亿吨级大油田雏形展现；俄罗斯亚马尔焦罗系新层试采井获超百万立方米高产油气流，万亿立方米大气田资源规模不断夯实；乍得多赛欧坳陷探井单层测试均获日产油 100 立方米以上，尼日尔毕尔玛区块完成勘探期评价，落实两个亿吨级油气富集区；阿克纠宾、PK、苏丹 6 区等滚动勘探取得多项新进展。全年勘探新增探明油气地质储量亿吨。

海外油气开发加大增储上产力度，推动落实"一项目一策"，新井和措施井产量贡献显著提高，新井权益产量 520 万吨，措施井权益产量 1371 万吨，年自然递减率同比下降 1.1 个百分点，亿吨权益效益产量超额完成。克服全球新冠肺炎疫情、美国制裁、OPEC+ 限产、洪水等多重不利因素影响，充分利用油价高位有利契机，投资向矿税制和产品分成制项目倾斜，权益产量增加 215 万吨。加强开发方案全周期管理，突出全过程专业审查和质量控制，完成 22 个油气田开发和调整方案编制审查。加强常态化生产动态分析和增储上产专项工作，全年油气权益产量当量 10233 万吨，其中原油 7705 万吨、天然气 317.4 亿立方米（含 LNG 424 万吨）。

海外的重点工程建设加强前期工程方案优化，注重质量，科学推进，多项重点工程建设成功投产。巴西里贝拉梅罗 1 单元 5 月 1 日按期投产，新建产能 900 万吨；澳大利亚箭牌项目戴维首气工程 3 月 29 日正式投产，新增处理能力 8 亿立方米；阿姆河 B 区西部气田地面工程 6 月 26 日提前投产，新建产能 18.2 亿立方米；莫桑比克科洛尔项目新建 LNG 产能 330 万吨，11 月 13 日实现首船外销；尼日尔二期一体化项目统筹推进，上游和管道工程进度均超 65%，海底管道铺设全部完成；北极 LNG2 项目克服乌克兰危机影响，调整工程建设节奏，一期总进度超 95%；加拿大 LNG 项目一期工程平稳推进，总进度 77.7%；哈萨克斯坦南线天然气管道 150 亿立方米扩容项目提前实现投产目标；乍得二期管道去瓶颈工程如期建成投用。

海外管道运营及炼化项目优化调整稳步推进，油气输送和天然气保供力度持续增强。深入开展管道安全隐患排查整治、专项应急演练，保障油气管道安全平稳运行，全年向国内输送原油 2128 万吨、天然气 510 亿立方米。天然气方面，保持气源稳定，做好跨境天然气管道运行管理，阿姆河项目外输商品气 136.2 亿立方米，中亚天然气管道向国内供应商品气 432.3 亿立方米，中缅天然气管道输气 41 亿立方米。有效规避俄罗斯资源在欧洲销售的巨大市场风险，牵头组织亚马尔项目份额 LNG 回国保供，实现 11 船上亿立方米油气资源回国，提升现货 LNG 回国比例。原油方面，建立伊拉克巴士拉、乍得多巴份额油长效工作机制，组织份额油资源回国。

炼化业务经营状况良好。根据集团公司工作部署，配合炼化新材料公司，落实海外炼化业务专业化管理优化调整，确保平稳有序完成工作任务。尼日尔炼厂比计划提前 7 天高质量完成大检修工作，清欠难题取得阶段性进展；乍得炼厂推动中方股东获得分红；奇姆肯特炼厂推进治理机构调整。

海外项目开发抓优化、谋长远，提升资产集中度归核化，新项目开发取得重大进展。哈萨克斯坦阿克纠宾 76 号合同签署三年延期协议，阿曼 5 区完成西区小油田服务合同签署，PK 公司签署 240 号合同权益收购协议、曼格什套公司完成三个卫星油田六年延期合同签署。幸福之路项目取得实质性进展，风险服务合同关键条款基本达成一致。伊拉克火星项目与巴士拉石油公司、埃克森美孚就作业权移交方案基本达成一致。卡塔尔 LNG 扩容项目关键性谈判进展顺利。安第斯项目合同延期等有序推进。

资产重组与处置工作取得多项重要成果。资产重组方面，完成伊拉克鲁迈拉项目交割，增加对项目的控制力及话语权。完成麦凯 III 油砂项目内部重组。资产转让方面，苏丹石化贸易公司全部股权和中加公司乎利区块资产成功转让，完成秘鲁服务公司土地转让，规避因土地资产长期闲置存在的权属风险。项目退出方面，巴西佩罗巴区块通过政府审批完成退出。法人压减方面，完成亚马孙分公司清算、中俄合作项目部清算、秘鲁服务公司吸收合并等 7 家法人压减和分公司关闭，提前完成集团公司（股份公司）法人压减和"两非"剥离任务。

新能源业务取得新进展。落实集团公司碳达峰碳中和、新能源新材料重点工作部署，结合海外业务具体情况，强化战略规划顶层设计，编制完成碳达峰实施方案和海外新能源业务战略规划框架。按照"节能降碳、清洁替代、因地制宜、审慎投资"的工作原则，推进试点项目，尼日尔上游二期地面工程光伏发电项目完成设备招标，尼贝管道光伏储能项目进展顺利。

（魏 巍）

【国内油气勘探开发国际合作】 2022 年，集团公司国内对外合作项目油气产量当量持续增长，再创历史新高，达到 1265 万吨，其中原油产量 289 万吨、天然气产量 122 亿立方米。完成新钻井 795 口，投产效果良好。截至 2022 年底，集团公司在执行的国内对外合作勘探开发合同 29 个，合作区面积 1.43 万平方千米，全部是产品分成合同。

2022 年底，有原油项目 14 个，其中赵东、孔南、冷家堡、海南—月东、州 13（1—2）、州 13（3—6）、肇 413、大安、莫里青、庙 3、民 114 和两井等 12 个项目处于生产期，九$_1$—九$_5$、扶余 1 号项目处于开发期。

【国际贸易】 中国石油油气国际贸易业务及贸易运作平台的投资建设和经营管

理以及境内外期货业务由中国石油国际事业有限公司/中国联合石油有限责任公司（简称国际事业公司）负责归口管理。国际事业公司锚定"建设世界一流全球能源贸易商"的战略目标，切实履行保供、降本、增效"三项职责"，围绕亚洲、欧洲、美洲三大油气贸易运营中心完善全球营销网络，持续提升"贸易、加工、仓储、运输"四位一体综合实力，发挥联通国内外两种资源、融通国内外两个市场，贯通油气上中下游产业链的重要作用，为中国石油履行政治、社会和经济责任，保障国家能源安全做出重要贡献。截至2022年底，国际事业公司在全球120多个国家和地区开展业务，参与全球上百个品种的场内场外交易，与5000余家交易对手建立合作关系，业务结算涉及外币20余种，资源优化配置能力和市场影响力持续提升，从油气贸易的参与者成长为位居行业前列的重要力量。

2022年是国际贸易业务发展历程中极为重要、极不平凡的一年，面对世界百年未有之大变局激荡演进，全球油气贸易格局加速重构的新形势，国际事业公司将贸易保供提升到前所未有的高度，主动作为促发展，依法合规防风险，经营业绩再创历史新高。

原油业务靠前服务海外上游，"宜回则回"供应集团公司系统内炼厂，全年销售份额原油2212万吨，同比增长11%，占上游可贸易资源比例上升至77%。签署西部过境俄罗斯原油补充协议，总计增加1亿吨俄罗斯原油资源，并与厄瓜多尔国家石油公司新签长约锁定增量资源约420万吨。组建"跨大西洋低硫组"，实现WTI跨市欧洲量利齐增。将上游亚马尔项目副产品SGC凝析油首次销往国内，实现凝析油自营业务重大突破。

2022年，天然气业务落实冬季保供主体责任，提前锁定"去冬今春"进口天然气资源，签署中俄东线价格参数替换补充协议，调整乌兹别克斯坦天然气合同价格公式条款，并通过船期调配、转售换货优化等多种手段助力集团公司降本增效。签署中俄远东天然气购销协议，增加2400亿立方米俄罗斯天然气资源，并以具有竞争力的价格获取亚马尔项目近期50万吨/年及切尼尔项目远期180万吨/年的LNG增量资源。全面启动代理天然气销售分公司进口长约套期保值工作。

成品油业务及时准确反馈国际市场变化，优先安排高裂解价差油品出口，统筹优化出口结构和节奏。助力低硫船用燃料油产销贸一体化运作，完成出口637.6万吨，同比增长58.2%。统筹开拓地炼直馏燃料油市场，成为远东最大直馏油资源供应商。首次将美湾柴油销售至法国炼厂，开拓中东到南美的跨大西洋高硫柴油贸易路线。

化工品业务继续保持世界最大石蜡出口商地位，成为中国最大甲苯出口商。首次打通独山子石化高密度聚乙烯双口岸陆运出口流程。轻烃业务整合后实现跨越式发展，全年贸易量突破600万吨。

海运业务前移香港，公司制运营迈出坚实一步。"少林"下水、"武当"入列，国际事业公司掌控油轮及LNG船队40艘、357万载重吨，启动新一轮LNG运力建设工作，运力保障能力进一步加强。

2022年10月25日，中远海运中国石油国际事业公司LNG运输项目首制船"少林"号命名及交付仪式在上海沪东中华船厂长兴岛码头举行。12月15日，17.4万立方米大型液化天然气运输船"武当"号命名暨交船签字仪式在上海沪东中华船厂长兴岛码头举行。"少林""武当"号的交付对扩大中国石油自控LNG船队规模、保障集团公司海外LNG离岸资源海上运力、提升天然气产业链整体竞争力、服务国家能源安全战略具有重要意义。

（彭川涵）

【国际合作与外事工作】 截至2022年底，集团公司在全球32个国家管理运作着88个油气合作项目，构建起涵盖中亚—俄罗斯、中东、非洲、美洲和亚太五大油气合作区的投资与生产网络，2022年油气权益产量当量1.02亿吨，超过80%的产量来自"一带一路"沿线国家（19个国家51个项目）。保障横跨中国西北、东北、西南和东部海上四大油气战略通道的能源供应，依托覆盖"一带一路"核心区域的中亚天然气管道、中哈原油管道、中俄油气管道、中缅油气管道和东部海上通道等跨国运输管网，成为"一带一路"基础设施互联互通建设的旗舰工程。国际贸易业务遍布全球120多个国家和地区，2022年亚洲、欧洲和美洲三大油气运营中心累计实现贸易量4.3亿吨，运营能力持续提升，全球油气贸易体系架构渐显。工程技术、建设和装备出口业务开拓新市场新业务，培育稳定高效的规模市场，促进全产业链协同发展和全价值链协同创效，2022年新签合同额逾100亿美元，完成合同额逾80亿美元。

截至2022年底，境外共有中外方员工近8万人，当地和国际化雇员近7万人，平均本土化率78.8%，其中投资业务本土化率90%。

（蒙　萌）

第四部分　主营业务

新能源与新材料

【概述】 截至2022年底，累计建成风光发电装机超140万千瓦，全口径清洁电力装机突破1000万千瓦，累计建成地热供暖项目近2500万平方米，年注入二氧化碳超110万吨，稳步推动氢能"产运储用"全产业链发展，新能源开发利用能力800万吨标准煤/年，新材料年产量85万吨，新能源新材料实现提速发展。

成立以集团公司董事长为组长的"双碳三新"领导小组并召开会议8次，将新能源和新材料纳入集团公司主营业务发展，持续完善新能源新材料业务组织体系和制度体系，科学系统编制完成碳达峰行动方案，将"双碳"目标全面融入集团公司发展战略部署。

以"六大基地"和"五大工程"为核心的绿色产业布局初步形成，持续从资源端、市场端和政策端发力，千方百计获取新能源资源、开拓市场，争取国家第三批"沙戈荒"新能源大基地项目；加快推动以炼油为主的炼化基础产业向"基础+高端"的能源化工材料现代产业转变，化工新材料产量实现大幅增长。

（冯敬轩）

树立新能源与油气融合发展理念，强化顶层设计和规划编制，以打造"六大基地、四大工程"为抓手，加大清洁能源替代和控碳减碳力度，各项工作取得阶段性成果。

（范文科　向书政）

【新能源】 2022年，中国石油将新能源业务与油气业务并列为集团公司主营业务，标志着中国石油新能源元年的开启，全年建成新能源项目80个，新增地热供暖面积1006万平方米，新增清洁电力投运并网118.3万千瓦，其中对内清洁替代风光装机79.7万千瓦，新能源产能当量新增89.8万吨标准煤；截至2022年底，累计建成供暖面积2470.6万平方米，累计建成光伏风电装机规模144万千瓦，累计新能源产能当量155.8万吨标准煤；全年节能38.7万吨标准煤，节水446万立方米，商品量单耗同比下降5.4%，超额完成节能节水指标。

炼化新材料公司认真贯彻落实集团公司"双碳三新"工作总体部署，成立炼化新材料公司、地区公司两级双碳领导小组、事业部和工作组以及多个工作专班，深化炼油乙烯能效提升、二氧化碳捕集与利用、燃煤清洁替代、氢能、提高电气化率等10个专项研究，编制形成炼化新材料公司碳达峰行动方案，明确2029年实现碳达峰、峰值控制在1.3亿吨的目标。推进碳达峰行动方案落地实施，进一步向炼化企业细化分解指标、传导减碳压力，组织炼化企业制定"一企一策"的碳达峰行动方案，推进炼化能效提标、电能替代、燃煤清洁替代、氢能和生物能等减碳举措并初见成效，全面完成集团公司下达的2022年度减碳任务，全面实现碳达峰行动方案2022年努力目标。

2022年，组织制定油气和新能源业务碳达峰实施方案，在全面梳理测算企业能耗、碳排放现状的基础上，结合未来业务规划，从产业结构优化、节能提效、清洁替代、负碳技术等四个方面实施碳减排措施，确定碳达峰的时间表和路线图，保障油气和新能源业务实现碳达峰目标，助力集团公司绿色低碳转型和高质量发展。按照集团公司规划部署，油气和新能源业务将于2029年实现碳达峰，二氧化碳排放峰值7657万吨。

2022年，新增地热供暖面积1006万平方米，建成总供暖面积2470.6万平方米，在运行地热供暖项目20个，储备项目超过2000万平方米，建成多个典型供暖项目，在行业中赢得良好口碑。

2022年，获取清洁电力并网指标1020万千瓦，新增建成风光发电装机118.3万千瓦。

2022年，对内清洁替代风光发电新增装机79.7万千瓦，余热利用新增装机11.2万千瓦。截至2022年底，累计建成清洁替代项目138个，总装机规模121.6万千瓦，其中光伏风电装机88.3万千瓦、余热装机28.8万千瓦、光热装机3.5万千瓦，清洁能源替代能力65.1万吨标准煤/年。

（杨树林　杨　砾）

【新材料】　2021年集团公司研究制定《"十四五"新材料业务发展规划》，在7个主要方向开发26种新材料，主要包括工程塑料、功能性合成树脂、高性能合成橡胶、特种纤维、高端碳材料、生物可降解材料、专用化学品。2022年进一步研究滚动规划，坚持"有资源、有市场、有技术、有人才、有竞争力"原则，整体推进化工产业向高端化、规模化发展，推进产业链向新能源材料延伸，有序布局生物基及可降解材料产业链向绿色低碳转型，滚动新增电子级碳酸酯、超级电容炭等12种高端材料开发。按照集团公司的要求，围绕"延链、强链、补链"要求，指定产业优势比较明显的地区公司承担牵头任务，提供技术和运营方面的支持服务，努力打造ABS、丁腈橡胶、溶聚丁苯橡胶、乙丙橡胶、PETG等一批"产品巨人"。

多项重点培养项目取得进展，茂金属聚乙烯完成 2 次工业试验，磷酸缓冲盐溶液（PBS）完成千吨级中试。

2022 年，生产新材料 85 万吨，其中功能性合成树脂 47 万吨、高性能合成橡胶 24 万吨、高端炭材料 13 万吨、特种纤维和专用化学品 1 万吨。

新产品开发进度加快，牌号数量有较大提升，开发化工新产品 119 个牌号 84 万吨，其中聚乙烯 39 个牌号 54 万吨、聚丙烯 42 个牌号 19 万吨、橡胶 20 个牌号 1 万吨、ABS 及其他产品 18 个牌号 10 万吨。

（朱光宇　刘晓舟）

科技与信息

【科技发展】 2022年，集团公司科技工作着力实现高水平科技自立自强，以原创技术策源地建设为统领，强化关键核心技术攻关，加快建设能源与化工创新高地，勇当国家战略科技力量。

2022年，2个原创技术策源地建设全面启动，围绕国家重大战略需求，依托千万吨级页岩油发展等九大工程、α-烯烃等"八大方向"进行部署，全方位梳理绘制技术谱系，明确攻关任务清单、项目部署、平台支撑和组织保障。强化关键核心技术攻关，形成一键式人机交互7000米自动化钻机、CG STEER 旋转地质导向钻井系统、PETG 共聚酯原料及全系列产品制备技术等一批标志性成果。推进"稳油增气"国家科技重大项目接续，成立工作专班，联合中国石化、中国海油、中科院和教育部等优势力量组织开展研究，围绕"两深一非一老"四大领域重点开展8个方向任务布局。

2022年，坚持"四个面向"，聚焦国家和集团公司战略需求，加强统筹谋划和顶层设计，紧紧围绕集团公司党组确定的十大科技攻关方向，科学部署重大科技任务，组织实施集团公司科技专项、关键核心技术攻关、前瞻性基础性技术攻关、重大技术现场试验、重大推广专项等各类项目，集中优势力量全力攻坚，加快突破关键核心技术，在支撑主营业务高质量发展的同时，抢占未来发展制高点。

油气勘探开发和工程技术领域，研发高精度地震成像、超深井优快钻完井等关键技术，引领中国深层/超深层油气战略接替；突破陆相页岩油和深层煤岩气勘探开发理论技术，推动非常规油气资源战略突破及规模开发；创新天然气驱油与地下储气库协同建设理论技术，开拓建库新领域；发展被动陆缘盆地油气地质理论，助推海外深水勘探世界级发现；非连续相驱油机理、油气热混相机理和高黏原油地下原位催化改质等理论技术取得重要进展，助力老油田和超稠油开发取得新突破。基本实现关键核心技术自主可控，工程技术服务保障能力和核心竞争力大幅提升。

炼油化工和新材料领域，开发应用大炼油、大乙烯、系列α-烯烃、高端合成橡胶等成套技术，开发生产炼油系列催化剂、高档润滑油、高附加值合成材料等炼化特色新产品，技术进步显著，为集团公司炼化布局调整、产品结构优化、技术经济指标提升提供自主技术支撑。催化新材料及分离材料、高端聚烯烃材料、乙烯极性共聚物等研发取得重要成果，引领集团公司炼油业务转型和新材料业务发展。

绿色低碳和新能源领域，按照集团公司"清洁替代、战略接替、绿色转型"三步走总体部署，围绕氢能、储能、地热、伴生资源、CCUS/CCS、安全环保节能等新能源与绿色低碳领域，加快推进科技攻关和示范应用，取得新突破。

集团公司启动重大科技成果规模转化示范工程，首批入选的3项技术进展顺利。其中："光纤智能油藏地球物理技术"不断完善技术系列，光纤压裂检测等新业务快速增长，全年收入突破2亿元；"非金属复合管"重点推广10种规格新产品，全年收入1.5亿元以上；"气举采油"向排水采气、储气库完井等新领域拓展，全年产值超过1亿元。进一步强化科技成果转化创效工作的组织，全年转化创效科技成果253项。

2022年，成立中国石油科技工作领导小组，完善科学技术委员会设置。加强研发投入考核，明确专业公司责任，统筹重大领域科技项目设计与管理。日本新材料研究院挂牌。遴选并组织制定7家"科改示范企业"2022—2025年综合改革方案和工作台账。建立完善知识产权管理及支持服务机构，成立知识产权管理办公室，成立3个知识产权支持中心。探索更加符合科研规律的经费管理机制，选择中国石油科技创新基金项目等，项目试行经费"包干制"管理。

2022年，评选出集团公司科技奖99项，其中突出贡献奖6项（表1）、技能人才奖2项（表2）、创新团队奖2项（表3）、基础研究奖12项（表4）、技术发明奖15项（表5）、科学技术进步奖62项（表6）。

表1　2022年度中国石油天然气集团有限公司突出贡献奖名单

序　号	姓　名	工作单位
1	廖广志	油气和新能源分公司
2	谢荣华	大庆油田有限责任公司
3	雷德文	新疆油田分公司
4	胡　勇	西南油气田分公司
5	陆书来	吉林石化分公司
6	刘宏海	石油化工研究院

表2　2022年度中国石油天然气集团有限公司技能人才奖名单

序　号	姓　名	工作单位
1	赵奇峰	辽河油田分公司
2	谭文波	中国石油集团西部钻探工程有限公司

表3　2022年度中国石油天然气集团有限公司创新团队奖名单

序　号	团队名称	推荐单位
1	大庆油田化学驱提高采收率技术创新团队	大庆油田有限责任公司
2	精细化智能分层注采井筒控制关键技术与装备攻关团队	勘探开发研究院

表4　2022年度中国石油天然气集团有限公司基础研究奖名单

序　号	项目名称	奖励等级	主要完成单位	主要完成人
1	井下控制工程学理论与技术应用	一等	中国石油集团工程技术研究院有限公司、油气钻完井技术国家工程研究中心	苏义脑　高文凯　窦修荣　王家进　彭烈新　张　磊　滕鑫淼　唐雪平　王　磊　王　鹏
2	非常规油气"甜点区/段"富集机理与评价标准	一等	勘探开发研究院	朱如凯　杨　智　董大忠　郭秋麟　吴松涛　毛治国　崔景伟　邱　振　潘松圻　卢明辉
3	高强度管线钢管应用基础研究	一等	中国石油集团工程材料研究院有限公司	霍春勇　池　强　吉玲康　张伟卫　李炎华　王　鹏　李　鹤　齐丽华　胡美娟　杨　坤
4	复杂油气钻井溢流漏失早期自动识别与闭环安全控制方法研究	二等	中国石油集团工程技术研究院有限公司、中国石油大学（北京）、油气钻完井技术国家工程研究中心	刘　伟　付加胜　宋先知　郭庆丰　徐宝昌　王　瑛　翟小强
5	多旋回强挤压背景下海相页岩气"甜点"评价及富集高产模式研究	二等	西南油气田分公司、勘探开发研究院	赵圣贤　施振生　张成林　张　鉴　王书彦　郭　伟　刘文平　张小涛
6	陆相富烃凹陷全序列沉积岩非常规储层形成机理和评价方法	二等	新疆油田分公司、勘探开发研究院	常秋生　郑孟林　王　然　许　琳　徐　洋　杨　帆　万　敏　孙　靖

续表

序号	项目名称	奖励等级	主要完成单位	主要完成人
7	石油分子分离与识别技术研究	二等	石油化工研究院	史得军 陈菲 曹青 马晨菲 王春燕 薛慧峰 修远 张若霖
8	深水钻井工程设计与风险管控	三等	中国石油集团工程技术研究院有限公司、北京科技大学	蒋宏伟 连志龙 廖茂林 李牧 赵庆
9	石油市场预测模拟理论与方法创新研究	三等	中国石油集团经济技术研究院	戴家权 李然 王利宁 王婧 霍丽君 张荻萩
10	天然气价格市场化改革理论深化研究	三等	西南油气田分公司	何春蕾 段言志 王良锦 高千惠 何润民 谭琦
11	中国石油上游业务对标与科技水平评价方法	三等	中国石油集团经济技术研究院	张焕芝 刘嘉 焦姣 李晓光 杨金华 邱茂鑫
12	加油站量化诊断与精细营销方法体系研究	三等	规划总院	丁少恒 仇玄 汤湘华

表5 2022年度中国石油天然气集团有限公司技术发明奖名单

序号	项目名称	奖励等级	推荐单位	主要完成人
1	隐蔽型复杂岩性地层气藏高精度地震储层成像关键技术	一等	西南油气田分公司	冉崎 陈康 董世泰 梁瀚 张光荣 张宇生 熊艳 张旋 韩嵩 何青林
2	陆相超稠油难采储量高效开发关键技术与应用	二等	新疆油田分公司	孙新革 李秀峦 罗池辉 张胜飞 赵长虹 吴永彬 孟祥兵 杜宣
3	基于不同储层特征的超低损害钻完井液技术与规模化应用	二等	中国石油集团工程技术研究院有限公司	张洁 张瀚奭 王双威 赵志良 张现斌 张洪伟 姚如钢 贾东民
4	大尺度三维裂缝扩展模拟与形态刻画评估技术	二等	勘探开发研究院	付海峰 翁定为 严玉忠 修乃岭 梁天成 才博 徐刚 李帅
5	页岩气井压裂关键分段工具研发与推广应用	二等	西南油气田分公司	王学强 喻成刚 付玉坤 杨云山 帅春岗 喻冰 刘辉 张芳芳

续表

序号	项目名称	奖励等级	推荐单位	主要完成人
6	超高分子量聚乙烯生产技术开发及工业应用	二等	辽阳石化分公司	王健 黄安平 王永年 崔月 高琳 郭洪元 李艳芹 王大明
7	油气管道保护层分析（LOPA）研究	二等	中国石油管道局工程有限公司	聂中文 于永志 王永吉 黄晶 刘芳芳 丁媛媛 王大伟 胡协兰
8	复杂油气藏高效联作试油及配套技术	二等	大港油田分公司	任世举 李东平 郭群 付大其 刘攀峰 王军恒 杨继军 李晓祥
9	磨料水射流增产提效技术	二等	辽河油田分公司	孙守国 安九泉 胡胜勇 孔凡楠 王文涛 于广刚 姜雷 张涵淇
10	恶性漏失复合胶固堵漏技术及关键装备	三等	中国石油集团川庆钻探工程有限公司	朱明明 王伟良 李德波 吴付频 石崇东 屈艳平
11	多信息深度域近地表建模技术及应用	三等	中国石油集团东方地球物理勘探有限责任公司	马青坡 祖云飞 许银坡 杨海申 肖永新 赵薇薇
12	油水井套管阴极保护智能化新技术	三等	中国石油集团川庆钻探工程有限公司	高宝元 李昭辉 张新发 郭亮 徐军 吴保玉
13	深层酸化改造核心添加剂的研制	三等	中国石油集团渤海钻探工程有限公司	刘音 张朔 李欣 黄其 王志民 李伦
14	复杂井优快高效钻完井技术研发与应用	三等	大港油田分公司	刘言理 杨延征 王立辉 秦飞翔 王晓梅 袁照永
15	多源细粒混积岩成分识别关键技术及在页岩油的应用	三等	新疆油田分公司	梁成钢 石彦 刘卫东 李培俊 李文波 刘娟丽

表6 2022年度中国石油天然气集团有限公司科学技术进步奖名单

序号	项目名称	奖励等级	主要完成单位	主要完成人
1	克拉通盆地深层超深层碳酸盐岩原生油气成藏理论与应用	一等	勘探开发研究院、西南油气田分公司、塔里木油田分公司	
2	陆相咸化湖盆页岩油富集理论技术创新与战略发现	一等	新疆油田分公司、勘探开发研究院	唐勇 侯连华 何文军 王伟 贾希玉 秦志军 李雪彬 罗霞 王振林 吴俊军 牛志杰 王霞田 苏静 黄立良 陈超峰 钱永新 罗兴平 赵忠英 王维 王江涛

续表

序号	项目名称	奖励等级	主要完成单位	主要完成人
3	一类油层聚驱后聚表剂高效驱油关键技术与现场应用	一等	大庆油田有限责任公司、中国石油天然气股份有限公司三次采油先导试验基地	王洪卫 刘笑莹 孙 刚 金贤镐 何金钢 闫 伟 张彦刚 宣英龙 袁 琳 张海龙 吴 昊 陈思安 张国军 刘海波 刘宏生 杨 威 陈玉琳 李丽娟 刘红娟 刘蕊娜
4	低渗透大井丛效益建产关键工程技术开发与工业化应用	一等	吉林油田分公司、勘探开发研究院	许建国 裴晓舍 姜鹏飞 黎政权 张海龙 马占恒 李兴科 边晨旭 段永伟 牟维海 杨清海 史经民 孙 超 滕奇刚 陈洪亮 孟思炜 赵建忠 汪忠宝 朱兆鹏 吴海瑞
5	徐深气田火山岩气藏有效建产技术及规模应用	一等	大庆油田有限责任公司	曹宝军 纪学雁 马文海 邱红枫 李俊亮 徐 岩 高 涛 王 鹏 李 伟 许永权 钟安宁 门清萍 李 楠 姚金剑 宫磊磊 陈可洋 胡宗敏 李龙涛 李 博 王 军
6	塔里木盆地深层复杂油气藏高精度地震成像技术及应用	一等	塔里木油田分公司、中国石油集团东方地球物理勘探有限责任公司	李亚林 冯许魁 彭更新 罗文山 雷刚林 周 翼 肖又军 陈 猛 段文胜 王兴军 赵锐锐 倪宇东 刘依谋 江 民 公 亭 徐凯驰 方 勇 顾小弟 孙海军 吴艳辉
7	可控震源高效混叠地震采集处理新技术及应用	一等	中国石油集团东方地球物理勘探有限责任公司	张慕刚 李培明 何永清 宋家文 董烈乾 李 硕 赵 杰 翟金浩 孙 哲 杜清强 王文闯 祝 杨 靳恒杰 陈双廷 王宝彬 任艳永 尚永生 孙鹏远 齐永飞 王建锋
8	川南页岩气新一代压裂技术及应用	一等	西南油气田分公司、勘探开发研究院、中国石油集团川庆钻探工程有限公司、浙江油田分公司、中国石油集团测井有限公司、中国石油集团长城钻探工程有限公司	郑新权 郑有成 李德旗 王 欣 唐建荣 付永强 沈建国 唐 凯 曾 波 何 凯 易新斌 李彦超 卢海兵 邹清腾 沈 骋 王 萌 吴天鹏 黄浩勇 李 明 曾 冀

续表

序号	项目名称	奖励等级	主要完成单位	主要完成人
9	胺基钻井液技术及工业化应用	一等	中国石油集团工程技术研究院有限公司、中国石油国际勘探开发有限公司、新疆油田分公司、中国石油集团西部钻探工程有限公司、中国石油集团长城钻探工程有限公司、油气钻完井技术国家工程研究中心	屈沅治 程荣超 黄宏军 聂志泉 黎小刚 戎克生 赵 利 罗淮东 王 韧 石建刚 刘敬平 高世峰 张金波 闫丽丽 刘可成 张志磊 郑 斌 彭云涛 王茂功 杨泽星
10	CG STEER 旋转导向钻井系统	一等	中国石油集团川庆钻探工程有限公司、西南油气田分公司	陆灯云 白 璟 孙海芳 韩烈祥 张继川 谢 意 陈力力 张德军 肖占朋 李 雷 刘 伟 贾利春 付 强 王明华 罗 鑫 范 宇 张 庆 干建华 张 斌 简 利
11	炼油与化工领域硫黄回收新技术研发与工业化应用	一等	西南油气田分公司、中国石油工程建设有限公司	常宏岗 温崇荣 郭成华 胡 勇 傅敬强 张素娟 熊 钢 何金龙 王 军 陈昌介 朱荣海 范 锐 刘宗社 岑 巍 程 林 彭子成 胡 超 倪 伟 唐忠怀 许 娟
12	油气田管道完整性管理关键技术与规模应用	一等	规划总院、中国石油集团工程材料研究院有限公司、西南油气田分公司、大庆油田有限责任公司、中国石油集团海洋工程有限公司、长庆油田分公司、冀东油田分公司	陈宏健 罗金恒 高 健 张彦军 朱丽霞 刘 芳 唐德志 付 勇 王 珂 杨锋平 谷 坛 李 冰 李宏斌 范永昭 王荣敏 李凯双 张红磊 马卫锋 张 华 张 昆
13	川中古隆起震旦系台内勘探理论技术创新与应用	二等	西南油气田分公司、中国石油集团东方地球物理勘探有限责任公司、勘探开发研究院	彭瀚霖 田兴旺 马 奎 张本健 周 刚 谢 冰 梁 虹 王文之 常少英 杨岱林 王云龙 李 勇 田 瀚 赵春妮 彭 达
14	前陆冲断带深层富油气构造带地质理论、关键技术与勘探实践	二等	勘探开发研究院、塔里木油田分公司、新疆油田分公司	赵孟军 陈竹新 卓勤功 鲁雪松 高志勇 李学义 吴少军 首 皓 王丽宁 冯佳睿 陈建平 吴 海 公言杰 桂丽黎 杨 庚

第四部分　主营业务

续表

序号	项目名称	奖励等级	主要完成单位	主要完成人
15	石炭系火山岩成藏模式与关键技术创新及红车断裂带亿吨级油田发现	二等	新疆油田分公司、勘探开发研究院	齐洪岩　龚德瑜　李　亮　戴晓峰 陈　刚　刘文锋　卫延召　张吉辉 徐怀宝　周路钧　秦　军　陈晓轩 骆飞飞　毛登周　周伯玉
16	深层"三高"油藏注天然气驱大幅度提高采收率技术	二等	塔里木油田分公司、勘探开发研究院、中国石油集团济柴动力有限公司	周代余　吕伟峰　秦飞虎　陈利新 伍藏原　周　炜　范　坤　邵光强 林清金　王　平　廉黎明　罗　敏 陈德飞　张　亮　旷曦域
17	百亿立方米级复杂大型储气库达容达产关键技术与应用	二等	新疆油田分公司、勘探开发研究院、储气库分公司、中国石油集团工程材料研究院有限公司、中国石油集团工程技术研究院有限公司	廖　伟　刘国良　丁国生　唐立根 胥洪成　郭　凯　李丽锋　李国韬 王　彬　王　玉　王　云　张士杰 赵志卫　张赟新　宋丽娜
18	大庆窄薄砂体油田应用弱交联驱油体系大幅度提高采收率关键技术	二等	大庆油田有限责任公司	李党员　赵明礼　邵金祥　孟玉娟 曹鼎洪　孟宝锋　闫丽萍　王志贤 曹文艳　郭晓娟　王崇文　张洪强 赵洪瑞　葛伟亮
19	超深致密砂岩复合分层改造技术研究与工业化应用	二等	塔里木油田分公司	黄龙藏　周　旋　刘　举　范文同 彭建新　周　进　何思龙　王胜雷 任登峰　高文祥　彭　芬　杨双宝 程青松　邹国庆　冯觉勇
20	艾哈代布油田大规模水平井精细化注采优化技术研究及应用	二等	中国石油国际勘探开发有限公司、勘探开发研究院	赵丽敏　胡丹丹　田中元　王文训 叶玉峰　张文旗　赵玉宏　李茜瑶 彭笑威　陈一航　王　舒　邓　亚 郝思莹　侯园蕾　宁超众
21	超低渗油藏改善开发效果关键技术	二等	长庆油田分公司、低渗透油气田勘探开发国家工程实验室	谢启超　王永宏　宋　鹏　何右安 樊建明　陈小东　徐静刚　王　进 王　楠　王继伟　孙　栋　谭习群 陈　霖　王　晶　纪耸峰
22	页岩气压裂增效降本关键技术及规模化应用	二等	中国石油集团川庆钻探工程有限公司、宝鸡石油机械有限责任公司、浙江油田分公司	刘　伟　管　彬　朱炬辉　张俊成 石孝志　任　勇　李　磊　陈明忠 杨亚东　鲍　晋　李　然　郑云川 龚　蔚　邓　才　周文高

续表

序号	项目名称	奖励等级	主要完成单位	主要完成人
23	四川盆地老区气田提高采收率关键技术及规模化应用	二等	西南油气田分公司、勘探开发研究院	梅青燕 张连进 胡勇 杨山 郑伟 徐轩 朱斌 徐昌海 赵益 钟克修 严予晗 兰雪梅 张禄权 张楷 李旭成
24	致密气水平井固井完井桥塞压裂技术研究与应用	二等	长庆油田分公司、低渗透油气田勘探开发国家工程实验室	李宪文 赵振峰 陈宝春 周长静 马占国 肖元相 何明舫 欧阳勇 李喆 胡相君 何平 高伟 苏煜彬 黄占盈
25	松辽盆地北部薄层致密油有效开发关键技术与示范	二等	大庆油田有限责任公司	史晓东 战剑飞 王现华 王永卓 母长河 樊晓东 任磊 臧伟 李操 刘强 李斌会 韩雪 刘春杨 陆慧敏 张居和
26	油气井增效射孔技术研究、检测与应用	二等	大庆油田有限责任公司	蔡山 张伟民 苗久厂 王海东 杨坤 王树申 于秋来 于江 李东传 俞海 汤占军 黄金 高旭升 莫祥伟
27	油田动态监测资料大数据分析决策平台研究及规模应用	二等	大庆油田有限责任公司	裴建亚 胡珊 朱晓萌 王倩 张东 张剑 梁旭 黄伟 马亮亮 徐粤州 王佳 张先华 李春宇 杨云杰 吕秀梅
28	高精度黏滞参数建模与高分辨率地震成像技术及应用成效	二等	中国石油集团东方地球物理勘探有限责任公司、油气勘探计算机软件国家工程研究中心	张建磊 王成祥 钱忠平 王磊 武威 张巍毅 吴晓丰 耿伟峰 王狮虎 张龙 王宏 郭振波 姜绍辉 臧胜涛 赵玲芝
29	准噶尔盆地南缘下组合超深井安全钻井技术	二等	中国石油集团西部钻探工程有限公司、新疆油田分公司、中国石油集团工程技术研究院有限公司、中国石油集团渤海钻探工程有限公司	伊明 路宗羽 王伟忠 徐新纽 乔东宇 戴勇 李冰青 吴继伟 林建增 张胜鹏 赵继斌 黄凯 马疆 王建华
30	可溶材料研发与可溶桥塞研制	二等	中国石油集团工程技术研究院有限公司、西南油气田分公司、大庆油田有限责任公司、油气钻完井技术国家工程研究中心	刘宇 杨雄文 程鹏 张志成 Matthew Patsy 张国田 岳建鹏 张自成 郭兴午 刘怀亮 王方明 Jianhui Xu 张勇 汤科 岳文翰

续表

序号	项目名称	奖励等级	主要完成单位	主要完成人
31	环渤海地区 PDC 钻头及提速配套工具研究与规模化推广	二等	中国石油集团长城钻探工程有限公司、中国石油集团工程技术研究院有限公司、中国石油集团渤海钻探工程有限公司	阎卫军 朱忠伟 Chris Cheng 钟 伟 雷中清 霍新彭 齐 魏秀艳 张文敏 杨国涛 蒋茂盛 高 鹏 朱高磊 柯晓华 余 凯
32	川渝页岩气"钻井科技示范工程"技术研究及规模化应用	二等	中国石油集团长城钻探工程有限公司、中国石油集团工程技术研究院有限公司	孙立伟 夏泊洢 贺永奎 郑孝文 郭修成 周 超 张司艺 王 磊 贾海燕 高清春 孙晓日 黄志强 王 元 刘慧婷 闻 丽
33	极硬火山岩砾岩地层优快钻完井技术	二等	大庆油田有限责任公司	齐 悦 吴广兴 杨秀天 万发明 于长华 和传建 白秋颖 于兴东 毕春林 郑瑞强 田玉栋 盖兆贺 李秋杰 宋 涛 刘 鑫
34	舰用长寿命抗磨汽轮机油的研制	二等	润滑油分公司	孙大新 刘中国 官婷婷 郑延波 王 辉 苏 江 王 栋
35	原油罐区检测与安全防护技术研究与应用	二等	中国石油集团安全环保技术研究院有限公司	赵永涛 娄仁杰 关国伟 张昱涵 刘文才 罗方伟 张诗博
36	高腈 SAN 及板材 ABS 树脂成套技术开发与工业化应用	二等	大庆石化分公司、中国寰球工程有限公司、华东化工销售分公司、华南化工销售分公司	巩 波 刘树青 孟照海 王辉宇 赵永兵 辛治溢 王钦茹 关海延 黄法武 张海荣 董德峰 李剑平 邸志国 段兆磊 杨红华
37	石油储备地下水封洞库勘察设计关键技术攻关	二等	中国石油管道局工程有限公司、油气管道输送安全国家工程研究中心	郭书太 许 杰 梁久正 陈雪见 张文伟 代云清 耿晓梅 窦宏强 毕光辉 宋再春 高目全 李海坤 李 印 冯 亮 崔少东
38	长距离输水管道高性能防护涂料技术研究与应用	二等	中国石油集团海洋工程有限公司、中国石油集团渤海石油装备制造有限公司、中国石油管道局工程有限公司	郭晓军 丁 超 韩秀林 朱 琳 韩忠智 李汝江 崔灿灿 付春丽 王 洁 康绍炜 李建忠 赵 然 任 磊 商宁宁 崔明亮
39	油气站场管道及储罐腐蚀控制关键技术研究及应用	二等	中国石油集团工程材料研究院有限公司、中国石油集团海洋工程有限公司、长庆油田分公司	吕乃欣 周 冰 庞永莉 蔡 锐 王志涛 朱国承 张晓博 王宏伟 李玲杰 霍富永 李爱贵 王 远 赵玉飞 李文升 李轩鹏

续表

序号	项目名称	奖励等级	主要完成单位	主要完成人
40	天然气管道本质安全保障关键技术	二等	西南油气田分公司	张文艳 熊娟 李勇 李晓霜 陈敬东 刘良果 安建川 罗敏 钟雪 侯胜 程华 钱浩 王峰 黄海 杨红
41	四川页岩气高效开发关键地质技术及应用	三等	中国石油集团川庆钻探工程有限公司	李香华 伍翊嘉 赵磊 何嘉 吴宗蔚 王滢 黎菁 唐谢 杨孛 李波
42	辽河西部凹陷走滑断裂体系勘探理论技术创新及岩性油气藏规模发现	三等	辽河油田分公司	刘宝鸿 周晓龙 田志 陈昌 高荣锦 李金鹏 雷文文 钱丽欣 康志勇 杜磊
43	高含盐油田水连续混配胍胶压裂液技术及规模化应用	三等	中国石油集团西部钻探工程有限公司、新疆油田分公司、中国石油集团川庆钻探工程有限公司	李帅帅 翟怀建 高燕 王肃凯 陈效领 张凤娟 王改红 邵秀丽 张卫净 罗磊
44	松辽盆地南部致密气藏开发一体化关键技术研究及应用	三等	吉林油田分公司、勘探开发研究院	张永清 位云生 张国一 郭建林 郭世超 宋鹏 宋朔 王海龙 周俊廷 张英魁
45	BH-CDW低温-超低温瓜胶压裂液体系研究及规模应用	三等	中国石油集团渤海钻探工程有限公司、青海油田分公司	牛增前 李风光 林海 蔡景超 王文凯 熊廷松 常青 王红科 李伟 陈得裕
46	互层状稠油油藏分注分采关键技术	三等	辽河油田分公司	郭洪军 罗恩勇 王岩 郎宝山 郭斌建 田玉秋 郭小天 王书慧 王玉龙 向峥
47	哈拉哈塘缝洞型碳酸盐岩油田稳产关键技术与应用	三等	塔里木油田分公司、中国石油集团东方地球物理勘探有限责任公司	关宝珠 姜许健 刘博 张键 肖云 杨美纯 周成刚 黄腊梅 王宏 杨新影
48	轮南地区深薄油藏滚动开发关键技术研究与应用	三等	塔里木油田分公司、中国石油集团测井有限公司	王开宇 赵海涛 陈强 成锁 柴雄 丁志文 张文静 王伟 周碧辉 刘国权
49	超稠油开发中后期低成本配套工艺	三等	辽河油田分公司	张勇 郭金鹏 王鸽 吕树新 李玉君 石小枫 路朋 孟鑫 商永刚 赵红杰
50	聚表复合驱聚合物再利用技术	三等	辽河油田分公司	王德伟 贾财华 高玉军 肖家宏 韩松 段效威 徐纪彬 张英伟 苏野

续表

序号	项目名称	奖励等级	主要完成单位	主要完成人
51	山地三维采集作业方案推演技术及应用	三等	中国石油集团东方地球物理勘探有限责任公司	胡峰 陈燕雄 陈江力 耿春 蔡力 胡善政 李自龙 黄晓兵
52	复杂断块油藏开发地震配套技术研究	三等	冀东油田分公司	赵宝银 高文中 杨国涛 吴开龙 付兴深 吴鑫 霍丽丽 张敬艺 张明 徐文会
53	多维度纳米基固井材料体系研究与工程应用	三等	中国石油集团海洋工程有限公司、中国石油集团渤海钻探工程有限公司	卢海川 高继超 李小林 汤少兵 邹双 刘勇 王海平 凌勇 杨昆鹏 李宗要
54	老油田连续管钻径向井低成本增产技术与工具	三等	中国石油集团工程技术研究院有限公司、油气钻完井技术国家工程研究中心	张友军 朱峰 张炎 陈智 贾夏 张正 周士杰 郑翔 黄志刚 李帅
55	BH-NAT环境友好型水基钻井液技术研究与规模化应用	三等	中国石油集团渤海钻探工程有限公司、长庆油田分公司、大港油田分公司	张坤 雷宇 张健 李显涛 许根 于文涛 刘旭 闫晓婷 田惠 苏君
56	油区地热资源综合开发利用及经济性评价	三等	勘探开发研究院、辽河油田分公司、大庆油田有限责任公司	王社教 方朝合 曹倩 范显利 孙凤鸣 郑德温 冯学坤 胡俊文 姚艳华 张新成
57	油气井仿真优化系统开发与应用	三等	辽河油田分公司、冀东油田分公司	贾俊敏 郝瑞辉 杨昕 吴超 卢玉 高文明 李方涛 罗鹏飞 孙翠容
58	柔性复合管连接关键技术研究与应用	三等	中国石油集团工程材料研究院有限公司	蔡雪华 丁晗 孔鲁诗 齐国权 朱文峰 张立 王联国
59	香港支线海底管道探测与路由区风险评估技术研究及应用	三等	中国石油集团海洋工程有限公司、大港油田分公司	姚志广 徐爽 王世澎 靳嵩 杨肖迪 淳明浩 罗小桥 李春 许浩 邓海峰
60	油气管道泄漏应急处置技术装备研究	三等	中国石油管道局工程有限公司、油气管道输送安全国家工程研究中心	陶伟莉 张蕾 袁会赞 姜修才 张曼曼 夏国发 陈娟 王建伟 赵东辉 赵明
61	海上生产设施隐患治理及防腐关键技术与应用	三等	中国石油集团海洋工程有限公司	施昌威 王顺 杨耀辉 蓝天 苏碧煌 李欢 曹秋媛 魏颂珂 韩冰 刘本华
62	稠油、超稠油污水旋流预处理技术	三等	辽河油田分公司	李泽勤 孙雁伯 林琳 刘振宁 高鹏 宁佳 吴非 周立峰 梁凌熏 郑猛

2022年，集团公司取得十大科技进展。
（1）被动陆缘盆地超深水盐下勘探目标评价技术与古拉绍重大发现。
（2）超深层地质力学技术支撑塔里木油气勘探开发向深地挺进。
（3）低渗油藏离子匹配纳米分散体系提高采收率技术取得重要突破。
（4）智能化分层注水技术促进水驱开发形成精细化高效开发新模式。
（5）恶性井漏防治关键技术助力钻完井工程安全、提质增效。
（6）OBN地震勘探技术与装备创新引领海洋业务实现跨越式发展。
（7）新一代桥射联作技术取得突破并规模应用。
（8）单点系泊与海洋管道施工关键技术实现重大突破。
（9）1,4-环己烷二甲醇国产化技术攻关取得重大进展。
（10）茂金属聚乙烯生产技术助力高端聚烯烃产业发展。

（史洺宇）

【标准化工作】 2022年，集团公司认真贯彻落实党中央国务院关于标准化工作的系列决策部署，系统组织推进标准化工作。成立集团公司标准化工作领导小组，作为集团公司标准化工作的领导和决策机构；调整设立集团公司标准化技术委员会，作为集团公司标准化工作的决策支持机构。全年牵头制修订国际标准8项，制修订国家、行业标准87项；新承担ISO/TC67/SC10秘书处，协助尼日尔政府建立国家石油管道标准体系，为集团公司建设基业长青的世界一流企业提供有力支撑。

牵头完成国家标准21项、行业标准66项；下达集团公司企业标准制修订计划153项，增补计划8项。《车用汽油内控指标》《车用柴油内控指标》等一批重点企业标准的制定，为加强主导产品质量控制、提升产品市场竞争力奠定基础。发布企业标准125项，公布企业标准复审结论210项，现行有效的集团公司企业标准共1741项。根据新能源新业务发展需要，加强相关领域标准制修订工作。

2022年，召开集团公司国际标准化工作座谈会，进一步理清工作思路，明确目标任务。牵头制定并发布《煤层气资源评价规范》（ISO 4657：2022）、《石油天然气工业 管道输送系统用耐蚀合金内覆复合弯管和管件 第1部分：复合弯管》（ISO 24139：2022）等国际标准6项，牵头修订《合成橡胶胶乳 机械稳定性的测定 第1部分：高速法》（ISO 2006—1：2022）等国际标准2项。

（汪 威）

【数字信息化工作】 2022年，围绕集团公司高质量发展战略目标，着力提升数智化能力，加快打造数智化业态。明确每5年一个台阶，到2035年，接续完成基本建成数字化企业、实现智能化管控、构建智能化生态三个阶段目标的建设任务。深入分析经营管理、生产运行、基础设施三大平台建设应用现状，对标国内外领先的能源企业，坚持问题导向，固根基、补短板、强弱项，研究形成三大平台提升方案，确定信息化补强项目清单。

启动以 ERP 为核心的经营管理平台建设，总结分析 ERP 应用现状，聚焦项目建设目标，技术升级与管理目标并重。以技术升级促进管理目标的实现，有力支持运营管理决策，提升集团公司战略管控水平；昆仑 ERP 持续完善系统功能、提升系统性能，历经 5 个月单轨平稳运行，完成年结。全球共享服务体系基本建成，财务共享完成会计核算、报表编制、资金结算 3 类业务国内企业全承接，海外项目（公司）实现中方账、中方表全移交；人力资源共享完成 3 类 6 项业务全覆盖，推广实施报表定制、企业定期分析 2 项数据服务，社会保险服务涵盖所有企业本部；开发机器人 7 类 492 个，处理业务量超过 50%，自动化水平不断提升，智能化应用持续拓展。平台经济新模式探索推进，开展平台支付、合规风控、隐私计算、区块链、系统整合等专题方案设计，完善平台运营方案，研究元宇宙、碳中和等创新业务场景应用。统一客服电话信息系统试运效果良好，启用智能导航、智能助手、智能派单等智能化功能，以电话、线上（语音＋视频）、移动等多种方式优先为天然气、炼化领域客户提供更加友好便捷的服务。投资项目全生命周期管理有效加强，建成覆盖战略规划、项目前期、工程造价、投资计划和后评价的全流程管理平台，规范决策管理流程，推进投资项目合规管理。

注重强化业务主导，支撑推动主营业务发展成效显著。在油气和新能源子集团，"勘探开发梦想云"入选工信部大数据产业发展试点示范项目、国家发改委大中小企业融通创新专项行动、国家工信安全中心工业互联网产品白名单，油气田企业持续推进深化应用，在中国石化胜利油田推广实施；建立总部工程作业智能支持中心，构建三级协同联动、各专业深度融合、专家知识共享的生产管理模式；建成海外工程作业智能支持中心，建立实时地质导向协同工作环境，推进前后方、国内外、多学科之间协同研究；灵活支持新保供形势下天然气"保供"和"保畅"运行方案优化，启动天然气市场信息管理系统建设，建立市场情报信息收集网络。

在炼化销售和新材料子集团，完善炼化 MES 等专业应用系统功能，提升生产运行监控分析及重点设备预知性维护能力，根据市场需求变化及时优化装置负荷，先进控制系统高效运行，数据自动采集率提高到 91.8%；完成加油站管理系统 3.0 详细方案设计，推进零售会员体系试点应用，销售物联网的设备管控、损耗管控两个应用上线运行，启动昆仑好客商城应用建设；推广全球新一代能源贸易系统，进一步提升风险管理能力。

在支持和服务子集团，开展工程设计云推广应用，实现10余款设计软件资源共享；完善市场管理信息系统，提升市场开发和管理水平；装备制造企业持续开展信息系统建设和应用，不断提高生产过程数字化、协同化能力。

在资本和金融子集团，各金融单位持续提升线上线下协同能力，强化风险管控，通过数字赋能提供差异化的金融产品供给。

（王梓宇）

第四部分 主营业务

安全环保与质量节能

【新冠肺炎疫情防控】 2022年，集团公司组织召开新冠肺炎疫情防控工作领导小组例会96次，统一指挥、统一部署、统一协调新冠肺炎疫情防控工作。总部部门、专业公司和所属企业快速响应党组要求，聚焦员工生命安全和身体健康、生产经营和油气保供，严格落实新冠肺炎疫情防控工作部署。各单位主要领导坚守岗位、关口前移、靠前指挥，展现石油人守土有责、守土担责、守土尽责的精神品格。

集团公司结合重点地区新冠肺炎疫情防控形势变化，先后组织对陕西、上海、吉林、内蒙古、新疆等重点地区重点企业开展视频巡检，协调督导企业落实落细落地新冠肺炎疫情防控措施。根据风险地区和政策变化，不断更新完善"疫情防控数据管理系统"，提高各类信息报送的及时性、准确性，增强信息共享、强化数据应用、减轻基层负担，为推进常态化新冠肺炎疫情防控和应急处置有机结合提供信息保障。

集团公司根据新冠肺炎疫情发展和防控新要求，不断健全完善疫情防控机制和措施，更新印发第三版疫情防控常态化工作方案、第九版新冠肺炎疫情防控工作指导手册和第六版国际业务新冠肺炎疫情常态化防控工作指导意见，为各业务系统细化措施、明晰责任、科学防控提供指导和遵循。响应国家号召，按照"应接尽接、应快尽快"的原则加快推进全员疫苗接种，员工全程免疫率97.7%，加强免疫率96.8%。

集团公司认真履行社会责任，全力以赴支援地方抗击新冠肺炎疫情，践行"油品不断供、商品不涨价、服务不打烊"的企业承诺，聚丙烯医用料保持全年稳产，25条口罩生产线累计生产口罩1.57亿只，展现国资央企"大国重器"的责任担当。

（黄力维）

【安全生产与应急管理】 2022年，集团公司着力防范化解重大安全风险，全面保障生产经营安全平稳。

集团公司党组把学习贯彻落实习近平总书记关于安全生产工作的重要指示批示精神作为第一议题，全年专题学习习近平总书记关于安全环保工作的重要指示批示7次，参加并传达国家有关安全生产会议精神12次，专题研究部署安全环保隐患治理投入，不断提升集团公司统筹发展与安全能力。董事长首次与各业务分管领导签订安全环保责任书，集团公司总部指导企业安委会主任与副主任签订责任书。持续健全完善集团公司党组领导、总部部门和专业公司的全员安全生产责任清单。组织对 14 名新任职企业主要负责人开展安全生产述职，将述职结果纳入组织部对企业领导人员考核评议的重要内容。

集团公司总部通过诊断评估、专项督导、"四不两直"等方式组织开展现场安全督导检查 29 次，涉及企业 73 家，督导整改问题 1093 项，对 62 家在京单位开展消防安全检查 2 轮。建立检查落实督办平台，各企业全年累计开展各级安全生产大检查 13.1 万余次，累计查改问题隐患 37.7 万余项，对突出重点问题挂牌督办。

集团公司加强风险预警和监督，每周在新冠肺炎疫情防控例会同步部署安全生产工作，针对季节变化、极端气候、重要节假日等重点时段，以及广东石化等重点工程建设投产，及时发出风险提示函。在 2022 年北京冬奥会、党的二十大等时段制定 10 条强制升级管控措施，分专业建立升级管控清单，确保特殊敏感时段万无一失。安全生产专项整治三年行动圆满收官，集团公司总部 164 项重点任务全面完成并持续巩固，强化油气井井控、储气库、城镇燃气等重点领域安全集中整治，跟踪督办治理一批重点问题和风险隐患，形成一批安全生产长效机制。突出开展危险化学品安全风险集中治理，专业公司结合实际制定 32 个专项方案，从大型油气储存基地、苯乙烯丁二烯高危细分领域、老旧装置、陆上高风险油气井、海洋石油、油气长输管道、双重预防机制数字化建设等 7 个方面全面推进，重点治理任务全面完成，顺利通过应急管理部检查。

集团公司持续完善应急预案体系，推进 1 个突发事件总体应急预案和 21 个专项应急预案签批备案。强化井控应急能力保障，推进 3 个井控应急救援中心建设取得实质成效，组织开展川渝地区井控应急能力评估和应急演练，持续完善应急救援资源库建设。突出消防队伍能力建设，指导组建广东石化专职消防队，组织开展首届消防战斗员技术技能大赛，120 名队员参赛并取得好成绩，国家媒体全程报道。开展企业消防设施专项检查，推进 101 台老旧消防车辆更新换代。开展专职消防队专业化建设考核评估，推进专职消防深度参与企业日常消防管理、特殊作业现场监督监护和综合应急救援。制定专职消防队制式服装标准，推进统一列装，提升队伍荣誉感。

（靳　鹏　宋昌雨）

【环境保护】　2022 年，集团公司推动生态环保各项工作全面发展。集团公司党组印发《关于深入打好污染防治攻坚战的实施意见》，坚持精准治污、科学治污、依法治污，部署蓝天、碧水、净土保卫战攻坚 8 个方面 31 项任务措施。各单位分解攻坚目标、制订细化措施、落实治理项目，强化责任落实、强化调度协调、强化监督监测，推进污染防治专项工程。

落实国务院办公厅《关于加强入河入海排污口监督管理工作的实施意见》，全面开展废水排污口排查，提出废水排污口规范化建设和管理要求。开展废水污染物排放较大的企业减排潜力分析，形成重点炼化企业"十四五"废水减排工程项目清单，跟踪项目进展，确保完成废水污染防治目标。

全面开展企业危险废物排查，进一步加强危险废物管控台账、转移联单等过程资料和处理处置设备运行维护管理。组织开展历史遗留含油污泥清零行动"回头看"，对重点企业含油污泥处理、利用、处置情况进行现场核实，做好新产生含油污泥"动态清零"。

开展土壤和地下水风险管控，加强落实土壤重点监管单位隐患排查和自行监测义务。推进国家生态环境部督办的16个土壤污染源头管控项目，逐项落实治理资金，研究确定5个"边生产边管控"试点企业，加快实施14个关闭搬迁地块土壤污染治理。

强化集团公司固体废物全过程管控，对固体废物产生、贮存、处置、利用情况分析研判，现场督导强化固体废物合规管理。

持续加强大气污染升级管控，圆满完成北京冬奥会、冬残奥会空气治理保障工作，得到国家生态环境部和北京冬奥会组织委员会的致函感谢。部署VOCs（挥发性有机物）治理能力提升百日专项行动，印发《关于做好挥发性有机物管控工作的意见》，全面提升VOCs管控要求，推动VOCs治理管控能力上新台阶。对照国家臭氧污染防治攻坚战和陆上油气田、销售储油库等标准升级要求，排查大气污染治理重点任务，制定《中国石油天然气集团有限公司臭氧污染防治行动方案（2022—2025年）》，强化推进实施。2022年，集团公司氮氧化物排放量同比下降7.1%，炼化挥发性有机物排放量同比下降3.5%。

（李煜婷　梁兵兵）

【低碳管理】 2022年，集团公司围绕"碳达峰、碳中和"目标和"清洁替代、战略接替、绿色转型"三步走总体部署，编制发布《集团公司绿色低碳发展行动计划》，提出发展"碳循环经济"的能源企业碳中和路径，部署"绿色企业创建引领者、清洁低碳能源贡献者、碳循环经济先行者"三大行动、十大工程。全面加强碳履约管理和温室气体监测、报告、核查（MRV）体系建设，制定《集团公司绿色低碳基础能力建设方案》，启动碳资产集中管控平台建设，深化开展绿色企业创建，创新推动绿化工作，参与国家甲烷管控研究和监测试点，加强油气行业气候倡议组织（OGCI）、中国油气企业甲烷控排联盟交流合作，响应国务院国资委绿色倡议，发挥中国智慧、展现央企担当。集团公司万元产值温室气体排放强度同比下降2.6%，甲烷排放强度同比下降9.76%，完成控制目标，连续第十一年获评《中国新闻周刊》"低碳榜样"企业。

（梁兵兵）

【HSE 体系管理】 2022 年，集团公司持续深化推进 HSE 管理体系建设，以强化 HSE 风险管控为核心，以落实岗位 HSE 责任为关键，着力推动 HSE 管理各项措施和制度要求在基层落地落实。

集团公司持续强化 HSE 制度标准基础建设。为进一步提升制度、标准的实用性，整合多个高风险作业许可标准、制度，印发集团公司《作业许可安全管理办法》；整合安全检查表系列标准，压减安全检查表数量。完成多项 HSE 企业标准和 HSE 制度的制修订工作，固本强基迈上新台阶。

（黄力维）

【节能节水】 2022 年，集团公司贯彻落实国家节能节水法律法规政策，加强目标责任落实，强化源头管控，实施技术改造，克服新冠肺炎疫情等带来的不利影响，用能效率效益持续提升，单位油气当量商品量生产综合能耗、炼油单位能量因数能耗、单位乙烯能耗同比分别下降 8.13%、0.08%、7.22%，实现节能量 74 万吨标准煤、节水量 923 万立方米。

集团公司进一步夯实节能节水目标责任，优化节能节水指标考核体系，将单位产值和产品能耗纳入企业领导人员业绩合同，并逐级分解落实。集团公司派出审计组，对所属 134 家企业 2019—2021 年能耗管理情况进行专项审计，排查在能源利用方面存在的问题和薄弱环节，挖掘节能潜力，提升能源利用效率，提高企业经济效益。修订印发《固定资产投资项目节能审查管理办法》，进一步规范和加强新（改、扩）建固定资产投资项目节能评估审查工作，确保建设项目管理依法合规，项目能效水平先进。独山子石化公司 110 万吨/年乙烯装置（石脑油为原料）获中国石油和化学工业联合会 2021 年度能效和水效"领跑者"标杆企业称号，乌鲁木齐石化公司合成氨装置获能效"领跑者"标杆企业称号。

按照集团公司质量健康安全环保部印发的《"十四五"能源管控工作计划》，16 家油气田企业、23 家炼化企业、4 家钻探企业推进实施能源管控工作。依托集团公司节能节水管理系统（E7），对各企业能源管控实施进展及效果进行持续评价。开展《能源管控》系列标准适用性评价。

（李武斌）

【职业健康】 2022 年，集团公司以"一切为了劳动者健康"为主题，以"五个一"活动为载体，采取线上线下结合的方式开展《中华人民共和国职业病防治法》宣传周活动，宣传受众超过 94 万人。组织优秀职业健康传播作品征集活动，普及职业健康知识，10 家企业的 12 个作品入围全国第二届职业健康传播作品评选并被国家卫健委宣传推广。

集团公司按照既定任务目标和工作方案，加快健康企业建设进度，促进健康中国行动在石油行业落地生根。

（黄力维）

【质量管理与监督】 2022年，集团公司坚持"诚实守信，精益求精"的质量方针，追求"零事故、零缺陷、国内领先、国际一流"的质量方针，以"产品卓著、品牌卓越"为目标，贯彻落实《质量强国建设纲要》总体部署，全面启动《中国石油天然气集团有限公司质量强企规划》编制工作，加强质量管理和品牌建设的顶层设计，完善质量管理体系建设，加强全员、全要素、全过程、全数据质量管理，狠抓产品质量、工程质量、服务质量提升，为集团公司高质量发展、加快建设基业长青世界一流企业提供质量支持。

集团公司按照问题导向的原则，以QHSE体系一体化量化审核、专项审核和"质量月"活动为抓手，组织开展针对采购物资质量、井筒质量、油品质量升级、运输环节数质量"回头看"专项行动，督促企业累计开展"回头看"检查4193次，发现各类质量问题22069个，制定落实整改措施21374项，促进体系运行有效性不断提升。

2022年，集团公司围绕重点工程建设和炼化检维修工作进展，把握关键时间点组织对新建炼化、炼化检维修等项目开展采购物资质量专项抽查，抽查关键物资266批次，发现不合格21批次，问题发现率7.89%，发布采购物资质量监督抽查通报6期，物资采购部门根据通报要求对相应供应商采取停止采购、暂停交易权限等措施。

（张茜茜）

【计量工作】 2022年，集团公司持续加强计量基础管理，规范油气交接计量过程，推进计量检定能力建设，促进计量交流与合作，完善计量标准体系，计量支撑保障能力进一步提升。

2022年，中油国家石油天然气管材工程技术研究中心有限公司和大庆石油管理局钻井用材料产品质量监督检验站2家检验检测机构通过国家资质认定首次评审。吉林石化分公司计量检测中心等17家机构通过资质认定复查换证评审，长庆油田分公司技术监测中心等19家机构通过国家资质认定扩项评审。集团公司计量管理部门组织对集团公司东北油田节能监测中心等21家机构进行抽查审核，提升机构依法依规开展检验检测工作的意识，有效规范获证机构的检验检测行为。

（焦学锋）

中国石油天然气集团有限公司年鉴
2023简本

第五部分
企业管理

企业管理与监督

【集团公司法人治理】 集团公司由国家单独出资，不设股东会。国务院国资委依照《中华人民共和国公司法》《中华人民共和国企业国有资产法》《企业国有资产监督管理条例》等法律和行政法规，以及国务院国资委有关规范性文件规定，代表国务院履行出资人职责。董事会是集团公司经营决策机构，对国务院国资委负责，下设战略发展委员会、提名委员会、薪酬与考核委员会、审计与风险管理委员会（监督委员会）等4个专门委员会。

2022年，集团公司董事会坚持以习近平新时代中国特色社会主义思想为指导，深入学习贯彻党的二十大精神，认真落实党中央、国务院决策部署，牢牢把握定战略、做决策、防风险功能定位，统筹推动生产经营、提质增效、改革创新、安全环保和疫情防控等各项工作，集团公司利润总额、净利润、经济利润、全员劳动生产率创造历史纪录，自由现金流、净资产收益率等大幅提升，利润总额、净利润、归母净利润居央企首位，为保障国家能源安全、稳定宏观经济大盘做出突出贡献。

董事会建设情况。2022年，集团公司持续推动董事会建设走深走实。落实国务院国资委工作要求，设立董事会监督委员会，同审计与风险管理委员会一体化运行，有效推动董事会监督职能落地。持续完善董事会制度机制。修订公司章程并获国务院国资委批复，完成董事会职权及授权清单修订，董事会运行制度体系更加系统、治理主体定位更加清晰、决策程序更为规范，公司制度体系建设基础更加巩固。

董事会和专门委员会会议情况。2022年召开董事会会议12次，审议通过议案35项；召开董事会专门委员会会议11次，其中战略发展委员会会议4次、薪酬与考核委员会会议1次、审计与风险管理委员会会议6次。

（王 郁）

【股份公司法人治理】 2022年，股份公司严格遵守《中华人民共和国公司法》（简称《公司法》）、《公司章程》及上市地相关法律、法规和监管规则、证券监管规则并结合股份公司实际情况，制定、完善和有效执行各项工作制度和相关工作流程。股份公司治理的实际情况符合各上市地监管机构及证券交易所发布的有关上市公司治理的规范性文件要求。股份公司通过股东大会、董事会及相应的专门委员会、监事会以及总裁负责的管理层协调运转，有效制衡，实施有效的内部控制管理体系，股份公司内部管理进一步规范，管理水平不断提升。

股份公司及时、真实、准确、完整地进行各项信息披露，确保所有股东享有平等的机会获取股份公司相关信息，持续提升股份公司治理透明度。

2022年，股份公司召开年度股东大会1次，形成决议11项。

根据《公司章程》，股份公司设董事会，董事会由11至15名董事组成，设董事长1人，副董事长1至2人，独立（非执行）董事至少占三分之一。董事由股东大会选举产生，任期3年。董事任职期满，可以连选连任，但独立董事连任时间不得超过6年。董事任期自股东大会决议通过之日起计算。董事长、副董事长由全体董事会成员的过半数选举和罢免。

根据《香港联交所上市规则》对董事会构成的相关规定，股份公司董事会中至少三分之一董事会成员为独立非执行董事，其中至少一名独立非执行董事必须具备适当的专业资格，或具备适当的会计或财务管理专长。截至2022年底，股份公司董事会由11名成员组成（表1）。

表1　股份公司董事会成员

姓　名	性　别	职　位
戴厚良	男	董事长
侯启军	男	副董事长
段良伟	男	非执行董事
焦方正	男	执行董事、总地质师
黄永章	男	执行董事、总裁
任立新	男	执行董事、高级副总裁
谢　军	男	非执行董事
梁爱诗	女	独立非执行董事
德地立人	男	独立非执行董事
蔡金勇	男	独立非执行董事
蒋小明	男	独立非执行董事

股份公司董事会下设5个专门委员会：提名委员会、审计委员会、投资与发展委员会、考核与薪酬委员会和健康、可持续发展委员会，专门委员会的主要职责是为董事会决策提供支持。参加专门委员会的董事按分工侧重研究某一方面的问题，为股份公司管理水平的提升提出建议。

截至2022年底，股份公司董事会各专门委员会成员见表2。

表 2 股份公司董事会专门委员会成员

董事会专门委员会	主任委员	委　员
提名委员会	戴厚良	蔡金勇、蒋小明
审计委员会	蔡金勇	谢军、蒋小明
考核与薪酬委员会	梁爱诗	段良伟、德地立人
投资与发展委员会	侯启军	段良伟、黄永章
可持续发展委员会	黄永章	焦方正、任立新

按照《公司章程》及《董事会议事规则》的规定，股份公司 2022 年召开 7 次董事会会议，其中 2 次为现场会议及视频连线方式、5 次为书面方式，共形成董事会决议 36 项。

根据《公司章程》，股份公司设监事会。监事会由股东推荐的代表和股份公司职工代表组成，其中职工代表担任的监事不少于三分之一。股东代表监事由股东大会选举和罢免，职工代表监事由股份公司职工民主选举和罢免。监事任期 3 年，可连选连任，监事任期自就任之日起计算。监事会主席的任免，应当经三分之二以上监事会成员表决通过。监事会主席任期 3 年，可连选连任。

根据《公司章程》，监事会由股东推荐的代表和股份公司职工代表组成，其中职工代表担任的监事不少于三分之一。截至 2022 年底，股份公司监事会由 8 名成员组成（表 3）。

表 3 股份公司监事会成员

姓　名	性　别	年　龄	职　位
蔡安辉	男	53	监事会主席
谢海兵	男	52	监事
赵　颖	女	55	监事
蔡　勇	男	48	监事
兰建彬	男	55	职工代表监事
何江川	男	57	职工代表监事
金彦江	男	56	职工代表监事
付　斌	男	57	职工代表监事

注：兰建彬、何江川、金彦江 2022 年 5 月 19 日当选股份公司职工代表监事；蔡安辉、谢海兵、赵颖、蔡勇 2022 年 6 月 9 日当选股份公司监事；付斌 2022 年 9 月 29 日当选股份公司职工代表监事。

2022年，股份公司召开5次监事会会议，其中现场会议3次、以书面传签方式召开2次，共形成决议15项。

参加股份公司股东大会1次。

列席董事会会议2次。

召开听证会2次。

（佟魁杰　徐　楠）

2022年，股份公司信息披露工作按照境内外监管规定，严格落实《中国石油天然气股份有限公司信息披露管理规定》等制度，未发现内幕信息知情人违规买卖股份公司股票的情况。编制发布股份公司年度报告、20-F报告、环境社会和治理报告、一季度报告、中期报告、三季度报告；根据上市地监管规定和股份公司业务情况，全年在境内外披露临时报告共计150份。

（周云鹏）

2022年，中国石油在资本市场获奖情况见表4。

表4　2022年中国石油在资本市场获奖情况

奖　项	评选机构	备注
2021年中国上市公司品牌500强	Asia Brand 亚洲品牌集团	第9位
2022福布斯全球企业2000强	《福布斯》	第63名
第12届"亚洲卓越成就奖"亚洲最佳CEO	《亚洲企业管治》	黄永章
第12届"亚洲卓越成就奖"最佳投资者关系企业		
第12届"亚洲卓越成就奖"最佳环境责任企业		
第12届"亚洲卓越成就奖"最佳投资者关系负责人		魏　方
2022亚洲油气行业最受尊崇公司	《机构投资者》	第1名
2022亚洲油气行业最佳CFO		第1名（柴守平）
2022亚洲油气行业最佳投资者关系专业人员		第1名（魏　方、邢　冲）
2022亚洲油气行业最佳投资者关系团队		第1名
2022亚洲油气行业最佳投资者关系企业		第1名
2022亚洲油气行业最佳环境、社会及治理（ESG）		第1名

续表

奖　项	评选机构	备注
第 12 届"中国证券金紫荆奖"最佳上市公司	香港大公文汇传媒集团	
第 12 届"中国证券金紫荆奖"2022 年度卓越企业家	香港大公文汇传媒集团	戴厚良
第 12 届"中国证券金紫荆奖"最佳上市 CEO		黄永章
第 6 届"中国卓越 IR 评选"最佳资本市场沟通奖	路演中、卓越 IR	
2022 年全球品牌价值 500 强	Brand Finance	第 55 位
2022 年全球品牌价值 500 强石油和天然气		第 3 位
2022 年中国上市公司百强排行榜	华顿经济研究院	第 5 位
第 24 届"金牛最具投资价值"奖	《中国证券报》	
最佳 ESG 实践案例	中国上市公司协会	
"央企 ESG 先锋 50"指数	中国社会责任百人论坛	第 23 位

（邢　冲　周云鹏）

【**国家高端智库建设**】　2022 年，持续推进国家和集团公司层面的战略性、前瞻性和储备性研究，认领国家高端智库理事会交办研究课题 21 项、重大活动 1 项，同比增长 22%；自主设立集团公司内部智库研究课题 48 项，同比增长 10%。研究成果多次获中央领导批示，直接支撑多项国家政策文件编制，一批政策建议获得采纳应用。深化智库科研放管服改革，制修订集团公司国家高端智库层面项目管理办法和成果管理办法，强化制度管理、流程管理和合规管理，以管理创新和提升促进智库业务高质量发展。全过程推行智库课题精细管理，标准化设定智库课题选题、申报、开题、中期、验收和报送等管理环节，清单式推进各批次智库课题过程管理和成果管理，推动所有智库课题按照任务和进度要求完成验收结题和成果上报。分类别规范课题质量管控，明确认领课题研究以满足需求部委交办任务为第一要务，加强研究过程中的供需交流。要求自立课题根据设立目的最大化发挥作用，建立自立课题研究质量评价机制，在结题评审中引入"评分＋盲审"制，加大成果研究质量和决策支撑的评价权重，强化评审专家、需求部门和管理机构的综合把关。

（张　安　朱颖超　范旭强）

第五部分　企业管理

【发展计划】　2022年，集团公司发展计划工作始终坚决贯彻落实习近平总书记重要指示批示精神和党中央方针政策，完整准确全面贯彻新发展理念，认真落实集团公司党组决策部署，系统谋划战略规划，科学优化业务布局，全面强化投资管理，有效发挥参谋助手作用，为推动集团公司高质量发展做出贡献。

（张博轩）

集团公司修订完成《集团公司战略和规划管理规定》，以制度形式固化集团公司党组确立的重大战略思路，强化战略、规划和计划系统衔接，加强闭环管理，确保战略和规划目标的实现。制定加快建设世界一流企业规划，明确"两个阶段、各三步走"战略目标和实施路径，统筹部署6个方面重点举措，为加快建设世界一流企业提供战略引领。印发集团公司"十四五"规划文本、简明读本，编制下发《集团公司"十四五"发展规划重点任务和主要目标分解方案》，对以高质量发展指标体系为核心的主要规划指标进行细化分解，确保集团公司总体规划部署落地。围绕重点业务领域开展专题规划研究，科学编制天然气产业链中长期发展规划，强化"产供储销"一体化统筹。深入落实国家发展战略、区域重大战略、区域协调发展战略、主体功能区战略，组织编制重点地区和重要业务发展规划，理清发展思路，细化工作部署，推动高质量发展。

（刘　芳）

【财务资产管理】　2022年，集团公司财务工作坚持稳中求进、顶压前行，全面贯彻新发展理念，落实集团公司关于强化"企业管理以财务管理为中心"和"以价值创造为核心的财务管理"两大任务，坚持战略引领、价值导向，坚持端口前移、赋能服务，坚持继承创新、统筹协调，依法合规治企成效显著，提质增效换档升级，亏损企业治理和法人压减再创佳绩，加强风险应对卓有成效，制度建设稳步推进，稳经济一揽子措施见到成效，推动集团公司高质量发展迈上新台阶。集团公司实现收入3.4万亿元，首次突破3万亿元大关，利润总额2668.7亿元、净利润1803.6亿元、归母净利润1418亿元、经济增加值971.5亿元、自由现金流2214亿元、国内实现税费4271.3亿元，均创历史最好水平。2022年利润总额、净利润、归母净利润继续保持国内三大石油公司首位。

2022年，股份公司财务工作聚焦服务主业，强化价值管理，大力实施提质增效工程，坚持低成本发展战略，经营效益同比大幅增长，高质量完成"两利四率"（净利润、利润总额、营业收入利润率、资产负债率、研发投入强度、全员劳动生产率）指标，多项生产经营指标创造新的里程碑。实现营业收入32391.7亿元、利润总额2132.7亿元、净利润1639.8亿元，创历史最好水平；自由现金流、经济增加值（EVA）再次突破千亿元；平均投资资本回报率、净资产收益率重回两位数增长，为 2013 年以来最好水平。

（夏 冰 李 海）

【资金管理】 2022 年，集团公司资金管理工作树立底线思维，应对地缘政治和国际形势变化，深化资金管理价值创造和价值保护，持续实施资金紧平衡管理，持续推行市场化资金配置政策，强化资金投资回报"双闭环"管控，深入推进资金集中、债务集中和票据集中运营创效，推动人民币国际化取得里程碑式进展；持续加强资金风险管控体系化，推动线上资金监控平台建设，金融衍生业务管理体系不断健全，海外资金管控进一步加强，汇率风险管控平稳有效，资金风险全面防控能力显著提升。全年集团公司自由现金流创历史新高，资金安全平稳受控运行，财务状况总体稳健。

2022 年，股份公司资金管理工作紧紧围绕公司发展战略和经营目标，按照财务管理总要求开展资金和债务管理工作，全力保障股份公司生产经营顺利运行，不断提升资金运行效率和效益，超额完成各项指标任务。

全年集团公司累计实现经营活动现金流净额 5344 亿元，同比增加 1320 亿元、增长 32.8%；实现自由现金流 2214 亿元，同比增加 1198 亿元、增长 117.9%，经营净现金流和自由现金流均创历史新高。

及时组织利润折旧上收与清算，全年累计上收 1783 亿元；要求参控股企业分红应分尽分，全年累计收到分红资金 129 亿元。全年实现自由现金流 1504.2 亿元，创历史新高。

截至 2022 底，集团公司银行存款余额 5101 亿元，比年初增加 1039 亿元、增长 26%。其中：集团公司总部及非金融实体企业 978 亿元，比年初增加 12 亿元、增长 1%；股份公司 1803 亿元，增加 459 亿元、增长 34%。

2022 年，股份公司在满足内部金融机构关联交易存款上限前提下，对存量资金通过七天通知、定期、大额存单等资金理财方式提高资金收益，全年累计取得收益 8.8 亿元。

2022 年，股份公司加大关联交易结算力度，规范股份公司结算。自 9 月以来，每月下发加快关联交易结算通知，要求符合结算条件的应结尽结，全年关联交易结算支付 6082 亿元，其中 12 月净支出 783 亿元。

全年集团公司"两金"余额 3662 亿元，比年初增加 540 亿元，增长 17.3%，低于营业收入增幅 3.8 个百分点，完成国务院国资委下达的"中央企业'两金'管控三年工作方案"制定的目标。

年末"两金"净额 2397.8 亿元，比年初增长 19.6%，比收入增幅低 4.3 个百分点，超额完成国务院国资委"两金"增幅不超过收入增幅的管控目标。"两金"周转率14.7次/年，为上市以来最高；应收账款周转率50.3次/年，为近14年以来最高；存货周转率20.8次/年，为股份公司成立以来最高。

（夏　冰　李　海）

【组织人事管理】 2022年，集团公司组织人事工作贯彻集团公司党组决策部署，紧密围绕治理体系优化、改革转型发展、提质增效升级、依法合规治企等中心任务，以国企改革三年行动为契机，纵深推进实施人才强企战略举措，强管理、抓执行、提质量、求实效，强力推进"三强"干部队伍建设、重点专项人才工程、组织体系和人力资源优化、深化"三项制度"改革等工作取得积极进展，服务集团公司高质量发展迈上新台阶。人力资源部获集团公司先进集体称号。

集团公司树立正确选人用人导向，突出把好政治关、能力关、廉洁关，大力选拔使用"三强"干部进班子，调整党组管理干部400余人。深入推进《大力发现培养选拔优秀年轻干部实施方案》目标举措落地，及时充实更新年轻干部人才库，举办第28期中青班。常态化梯次配备优秀年轻干部，全年新提拔50岁以下党组管理干部占比69.4%，其中45岁及以下占比31.8%。大力推进领导班子结构优化功能提升，制定印发《关于优化调整所属企业科研单位领导体制的意见》，在勘探院、石化院推行党委领导下的院长负责制。贯彻"两个一以贯之"（坚持党对国有企业的领导必须一以贯之，建立现代企业制度必须一以贯之），对7家子公司和建立模拟法人治理结构的分公司领导体制进行优化调整。结合优化调整情况，考察选拔一批班子副职到主要领导岗位任职。加大竞争性选拔和专业力量配备力度，公开遴选5名具有专业能力和专业素养的总工程师到油气田企业任职。提升干部实干本领，组织举办第2期市场营销班、第3期领导本领提升班、第76期党校班，统筹配置性、培养性交流安排140余名领导人员跨单位交流任职。完善挂职锻炼模式，完成集团公司总部与大庆油田首批优秀年轻干部双向挂职，启动首批集团公司总部与企业干部挂职交流工作。

（于维海）

【生产经营】 2022年，面对复杂多变的外部环境，在集团公司党组的领导下，以迎接党的二十大为强大动力，集团公司坚决贯彻落实"疫情要防住、经济要稳住、发展要安全"总体要求，聚焦防风险、保运行、提质量、增效益，以"强化管理"的确定性应对各种不确定性，经受住新冠肺炎疫情反复冲击、国际油气价格宽幅震荡、国内洪涝灾害等重大考验，保障油气产业链顺畅高效运行，集团公司生产经营业绩创历史最好水平。

抓住油价高位有利时机增产原油，原油产量增幅创近9年来新高。持续优化资源配置，实现自产原油全产全销，为集团公司创历史最好经营业绩做出突出贡献，为保障国家能源安全发挥"压舱石"作用。克服国内新冠肺炎疫情反复影响，遵循市场导向，按需优化产品结构，2022年加工原油同比下降1.1%，产成品油同比下降2.9%，均小于全行业平均降幅。全年原油加工分月计划执行率100.0%，成品油生产计划执行率100.1%，成品油产调率99.8%，出口计划执行率100.9%。有序推进天然气重点产能及配套工程建设，统筹优化运行和检维修，保持气田高负荷生产，2022年天然气产量同比增长5.6%，占国内总产量超65%。

坚持市场导向，持续优化炼化生产，根据市场需求逐步提高炼厂加工负荷，其中三季度较年内低点提高5.6个百分点；按需优化产品结构，提高生产柴汽比0.37个单位，全力保障市场柴油稳定供应。开展精准营销，成品油销售实现提质发展，在国内成品油表观消费量下降的背景下，市场份额逆势提高0.8个百分点，连续两年保持增长；加强批零一体和纯枪激励等政策引导，优化调整销售节奏，灵活应对市场变化，综合价格到位率创历史新高，同比提高1.35个百分点。细化分区域、分品牌化工市场研判，突出高端高效市场，强化产销研用衔接，密切化工产品客户服务与"中油e化"电商平台融合，加大直销力度，化工产品统销量同比增长4.4%。持续优化营销策略，天然气销售实现量效齐增，坚持效益原则优化市场结构和销售流向，加大终端市场开拓力度，终端销量同比增长7%，国内市场份额重回60%以上；开展线上交易，推动资源顺价销售，减少进口气亏损，天然气销售业务连续第二年实现盈利。加快推进客服电话整合，建成956100统一客服电话系统，成立"中国石油956100客户服务中心"，印发《中国石油956100客户服务管理规范》，有序推进天然气销售、润滑油等客服电话业务试点。

（陈东升　孟天姣　李　江　高　杉　徐佳楠）

【资本运营】 2022年，集团公司完成与中国石化集团股权置换工作，集团公司置出18.3021亿股股份公司A股股份至中国石化集团，占股份公司总股本的1%；中国石化置出21.3706亿股中国石化A股股份至集团公司，占中国石化总股本的1.77%。为鼓励集团公司所属上市公司关注资本市场表现，提升品牌价值，集团公司持续开展市值奖励指标考核。

加强股权管理基础工作。1—12月，累计完成产权登记1205家，（其中占有登记297家、变动登记779家、注销登记129家），同比增加686项，同比增长132%。

加强分红管理。1—12月，集团序列项下全层级企业累计分红359家，到账金额843.16亿元。按控制力划分，独资公司分红106.46亿元，控股公司分红604.42亿元，参股公司分红132.28亿元。集团公司总部累计收到36家企业分红，到账金额531.73亿元，其中股份公司向集团总部分红443.04亿元。

集团公司累计完成法人压减80家，超额完成目标。完成法人压减45户，完成率132%，超额完成年度任务。当年累计回收现金1.86亿元，实现减亏0.45亿元。

（夏 冰 李 海）

【石油金融】 2022年，中油资本落实集团公司党组工作要求，在经营发展、市场营销、改革创新、风险防控、品牌塑造等方面取得成效。资产总额超过1万亿元，累计实现全口径收入2179亿元，累计实现利润总额968亿元，累计分红266亿元。在全国16个省、市、自治区设立分支机构200多家，海外分支机构3家，拥有机构客户7万、个人客户1297万。

2022年召开年度股东大会1次、临时股东大会2次，审议议案9项。召开董事会会议10次，审议议案30项。召开监事会会议4次，审议议案9项。

中油资本通过股东大会、业绩说明会、公告、电话咨询、互动易平台、电子邮件等多种方式与投资者沟通交流，协助投资者了解公司经营情况、投资决策、发展前景等。公司指定《证券时报》《中国证券报》和巨潮资讯网为信息披露的报刊和网站，全年披露定期报告、临时公告和各类信息文件90份，保障广大投资者公平享有知情权。

（陈若莲）

【产业投资】 2022年底，昆仑资本总资产60.5亿元，其中投资形成的金融资产3亿元、银行存款57.2亿元、其他资产0.3亿元（主要为应收利息）；净资产60.4亿元，其中实收资本60亿元、累计留存收益0.4亿元。全年昆仑资本总收入7480万元，管理费用4451万元，利润总额2949万元，净利润2151万元。昆仑资本全年股东出资筹资30亿元，对外投资3亿元，银行存款口径经营活动现金流为净流入1566万元，合计银行存款净增加27.2亿元，期末银行存款从2022年初30亿元增加到年末57.2亿元。昆仑资本出资1000万元设立全资子公司中油昆仑（北京）私募基金管理有限公司。

截至2022年底，昆仑资本实现项目入库136个、项目立项22个、项目通过投决7个，杉杉锂电、中材锂膜、微构工场、华晟新能源4个项目完成交割。

（卢长锋）

【法律工作】 2022年，集团公司深入贯彻习近平法治思想，大力实施"坚持依法合规治企"兴企方略，持续加大法律工作力度，注重发挥法治在强基础、防风险、保权益、促发展中的作用，各项工作取得显著成效，为集团公司完成年度任务贡献法治力量。

集团公司以"坚持依法合规治企和强化管理"为主题，组织召开2022年领导干部会议，对法治建设等工作进行全面总结和系统部署；将会议部署的11个方面112项任务逐一分解到集团公司总部各部门，推动督促各项部署落实落细。深入开展法治示范企业创建，制订工作方案，明确全面建立法治工作体系、全面树牢依法合规理念、全面发挥法治保障作用、全面提升法治专业队伍素质"四个全面"创建目标，确定"有进有出、动态调整"工作原则。在企业申报基础上，择优遴选38家单位参加示范创建，通过建立季报、适时跟进等方式强化工作督导。组织完成2021年度企业法治建设检查评分评级和"依法合规经营"绩效考核，进一步强化价值导向和政策激励；优化2022年度检查考核指标设置和考评办法，引导督促单位抓重点、补短板、强基础，达到以查促改、激励提升的效果。部署安排加强企业专业化总法律顾问队伍建设，明确提出到2024年重要单位专业化总法律顾问全部配备到位的目标要求，推动总法律顾问制度建设从"配齐配全"到"配专配强"的新阶段迈进。编印《领导干部法治知识简明读本》，配发35000册，供领导干部学习。举办法治专题网络培训班，开设习近平法治思想、反垄断法、以案说法等课程，5万余名干部员工参加培训。组织领导干部法律知识线上考试，2万余名领导干部完成考试，达到以考促学效果。开展"法治在我心中"主题演讲比赛，参赛人员14307人，通过身边人讲身边事的方式，讲述石油法治故事。各单位多渠道、多载体开展丰富多彩的法治宣传教育活动，营造尊法学法守法用法浓厚氛围。

集团公司深入开展"合规管理强化年"专项工作。集团公司和各单位均成立主要领导牵头的专项工作领导小组，组织召开全系统工作部署会和推进会3次，各层面制定印发实施方案、工作通知、督导函等1447件，通过建立工作台账、月报机制等措施，做到专项工作有计划、有安排、有措施、有检查、有考核。组织修订《中国石油天然气集团有限公司合规管理规定》，从制度层面进一步推进合规管理体系化、合规职责制度化、合规审查刚性化、风险评估预警常态化。组织编制集团公司总部部门17个、岗位合规职责清单644个，压实合规责任。组织所属单位40702个重点岗位建立合规职责清单，梳理合规职责12万余项。以业务为单元，按场景组织编制合规风险防控工具书，形成覆盖成品油、化工产品和天然气销售等全类别的销售业务合规指引，覆盖投资、贸易、工程建设和技术服务等国际业务全领域的合规指引，以及原油销售、反垄断、商业伙伴管理合规指引，建立起较为完备的合规操作制度规范。集中组织排查经营合规风险问题，妥善处置一批安全环保、土地、经营资质、危险化学品许可等风险事项，在解决遗留问题、防范新发风险、强化合规理念、完善长效机制等方面取得显著成效。

（黄珍涛）

【改革与企业管理】 2022年，集团公司改革与企业管理工作围绕发展大局，突出改革增动力、管理提效能等重点任务，把握强基础、重创新、解难题的工作主线，推动各项工作取得显著成效，为奋进高质量发展、加快建设世界一流企业做出应有贡献。

集团公司持续落实国务院国资委改革三年行动部署，安排的8个方面68项改革任务全部按计划推进完成；集团公司改革三年行动部署的集团公司总部层面6个方面86项任务、企业层面7666项任务全面完成。通过改革三年行动，在集团公司治理顶层设计、领导体制健全完善、集团总部组织体系优化调整、四大业务板块组建、各层级组织机构调整等方面，取得诸多具有里程碑意义的标志性成果。为做好国务院国资委改革考核迎检，成立工作专班，先后召开3次专班会议，组织对前期工作再回顾、对考核失分再分析、对整改措施再靠实，着力"补短板、强弱项、促整改"，推动改革措施持续深化、考核指标不断向好。深入调研分析托管企业情况，摸清底数和存在问题，组织各托管企业编制改革方案，汇总形成总体方案并组织完善，改革整体思路已逐步成型。采取"一对一"专项研究、视频对接、现场督办、每周报告等措施，完成重点难点企业厂办大集体改革收尾，全面实现"无集体职工、无集体企业、无集体产权"。组织推动车用加气终端一体化运营整合，确立"全资站先行先试、控股站逐次推进、参股站分类处置"的工作思路和整合模式，首批整合工作全面完成。

（黄珍涛）

【工程和物装管理】 2022年，集团公司坚持问题导向、目标导向、结果导向，统筹谋划工作思路和重点举措，做强工程项目管理，做优物资采购管理，做专招标业务管理，做精装备统筹管理，做实基础管理，在升级服务保障、深化提质增效、推进精益管理、促进改革创新等方面取得明显成效，有力支撑集团公司产业链供应链平稳顺畅运行。

集团公司印发《境外工程建设项目管理办法》《数字化交付管理办法》《工程建设项目分包管理办法》。发挥集团公司工程管理领导小组引领统筹作用，建立完善重点工程关键环节管控机制、在建工程月报机制、质量监督检查机制，形成重点工程协调保障机制，工程物装业务协同联动，重点工程项目推进能力显著提升。全面加强项目建设过程管控，强化项目设计阶段方案审查，开工建设程序、手续严格，依法合规，协调项目执行重大问题，加大现场监督检查力度，保障重点工程按计划建成投产，做好完工项目竣工验收。全年集团公司重点工程项目建设进展顺利，广东石化炼化一体化项目、威远泸州区块页岩气集输干线等项目建成试运，塔里木油田博孜—大北区块地面骨架工程快速推进。

集团公司持续完善工程质量监督模式，理顺完善监督机制，提高监督的独立性、权威性，围绕重点项目建设持续开展QHSE、承包商等关键领域联合督查。制定《工程建设项目质量检查细则》和《工程建设项目量化检查评价方案》，对检查组织形式、方案编制、主要内容、专业配备、讲评材料、检查报告等进行统一规定。

集团公司推进"招标公开化、实施专业化"，倡导"应招必招、规范招标"，集团公司总招标率87%、公开招标率98%、专业化招标率98%、电子招标率100%。

2022年，组织开展年度供应商新增准入，完成10个授权管理小组9个方案31个品种的新增准入招标，持续补充优质供应资源。

集团公司按照"市场开放、公开资审、库内选商、动态考核"原则，通过公开招标方式，组织完成108项资质2轮次、3535家承包商准入工作，规范承包商信息收集与审核，重构集团公司工程建设承包商资源库，实现承包商数据在集团公司工程项目建设各业务环节"可见、可懂、可用、可运营"，强化承包商全过程管控。

（左　莹）

【纪检监察与巡视巡察】 2022年，在中央纪委国家监委和集团公司党组坚强领导下，纪检监察组和各级纪检机构坚持用党的创新理论提升政治本领，深刻领悟"两个确立"的决定性意义，增强"四个意识"、坚定"四个自信"、坚定不移担负"两个维护"重大政治责任，在正风肃纪反腐中担当作为，以深化改革对接融合监督体系和治理体系，有效发挥监督保障执行、促进完善发展作用，为集团公司保障国家能源安全、建设世界一流企业提供坚强保障。

2022年，聚焦习近平总书记对中国石油和中国石油相关工作的重要指示批示精神，建立督办、监督"双台账"，协同开展贯彻落实情况"回头看"，实地调研督导30家单位，推动从督学、督用到督效的拓展深化。以迎接党的二十大召开和学习贯彻落实党的二十大精神为主线，因时因势调整监督重点，统筹开展天然气保供、冬奥会保障、绿色低碳转型、科技自立自强等专项监督，确保政令畅通、落实落细。严明政治纪律和政治规矩，狠抓燃料油公司违规倒卖进口原油、新疆油田违建别墅、恒毅大厦违规租赁、同益公司违规转让股权等审计署反馈问题整改和以案促改，严查政治问题和经济问题交织、违规问题背后的腐败行为，严肃追责问责，消除政治隐患，净化政治生态。强化对各级"一把手"和领导班子的监督,健全与集团公司党组专题会商、定期汇报、重要情况通报等工作机制,及时提醒纠正苗头性倾向性问题,谈话函询管党治党不严、"四风"问题多发单位的主要领导,动态更新廉政档案,定期做出廉洁情况评价,推动党的领导和监督层层压实、一贯到底。

贯彻落实垂直管理单位纪检监察体制改革要求和《纪检监察机关派驻机构工作规则》,梳理职权、理顺机制、优化流程,建立组务会议事决策机制,制修订26项业务制度,完善综合管理、政治监督和日常监督、执纪审查调查、干部管理监督4个"1+N"制度框架体系,推进改革任务落地见效。深化"室组内地"联合办案,印发企业纪检机构与地方纪委监委协作配合指导意见,健全纪检监察组、所属企业纪委与地方纪委监委"三级"协作配合工作机制。探索监察监督向下延伸有效路径,协调指导推动企业纪委与地方监委建立线索移送、联合办案、联席会议等制度机制。成立销售分公司、海外业务等领域一级企业纪委9家,专职化监督力量得到加强。厘清内部违规处理职责界面,推动制定员工违规行为处理规定。

协助集团公司党组制定印发关于健全完善监督体系推动各类监督贯通协同的实施意见,修订党风廉政建设和反腐败工作协调小组工作规则,组织召开专题会议6次,对接明确责任部门重点任务、协调事项,构建业务、职能、专职监督"三道防线",建立日常沟通、协作配合、成果共享、责任追究和考核评价"五项机制"。修订日常监督工作规程、专项监督工作规范,完善监督表单、台账、模板28个,综合运用监督方式9种,统筹全系统开展各类监督189项,推动监督常在、形成常态。制定纪检监察信息化建设五年计划,建设大数据资源中心,升级完善联合监督信息系统、监督执纪问责系统、电子数据调查室,多维度开展数据库建设,初步搭建数字化监督平台。落实"合规管理强化年"要求,组织开展化公为私问题专项整治"回头看",跟进监督依法合规经营综合治理专项行动,促进从严管党治企。注重纪法情理贯通融合,落实"三个区分开来",实事求是运用监督执纪"四种形态",实现政治效果、纪法效果、社会效果有机统一。

贯彻中央纪委国家监委指示要求,开展违规吃喝专项治理,组织召开纪检系统、总部部门、基层单位3个层面座谈会,深入剖析典型特征及危害,运用"5W2H"(为什么吃、和谁吃、什么时间吃、在哪吃、谁买单、吃多少、价格)分析法梳理查摆风险点,制定落实有效预防措施,编发《违规吃喝问题执纪执法指导性案例》,制作《老石说纪》系列漫画,引导党员干部自觉抵制"舌尖上的歪风"。健全"四风"问题线索会商、快查快办、风腐同查机制,严肃查处公车私用、"不吃公款吃老板"、违规收送礼品礼金等违反中央八项规定精神问题，通报曝光典型案例，不断强化"越往后越严"的鲜明导向。制定整治形式主义、官僚主义工作指引，坚决纠治"一刀切"、层层加码、搞形式走过场等行为。编印整治享乐主义、奢靡之风10个负面清单，制定8个业务领域正面清单，推动修订业务招待、履职待遇、公务用车等管理制度，持续完善作风建设制度体系。

（庞　亮　付淑芳）

【内部审计】 2022年，集团公司审计工作聚焦主责主业，提升审计工作质量，加强审计资源管控，狠抓队伍作风建设，稳步推进审计全覆盖，做到应审尽审、凡审必严、严肃问责，在完善公司治理、推进依法合规、防范经营风险、增加企业价值、促进廉政建设等方面发挥积极作用。

2022年底，集团公司设置审计机构220个，其中一级审计机构7个、二级审计机构148个、三级审计机构65个；从业人员1874人，其中一级机构197人、二级机构1504人、三级机构173人。审计队伍中大学及以上学历1712人，占总人数93.54%；中高级技术职称1574人，占总人数83.99%；具有注册会计师、国际注册内部审计师、注册造价师等职业资格829人，占总人数44.24%。

2022年，集团公司各级审计部门组织开展审计项目1679项，发现和揭示各类问题13104个，为集团公司增收节支、挽回损失等24.10亿元，促进修订及完善规章制度734项。

经济责任审计。持续推进"离任必审，强化任中"，对671名领导干部开展经济责任审计，任中审计98项，其中集团公司党组管理干部59名，任中审计8项。修订完善《经济责任审计管理办法》《经济责任审计工作方案》，加强对全系统业务指导。重点关注会计信息失真、招投标、资金管理、加油站网络开发等重点领域和关键环节问题，加强对领导干部尤其是"一把手"廉洁自律的监督，规范权力运行，提升依法合规治企能力。

投资与基建审计。组织开展工程项目结算、竣工决算和跟踪审计612项，纠正管理类问题3985个，审减工程结算费用7.7亿元。集团公司总部对8个重大建设项目实施跟踪审计，重点揭示工程质量、安全环保、投资管理、工程建设管理等方面问题，助推建设项目合规管理，提高投资效果。创新开展工程建设项目管理审计，深入排查乙方单位项目管理、工程分包、合规管理、财务核算等方面问题，助推项目风险防范和管控水平提升。

境外投资项目审计。集团公司总部实施境外审计项目17项，对集团公司境外1亿美元以上重点经营投资项目审计全覆盖。重点关注境外业务在生产经营管理方面存在的突出问题，以及投资回收、安全环保等方面重大风险。组织开展国内对外合作审计项目 11 项，揭示问题 76 个，重点关注合作方未按照国家法规要求计缴弃置费用、未按石油合同规定履行筹款义务、长期拖欠工程服务款等问题，切实维护国家利益和集团公司合法权益。

专项审计。组织开展专项审计 396 项，助力企业提质增效，推动防范化解重大风险。集团公司总部开展金融衍生业务审计，重点关注套保操作、风险管控、信息系统建设等方面问题，促推企业提升合规管理水平和防范化解金融风险能力；开展能耗管理审计，重点关注能耗未达国家有关要求、节能项目管控不到位、能源损失浪费等方面问题，促进集团公司节能减排、提质增效，助力实现碳达峰碳中和战略目标。

（白雪莲　洪　鑫）

【维稳信访与综合治理】 2022 年，集团公司维稳信访与综合治理工作坚持以习近平新时代中国特色社会主义思想为指导，围绕中心、服务大局，牢固树立"防范胜于救灾"思想，把确保党的二十大和谐稳定作为全年工作的重中之重，严格按照集团公司党组部署，适应新形势新任务新要求，着力攻坚克难，着力深化信访制度改革，着力推进安保防恐标准化、体系化建设，维稳信访与综合治理形势持续向好，工作整体效能进一步提高，为集团公司建设基业长青的世界一流综合性国际能源公司营造安全稳定环境。

2022 年，集团公司党组领导受邀作为国家反恐办联合督导组组长，代表国家对吉林省安保反恐工作进行督导检查，彰显中央企业政治担当。全年新发打孔盗油案件 1 起、开井盗油案件 37 起，配合公安机关打掉涉油犯罪团伙 17 个，配合抓获犯罪嫌疑人 447 人，查扣盗运车辆 1275 台，累计收缴被盗原油 5608 吨，新发案件连续保持低位。

（乔旭烁　冯治中）

通过企业上下大量艰苦细致的工作，杜绝 100 人以上进京群体访和企业当地 300 人以上群体访，实现各重点敏感阶段万无一失。集团公司信访总量和进京访总量实现下降，同时实现年度六连降。

（冯治中）

【保密密码工作】 2022 年，集团公司保密密码工作坚持以习近平新时代中国特色社会主义思想为指导，坚决贯彻党中央关于保密密码工作的决策部署和习近平总书记重要指示批示精神，落实上级保密密码管理部门和集团公司党组工作要求，修订印发集团公司保密委员会和密码工作领导小组工作规则，抓实党的二十大相关保密工作，深化保密"三大管理"（定密管理、网络保密管理、涉密人员管理），严格保密密码工作检查，加强保密宣传教育，完成全年任务，未发生重大失泄密事件。

集团公司持续开展敏感信息违规外发和存储实时监控检查，全年违规存储数量同比下降55%。落实"3年3个全覆盖"（集团公司对所属企业进行全覆盖，保密密码工作协作组对成员单位进行全覆盖，所属企业对本单位下属单位进行全覆盖）现场检查目标任务，检查21家单位所属58个部门、部位，依据《保密工作检查评价规范》，对组织机构、责任制落实、制度建设等内容进行全面检查，指导受检单位对查出问题进行全面整改。组织开展集团公司重点领域信息管控专项检查。对3个集团公司保密要害部位和2个保密重点单位开展技术检查。组织开展全系统保密管理自查自评，各协作组、各单位开展区域内互查、自查工作。

首次组织开展定密事项清查。围绕越权定密、定密不准、定密程序不规范、标志不规范、不及时变更和解除秘密等定密不当行为及定密责任人制度落实情况，各单位全面清查2021年公文类定密事项。清查涉及国家秘密的定密事项1122项、涉及集团公司商业秘密的事项1249项，对发现的问题进行整改。

集团公司稳步推进办公系统自主创新替代工作，涉密网络设备的安全可靠性不断提升。建成投用电子公文跨境传输系统，满足集团公司总部与海外企业之间普通文件安全传输需求。推进涉商密信息系统定级测评，完成7个普通商密信息系统测评。持续强化风险隐患监测，针对集团公司总部计算机进行违规存储及安全检测、查杀病毒和木马，治理高危漏洞。

（黄照富）

【档案管理】 2022年，集团公司档案工作紧紧围绕迎接服务和学习贯彻党的二十大主题主线，深入贯彻落实习近平总书记关于档案工作重要指示批示精神和集团公司总体部署，全面推进档案治理、资源、利用和安全"四个体系"建设，不断推动档案工作高质量发展。

集团公司有专兼职档案人员10076人，其中专职档案人员2590人、兼职档案人员7486人；馆藏全部纸质档案近2600万卷、5000多万件，总排架长度115多万米；档案管理系统保管电子档案4.7亿多件，数据存储总量350多TB；全年利用档案16万多人次，利用档案近160万卷次；编研公开出版物33种、1200多万字，内部发行533种、3800多万字。

中国石油档案馆全年接收集团公司总部归档20582卷件，整理著录23864条；线上线下利用17299人次，复制25153页；接收8家在京单位档案5.5万卷件。

（任洁江）

第五部分 企业管理

党建、思想政治工作与企业文化建设

【党建工作】 2022年，集团公司党组坚持以习近平新时代中国特色社会主义思想为指导，围绕迎接党的二十大和学习宣传贯彻党的二十大精神主线，大力弘扬伟大建党精神，深化党史学习教育成果和全国国有企业党的建设工作会议精神落实成果，坚决扛起全面从严治党主体责任，持续推动党建工作与生产经营深度融合，充分彰显党建工作在企业价值链中的重要作用，各项工作取得新进展新成效。

截至2022年底，集团公司共有基层党组织31582个，其中基层党委2435个、党总支1803个、党支部27344个；有党员489507人，其中在岗职工党员475354人，退休党员8795人，女党员119299人；全年发展党员8575人。

集团公司制定并落实防范化解重大风险为党的二十大营造良好环境的33项工作措施和喜迎党的二十大的26项重点措施，精心做好中央企业系统（在京）和中国石油在各省（自治区、直辖市）党的二十大代表候选人推荐和审核把关工作，高标准高质量承办国务院国资委中央企业系统（在京）党代表会议，11人当选党的二十大代表。

探索建立党建工作协作区机制，按照"区域协同、优势互补、点面结合、整体提升"的思路和"地域相近、便于统筹"的原则，将所属127家单位党委划分为6个党建工作协作区，推动企业之间互学互鉴、互帮互助、互促互动，促进集团公司党建工作整体提升。

按照集团公司党组工作部署和党组书记"简明实用"批示要求，组织编撰《中国石油基层党支部书记培训简明教程》。党校出版社和石油工业出版社正式联合出版发行。这是首次从集团公司层面针对基层党支部书记和党务工作者编写的培训教程，可作为集团公司基层党支部书记示范培训班应用教材。

2022年，集团公司党组首次组织有关职能部门以视频形式合并召开集团公司2022年度党建工作部署会，按季度召开集团公司党建工作例会。组织对122家所属单位党委开展2021年度党建工作责任制考评，做到考准考实，考核结果"一对一"反馈，强化考核结果运用。组织开展2021年度所属单位党委书记抓基层党建述职评议工作，选取22名党委书记、8名党委专职副书记分3组采取视频形式召开现场述职评议会议，集团公司党组参加首场述职会，现场述职结果按10%权重纳入党建工作责任制考核，实现所属单位现场述职评议考核第二轮（2019—2021年度）全覆盖。按照中共中央组织部和国务院国资委党委安排，深入开展清查整治突出问题规范党务工作，通过现场检查、视频督导等形式进行抽查指导，推动各级党组织更好地履行党建工作责任。

（卢长威）

【思想理论工作】 2022年，集团公司思想理论工作坚持将学习宣传贯彻党的二十大精神作为当前和今后一个时期首要政治任务，坚持不懈用习近平新时代中国特色社会主义思想凝心铸魂，强化理论武装，深化思想教育，各单位党委理论学习中心组平均学习16次、专题研讨8次，开展党的二十大精神宣讲4900余场，组织"转观念、勇担当、强管理、创一流"主题教育专题学习1.36万次，教育引导广大干部员工在理论上更加清醒、政治上更加坚定、思想上更加统一、行动上更加自觉，为集团公司全力奋进高质量发展、加快建设基业长青世界一流企业奠定坚实的理论和思想基础。

2022年，集团公司党组抓早抓紧谋划部署，第一时间召开党组（扩大）会，全面传达学习党的二十大会议精神，认真谋划和安排部署集团公司学习宣传贯彻的重点举措；及时以集团公司党组文件制定印发学习贯彻专题通知，明确制定9个方面34项重点任务，系统安排集团公司学习宣传贯彻工作。抓实抓好学习培训，集团公司党组先后召开党组（扩大）会、中心组专题学习会等学习研讨17次，两级党委理论学习中心组累计学习3100余次，百万石油员工通过各种方式收听收看党的二十大大会盛况，多层次全覆盖学习党的二十大精神；利用集团公司党校班、中青年干部培训班等开展专题培训，举办2期集团公司党组管理干部集中轮训班组织深入学习研讨，推动党的二十大精神入脑入心。广泛开展集中宣讲，集团公司党组书记、董事长戴厚良带头作首场宣讲，邀请中央宣讲团成员、中央党史和文献研究院院长曲青山作专题辅导报告，集团公司党组成员深入分管领域、单位宣讲，党的二十大代表、各类先进典型开展分众化互动化宣讲4900余场，推动党的二十大精神贴近员工、走进群众。推动理论研究，2022年集团公司党组在《人民日报》《求是》等刊发研究成果10篇，各单位党委在国家、省市媒体刊发理论文章56篇，持续增强学习宣传贯彻党的二十大精神的理论深度和情感热度。精心组织媒体宣传，"报台网端微"全线发力，开设各类专题专栏438个、刊发报道近万篇，配合中央主流媒体开展"总书记足迹""喜迎二十大""强国复兴有我"等系列主题宣传，联合新华社制作《中国深度》专题片，配合国务院国资委新闻中心制作"坐标中国"融媒作品《钻进深井》《雪域之家》，联合凤凰卫视制播《中国福气》5集专题片，浏览播放量超3亿人次，营造迎接学习宣传党的二十大浓厚氛围。

集团公司印发党组理论学习中心组年度集体学习计划，明确各单位党委理论学习中心组专题学习重点内容，发挥理论学习中心组示范引领作用，全面学习贯彻习近平新时代中国特色社会主义思想，认真学习贯彻习近平总书记在党的二十大的重要讲话精神和党的二十大精神，跟进学习习近平总书记在省部级主要领导干部专题研讨班、党的十九届七中全会、二十届一中全会等重要讲话精神，深入学习《习近平谈治国理政第四卷》等重要著作和论述，以及习近平总书记关于中国石油和中国石油相关工作的重要指示批示精神，坚持读原著、学原文、悟原理，采取集中研讨、专家辅导、上下联学等方式，进一步提高领导干部理论素养和运用党的创新理论指导实践、推动工作的能力。2022年集团公司党组理论学习中心组学习18次，各单位党委理论学习中心组平均学习16次、专题研讨8次，集团公司党组向中宣部、国务院国资委党委书面报告学习情况，在集团公司内部通报所属党委学习情况。

【新闻舆论工作】 2022年，集团公司新闻舆论工作围绕集团公司中心工作，聚焦迎接宣传贯彻党的二十大工作主线，策划开展高质量发展、勘探开发、科技创新、绿色低碳、重点工程、改革三年行动、党的建设、伟大精神等主题宣传，《中国石油报》刊发稿件7000余篇，集团公司官方新媒体发布信息1.4万条，石油内部网络矩阵日均发布信息2.3万篇；外部全网关于中国石油信息量77.8万条、客观正面报道占比95.4%，连续3年保持增长。其中：中央主流媒体报道986篇、同比增长25.8%；重点新闻网站信息3.7万篇、同比增长400%。

聚焦"中国石油喜迎党的二十大"，协调《人民日报》、新华社、中央电视台、《光明日报》等持续刊播中国石油党的二十大代表风采、保障能源供应等情况；联合新华社制作"5G@二十大特别节目"《中国深度》专题片，在党的二十大新闻中心现场播出，全网各平台置顶播放，浏览量突破2亿人次；配合国务院国资委新闻中心制作"坐标中国"融媒作品《钻进深井》《雪域之家》，全网播放量超1亿人次；联合凤凰卫视制播《中国福气》5集专题片，社会各界对中国石油天然气发展成就积极点赞。

"中国石油全力以赴保冬供"被《人民日报》纳入"我为群众办实事"典型案例报道，"气蕴华夏"作为《大国基石》系列宣传片之一独立成集、在中国中央电视台推出，广东石化、吉林乙烯、广西乙烯、塔里木乙烷制乙烯、兰州乙烷制乙烯"新五朵金花"展现集团公司炼化转型成就，铁人王进喜、大庆1205队队长张晶、"大国工匠"刘丽等先进典型被中央主流媒体广泛报道。创新开展塔里木博孜34井"入地八千米——油宝寻宝记"、沙漠公路光伏项目"零碳挺进沙漠"慢直播，在线观看量突破1000万次。推出《宝石花温暖万千家》《回家Ⅱ》《石油人·冰雪梦》、"主题教育随手拍""旗帜引领·能源强国看石油"

等系列短视频150多集，浏览量超6000万次。石油原创歌曲《大家小家》被广为传唱，在全国总工会、国务院国资委开展的原创音乐征集评选中脱颖而出、名列30部获奖作品。组织100多家单位开展"中国石油开放日"活动，吸引近万名社会各界人士现场参观、云端感知中国石油。举办第七届新媒体内容创作大赛，创作作品3000多部。开展"美好中国年""一起向未来""对话Z世代""改革跃迁，时代发展"等系列主题宣传活动。

集团公司开展网络舆情管理提升专项行动，每日编发舆情快报、每周更新监测关键词、每月通报舆情风险点、每年编制舆情风险日历，形成舆情管理基础支撑体系。下发《关于加强重点时段舆情升级管理的通知》，全面开展"党的二十大""3·15"时段、业绩发布、冬季保供、涉外涉疫等舆情专项防控。快速处置网络不实信息，打赢舆情防控阻击战。

2022年，中央对外宣传主流媒体和海外媒体刊发中国石油相关报道5000余篇，集团公司海外社交媒体账号矩阵刊浏览量突破4亿次，粉丝总量超280万人。

持续深化新闻宣传"六件套"，"企业风"发布内部媒体报道2.3万条，"媒体眼"转发外部媒体报道4000多条，"知晴雨"预警舆情信息528条，"出海口"利用中央主流媒体官方账号发布信息2000多条、浏览量超2500万次，"发球机"向重点媒体推送稿件、媒体引用转发率85%以上，"同心圆"引导下载使用"铁人先锋"外部用户数量再增千余人。

（张　超）

【企业文化与品牌管理】 2022年，集团公司企业文化与品牌管理工作以习近平新时代中国特色社会主义思想为指导，推动新时代石油先进文化建设进程，促进品牌建设与经营管理各环节深度融合，为集团公司建设基业长青世界一流综合性国际能源公司提供文化品牌支撑。2022年，中国石油品牌在美国《财富》世界500强排名第4，"全球品牌价值500强"排名第55，品牌价值297亿元；全球油气行业品牌价值排名第三名，"中国品牌价值500强"排名第15名、行业第一，品牌联盟"2022中国品牌500强"排名第一。

落实《企业文化手册》宣贯三年计划，开发专题课件、开设专门课程、制作宣传视频，坚持集中与分散结合、线上与线下结合，开展宣讲20余场，推动学习宣贯全覆盖。

【加强文化资源建设】 2022年，建成投用集团公司层面首个综合性展厅。梳理上报爱国主义教育基地28个，大庆油田"三超"文化展厅被中国科学技术协会等7部委评为"科学家精神教育基地"，大庆油田历史陈列馆、玉门油田红色旅游景区入选国家工业旅游示范基地名单。

举办第五届石油精神论坛,首次邀请外部专家从不同维度阐释石油精神时代内涵,直播收视130万人次、创收视新高,进一步增强石油精神和大庆精神铁人精神的社会影响力。举办贯彻落实习近平总书记致大庆油田发现60周年贺信重要指示精神三周年座谈会,成为首次"中国石油纪念日"活动主题,教育引导广大干部员工汲取奋进力量、努力干事创业。

(张 超)

【群工工作】 2022年,集团公司群工工作坚持以习近平新时代中国特色社会主义思想为指导,认真学习贯彻党的二十大精神,按照上级部门和集团公司党组部署要求,坚持党建带群建,以党建"六大工程"为统领,大力实施群团聚力工程,持续深化集团公司工会、科学技术协会、体育协会工作,充分发挥桥梁纽带作用,竭诚服务职工群众,各项工作取得显著成效。

(袁 明)

以"石油工人心向党,建功奋进新征程"为主题举办集团公司总部部门和直属单位职工喜迎党的二十大演讲比赛,营造喜迎党的二十大的浓厚氛围;在集团公司总部部门和直属单位开展评优选先活动和职工心理健康关爱优秀工作案例征集评选工作,提升凝聚力;组织举办"四海同心——向奋战在海外的石油人拜年"网络直播活动,关心关爱海外员工及家属;开展集团公司总部职工工作服装配发、日常劳动防护用品发放、2022年度体检、节日慰问和困难帮扶等工作,将"我为员工群众办实事"真正落到实处;组织"强管理""和谐家庭建设""提升员工健康"3个主题"8堂课"系列讲座,开展创意花艺比赛、普法宣传和读书等丰富多彩的"三八"国际妇女节活动,增强员工向心力和归属感;持续推进工会经费收缴、上报工作,完成直属工会2020年、2021年经费审计、整改工作,按照全国总工会要求完成工会经费审计前期的准备工作。

按照集团公司党组领导关于成立中国石油科学技术协会(简称科协)的批示要求,筹备并推进科协成立相关工作,组织召开中国石油科协成立大会、第一次代表大会和一届一次全体委员会议。

(张 桐)

中国石油体育协会创新线上赛事,满足员工健身需求。以"喜迎党的二十大"为主题,采取视频报送方式开展第二届广播体操网络公开赛,40家单位报送混合团体及混合创编视频66个,参赛选手2071人。

(徐志辉)

【共青团和青年工作】 2022年，集团公司各级团组织深入学习贯彻习近平总书记关于青年工作的重要思想，按照集团公司党组和团中央、央企团工委各项工作部署，以迎接党的二十大胜利召开和学习宣传贯彻党的二十大精神为主线，结合庆祝建团百年，深入推进青年精神素养提升工程和青年马克思主义者培养工程，在巩固党建带团建成果、加强思想政治引领、搭建创新创效平台、服务青年成长成才、夯实团青工作基础等方面取得新的进展和成效。

集团公司团委牢牢把握共青团作为党的忠实助手和可靠后备军的职责定位，深刻领会集团公司党组对于青年工作的高度重视和战略安排，抓住机遇乘势而上、主动作为。

集团公司各级团组织牢牢把握共青团作为引领青年思想进步政治学校的定位，不断创新载体、提升实效，筑牢石油青年理想信念。围绕迎接党的二十大胜利召开和学习宣传贯彻党的二十大精神加强政治引领。开展"喜迎二十大、永远跟党走、奋进新征程"主题教育实践活动，统筹安排集团公司庆祝建团100周年系列活动，召开纪念建团100周年青年座谈会，开展"百年团史青年说"系列宣讲活动，评选表彰一批"两红两优"（五四红旗团委、五四红旗团干部、优秀共青团员、优秀共青团干部）。开展"礼赞建团百年、筑梦青春韶华"青年文化作品创作大赛，评选出文学、摄影、漫画、微视频"四个一百"优秀文化作品，获奖作品《你的青春最优解》代表央企参加团中央"五四"直播活动，向全国推广宣传。组建集团公司两级青年讲师团，2400余名讲师深入基层一线、走到青年身边，围绕学习贯彻党的二十大精神、传承弘扬石油精神和大庆精神铁人精神开展宣讲。扎实推进青年精神素养提升工程，加强顶层设计，紧扣主题制定工作方案，细化工作安排，把握关键节点，层层传导压力，及时督促总结。强化全过程指导，成立工作专班，针对各单位工作推进中的问题及时下发指导意见，确保全集团步调一致、同频共振。注重调研跟进，9月组织开展11场推进会，对130家所属单位做到全覆盖，逐一听取各单位汇报进度、成效、经验和意见建议，进行"一对一"点评指导。各企业邀请前辈英雄模范座谈授课740场次，开展青年对标讨论5400余次，举办"佛系""躺平"思辨会2400多场。实施两级"青马工程"，克服新冠肺炎疫情影响，高标准启动集团公司"青马示范班"，探索形成集中授课、线上自学、小组分享、个人领读、积分激励相结合的"互促共进"理论学习模式；线上分享红色故事、线下寻访红色足迹、对标先辈查找差距不足、研讨交流激发思想共鸣相结合的"情感触动"红色教育模式；集团公司党组组织部和团委统筹、各企业组织部门和团委共同推动、基层单位带岗指导、复杂艰苦环境历练相结合的"压实担子"实践锻炼模式；理论联系实际、聚焦中心工作、解决突出问题相结合的"学习转化"课题研究模式。指导推动129家企业全面启动"青马工程"，培养学员3400余人，率先在央企中实现所属单位全覆盖。

（宗　因）

【统战工作】 2022年，集团公司统战工作以习近平总书记关于做好新时代党的统一战线工作的重要思想为指导，贯彻落实中央统战工作会议精神，按照国务院国资委党委关于统战工作要求和集团公司党组部署，毫不动摇坚持党对统战工作的集中统一领导，牢牢把握大团结大联合本质要求，引导广大统一战线成员为高质量推进世界一流综合性国际能源公司建设贡献力量。

集团公司坚持把学习宣传贯彻党的二十大精神作为首要政治任务，组织各单位召开党外代表人士座谈会、夜校班、讲座辅导、专题研讨等，推动统战成员学习贯彻党的二十大精神，深刻领悟"两个确定"的决定性意义，增强"四个意识"、坚定"四个自信"、做到"两个维护"。

集团公司贯彻落实习近平总书记在中央民族工作会议上重要讲话精神，牢牢把握铸牢中华民族共同体意识这一工作主线，组织驻疆单位常态化开展"民族团结一家亲"和民族团结联谊活动，通过国家通用语言培训班、演讲比赛、知识竞赛、文艺晚会等形式多样、寓教于乐、内涵丰富的文化活动，搭建促进各民族员工沟通的文化桥梁。

集团公司总部部门党总支、党支部书记、各单位党委委员通过灵活有效方式，与党外代表人士进行沟通交流。党外代表人士对集团公司改革发展成果成效给予高度评价，为改革发展提出建议700余条。

（王德伟）

【乡村振兴和公益捐赠】 2022年，集团公司响应联合国《2030年可持续发展议程》目标倡议及国家"全面推进乡村振兴"要求，发挥集团公司业务优势，结合受援地资源禀赋，开展"幸福乡村"建设行动、特色产业提升行动、"兴农"讲堂打造行动、消费帮扶赋能行动、健康护航保障行动、基层党建提质行动，提升当地经济自我发展能力，推进脱贫攻坚成果同乡村振兴有效衔接。

全年累计投入乡村振兴和社会公益资金6.66亿元（其中捐赠资金6.46亿元），覆盖28个省240个村，开展各类项目860个，派出挂职干部、驻村第一书记及工作队694人；海外涉及15个国家，援助项目220个。集团公司在定点帮扶10个县投入帮扶资金2.12亿元，实施项目93个，培训各类人员7.8万人，购销帮扶产品12亿元。

面对新冠肺炎疫情和自然灾害，第一时间履行决策程序，先后向北京、新疆、四川、内蒙古捐赠 1.12 亿元现金和防疫物资，助力各地防疫和赈灾工作。在中国石油大学（北京）、中国石油大学（华东）、西南石油大学等 17 所高校设置"中国石油奖学金"，惠及在校学子 685 人；持续开展"旭航"助学项目，设立"旭航"班 59 个，资助 2894 名家庭困难学生。

（周　行）

中国石油天然气集团有限公司年鉴
2023简本

第六部分
光荣榜

【第 26 届中国青年五四奖章】

张　亮　辽河油田建设有限公司电焊工

【第 21 届全国青年岗位能手】

周洋洋　大港油田第六采油厂第二采油作业区采注一组副组长
王忠伟　河北邢台销售分公司第二十三加油站经理
朱治国　华北油田公司第三采油厂工程技术研究所所长、党支部副书记
刘高菲　中油管道检测技术有限责任公司电气设计主任工程师
林妍妍　辽阳石化公司研究院聚酯研究室副主任
赵亚东　锦州石化公司仪电车间电气维修三班组长
王　建　抚顺石化公司钳工技能专家
刘　鑫　大庆油田有限责任公司勘探开发研究院非常规勘探研究室副主任
安　浩　宝石机械有限责任公司海洋石油装备分公司生产运行部副经理
刘馨思雅　青海油田公司采气一厂采气工
蒽永龙　独山子石化公司炼油二部副经理、党委副书记

【2022 年全国向上向善好青年】

丛子博　大庆油田有限责任公司第一采油厂第一作业区北一采油班班长

【2021 年度全国五四红旗团支部】

辽河油田储气库公司直属团支部

【2021 年度全国优秀共青团员】

刘亦菲　青海油田公司采油三厂工艺室科员

注：光荣榜引用单位名称均依据获奖文件。

【2021 年大国工匠年度人物】

刘　丽　大庆油田有限责任公司第二采油厂第六作业区采油 48 队采油工班长

【全国五一劳动奖状】

辽河油田（盘锦）储气库有限公司

【全国五一劳动奖章】

刘　静　华北油田公司勘探开发研究院河套及外围地质研究所所长、副高级工程师
倪大龙　抚顺石化公司石油二厂加氢联合车间工艺三班班长
赵景林　吉林石化公司化肥厂合成氨车间化工一班值班长、高级技师
姜绍军　大庆炼化公司化工生产一部工艺工程师、助理工程师、高级工
袁婷婷　上海销售公司嘉定第四加油站经理、高级工
熊　波　西南油气田公司川中油气矿轻烃厂维修电工、高级技师
魏　诚　长庆油田公司第四采油厂采油工艺研究所采油工、高级技师
孟令晨　中油管道机械制造有限责任公司特种设备一车间电焊工、高级技师

【全国工人先锋号】

中国华油集团公司华油阳光冬奥服务团队
中国石油大港油田公司第一采油厂输注作业区原油外输班
中国石油集团东方地球物理公司海洋物探处东方勘探二号船队
中国石油天然气管道第二工程有限公司 CPP217 机组
中国石油吉林油田公司新木采油厂创新维修工作站
大庆油田信息技术公司软件分公司
中国石油湖北武汉销售分公司盘龙大道加油站

中国石油四川销售公司金牛坝加油站
中国石油甘肃临夏销售分公司城北加油站
中国石油长庆油田公司第二采油厂南梁采油作业区梁三转中心站
中国石油青海油田公司采油一厂尕斯第三采油作业区
中国石油乌鲁木齐石化公司炼油厂芳烃车间

【全国家庭工作先进个人】

付丽莉　华北油田公司工会副主席、团委书记，工会女职工委员会主任、侨联主席、群团工作部副主任

【全国最美家庭】

泽仁娜姆家庭　四川销售公司

【全国和谐劳动关系创建示范企业】

中国石油集团渤海钻探工程有限公司
宁夏石化公司
西南油气田公司重庆气矿

【2020—2021年度集团公司五四红旗团委】

大庆油田有限责任公司团委
大庆油田有限责任公司第二采油厂团委
大庆油田有限责任公司第七采油厂团委
大庆油田有限责任公司井下作业分公司团委
大庆油田有限责任公司勘探开发研究院团委
辽河油田公司团委
辽河油田公司曙光采油厂团委
辽河油田公司沈阳采油厂团委
长庆油田公司第三采油厂团委

长庆油田公司第六采油厂团委
长庆油田公司第二采气厂团委
长庆油田公司第三采气厂团委
塔里木油田公司哈得油气开发部团委
塔里木油田公司监督中心团委
西南油气田公司团委
西南油气田公司川中油气矿团委
西南油气田公司输气管理处团委
吉林油田公司勘探开发研究院团委
吉林油田公司长春采油厂团委
大港油田公司第一采油厂团委
大港油田公司第三采油厂团委
大港油田公司井下作业公司团委
青海油田公司团委
青海油田公司采油五厂团委
华北油田公司第一采油厂团委
华北油田公司二连分公司团委
华北油田公司勘探开发研究院团委
吐哈油田公司团委
吐哈油田公司勘探开发研究院团委
玉门油田公司炼油化工总厂团委
天然气销售公司团委
天然气销售公司湖北分公司团委
天然气销售公司新疆分公司团委
渤海钻探工程有限责任公司团委
渤海钻探工程有限责任公司井下技术服务分公司团委
东方地球物理公司装备服务处团委
中油测井公司长庆分公司团委
中油测井公司新疆分公司团委
中油测井公司华北分公司团委
勘探开发研究院西北分院团委
工程技术研究院江汉机械研究所有限公司团委
吉林石化公司丙烯腈厂团委

吉林石化公司合成树脂厂团委
抚顺石化公司团委
辽阳石化公司团委
兰州石化公司化肥厂团委
兰州石化公司质检部团委
独山子石化公司团委
大连石化公司团委
云南销售公司昆明销售分公司团委
辽宁销售公司大连销售分公司团委
甘肃销售公司兰州销售分公司团委
四川销售公司广元销售分公司团委
寰球工程有限公司团委
昆仑工程有限公司大连分公司团委
规划总院团委
华油集团有限公司团委
昆仑银行大庆分行团委
昆仑银行乌鲁木齐分行团委

（宗　囡）

中国石油天然气集团有限公司年鉴
2023简本

第七部分
所属单位

油气新能源板块

【大庆油田有限责任公司】 大庆油田有限责任公司（大庆石油管理局有限公司）简称大庆油田，是中国石油天然气集团有限公司重要骨干企业。大庆油田1959年发现，1960年投入开发，是迄今国内陆上最大的原油生产基地，也是世界上为数不多的特大型砂岩油田之一。大庆油田位于黑龙江省中西部，松嫩平原北部，由萨尔图、杏树岗、喇嘛甸、朝阳沟、海拉尔等油气田组成。国内勘探范围包括黑龙江松辽盆地北部、依舒等外围盆地，内蒙古海拉尔盆地，新疆塔东区块，川渝矿权流转区块等领域；海外业务进入中东、中亚、亚太、非洲和美洲等区域。业务有上市、未上市两大部分，上市业务包括勘探开发、新能源等；未上市业务包括工程技术、工程建设、装备制造、油田化工、生产保障、多种经营、职业教育培训等。

截至2022年底，累计生产原油24.93亿吨、天然气1517.63亿立方米，上缴税费及各种资金3万亿元，为维护国家石油供给安全、支持国民经济发展作出突出贡献。创新形成领先世界的陆相油田开发技术，主力油田采收率55%以上，先后获国家自然科学奖一等奖1项，国家科学技术进步奖特等奖3项，大庆油田的发现与开发和"两弹一星"等共同载入我国科技发展史册。孕育享誉中外的大庆精神铁人精神，成为中华民族伟大精神的重要组成部分，2021年9月29日第一批纳入中国共产党人精神谱系。打造了过硬的铁人式职工队伍，涌现出以"三代铁人"为代表的一大批先进模范人物，锤炼了一支"三老四严"、永创一流的英雄队伍。

2022年，大庆油田页岩油勘探实现重大战略突破，开启资源接续历史新篇。聚焦"双碳"目标，规划建设千万千瓦级"风光气储氢"一体化基地，建成一批具有示范意义的新能源项目，实现从"零起步"到"快增长"，初步构建"油+气+新能源"业务布局，推动从"一油独大"向"多能互补"的重大转变。统筹上市与未上市整体协调发展，深化改革创新，现代"油公司"模式全面建立，内部市场化机制逐步完善，企业办社会职能剥离移交任务基本完成，"四位一体"综合管理体系建成运行，重大关键核心技术不断创新，油田数字化转型智能化发展取得重大进展，企业焕发出新的生机与活力。

2022年，大庆油田坚持抓勘探、增资源、保稳产，勇于开拓进取，发展接续力量，储量任务全面超额完成，油气勘探喜获新成果。老探区精细勘探焕发新活力，常规油多区多井持续高产，致密油多口水平井获得好效果，夯实原油

大庆油田主要生产经营指标

指　标	2022 年	2021 年
原油产量（万吨）	3003	3000.01
天然气产量（亿立方米）	55.40	50.18
新增原油产能（万吨）	262.5	190.04
新增天然气产能（亿立方米）	5.37	2.93
三维地震（平方千米）	2172	762
探井（口）	167	239
开发井（口）	3450	3387
钻井进尺（万米）	545.04	540.13
勘探投资（亿元）	42.15	35.06
开发投资（亿元）	186.22	178.78

稳产基础，进一步坚定松辽全盆地、全层系含油信心。页岩油勘探呈现多点突破新局面，古龙页岩油国家级示范区建设扎实推进，肇页 1H 井、营浅 2 井等多口井获工业油流，标志着三肇稀油带、川渝页岩油再次获重大突破，拓展页岩油勘探领域，展现资源接替广阔前景。天然气勘探迎来储量增长新高峰，大庆深层火山岩气藏获得新发现，川渝探区探明首个千亿立方米整装大气田，展现规模增储大场面，成为快速上产"新阵地"。

（李　冬　姜艳波　邢　诚）

【中国石油天然气股份有限公司辽河油田分公司】　中国石油天然气股份有限公司辽河油田分公司（辽河石油勘探局有限公司）简称辽河油田，是全国大型稠油、高凝油生产基地，前身为 1967 年 3 月成立的大庆六七三厂，1970 年 4 月组建辽河石油勘探指挥部，同年 9 月更名为三二二油田，1973 年 5 月更名为辽河石油勘探局。经过 1999 年重组改制、分开分立和 2008 年上市业务和未上市业务重组整合，至 2022 年底，逐步形成油气主营业务突出，未上市辅助生产业务和多元经济协调发展的格局。业务范围涵盖油气开采、储气库业务、工程技术、工程建设、燃气利用等领域。总部设在辽宁省盘锦市兴隆台区。

辽河油田在 1955 年开展前期地质普查的基础上，于 1970 年投入大规模勘探开发建设，1980 年原油产量跨越 500 万吨，1986 年突破 1000 万吨，1995 年达到 1552 万吨历史最高峰，到 2022 年底连续 37 年保持千万吨规模稳产。辽河油田矿权区包括辽宁省、内蒙古自治区、陕西省、甘肃省、山西省等地区，勘探开发领域包括辽河坳陷探区、辽河外围开鲁探区、辽河外围宜庆探区，总探矿权面积2.82万平方千米，共有油气田41个。其中，辽河坳陷探区是勘探开发主战场，勘探开发建设50多年以来，先后发现兴隆台、曙光、欢喜岭等油气田41个，投入开发38个，年产量占总产量的90%以上，形成9种主要开发方式及配套技术，涵盖陆上石油的全部开发方式，全面建成国家稠（重）油开采研发中心，蒸汽驱、SAGD、火驱等特色技术保持行业领先水平。截至2022年底，设机关职能部门15个、直属机构5个、附属机构2个，所属二级单位50个。在册员工6.27万人。资产总额614.16亿元，净资产198.77亿元。累计探明石油地质储量25.7亿吨，天然气地质储量1140亿立方米。累计生产

辽河油田主要生产经营指标

指　　标	2022 年	2021 年
原油产量（万吨）	933.2	1008.01
天然气产量（亿立方米）	8.41	7.9
新增探明石油地质储量（万吨）	2702	4131
新增探明天然气地质储量（亿立方米）①	20.44	—
二维地震（千米）	—	500
三维地震（平方千米）	270	470
探评井（口）	83	72
油气开发井（口）	836	691
钻井进尺（万米）	186.3	135.67
勘探投资（亿元）②	14.51	13.49
开发投资（亿元）	65.28	45.61
资产总额（亿元）③	614.16	544.36
收入（亿元）	549.51	441.56
净利润（亿元）	33.37	10.08
税费（亿元）	100.22	46.67

① 2021 年，股份公司未下达探明天然气任务指标。
② 本卷年鉴勘探投资额包括申报三级储量的预探和评价投资总和。上卷年鉴 2021 年勘探投资额专指石油预探投资。
③ 本卷年鉴 2022 年"资产总额""收入"两项指标采用国际财务报告准则披露；2021 年该两项指标按照中国企业会计准则披露。

原油 5.05 亿吨、天然气 903.89 亿立方米。有东北地区最大的储气中心——辽河储气库群，被纳入国家"十四五"发展规划工程，担负着中俄、秦沈、大沈三条国家级天然气管线调峰任务，具有国家战略储备、季节调峰、应急调峰三大功能，调峰保供区域为东北及京津冀地区。

2022 年，辽河油田新增探明石油储量 2702 万吨、控制储量 3257 万吨、预测储量 4074 万吨；SEC 新增证实储量 682 万吨；新增探明天然气储量 20.44 亿立方米，SEC 新增证实储量 6.33 亿立方米，勘探综合发现成本 6.73 美元/桶。生产油气产量当量 1000.18 万吨，原油商品量 921.42 万吨、天然气商品量 1.94 亿立方米。整体实现收入 549.51 亿元，考核利润 54.77 亿元（还原消化历史潜亏、补提弃置费用等事项影响），对比集团公司总部考核指标超交 3.27 亿元，上市业务和未上市业务继续保持"双盈利"，创近 8 年最好水平，经营业绩在集团公司 16 家油气田企业中稳居第六位。上缴税费 100.22 亿元，同比增加 53.55 亿元，位居全省纳税企业前列。经济增加值（EVA）30.76 亿元，同比增加 21.09 亿元，全员劳动生产率 44.52 万元/人，同比提高 13.16 万元/人，"两利四率"均超额完成集团公司下达指标。储气库群日注气能力提升至 3000 万立方米，跃居全国第一，采气能力再创新高，调峰能力近两年翻一番。

辽河油田渤海湾盆地辽河滩海葵花岛构造带葵探 1 井油气勘探获得集团公司勘探重大发现一等奖。这是辽河油田自"大洼—海外河断裂带精细勘探技术与成效"项目以来，时隔 6 年再获一等奖。风险探井葵探 1 井从 2020 年起步研究到 2021 年通过股份公司审批，再到 2022 年钻探成功，在中生界、沙三中下段、东三下段地层测试均获高产工业气流。作为辽河油田截至 2022 年底最深的天然气井，该井中生界含气层系的发现使辽河坳陷碎屑岩出油气底界深度下移近 800 米，突破辽河坳陷油气层勘探的下限，打破对辽河坳陷中生界、对滩海勘探的固有认知，为辽河油田滩海深层天然气勘探带来"曙光"。同时该地区储量主要以稀油和天然气为主，具有良好经济效益，对辽河油田后续产能结构调整具有重大意义。

（石　坚）

【**中国石油天然气股份有限公司长庆油田分公司**】　中国石油天然气股份有限公司长庆油田分公司（长庆石油勘探局有限公司）简称长庆油田，1970 年成立，是我国产量规模最大的油气田企业，主要在中国第二大含油气盆地——鄂尔多斯盆地开展油气勘探开发及新能源等业务。长庆油田总部位于陕西省西安市，工作区域横跨陕、甘、宁、内蒙古 4 省（自治区）。50 余年来，长庆油田先后发现并成功开发 34 个油田、13 个气田，累计生产原油 4.4 亿吨、天然气 5648

亿立方米，实现油气产量当量 8.9 亿吨，为保障国家能源安全和优化能源消费结构作出突出贡献。近年来，长庆油田持续加大油气勘探开发力度，每年新增油气探明地质储量占全国新增探明储量的三分之一以上，油、气年产量分别占全国八分之一和四分之一，油气当量年均增长近 300 万吨。2020 年跨越 6000 万吨，创造了我国油气田产量当量最高纪录，2022 年实现油气产量当量 6501.7 万吨，创造了低渗透油气田高效开发的世界奇迹。

2022 年底，有采油单位 14 个、采气单位 10 个、输油单位 3 个及其他科研、生产辅助单位，用工总量 6.5 万人。长庆油田营业收入 1959.24 亿元、利润总额 549.31 亿元、上缴税费 448.77 亿元，经营指标创近年来同口径最好水平，保持集团公司上游企业首位。

长庆油田主要生产经营指标

指标	2022 年	2021 年
原油产量（万吨）	2570.08	2536.01
天然气产量（亿立方米）	493.42	465.43
新增原油产能（万吨）	219.6	225.53
新增天然气产能（亿立方米）	91.8	111.33
三维地震（平方千米）	4030	3092
探井（口）	267	337
评价井（口）	265	265
开发井（口）	4987	4087
钻井进尺（万米）	1562.83	1343.44
勘探投资（亿元）	47.09	49.23
评价投资（亿元）	18.97	19.41
开发投资（亿元）	433.18	405.65
资产总额（亿元）	3895.67	3735.50
收入（亿元）	1959.24	1404.50
利润（亿元）	549.31	281.91
税费（亿元）	448.77	225.84

2022 年，长庆油田获国家科学技术进步奖一等奖 2 项，获全国"母亲河

奖"绿色贡献奖，获集团公司质量健康安全环保节能先进企业和"绿色企业"称号，被评为"全国爱国主义教育示范基地"和"延安精神示范教育基地"。以高质量党建引领高质量发展，长庆油田公司党委被评为"全国先进基层党组织"，有84人次获全国劳动模范、全国五一劳动奖章，47个集体获"全国工人先锋号"称号。

长庆油田以勘探为龙头，优化"风险、规模、效益"勘探布局，加快资源转化节奏，实现油气勘探"多点开花"。新增油气探明地质储量保持国内占比最高。油气效益勘探实现高效储量，当年分别建产79万吨、30亿立方米。发现长庆第10个千亿立方米储量规模的横山气田，超额完成油气三级储量任务，获集团公司重大发现奖4项。乌拉力克组海相页岩油气、深层煤系致密气取得发现，形成两个万亿立方米勘探新领域。

多年来，长庆油田持续加快天然气业务发展，落实苏里格、鄂尔多斯盆地东部、下古生界碳酸盐岩等3个万亿立方米级大气区，连续14年保持国内第一大产气区。2022年，长庆油田推进新层系、新领域勘探，新增天然气探明储量2600亿立方米，加快致密气开发，抓好老油田稳产压舱石，努力打造低渗透及非常规气勘探开发原创技术策源地和科技创新高地，天然气增储上产基础进一步稳固。苏里格气田作为全国陆上最大整装气田，2022年产量突破300亿立方米，助力长庆油田天然气产量达507亿立方米，占全国天然气产量的近1/4，全面建成国内首个年产500亿立方米战略大气区，入选2022年全国油气勘探开发十大标志性成果。

（卢晓东）

【中国石油天然气股份有限公司塔里木油田分公司】 中国石油天然气股份有限公司塔里木油田分公司（简称塔里木油田）前身是1989年4月成立的塔里木石油勘探开发指挥部，主营业务包括油气勘探、开发、集输、销售等。总部位于新疆维吾尔自治区巴音郭楞蒙古自治州库尔勒市，作业区域遍及塔里木盆地周边20多个县市，探矿权面积11.52万平方千米，采矿权面积1.6万平方千米。截至2022年底，累计探明油气地质储量当量35.1万吨，累计生产石油1.55亿吨、天然气3976亿立方米。

2022年底，塔里木油田设置机关职能处室15个，直属机构4个，附属机构2个，二级单位27个，员工总数9638人。

2022年，塔里木油田紧扣高效能组织、高水平运行、高标准管理、高质量发展的工作主题，一手抓油气增储上产，一手抓新能源快发展，超额完成各项生产经营任务。全年生产石油736万吨、天然气323亿立方米，油气产量当量 3310 万吨，同比增加 128 万吨；收入 631.58 亿元，上缴税费 124.28 亿元。2020 年 12 月 21 日，塔里木油田油气产量当量 3003.12 万吨，全面建成 3000 万吨大油气田和 300 亿立方米大气区。

塔里木油田主要生产经营指标

指标	2022 年	2021 年
原油产量（万吨）	736	638
天然气产量（亿立方米）	323	319
新增原油产能（万吨）	119	92
新增天然气产能（亿立方米）	27	32
二维地震（千米）	1056	1195
三维地震（平方千米）	2562	3194
作业探井（口）	41	39
开发井（口）	110	121
钻井进尺（万米）	93	93
资产总额（亿元）	1225	1122
工业总产值（亿元）	603	478
收入（亿元）	631.58	511
税费（亿元）	124.28	75

塔里木油田新一轮找矿突破战略行动旗开得胜。获得 3 个重大突破、6 个预探发现，超额完成三级储量任务。新地区、新领域、新层系、新类型"四新"领域勘探全面突破，部署 8 口风险探井，创历史新高。新领域富东 1 井跳出主干断裂，探索奥陶系高能滩获得成功，开辟一个万亿立方米规模增储区。新层系克探 1 井近源勘探白垩系亚格列木组获高产，证实克拉苏立体成藏，实现"克拉之下找克拉"的梦想。新类型迪北 5 井在侏罗系致密气藏采用常规钻井首次获得稳产，提振实现北部构造带战略接替的信心。新地区昆探 1 井、恰探 1 井见到良好油气显示，有望打开塔西南勘探新局面。富油气区勘探成果丰硕。集中勘探富满油田，新发现 4 条富油气断裂。精细勘探博孜—大北，博孜 1、大北 12 气藏规模扩大，形成两个千亿立方米气藏。实施矿权保卫专项行动，开展分级分类评价，严格审查到期退减方案，积极参与招拍挂。塔里木盆地富

东 1 井奥陶系断控高能滩勘探取得重大突破获集团公司重大发现特等奖，塔里木盆地玉科富满地区奥陶系深层新发现 3 条油气富集带、塔里木盆地库车坳陷博孜 1、大北 12 气藏外围勘探取得重要进展分获一等奖和二等奖。

塔里木油田开发生产坚持抢先抓早，提升油气生产能力，实施油气生产能力提升、重点项目（工程）建设年行动，油气日生产能力分别达到 2.16 万吨、1 亿立方米，油气产量继续保持百万吨以上增长。

塔里木油田成立中国石油超深层复杂油气藏勘探开发技术研发中心，推行"揭榜挂帅""赛马制"，面向全球张榜 7 个项目，牵头承担集团公司科技项目 3 个、专业分公司项目 15 个；联合承担集团战略合作专项 1 个；参与承担国家项目 3 个、集团公司项目 24 个、专业分公司科技项目 16 个；实施油田公司科技项目 47 个。获省部级以上科技奖 8 项、专利授权 66 件，发布国家及行业标准 5 项，油田创新创业成果参展"全国双创周"。

（滑晓燕）

【中国石油天然气股份有限公司新疆油田分公司】 中国石油天然气股份有限公司新疆油田分公司（新疆石油管理局有限公司）简称新疆油田，前身是 1950 年成立的中苏石油股份公司，总部位于新疆维吾尔自治区克拉玛依市，主要业务包括科学技术研究、油气预探与油藏评价、油气开发与生产、油气储运与销售、新能源 5 类核心业务和 13 项辅助业务。截至 2022 年底，开发建设油气田 33 个（其中油田 29 个、气田 4 个），累计生产原油 4.3 亿吨、天然气 834.7 亿立方米。建成输油管道 51 条，总长 2445 千米，年输送能力 3100 万吨；建成输气管道 60 条，总长 2067 千米，年输送能力 180 亿立方米。有员工 30993 人，其中管理和专业技术人员 13128 人（其中高级职称人数 2779 人）、技师及以上高技能人才 1755 人（其中高级技师 466 人）。资产规模 1331.7 亿元。

2022 年，新疆油田以迎接宣传贯彻党的二十大为主线，实施"五大战略"（资源掌控战略、绿色低碳战略、创新驱动战略、低成本发展战略、市场化运营战略），系统推进"五项工程"（党的建设工程、人才强企工程、管理提升工程、QHSE 工程、和谐稳定工程），超额完成全年各项生产经营任务，创造近十年最好业绩。全年生产原油 1441.3 万吨、天然气 38.5 亿立方米，产量当量 1748 万吨，首次突破 1700 万吨，创历史新高；实现清洁替代 27.24 万吨标准煤，碳排放强度同比下降 6%；实现总收入 805.69 亿元，利润 128.93 亿元，缴纳税费 183.97 亿元。

新疆油田主要生产经营指标

指　　标	2022 年	2021 年
原油产量（万吨）	1441.3	1370.0
天然气产量（亿立方米）	38.5	34.9
新增原油产能（万吨）	210.9	317.0
新增天然气产能（亿立方米）	3.10	1.15
二维地震（千米）	1388	899
三维地震（平方千米）	799	2403
探井（口）	121	153
开发井（口）	498	695
钻井进尺（万米）	212.1	280.1
勘探投资（亿元）	37.67	50.04
开发投资（亿元）	153.06	130.46
资产总额（亿元）	1331.7	1386.1
收入（亿元）	805.69	552.51
利润（亿元）	128.93	36.54
税费（亿元）	183.97	65.38

新疆油田全面落实新一轮战略找矿行动，按照"风险、甩开、集中、精细"四个层次，推进高效勘探工程，取得 5 项重大突破和发现，其中 3 项成果获中国石油天然气集团有限公司油气勘探重大发现奖。准噶尔盆地南缘东湾构造带天湾 1 井在白垩系清水河组获重大战略突破，地层压力、试气最高井口流压刷新纪录，获集团公司勘探重大成果特等奖；呼图壁背斜带呼 101 井、呼 102 井钻遇清水河组、喀拉扎组厚砂层，显示良好，高效储量进一步落实。富烃凹陷玛页 1H 井持续稳产，玛 51X 井获得高产，玛 54X 井等钻遇厚油层，玛北风城组整体形成亿吨级大场面，获集团公司勘探重大成果一等奖。风险探井夏云 1 井在二叠系夏子街组获高产突破，开辟夏子街组热液云质岩新领域，获集团公司勘探重大成果三等奖。中浅层效益增储成果丰硕，探明夏 77、艾湖 12、车 455 等一批效益储量区。SEC 接替率保持大于 1。加强矿权管理，新增采矿权 8 个、面积 251 平方千米，采矿权总面积突破 8000 万平方千米。

（徐　鹏）

第七部分 所属单位

【中国石油天然气股份有限公司西南油气田分公司】 中国石油天然气股份有限公司西南油气田分公司（四川石油管理局有限公司）简称西南油气田，为中国石油所属地区公司。1999年由原四川石油管理局（1958年成立）改制重组后成立。西南油气田位于四川盆地，横跨四川省、重庆市，主要负责四川盆地的油气勘探开发、天然气输配和终端销售，以及中国石油阿姆河项目天然气采输及净化生产作业，具有天然气上中下游一体化完整业务链的鲜明特色，为西南地区最大的天然气生产供应企业，也是中国重要的天然气工业基地。西南油气田在勘探上统筹"海陆并举、常非并重、油气兼顾"，形成蓬莱气区、深层页岩气、陆相致密气及盆地二叠系—三叠系4个万亿级增储新阵地；开发上坚持"新区上产、老区稳产"并重，形成川中古隆起、川南页岩气、盆地致密气、老区气田四大上产工程。累计探明天然气地质储量43324亿立方米（含页岩气）。有川中、重庆、蜀南、川西北、川东北5个油气主力产区，投入开发的油气田119个，有生产井3492口，全年开井2353口。截至2022年底，累计生产天然气5752亿立方米、石油695万吨。有油气田内部集气、输气和燃气管道近7万千米，年综合输配能力440亿立方米以上。建有西南首座应急日采气能力3100万立方米的储气库，区域管网通过中（卫）贵（阳）线和忠（县）武（汉）线与中亚、中缅、西气东输等骨干管道连接，是中国能源战略通道的西南枢纽。天然气用户遍及川渝地区，有千余家大中型工业用户、1万余家公用事业用户及2500余万家居民用户，在川渝地区市场占有率77%。

2022年底，西南油气田设置机关职能处室16个、机关附属机构2个、直属机构11个、二级单位44个；资产总额1458.15亿元（上市和未上市）。2022年，实现营业收入663.38亿元，上缴税费69.93亿元，其中上市业务实现营业收入649.38亿元，上缴税费55.73亿元。在四川盆地及周缘有10.33万平方米的勘探开采矿权（不含流转区块）。

2022年，天然气工业产量383.35亿立方米，石油液体产量6.96万吨，油气产量当量3061.8万吨，成为集团公司第四个跨入3000万吨油气产量当量行列的大油气田。在川渝地区天然气销售量305.9亿立方米，市场占有率始终保持在75%以上。6项成果获集团公司油气勘探重大发现成果奖，其中"四川盆地大页1H井吴家坪组页岩气勘探取得重大突破"获集团公司油气勘探特等奖、"四川盆地川中古隆起北斜坡东坝1井天然气勘探取得重要发现"获集团公司油气勘探一等奖。

2022年，西南油气田油气勘探打开新局面，在页岩气、蓬莱气区、致密气、盆地二叠系等领域取得系列新成果。"四川盆地大页1-H井吴家坪组页岩气勘探取得重大发现""四川盆地川中古隆起北斜坡东坝 1 井天然气勘探取得重要发现"等 6 项成果获集团公司油气勘探重大发现成果奖。

西南油气田主要生产指标

指 标	2022 年	2021 年
原油产量（万吨）	6.96	6.22
天然气产量（亿立方米）	383.35	354.18
新增天然气产能（亿立方米）	104.70	66.72
新增探明天然气地质储量（亿立方米）	2725.00	1883.45
二维地震（千米）	1356.00	1679.00
三维地震（平方千米）	7137.00	3505.00
探井（口）	56.00	53.00
开发井（口）	143.00	201.00
钻井进尺（万米）	142.96	74.97
勘探投资（亿元）	71.68	60.54
开发投资（亿元）	221.30	148.62
资产总额（亿元）	1458.15	1109.88
营业收入（亿元）	663.38	580.50
利润总额（亿元）	134.73	119.47
税费（亿元）	69.93	45.42

注：表中"营业收入、利润总额、税费"2021 年度不含未上市业务；"新增探明天然气地质储量"含页岩气储量。

西南油气田在川中古隆起、川南页岩气、致密气和老区气田的开发生产取得新进展，产量规模实现新突破，新建天然气年产能 104.7 亿立方米，年产量 383.35 亿立方米，增量占集团公司增量的 38%，连续 8 年产量保持年均超 30 亿立方米高速增长，油气产量当量 3061.8 万吨，成为集团公司第四个跨入 3000 万吨油气产量当量行列的大油气田。

西南油气田把握产运储销一体化优势，动态优化资源组织，科学平衡资源配置，实现产业链、供应链平稳高效运行。在川渝地区天然气销量 305.9 亿立方米，最高日销量 1.04 亿立方米，市场占有率始终保持在 75% 以上，持续巩固西南地区最大天然气生产和供应企业领跑地位。

（孔令兴　闵　军）

【中国石油天然气股份有限公司吉林油田分公司】　中国石油天然气股份有限公司吉林油田分公司（吉林石油集团有限责任公司）简称吉林油田，为中国石油下属的地区公司，总部位于吉林省松原市。1959年9月29日吉林油田发现，1961年1月17日建矿并正式投入开发建设。截至2022年底，有机关职能处室13个、直属机构7个、所属二级单位40个。用工总量31557人，其中合同化员工25717人。2022年，吉林油田在转观念、谋转型、提质量、增效益上精准用力，生产经营业绩创8年来最好水平，油气产量当量503万吨，其中同比增加8.1万吨；风光发电量突破2600万千瓦·时。获"集团公司QHSE先进企业"称号。

吉林油田主要生产经营指标

指　　标	2022年	2021年
原油产量（万吨）	417	407
天然气产量（亿立方米）	11	11
二维地震（千米）	259	209
三维地震（平方千米）	300	706
探井完成井（口）	51	48
开发井完成井（口）	608	570
钻井进尺（万米）	138.3415	103.4486
勘探投资（亿元）	10.1686	10.3758
开发投资（亿元）	47.4434	43.5337
油田公司资产总额（亿元）	347	342
石油集团资产总额（亿元）	47.9	40.72
油田公司收入（亿元）	191	132
石油集团收入（亿元）	52.59	46.73
油田公司利润（亿元）	8	-21
石油集团利润（亿元）	0.04	-1.78
油田公司应交税费（亿元）	47	17
石油集团应交税费（亿元）	1.44	1.15

2022年，完钻探井51口（其中勘探23口、评价28口），完成三维地震300平方千米，提交石油预测地质储量3089万吨，提交石油控制储量3106万吨，提交天然气预测地质储量2855.3亿立方米，提交探明石油地质储量2101.37万吨。

截至2022年底，吉林油区探明油田24个，探明石油面积3141.47平方千米，探明石油地质储量16.98亿吨，技术可采储量3.50亿吨，已探明油田中的长春油田和莫里青油田位于伊舒地堑，套保油田位于松辽盆地西部斜坡区，四五家子油田位于松辽盆地东南隆起区，其余油田均位于松辽盆地中央凹陷区。开发油田23个（永平油田未投入开发），动用石油地质储量11.89亿吨，探明储量动用率70.0%，动用石油可采储量2.54亿吨。

截至2022年底，吉林油田投入开发气田7个，全油区投产气井402口，开井223口，2021年底配套能力10.55亿立方米，2022年老井年产气10.39亿立方米，负荷因子0.99。气层气井口年产气11.192亿立方米，井口累计产气222.95亿立方米，已开发气层气可采储量510.43亿立方米，采出程度43.67%，已开发气层气剩余可采储量287.48亿立方米，采气速度3.89%，储采比25.68。

2022年，集团公司首个陆上风力发电项目——吉林油田15万千瓦自发自用风光发电项目建投取得重大进展。2022年12月26日，中国石油第一台、北湖风电场C2风机正式并网发电，实现中国石油从传统油气开发新能源领域的实质跨越突破。

（李冬梅）

【中国石油天然气股份有限公司大港油田分公司】 中国石油天然气股份有限公司大港油田分公司（大港油田集团有限责任公司）简称大港油田，始建于1964年，是集团公司所属的以油气勘探开发、新能源开发利用、储气库为主营业务，集管道运营、井下作业、物资供销、生产电力等业务为一体的地区公司，总部位于天津市滨海新区。截至2022年底，大港油田累计探明石油地质储量131394.49万吨、天然气地质储量766.91亿立方米，累计生产原油2.12亿吨，天然气275亿立方米。有矿权面积1.48万平方千米，地跨天津、河北、山东3省（直辖市）的25个区、市、县。员工总数19267人，设机关部门16个、直属单位5个、所属单位34个，资产总额551.46亿元。

2022年，大港油田面对新冠肺炎疫情严重冲击和产量大幅波动等不利因素影响，推进"稳油、增气、提效"三项工程，完成上级下达的各项业绩指标，2022年生产原油400.02万吨，生产天然气6.36亿立方米、超产1.16亿立方米；被评为2022年度集团公司先进集体。

第七部分 所属单位

大港油田主要生产经营指标

指　　标	2022年	2021年
原油产量（万吨）	400.02	394.02
天然气产量（亿立方米）	6.36	6.4
新增原油产能（万吨）	65.04	63.04
新增天然气产能（亿立方米）	0.5	0.53
新增探明石油地质储量（万吨）	1087.09	2739.29
钻井（口）	273	322
钻井进尺（万米）	72.29	79.43
勘探投资（亿元）	13.46	12.58
开发投资（亿元）	39.68	41.73
资产总额（亿元）	551.46	567.38
收入（亿元）	802.41	246.52
利润（亿元）	6.75	1.28
税费（亿元）	92.83	18.59

大港油田聚焦寻找整装规模储量，强化重点领域高效勘探。庄海潜山甩开预探实现新突破，埕海45井首次在二叠系上石盒子组发现67.6米厚油层，日产油63.6立方米，形成海上千万吨级效益增储区。歧口页岩油勘探取得新进展，歧页11-1-1井高产稳产。滨海斜坡集中勘探获新成效，在唐东地区钻获多口高产高效井，唐东9X5井初期日产油105立方米、气2.8万立方米。千米桥潜山风险勘探再现新苗头，钻获日产百吨以上高产高效井——板深16-21井，整体形成一个百亿立方米天然气规模储量区。全年新增原油三级储量5337万吨、SEC储量286万吨，新增储量区当年贡献原油产量28.1万吨。

大港油田推进"为油而战、夺油上产"专项行动。建成中国石油自营区首座海上采修一体化埕海一号平台并当年产油9.5万吨，打造形成唐东9X2、港东东营等6个日产百吨高效区块，赵东油田钻获D24-67H井等4口日产百吨高产井，整体新建原油产能65万吨、内部收益率8.1%。老区综合治理见到明显成效，实施老井侧钻、储层改造、二氧化碳吞吐等措施作业770井次、增油24.8万吨，油田自然递减降至15%以内、创近10年最低。

（刘朝晖）

【中国石油天然气股份有限公司青海油田分公司】 中国石油天然气股份有限公司青海油田分公司（简称青海油田）1999年6月成立。勘探开发领域主要在柴达木盆地，地理面积25万平方千米，盆地面积12万平方千米，沉积面积约9.6万平方千米，平均海拔3000米，空气含氧量是平原的70%，是世界海拔最高的油气田。

1954年第一批石油勘探队伍挺进柴达木，1955年6月1日青海石油勘探局在西宁成立。1955年11月，柴达木盆地第一口探井泉1井出油。1958年9月，冷湖地中4井日喷原油800吨。1959年冷湖油田原油产量30万吨，约占当年全国原油产量的12%，成为国内四大油田之一。1964年涩北发现国内最大的第四系生物气田，1977年发现亿吨级尕斯库勒油田，1998年油气产量突破200万吨。国土资源部组织开展的第四次资源评价表明，柴达木盆地常规石油资源量29.6亿吨、天然气资源量3.2万亿立方米，估算页岩油、页岩气等非常规资源量分别为44.5亿吨、1.15万亿立方米，盆地油气总资源量118亿吨。石油探明率27.2%、天然气探明率13.7%，仍处于勘探早期，具有巨大的发展潜力。矿权区域内太阳能总辐射量6600—7200兆焦/米^2，估算BSK1资源量在9000吨以上，伴生卤水液体钾、锂、硼资源总量在2000万吨以上，新能源新资源发展前景广阔。

截至2022年底，柴达木盆地发现油田24个、气田10个，具备700万吨油气当量生产能力和150万吨原油加工能力。建成7条输油气管线，年输油能力300万吨、输气能力100亿立方米，天然气远输西藏、西宁、兰州、银川、北京等地。累计探明石油地质储量8.07亿吨，天然气地质储量4407.11亿立方米；累计生产油气当量1.54亿吨，其中原油6883万吨、天然气1063亿立方米，加工原油3549万吨，累计实现收入4570亿元、上缴利税1484亿元。青海油田有花土沟原油生产、格尔木天然气和炼油化工、敦煌科研教育生活3个基地。2022年底，青海油田设职能部门16个、直附属单位6个、二级单位33个，员工总数15065人，平均年龄41.3岁；在职党员7265人，占员工总数的48%。

2022年，青海油田完成油气三级地质储量当量1.49亿吨，探明石油地质储量2228.34万吨；完成油气当量713万吨，其中生产原油235万吨、天然气60亿立方米；加工原油150万吨；获取新能源指标240.1万千瓦；营业收入200.52亿元、同比增加36.22亿元，利润20.58亿元、同比增加13.28亿元。获集团公司"'三重一大'决策和运行监管系统应用优秀单位""'十四五'规划工作先进集体""统计工作先进单位""井控工作先进企业""新能源市场开拓先进单位"等称号。

青海油田主要生产经营指标

指　　标	2022 年	2021 年
原油产量（万吨）	235	234
天然气产量（亿立方米）	60	62
新建原油产能（万吨）	27.88	33.56
新建天然气产能（亿立方米）	5.6	5.8
新增探明石油地质储量（万吨）	2097.46	4653.39
二维地震（千米）	600	1800
三维地震（平方千米）	1136.6	600
探井（口）	42	49
开发井（口）	508	598
钻井进尺（万米）	93.23	96.01
收入（亿元）	200.52	164.3
利润（亿元）	20.58	7.3

青海油田英雄岭页岩油效益勘探取得新进展，首个 10 万吨页岩油生产示范区即将建成，阿尔金山前多层系勘探获得新突破，牛东鼻隆侏罗系勘探见到良好苗头。直井控规模，完成的 13 口直井均获工业油流，纵向落实上中下 3 个"甜点"段，平面控制含油面积 80 平方千米，展现出超 5 亿吨效益储量的潜力；水平井提产，投产的 4 口水平井均获高产稳产，其中柴平 1 井年累计产油超万吨，单井最终可采储量（EUR）3.5 万吨，控制两个效益建产层系储量超亿吨，为 30 万吨建产规划奠定资源基础。

青海油田推进风电、气电、光电、地热、伴生矿和碳资产开发等新能源产业发展和业务市场开拓工作。新能源建设指标 240.1 万千瓦，完成年度目标的 100%。开工建设指标完成 0.08 万千瓦，完成年度目标的 0.14%。清洁能源替代量 8.03 万吨标准煤，完成年度目标的 100.2%。

2022 年，青海油田开展各类科研攻关项目 313 项，包括省部级及以上项目（课题）40 项，完成研发经费投入强度 2.76%，科研项目计划完成率 97.48%，科技创新及成果转化应用率 95%，数字化油田建设推进计划完成率 96%。

知识产权专题讲座 2 期，完成申报发明专利 48 项。获省部级科学技术进步奖 11 项，验收项目 151 项，对 31 项优秀科技成果和 12 项授权专利进行表彰奖励，完成新技术推广项目 8 项。

（辛　利）

【中国石油天然气股份有限公司华北油田分公司】 中国石油天然气股份有限公司华北油田分公司（华北石油管理局有限公司）简称华北油田，是中国石油所属的以常规油气勘探开发为主，同时有新能源、煤层气、储气库、燃气及工程技术和综合服务等业务的地区分公司，油气勘探开发区域主要集中在渤海湾盆地冀中坳陷、内蒙古二连盆地、巴彦河套盆地和山西沁水盆地四大探区。前身为 1976 年 1 月成立的华北石油会战指挥部，总部位于河北省任丘市。1981 年 6 月，华北石油会战指挥部更名为华北石油管理局。1999 年 7 月，重组分立为中国石油天然气股份有限公司华北油田分公司和华北石油管理局。2008 年 2 月，油田上市与未上市业务进一步重组整合为现在的华北油田（华北石油管理局）。截至 2022 年底，华北油田设机关职能部门 12 个，直属单位 8 个，直管单位 3 个，二级单位 36 个，员工总数 2.43 万人。

华北油田主要生产经营指标

指　标	2022 年	2021 年
原油产量（万吨）	442	424
天然气产量（亿立方米）	3.47	3.28
煤层气产量（亿立方米）	18.90	13.55
新增原油产能（万吨）	59.0	72
新增天然气产能（亿立方米）	0	0.3
新增煤层气产能（亿立方米）	6.0	1.56
二维地震（千米）	942	576
三维地震（平方千米）	1099	350
探井（口）	79	85
开发井（口）	506	636
钻井进尺（万米）	184.07	150.67
勘探投资（亿元）	20.85	15.96
开发投资（亿元）	64.17	44.87
资产总额（亿元）	594.29	571.29
收入（亿元）	311.27	223.83
税费（亿元）	59.17	26.07

2022年，华北油田全面统筹战略规划和工程支撑、油气上产和新能源开发、发展质量和经营效益，取得一系列实效性进展和标志性成果，特别是三级储量提交规模创近45年之最，SEC储量替换率连续两年大于1，油气当量跨越600万吨台阶，全年生产原油442万吨、天然气3.47亿立方米、煤层气18.90亿立方米，实现收入311.27亿元，上缴税费59.17亿元。

优化形成"规模探明巴彦、探索'四新'领域、精细勘探老区、突破流转区块"整体部署，强化资源掌控，全年新增探明、控制、预测石油地质储量分别完成年度任务的311%、103%和121%。

（杨　英　贺国强）

【中国石油天然气股份有限公司吐哈油田分公司】 中国石油天然气股份有限公司吐哈油田分公司（新疆吐哈石油勘探开发有限公司）简称吐哈油田，是集油气勘探与生产、石油工程技术服务等多种业务于一体，跨国、跨地区经营的大型石油企业，前身为1991年2月成立的吐哈石油勘探开发会战指挥部，总部位于新疆鄯善县火车站镇。主要从事油气勘探开发、科研服务、油田建设、水电讯保障、机械制造、物资采购等业务。吐哈油田勘探领域包括吐哈、三塘湖、准噶尔、银额、总口子5个中小盆地，分布在新疆、内蒙古、甘肃三省（自治区），登记15个探矿权区块，探矿权面积3.34万平方千米。勘探开发30余年，累计生产原油6401.28万吨、天然气259.58亿立方米。

2022年底，有机关职能部门12个、直属机构4个、二级单位19个，用工总量8426人，其中合同化员工6680人、市场化用工1746人。上市业务资产总计115.35亿元，未上市业务资产34.99亿元。

2022年，吐哈油田实施资源、创新、人本三大战略，凝心聚力战疫情，坚定信心增资源，加快节奏促上产，改革创新提效益，实现上市、未上市业务"双扭亏"，国企改革三年行动任务全面完成，新能源新产业发展加快推进，获集团公司油气勘探重大发现成果二等奖、三等奖各1项。生产原油139万吨、天然气3亿立方米。上市业务实现收入69.06亿元、税前利润3524万元，同比增利30.7亿元；未上市业务实现收入21.21亿元，税前利润554万元，同比增利1.9亿元。

吐哈油田非地震完成时频电磁366.6千米，重磁5900平方千米，完成VSP勘探1口（葡探1井）。石油及天然气预探井完成18口，完成钻井进尺8.63万米；石油及天然气预探试油交井10口22层，新获工业油气井数7口，预探井成功率46.7%。完成风险探井2口，完成进尺1.61万米，试油交井0口2层。油藏评价完成钻井12口，完成进尺4.9万米；完成试油交井6口，新获工业油气井数 5 口，年度综合评价井成功率 62.5%。

吐哈油田主要生产经营指标

指标		2022 年	2021 年
原油产量（万吨）		139	135.25
天然气产量（亿立方米）		3	2.90
新增原油生产能力（万吨）		18.02	19.53
新增天然气生产能力（亿立方米）		0.30	0.3
二维地震（千米）		0	592
三维地震（平方千米）		0	514
完成钻井（口）		94	131
钻井进尺（万米）		39.04	42.18
勘探投资（亿元）		11.54	10.16
开发投资（亿元）		17.36	15.44
资产总额	上市（亿元）	115.35	104.34
	未上市（亿元）	34.99	31.95
营业收入	上市（亿元）	69.06	48.32
	未上市（亿元）	21.21	20.05
利润总额	上市（亿元）	0.35	-30.38
	未上市（亿元）	0.06	-1.90
税费	上市（亿元）	12.74	4.79
	未上市（亿元）	0.98	2.06

2022 年，吐哈油田生产原油 139 万吨、天然气 3 亿立方米。加强重点区块评价建产一体化，高效建成准东 30 万吨产能新型采油管理区，加快萨探 1、吉新 2、吉 28、马 56 等重点区块评价建产节奏，准东勘探开发项目经理部产油 20.3 万吨，同比增加 12.3 万吨。持续优化产能建设方案设计，建立"一井一策"优化模板，新井效果不断改善，投产新井 65 口，新建产能原油 20.1 万吨、天然气 0.4 亿立方米，产能符合率 91.5%，同比提高 3%。

吐哈油田围绕新能源与油气业务协同发展总体部署，制定新能源发展规划以及碳达峰实施方案，初步形成油气产业与风光发电、煤炭清洁利用、二氧化碳驱存产业一体化发展的工作思路。强化新能源项目与产能建设、终端电气化改造配套建设，新区胜北产能配套600千瓦光伏项目5月建成，日均发电量3800千瓦·时，全年发电72.9万千瓦·时；老区清洁替代吐鲁番区域120兆瓦源网荷储一体化项目12月并网运行，每年可发电2.2亿千瓦·时，同步完成22台燃气导热炉"气改电"，油田终端电气化率45%。

（朱晓龙　李艳蓉）

【中国石油天然气股份有限公司冀东油田分公司】　中国石油天然气股份有限公司冀东油田分公司（简称冀东油田）1988年4月成立，位于河北省唐山市。探区包括河北省唐山市、秦皇岛市部分地区（冀东探区）和陕西省榆林市及内蒙古部分地区（西部探区）。截至2022年底，累计探明石油储量67700.64万吨，2022年新增石油探明储量508万吨、新增天然气探明储量468亿立方米，生产原油105.08万吨、天然气2.7亿立方米，油气当量126.62万吨。2022年12月，冀东油田有油气矿业权11个，总面积10570.14平方千米，其中探矿权3个、面积9801.55平方千米，采矿权8个、面积768.59平方千米。冀东探区有油气矿业权9个，其中探矿权1个、面积4903.178平方千米；已投入开发的高尚堡、柳赞、老爷庙、唐海、南堡、蛤坨6个油田有8个采矿权，面积768.59平方千米。西部探区有矿业权2个，位于陕西省榆林市神木县探矿权1个，面积3232.475平方千米；位于陕西省榆林市佳县探矿权1个，面积1665.897平方千米。冀东油田主营业务包括石油、天然气、地热的勘探、开发、生产、销售、科研，以及油田工程技术、机械制造、电力通信、油田化学、海上应急救援等业务。设10个机关处室、2个直属部门、二级单位（分公司）23个，员工5740人（合同化员工3992人，市场化员工1748人）。

2022年，冀东油田面对复杂宏观环境、多轮疫情冲击、发展任务艰巨等多重考验，统筹推进业务发展、提质增效、改革创新、安全环保、疫情防控等各项工作，油气生产平稳运行，主要经营指标稳健向好。

冀东油田获集团公司"新能源市场开拓先进单位"称号，冀东油田新能源事业部获集团公司"新能源生产经营先进单位"称号，冀东油田山东省德州市武城县地热供暖项目获集团公司"新能源优秀项目"称号。

2022年，冀东油田资源勘探有突破。推进高效勘探专项行动，新增三级石油地质储量1647万吨、天然气地质储量979亿立方米。西部探区致密砂岩气高效勘探取得重要成效，新增天然气控制储量、预测储量510亿立方米。南堡凹陷火山碎屑岩精细勘探取得重要成果，南堡27-12井、南堡2-71井等多口井试油获工业油气流。南堡洼陷区浅层效益勘探见到重要苗头，2号构造东一段首获工业油流。开发水平有提升。推进压舱石工程，突出效益导向，高质量开展达标达产管理、老油田稳产、提高采收率、控递减工程等重点工作。新增 SEC 证实石油储量 38.5 万吨、天然气储量 9.4 亿立方米。

冀东油田主要生产经营指标

指 标	2022 年	2021 年
原油产量（万吨）	105.08	120.55
天然气产量（亿立方米）	2.7	2.05
新增原油生产能力（万吨）	10.5	19.68
新增天然气生产能力（亿立方米）	1.5	—
新增探明石油地质储量（万吨）	508.21	774.59
新增探明天然气地质储量（亿立方米）	468.23	—
三维地震（平方千米）	578	512
钻井（口）	298	112
钻井进尺（万米）	87.95	28.2
勘探投资（亿元）	4.3	5.3
开发投资（亿元）	28.12	15.5
资产总额（亿元）	140.24	133.32
收入（亿元）	60.2	48.5
利润（亿元）	5.2	0.2
税费（亿元）	12.37	6.43

冀东油田量化效益的驱动要素，建立业财融合的提质增效计划表，分解落实目标责任 7 大类专题、38 个一级专题，406 个具体工作量化目标。

冀东油田储气库建设全面推进。快速实施扩大先导试验、输气管网建设、注气采气、调峰保供等工作，刷新多项项目建设纪录。当年注气 1.52 亿立方米，两座储气库累计注气 2.42 亿立方米，形成工作气量 1.5 亿立方米，调峰能力 50 万米^3/日，高质量保障冬季保供任务。

冀东油田科技创新体制"破""立"并举。科技创新管理体系进一步完善，修订油田科学技术奖励、信息化管理、软件成果转化与推广等制度，规范新知识、新产品、新工艺、新技术项目管理，推行"揭榜挂帅""赛马"科研任务攻关，释放科研创新潜能，激发科研创新活力。技术成果转化"量""质"同增。严格项目立项、中期检查、验收评审过程管理，加大成果转化与应用力度。承担集团公司、冀东油田重大重点科技项目35项，投入科研、试验经费1.6亿元，获省部级科学技术进步奖3项、授权发明专利10件。组织新技术新产品成果推广60项，实现产值1.9亿元。"高效相变低氮加热炉技术"入选国家矿产资源节约和综合利用先进适用技术目录，中国石油地面工程试验基地燃烧设备分基地通过集团公司验收。信息化建设"速""效"齐升。启动重点建设项目21个，加速推进生产指挥中心、数字化交付、区域数据湖等项目建设，推动管理模式变革。

（韩 晶）

【中国石油天然气股份有限公司玉门油田分公司】 中国石油天然气股份有限公司玉门油田分公司（简称玉门油田）最早开发于1939年，为抗日战争胜利、新中国成立初期的国民经济建设及石油石化工业的奠基和发展都作出巨大的历史贡献，是新中国第一个天然石油基地，肩负着"三大四出"的历史重任，被誉为"中国石油工业的摇篮"。玉门是铁人王进喜的故乡，是铁人精神的发祥地，也是石油精神的重要源头。玉门油田位于甘肃省玉门市境内，南依祁连山，北靠戈壁滩，东邻万里长城"边陲锁钥"嘉峪关，西通"东方艺术明珠"敦煌莫高窟。业务范围主要包括勘探开发、炼油化工、井下作业、水电供应、机械加工、生产保障、综合服务、物资供应、消防应急、清洁能源、海外生产等。在83年的发展历程中，先后获全国思想政治工作优秀企业、"中华老字号"、全国五一劳动奖章、全国首批"重合同、守信用"单位、全国企业文化建设优秀单位及国家级文明单位、甘肃省先进企业突出贡献奖等称号。截至2022年底，投入开发老君庙、石油沟、鸭儿峡、白杨河、单北、青西、酒东、合道、郭庄子共9个油田；有5个探矿权，有持证探矿权3个，其中酒泉盆地2个（酒西、酒东），面积共6793.48平方千米；鄂尔多斯盆地1个（环县），面积1709.59平方千米，均于2022年完成变更延续，有效期5年。宁庆区块（吉尔、胡尖山A10）探矿权勘查持证单位为长庆油田，面积1585.65平方千米。探明含油面积272.65平方千米，探明石油地质储量23075万吨，技术可采储量5703万吨，动用面积163.92平方千米，动用石油地质储量20026万吨。

2022年底，玉门油田设机关职能部门11个，直属机构4个，二级单位16个。在册员工9282人，在岗员工6894人。其中：经营管理人员1501人，占在岗员工总数的21.8%；专业技术人员1439人，占在岗员工总数的20.9%；技能操作人员3954人，占员工总数的57.3%。截至2022年12月，玉门油田在册设备共11383台套，设备原值60.4亿元，净值21.41亿元，新度系数0.35。资产总额 93.7 亿元，固定资产及油气资产净值 113.81 亿元，净额 59.43 亿元。2022 年收入 172 亿元，经营利润 6.41 亿元，账面利润总额为 0.05 亿元，同比减亏 10.6 亿元，实现 2014 年以来首次整体扭亏为盈。

2022 年底，玉门油田在册采油井 1504 口，正常开井 1335 口，在册注水井 469 口，开井 347 口。完钻投产新井 179 口，新建产能 20.88 万吨，新井产油 7.99 万吨。年生产原油 69.02 万吨（含液化气 0.35 万吨）。综合含水率 60.98%，综合递减率 5.0%，自然递减率 11.96%。2022 年，宁庆区块天然气开发试验，气井开井 22 口，日产气量 30 万立方米。

玉门油田主要生产经营指标

指　标	2022 年	2021 年
原油产量（万吨）	69.02	59.02
天然气产量（万立方米）	4057	771
新增原油生产能力（万吨）	20.88	20.059
新增探明石油地质储量（万吨）	735.61	1055.61
三维地震（平方千米）	158	400
石油钻井（口）	303	380
钻井进尺（万米）	85.68	98.23
原油加工量（万吨）	200.5	200.21
收入（亿元）	172	137.86
利润（亿元）	0.05	−10.56
税费（亿元）	45.04	40.49

玉门油田分公司获甘肃省先进企业突出贡献奖；党委书记、执行董事刘战君获甘肃省"优秀企业家"称号；工业文化研学实践教育试点示范基地于 2022 年 7 月被工业和信息化部工业文化发展中心确立为全国首家合作共建的试点示范基地；玉门油田红色旅游景区入选文化和旅游部发布的 2022 年国家工业旅游示范基地；"变配电运行值班员（新能源方向）团队项目""油藏动态分析团队项目""变配电运行值班员（新能源方向）"分获集团公司第四届全国油气开发专业职业技能竞赛暨中国石油首届技术技能大赛金奖、铜奖、优秀组织奖；炼油化工总厂联合运行一部获集团公司"2022 年度质量先进基层单位"称号；环庆采油厂环庆作业区获集团公司"2022 年度绿色先进基层单位"称号；老君庙

采油厂老君庙作业区、监督中心 HSE 监督站分获集团公司"2022 年度 HSE 标准化先进基层单位"称号；水电厂锅炉车间获集团公司"2022 年度节能计量先进基层单位"称号。"玉门油田三次采油技术研究与应用"项目获甘肃省科学技术进步奖二等奖；"油管举升装置"获国家专利局授权的实用新型专利；"一种井下往复式注水装置"获国家专利局授权的发明专利。

玉门油田油气勘探按照"油气并举、效益优先"原则，优化勘探部署，主要工作量集中在环庆、宁庆区块。在环庆、宁庆区块和酒泉盆地部署风险探井 2 口；集中勘探环庆西部长 8，实现规模增储；宁庆天然气立体勘探落实中东部富集区；酒泉盆地强化基础研究取得新进展。油气勘探时隔 8 年获批风险探井 2 口。立体勘探多层系，完钻探评井 10 口，完试 11 口（5 口跨年井），7 口获工业气流，在太原组和盒 8 段落实可动用储量 330 亿立方米，取得 3 项成果。

玉门油田完成测井 271 口/826 井次测井施工作业，共 156.10 万测量米，其中裸眼测井 318 井次、工程测井 370 井次、生产测井 138 口，曲线合格率 100%，优等率 98%，作业一次成功率提升至 98.8%。完成录井作业 263 口，录井进尺 30.8 万米，录井工作日 3476 天。石油预探获工业油流井 8 口，天然气预探获工业气流井 7 口，油气勘探综合探井成功率 48%。

（王振军　徐玉洁）

【中国石油天然气股份有限公司浙江油田分公司】　中国石油天然气股份有限公司浙江油田分公司（简称浙江油田）于 2005 年 7 月由浙江勘探分公司与浙江石油勘探处重组成立。总部位于浙江省杭州市。主要从事常规和非常规石油天然气勘探、开发、生产、储运和销售及新能源开发等业务。工作区域主要分布在浙江、江苏、福建、山东、安徽、湖南、湖北、四川、重庆、云南、贵州 11 省（直辖市）。截至 2022 年底，累计生产原油 51.06 万吨、天然气 94.01 亿立方米。2022 年底，设职能部门 10 个、二级单位 10 个，用工总量 496 人。

2022 年，浙江油田完成探井钻井 7 口，实施三维地震勘探 300 平方千米，新增 SEC 储量 19.30 亿立方米。大安 1 井、大安 2 井均获 20 万米^3/日以上的测试产量（最大油嘴 7—8 毫米，井口压力 40—51 兆帕），稳定试采产量 10 万米^3/日以上。临江、板桥和璧山等宽缓向斜区是大安区块页岩气勘探的主体区，目的层主体埋深 3500—4500 米，构造较为平缓，Ⅰ类储层连续厚度 7—13 米，储层品质好，压力系数高（2.0），综合评价Ⅰ类有利区面积 923 平方千米。大坝 1 井，在茅一段发现 2 套富有机质的纯碳酸盐岩非常规气层，累计厚度 43.4 米，对断上盘茅一段裂缝—孔隙型灰质源岩气储层进行酸压试气，6 毫米油嘴下获稳定测试产量 4.2 万米^3/日，成功开辟大安探区茅一段缓坡相沉积、区域连片展布的纯灰质源岩气规模资源勘探新领域。

浙江油田主要生产经营指标

指　　标	2022 年	2021 年
原油产量（万吨）	2.28	2.15
天然气产量（亿立方米）	18.31	18.12
新增天然气产能（亿立方米）	3.49	5.61
新增探明天然气地质储量（亿立方米）	0.00	1216.85
三维地震（平方千米）	300.00	782.00
探井（口）	7	13
开发井（口）	48	47
钻井进尺（万米）	22.55	20.31
勘探投资（亿元）	2.63	9.01
开发投资（亿元）	25.59	16.77
资产总额（亿元）	109.68	97.78
收入（亿元）	30.52	23.84
利润（亿元）	2.83	−12.82
税费（亿元）	1.32	1

浙江油田生产原油 2.28 万吨；生产天然气 18.31 亿立方米（页岩气 17.08 亿立方米、煤层气 1.2 亿立方米、常规气 0.03 亿立方米）。依托数字化建设，强化单井生产数据实时提取跟踪，形成人工预判调整机制，一井一策，灵活采用以泡排为主、多种气举和负压抽吸等为辅的"泡排+"排水采气工艺，适应低压低产阶段的生产特征，释放气井产能；优化定型多元化气举模式（平台压缩机特色化气举、高低压互助气举、一机多举远程控制等），定型压窜井和积液井平台增压/负压抽吸复产措施；多元化组合工艺治理井筒异常，浅层 33 口异常井恢复率 82.6%；开展措施 310 井次，增产 2.0 亿立方米，页岩气年综合递减率控制至 26.5%，同比下降 7%。煤层气实施增产作业 13 井次，增气 11 万立方米，检泵周期提升至 1800 天以上；开展地面集输分流优化，降输压提产量，年增销量 210 万立方米。

浙江油田页岩气产能建设计划开发井完钻 48 口（紫金坝区块 3 口、太阳区块 1 口、海坝区块 44 口），实际完钻 48 口（紫金坝区块 3 口、太阳区块 1 口、海坝区块 44 口）。开发井计划压裂 74 口（黄金坝区块 4 口、紫金坝区块 1 口、太阳区块 20 口、海坝区块 49 口），实际完成 58 口（黄金坝区块 4 口、紫金坝区块 3 口、太阳区块 19 口、海坝区块 32 口），完成率 78.38%；计划投产 64 口（黄金坝区块 4 口、太阳区块 27 口、海坝区块 33 口），实际完成 45 口（黄金坝区块 4 口、太阳区块 26 口、海坝区块 15 口），完成率 70.3%。新建产能 3.49 亿立方米。

2022 年 2 月 8 日，浙江油田成立新能源事业部，撤销南方新能源开发公司（筹备）、地热建设项目组，调整南方新能源开发公司（筹备）职能、人员和地热建设项目组职能、人员到新能源事业部。2022 年 12 月 26 日，成立新能源研究中心，在新能源事业部加挂牌子，新能源事业部更名为新能源事业部（新能源研究中心）。2022 年，浙江油田与地方政府及相关企业签订 30 份新能源业务合作协议。

（罗新明　唐　立）

【中石油煤层气有限责任公司】　中石油煤层气有限责任公司（简称煤层气公司）是中国石油天然气股份有限公司独资设立的从事煤层气业务的专业化子公司，2008 年 9 月成立，总部位于北京市，主要从事煤层气、致密气、页岩气资源的勘探、开发，以及技术服务、技术咨询、信息咨询等业务。工作区域横跨山西、陕西、内蒙古、宁夏、新疆、湖南、贵州、黑龙江等 8 省（自治区），规模生产区域主要位于晋陕两地的鄂尔多斯盆地东缘。

煤层气公司主要生产经营指标

指　标	2022 年	2021 年
天然气产量（亿立方米）	27.49	25.63
新增天然气产能（亿立方米）	5.38	3.74
新增探明天然气地质储量（亿立方米）	—	762.08
三维地震（平方千米）	522	300
探井（口）	10	6
开发井（口）	81	120
钻井进尺（万米）	29.92	34.63
勘探投资（亿元）	2.80	0.91
开发投资（亿元）	21.00	14.89
税费（亿元）	5.15	2.27

截至 2022 年底，机关设 11 个部门、2 个直属机构，以及勘探开发研究院、勘探开发建设分公司、韩城采气管理区、临汾采气管理区、忻州采气管理区、工程技术研究院、外围勘探开发分公司、物资分公司、新能源事业部、中石油渭南煤层气管输有限责任公司、监督中心 11 个所属单位。按照股份公司授权，负责管理中联煤层气国家工程研究中心有限责任公司。用工总量 1097 人。

2022 年，煤层气公司实施三维地震 522 平方千米，新增 SEC 储量完成年度考核指标的 122%，获集团公司 2022 年度油气勘探重大发现三等奖。持续深化全域性系统资源评价，完成煤层气公司中长期勘探发展和储量规划。深层煤层气集中勘探取得重大突破，大吉区块压裂试气 26 口直丛井，平均单井日产超 7000 立方米；石楼西 1 口井创国内煤层气直丛井产量最高纪录，增强合作方加快深层煤层气业务战略转型的信心。页岩气评价、中浅层煤层气评价试采取得重要进展，新层系勘探见到好苗头。

煤层气公司新建产能 5.38 亿立方米，实现产量 27.49 亿立方米、同比增长 7.3%。产能建设高产井不断涌现，开发指标屡破纪录，全年产能到位率 89.8%、新井产能当年贡献率 42.1%、水平井平均储层钻遇率 95.4%，同比分别提高 6.4 个百分点、9.1 个百分点、8.7 个百分点；深层煤层气开发井成功率、方案与井位部署及时率均 100%。

煤层气公司聚焦创新工作"十大要素"，围绕深层煤层气等关键领域实施各级项目 95 项，打造创新团队 51 个，研发投入强度达 4.1%，发布各类标准 7 项，发表核心、EI 等期刊论文 59 篇，2 项管理成果获国家级二等奖、三等奖。创新体制机制进一步优化，推行"揭榜挂帅"科技项目组织模式，形成首席技术专家主导、技术骨干主责、两院一中心主攻、管理区及分公司主推的协同创新合力。"三个一代"（研发一代、应用一代、储备一代）创新格局进一步完善，围绕创新工作 7 个方向、13 个布局，突出重点领域关键技术攻关和战略技术储备，设立科技创新工程 16 项，进一步加大基础实验和攻关力度；实施"应用一代"项目 23 个，完成技术有形化 90 项，进一步完善勘探开发成熟技术体系。科技成果转化力度进一步加大，规模推广煤层气水平井负压捞砂、连续油管射孔等 14 项技术，创造效益 1500 余万元、产出投入比大于 2。专利知识产权成果大幅提升，全年申报专利 23 件，其中发明 22 件，获授权发明专利 7 件，为历年之最。国际、国家、行业标准实施取得重大突破，特别是新发布的两项国际标准，标志着我国煤层气领域标准化工作水平继续保持国际领先，国际话语权进一步提升。首次开展数字化大调查，明确未来三年数智气田建设指导意见。新能源新业务发展空间进一步拓宽，推动 2 个光伏项目并网运行，3 个光伏替代项目获股份公司批复。牵头成立集团公司煤炭地下气化研发中心，成功研制国内首套块煤热重仪等煤炭地下气化关键技术实验装置。

（纪　烨）

【南方石油勘探开发有限责任公司】　南方石油勘探开发有限责任公司（简称南方公司）前身为1984年在北京注册成立的中国石油天然气勘探开发公司，1991年迁至广州；1995年以"南方石油勘探开发有限责任公司"名称在广州注册；2008年9月，调整为中国石油天然气集团公司直属单位，业务上归原勘探与生产分公司管理；2011年10月，中国石油天然气股份有限公司正式完成对南方公司的股权收购。

南方公司勘探区域覆盖海南、广东、云南、广西四省（自治区）及有关海域。有探矿权29个，其中海南省2个、广东省1个、广西壮族自治区1个、云南省1个、有关海域24个。勘查面积17.374万平方千米。有采矿权5个，其中海南省4个、广东省1个，开采面积372.306平方千米。截至2022年底，南方公司累计产油480万吨、产气32亿立方米。

南方公司主要生产经营指标

指　标	2022年	2021年
液态石油（万吨）	32.01	31.02
天然气产量（亿立方米）	1.01	1.03
新增原油产能（万吨）	5.4	5.4
新增天然气产能（亿立方米）	0.06	0.09
探井（口）	8	11
评价井（口）	5	5
开发井（口）	33	23
钻井进尺（万米）	17.41	12.12
勘探投资（亿元）	2.35	2.20
开发投资（亿元）	8.60	2.97
资产总额（亿元）	62.93	54.35
收入（亿元）	17.46	12.45
利润（亿元）	4.92	2.74
税费（亿元）	4.59	1.66

2022年底，南方公司设机关部门10个、二级单位7个。在职员工165人，平均年龄42岁，其中党员占64%，本科及以上学历占81%，中级及以上职称占70%，高级职称占42%，教授级高工3人。

2022年，南方公司生产液态石油产销量32.01万吨；生产天然气1.01亿立方米，销售9055万立方米；营业收入17.46亿元、同比增长40.2%，为历史之最；利润总额4.92亿元、净利润4.15亿元，分别同比增长79.9%和77.8%，分别创近8年和12年来最好水平，经济增加值同比增加2.27亿元，净资产收益率、营业收入利润率大幅提升，自由现金流稳步增长，完成上级下达的考核指标。全员劳动生产率创历史新高。连续23年无安全生产亡人事故，连续5年获评集团公司质量健康安全环保节能先进企业。

南方公司立足福山凹陷精耕细作，强化物探攻关，深化基础研究，探井成功率55.6%，评价井成功率100%，落实探明石油地质储量770万吨、预测石油地质储量1368万吨；SEC储量原油修正40.29万吨、天然气修正0.6亿立方米。

南方公司推进新区效益建产和老区稳产，生产液态石油产品32.01万吨、连续7年刷新产量纪录，天然气保持1亿立方米以上稳产。

南方公司按照"三步走"总体部署，取得一批标志性成果。将开拓海上风电业务作为主攻方向，率先获取海南60万千瓦海上风电指标，谋划在粤东建设百万千瓦海上风电基地。完成福山凹陷地热资源普查，建成海南首个地热能综合利用示范项目，新增地热制冷面积3400平方米，年减排二氧化碳1600吨、节约费用117万元。启动油田分布式光伏建设，规划总装机容量7兆瓦。

南方公司关键核心技术攻关取得突破，高温高压、大位移、超深井施工技术初步成型，以"薄互层限流射孔+绳结暂堵"为主的层间转向压裂工艺技术在花107-100大平台应用，取得显著成效；推广"内衬油管+塔式抽油机"技术，检泵周期达到747天，为历史最好水平。

南方公司承担上级下达科技项目12项，自立8项，投入经费4495万元，"海南福山凹陷复杂火山岩物探技术创新与规模效益储量发现"获海南省科学技术进步奖一等奖，"油气生产物联网建设及创新应用"获二等奖。国内外首例凝析气藏CCUS（二氧化碳捕集利用和封存技术）先导试验取得成功，国内首个千万吨级油田全生命周期CCUS先导试验见到初步成效。

（杨　琳）

【中国石油天然气股份有限公司储气库分公司】　中国石油天然气股份有限公司储气库分公司（简称储气库公司）前身是2016年11月组建的中国石油天然气销售储备气分公司；2018年5月更名为中国石油天然气股份有限公司储气库分

公司，隶属油气新能源公司；2019年2月21日成立中国石油集团储气库有限公司（简称储气库有限公司），与储气库公司合署办公。

储气库公司作为油气新能源公司附属单位，主要承担储气库规划计划、建设与运营管理、技术开发应用、标准规范制修订、考核评价、合资合作及业务发展政策研究等工作；受托负责油气田区域之外建设的其他储气库资产管理，是盐穴储气库的投资主体、运营主体和责任主体，承担实体职能，统筹开展盐穴储气库合资建设及运营工作，加快推进盐穴储气库项目落地实施。

2022年，储气库业务注采气量再创新高，注气156.7亿立方米，注气同比增加36.6亿立方米，增长30.47%；新增工作气量18亿立方米，工作气量达到157亿立方米。单日最高注气量1.07亿立方米，首次突破1亿立方米，同比增长27.7%。切实履行安全温暖过冬的责任，截至2022年12月31日，本轮累计采气50.6亿立方米。

2022年，完成《储气库公司未上市业务中长期高质量协同发展规划》编制，进一步明晰未上市业务发展方向和路径，形成"三群九库一中心"发展格局。

强化企业化经营，集团公司批复的3个盐穴储气库项目平稳有序推进，张兴项目合资公司运行顺畅，年底具备注气条件，菏泽项目完成三维地震勘探，三水项目积极开展专项研究，协调地方政府支持开展三维地震等工作。

合资公司顺利运转。2022年1月，江苏国能石油天然气有限公司完成注册，合资项目实现零的突破。组建董事会、监事会和经营管理团队，储气库公司通过股东会和董事会行权，确保依法合规维护公司权益，召开股东会和董事会各3次，分别审议议案14项和21项。有效发挥股东优势，实现优势互补，协调气源和市场等关键问题，盐化企业解决卤水处理等难题，合资优势转化为发展动力。

储气库公司菏泽盐穴储气库先导工程取得批复，投资2.89亿元；部署32平方千米三维地震项目，是储气库公司首个开展的物探项目。项目合作双方相向而行，企地紧密配合，克服高温酷暑、疫情防控、农作物抢收抢种等困难，在一个月内高效完成现场采集，完成资料处理解释。广东三水项目完成储气库资产收购，有序开展4项专题研究，为项目可行性研究开展、科学决策提供重要支撑。

张兴盐穴储气库位于江苏省淮安市淮安区，由中国石油集团储气库有限公司与江苏盐业井神股份公司合资兴建，双方股比为49∶51。该储气库利用张兴盐矿采卤后形成的地下老腔改建，设计总库容31.26亿立方米，设计工作气量18.5亿立方米，计划总投资65亿元，新建1座集注站、3座集配气站、19座注采井场，设计总注气能力 1200 万米³/日、总采气能力 1800 万米³/日。

菏泽盐穴储气库位于山东省菏泽市单县黄岗镇，2022 年 3 月取得先导试验工程方案批复，设计库容 1.85 亿立方米，工作气量 1.11 亿立方米，工作量 4 井 3 腔。先导性试验工程由储气库公司组织实施。

（刘鑫林）

【中油国际管道公司】 2017 年 7 月，中亚管道有限公司与中国石油集团东南亚管道有限公司实施整合，设立中油国际管道公司。业务覆盖乌兹别克斯坦、哈萨克斯坦、塔吉克斯坦、吉尔吉斯斯坦、缅甸、中国，管理运营 6 条天然气和 3 条原油管道，建有一座 30 万吨级原油码头，形成"六气、三油、一港"（中哈天然气管道、中乌天然气管道、哈萨克斯坦南线天然气管道、中塔天然气管道、中吉天然气管道、中缅天然气管道、中哈原油管道、西北原油管道、中缅原油管道、马德岛港）超级管道网络，总投资 266 亿美元，总里程超 1.1 万千米，年油气输送能力 1.05 万吨油当量，管输规模占全国现有陆上进口能力的 75%。作为集团公司海外油气管道专业化公司，投资运营管理 13 个境内外独资与合资公司。

2022 年，面对复杂多变的严峻形势和艰巨繁重的生产经营和改革发展任务，中油国际管道公司弘扬石油精神和"智慧 + 实干"的企业精神，克服全球新冠肺炎疫情反复、所在国政局动荡、乌克兰危机影响外溢等不利因素，确保油气战略通道的安全可靠高效运行和公司改革发展平稳有序。全年向国内输送天然气 473.1 亿立方米，占进口天然气比重同比提升 2.3 个百分点，向国内输送原油 2128.2 万吨，同比增长 1.9%，为保障党的二十大、冬奥会等重大活动作出突出贡献，获集团公司"冬季保供先进单位"。实现考核口径净利润 7.53 亿美元，同比提高 6.8%，创历史最好水平。

2022 年 5 月 20 日，集团公司人力资源部批复中油国际管道公司"三定"工作实施方案，要求 6 月 30 日前完成改革落地。有序推进"三定"工作，实现组织架构、管控模式、干部体系的重构优化。新老班子有序交替，完善模拟法人治理和执行董事负责体制，健全"选育管用"干部管理体系，任期制与契约化管理全面覆盖中层及以上干部。实施跨项目、跨国家、跨通道大范围选贤任能，全年调整任用中层干部 121 人，调整幅度达四分之三，营造五湖四海、干事创业的良好氛围。高效统筹推进，集团公司海外业务体制机制优化调整全面落地。

中油国际管道公司建立三级制度管理体系，着力提升管理制度化水平，召开年中工作会、依法合规治企暨法治建设工作会进行专题部署，一体推进"以案促改、严肃财经纪律、合规管理强化年"专项行动,完成52项制度修订升级。

在LNG价格高企,管道气应输尽输的形势下,中油国际管道公司有效应对新冠肺炎疫情反复、土库曼斯坦气突发停供、乌兹别克斯坦和哈萨克斯坦短供断供等不利因素影响,安全高效利用管存调峰,确保国内天然气平稳供应。跨国调控体系持续优化。优化中亚四国会和中缅协调会机制,高效制定供输气和维检修计划,成立应急协调小组,发挥区域协调机制优势,做到上下游统一步调,内外部信息畅通。创建运行案例库,通过仿真测算优化运行方案,气单耗、亿立方米气机组运行时间等指标逐年向好。加快推进"站控转中控",21座中亚站场(占比95.5%)完成中控功能测试。设备维护和完整性管理持续加强。完善设备全生命周期管理,平稳完成储罐大修、机组大中修、管线内外检测等作业20次,关键设备平均无故障时间提升8%。推动哈萨克斯坦运行维护模式优化,推动签订压缩机长服合同,进一步确保机组的可靠性并切实降低运维成本。深化完整性管理系统应用,建立完整性管理标准。坚持"一区一案",加强伊江(伊洛瓦底江)穿越、海底管道、水工保护等高后果、高风险区管控。推动土库曼斯坦、乌兹别克斯坦、哈萨克斯坦、中国流量计"统一量值溯源",实现全过程"远程见证"标定。强化上、下载点计量数据监管,中亚气全线输差优于集团控制指标。应急管理水平持续提升。升级应急抢修预案5项,开展应急演练20次,参与国家能源局"海外油气管道泄漏及爆炸应急抢险桌面推演",应急响应体系及应对能力得到检验。

中油国际管道公司推进开源节流降本增效,实现考核口径净利润同比提高6.8%,创历史最好水平。

中油国际管道公司积极推进重点工程建设,提前建成哈萨克斯坦南线150亿米^3/年输气能力。

推进中亚天然气管道新项目建设,组建新项目建设指挥部,统筹谋划协调全局,高质量完成"幸福之路"一体化可行性研究管道分报告,关键路径和刚性工期论证成果获集团公司认可并予以明确。

(杨 帆)

【中石油阿姆河天然气勘探开发(北京)有限公司】 中石油阿姆河天然气勘探开发(北京)有限公司(简称阿姆河天然气公司)是中国石油天然气集团有限公司的下属一级企业,2007年9月成立,主要负责土库曼斯坦阿姆河右岸天然气勘探开发项目的组织与实施。阿姆河右岸天然气勘探开发项目是中土两国在能源领域合作的一个重大项目,也是中国石油迄今为止境外陆上最大规模地拥有100%权益的天然气勘探开发合作项目，也是中亚天然气管道的主供气源地。

2007年7月17日，中国和土库曼斯坦签署《产品分成合同》和《天然气购销协议》，两国天然气合作正式开启。15年来，阿姆河天然气项目集合众人智慧，攻克一项项世界级技术难题，在卡拉库姆沙漠腹地建成现代化天然气勘探开发系统。同时，中土天然气合作促进了当地经济社会进步，直接为土库曼斯坦创造数万个就业机会。阿姆河项目被土库曼斯坦时任总统库尔班古力·别尔德穆哈梅多夫誉为"中土能源合作的典范"。

2017年7月，集团公司组建中油国际中亚地区公司，将阿姆河天然气公司纳入中亚地区公司管理。2021年4月，集团公司组建油气新能源板块（油气子集团），阿姆河天然气公司划归油气新能源板块管理。

2022年底，阿姆河天然气公司按照集团公司海外业务体制机制调整意见及"三定"规定，率先启动并完成职能、机构、人员调整，本部设置职能部门10个、直属机构7个、二级单位6个，中方人员均控制在编制职数内。

通过新增、复算，阿姆河天然气公司新增地质储量422.67亿立方米，新增EV储量253.52亿立方米，超额完成年度SEC份额储量接替率。高质高效完成测录井作业、储量升级管理、井位论证、钻井许可申请及课题研究等各项工作，为完成阿姆河天然气公司"6·30""9·30"双节点工作打下坚实基础。

阿姆河天然气公司以新区上产、老区稳产、措施增产为重点工作，推进气田开发方案编制和审批工作，通过资源国天然气康采恩审批的气田开发（调整）方案7个，4个气田开发（调整）方案完成多轮次问题答复，具备审查答辩条件。新井投产15口，其中新投产区块的B区西部气田新增产能470万米^3/日。

阿姆河天然气公司天然气产量创历史新高，冬季保供超4000万米^3/日极限供气量天数33天，超过上个保供周期15天。

2022年，阿姆河天然气公司加强工作计划与预算的管理，压减无效和低效投资，优化投资结构，强化投资执行的管理和控制，完成投资2.51亿美元。

（陈　龙　刘铭初）

【中国石油俄罗斯公司】　2007年9月，集团公司成立中俄合作项目部。2014年4月，集团公司批准中俄合作项目部加挂中国石油天然气集团公司俄罗斯公司牌子。11月，集团公司撤销中俄合作项目部，俄罗斯公司单独列入集团公司直属企事业单位序列，行政由集团公司直接管理，业务归口海外勘探开发分公司管理。2017年7月海外油气业务体制机制改革，中国石油天然气集团公司俄罗斯公司更名为中国石油国际勘探开发有限公司俄罗斯公司（简称中油国际俄罗斯公司），归中国石油国际勘探开发有限公司管理。2018年9月，中油国际俄罗斯公司整体前移俄罗斯莫斯科办公。中油国际俄罗斯公司作为中油国际公司的派出机构，在中油国际公司授权范围内，承担俄罗斯地区业务协调、管理、监督、服务等职能，重点负责授权范围内项目运营的协调和支持、公共关系、HSSE 监督、股东事务等工作，并作为集团公司俄罗斯地区企业协调组组长单位，负责指导和监督集团公司各驻俄企业生产经营和健康安全环保工作。

2022 年 6 月，根据中国石油海外业务体制机制优化调整意见和集团公司批复的"三定"方案，中油国际俄罗斯公司更名为中国石油俄罗斯公司（简称俄罗斯公司），定位为海外国别公司，列一级企业管理，业务由中油国际公司归口管理。截至 2022 年底，有员工 48 名，含 8 名外籍员工，设综合管理部（人力资源部）、法律和股东事务部、企业文化部、勘探和生产部、计划财务部、销售采办和海运部、工程建设和 LNG 设施运营部 7 个部门，实行一体化运营模式，设立一套中方机构，管理亚马尔 LNG 项目、北极 LNG2 项目和中油国际（俄罗斯）投资公司，管理总资产 89.92 亿美元。

2022 年，俄罗斯公司积极应对外部经营环境变化，坚持依法合规治企和强化管理，开展"转观念、勇担当、强管理、创一流"主题教育活动，组织新冠肺炎疫情和社会安全防控，推进实施提质增效举措，做好生产经营和股东行权管理，各项工作取得显著成果。亚马尔 LNG 项目实现中方账面权益净利润超过 20 亿美元，排名集团公司海外项目首位，比计划提前一年完成回收目标，成为集团公司海外首个投产、首个实现回收的液化天然气一体化项目。北极 LNG2 项目 2022 年初实现国际银团融资关闭，工程建设整体进度完成 75%。

俄罗斯公司亚马尔 LNG 项目主要生产经营指标

指　　标	2022 年	2021 年
天然气作业产量（亿立方米）	321.20	300.17
天然气权益产量（亿立方米）	64.29	60.08
凝析油作业产量（万吨）	81.8	88.87
凝析油权益产量（万吨）	16.36	17.78
LNG 作业产量（万吨）	2102.9	1951.00
开发井（口）	200	180

2022 年，亚马尔 LNG 项目加大勘探力度，利用夏季窗口期高质量完成东南水域 145 平方千米三维地震采集，为落实白垩系扩边储量和摸清侏罗系地质

储量打好基础。优化侏罗系探井井位和地质设计，178 探井钻遇有效储层厚度 42.8 米，进一步证实南部穿隆潜力。中穿隆侏罗系 8 口试采井完钻 5 口，钻遇有效储层厚度 59—81 米。侏罗系勘探和试采新增天然气地质储量 2380 亿立方米、凝析油地质储量 6217 万吨。2022 年侏罗系试采井生产天然气 4.41 亿立方米、凝析油 9.53 万吨。亚马尔 LNG 项目全年完成油气作业产量当量 2636.6 万吨，油气权益产量当量 527.7 万吨，首次突破 500 万吨，超产 41.2 万吨；天然气作业产量 321.2 亿立方米，超产 26.2 亿立方米；凝析油作业产量 81.8 万吨；LNG 生产线未发生故障停车，装置运行时率 100%，产量 2102.9 万吨，首次超过 2000 万吨。全年动用钻机 7 部，开钻 25 口、完钻 25 口、完井 25 口（含 5 口侧钻井），年进尺 114850 米，累计钻机 59.85 台·月，单井平均钻机 2.39 台·月，平均 1919 米/（台·月），投产新井 16 口。

北极 LNG2 项目编制完成第二版地质模型和水动力模型，完钻开发井 77 口，新井水平段平均长度 1500 米以上。按照试气结果，平均单井日产气 63 万立方米、凝析油 67 吨，产量指标超出设计水平。2022 年动用 5 部钻机，完钻开发井 21 口，完成进尺 87590 米。

2022 年，亚马尔 LNG 项目完成增压站燃气轮机替代方案研究，并签订燃气轮机采购和施工合同；启动 2 号甲醇装置建设，截至 2022 年 12 月底，总体建设进度完成 65%。

北极 LNG2 项目工程建设稳步推进。一期模块全部安装至混凝土重力式平台，一期 LNG 生产线整体调试完成 45%；二期模块基本建设完成。截至 2022 年 12 月底，北极 LNG2 项目总体建设完成 75%，其中一期完成 95%，二期完成 80%，三期完成 40%。

2022 年，有 15 艘 ARC7 冰级 LNG 运输船、11 艘常规 LNG 运输船、2 艘凝析油运输船参与俄罗斯公司亚马尔 LNG 项目运营，销售 210 船长贸 LNG1470 万吨，71 船现货 LNG499 万吨，19 船凝析油 78.18 万吨。有 68 船 LNG 运抵中国大陆。受美西方对俄罗斯制裁的影响，俄气销售贸易（新加坡）公司 290 万吨长贸协议执行受阻，俄罗斯公司推动中国石油国际事业公司签署 50 万吨/年 LNG 增供协议，当年有 3 船增量 LNG 运抵中国。2022 年，集团公司承接亚马尔 LNG 项目 59 船 LNG，其中向中国供应 55 船约 54 亿立方米天然气，有效缓解国内天然气保供压力和控制购气成本；2022 年，亚马尔 LNG 项目继续在泽布吕赫（Zeebrugge）港进行船—罐—船或船—码头—船的转运作业，完成 41 次船对船转运。签署亚马尔 LNG 项目 2023 年度 LNG 现货购销确认函，明确集团公司承接项目 LNG 现货比例从 20% 提高至 25%，俄罗斯诺瓦泰克公司承接项目 LNG 现货比例从 60% 提高至 75%。

2022 年，北极 LNG2 项目为应对制裁风险及供货违约风险，签署 LNG 购销协议第一号补充协议和 ARC7 冰级 LNG 运输船船运协议修订协议。LNG 运输船建造整体有序推进，俄罗斯星星船厂和韩国大宇船厂分别有 6 艘和 5 艘 LNG 运输船开始船体建造。签署 ARC7 冰级凝析油运输船长期租赁协议，广船国际有限公司和中国远洋海运集团有限公司分别担任船厂和船东。完成转运站浮式储罐船东重组，推进浮式储罐建设。

（李宝鑫）

【中国石油（伊拉克）鲁迈拉公司】 2009 年 9 月，集团公司与英国石油公司（BP）通过联合中标并签署技术服务合同，成立由 BP 主导、中国石油和伊拉克南方石油公司（SouthOilCompany，简称"SOC"，后更名为巴士拉石油公司，BasraOilCompany，简称"BOC"）参与的鲁迈拉联合作业机构（RumailaOperatingOrganization，简称"ROO"），总部办公地点设在伊拉克巴士拉市，伦敦设立鲁迈拉支持组。ROO 为项目作业者，2010 年 7 月 1 日正式从 BOC 接管油田作业，合同期 20 年，日均高峰产量 285 万桶。2018 年 10 月，伊拉克鲁迈拉项目部更名为中油国际（伊拉克）鲁迈拉公司。2021 年，更名为中国石油（伊拉克）鲁迈拉公司（简称鲁迈拉公司）。2022 年中国石油与 BP 组建巴士拉能源有限公司（BECL，分别占股 51% 和 49%），6 月 1 日完成鲁迈拉公司资产交割重组。鲁迈拉油田是一个特大型陆上油田，居伊拉克已发现油田之首，位于伊拉克东南部巴士拉市西 65 千米，处于阿拉伯地台的美索不达米亚前渊盆地。油田实现年产原油 7000 多万吨，是伊拉克年产量最大的油田。鲁迈拉项目是中国石油在伊拉克战后第一轮国际招标中中标的项目，项目合同模式为技术服务合同（TSC）。项目在接管当年便实现增产 10% 初始产量目标，比合同规定提前 2 年开始成本回收。2011 年 5 月中方实现第一船提油，2016 年 10 月实现静态回收。

鲁迈拉公司全年实现日均产量 142 万桶，年原油产量重回疫情前 7000 万吨以上水平，作业产量首次突破 5000 万吨，权益产量 2484 万吨；以 BECL 为平台重新搭建的资金、融资、财税及回收体系运行良好，成本回收进展顺利，全年对母公司现金贡献 1.95 亿美元，年度实现净利润 5.23 亿美元，同比增长 117%。

鲁迈拉公司强化油藏管理，优化开发部署，推进注水工程，落实稳产上产措施，保持生产主动。实现年均日产原油 142.0 万桶，生产原油 7300.2 万吨，中方作业产量 5252.6 万吨，完成板块年度作业产量目标 5008.4 万吨的 105.2%。

鲁迈拉公司以安全高质和稳产增效为目标，调整工程实施策略、主动识别生产瓶颈、倾力重点产能项目、持续优化工程节奏，各项目均稳步推进。基础产能工程全年完成各类管线建设共465千米，再创历史新高；新电泵井投产69口，平均投产时间为12天，较2019年（疫情前）缩短26天，在保证稳产目标的同时，创造良好的经济效益。

鲁迈拉公司开展提质增效专项行动，全年完成下达权益投资的99.4%，桶油操作成本也低于下达指标。单桶操作费1.31美元，对母公司现金贡献1.95亿美元，净利润4.95亿美元。中方中标合同总额8.56亿美元，比2021年翻一番，占合同总额的23.72%。

（王天娇）

【中国石油（伊拉克）哈法亚公司】 中国石油（伊拉克）哈法亚公司（简称哈法亚公司）是中国石油（PetroChina）与合作伙伴法国道达尔公司（Total）、马来西亚国家石油公司（Petronas）同伊拉克南方石油公司组成联合体运作的国际石油公司，也是中国石油第一次以作业者身份，在大型项目上与西方大石油公司进行合作的项目。2009年12月11日，联合体中标哈法亚油田；2010年1月27日，《哈法亚油田开发与生产技术服务合同》签署，2010年3月1日生效；根据2014年9月1日签署的一号修改协议，合同期延至2040年2月29日，共30年。自2014年10月1日起，股份调整为伊方10.0%干股，中国石油（PetroChina）占45.0%，法国道达尔公司与马来西亚石油公司各占22.5%。

哈法亚油田位于伊拉克米桑省阿玛拉市东南35千米处，合同区面积288平方千米，地质储量约46.0亿桶。哈法亚公司建设运营13年来，克服资源国社会环境持续动荡、安保形势严峻、当地农民阻工、营商环境差等不利因素，坚持稳步多期次分散投资，坚持油田滚动开发与产能建设同步推进，坚持技术突破与商务协作有机结合，坚持强化国际化运营管理与人才队伍建设相互融合，坚持中国石油（CNPC）集团一体化与提升经营效益优势互补，坚持搞好当地社区公益事业与树立良好社会形象共谋发展。哈法亚公司实现一期10万桶/日、二期20万桶/日和三期40万桶/日产能规模三次跨越，建成国际标准的2000万吨级油田，2022年处于高峰产量稳产阶段。

哈法亚公司超额完成全年各项生产经营指标。原油作业产量1845.0万吨，中方权益作业产量830.1万吨，完成年计划的101.4%，中方提油回收450万桶。百万工时损工伤害率为0，总可记录事件率0.04，均低于国际油气生产商协会（IOGP）HSE指标标准。2022年，哈法亚公司获集团公司年度"先进集体"称号。

哈法亚公司积极复工复产，加强油藏研究和评价，推进注水工程，优化钻井及措施管理，超额完成原油生产任务。2022年1月9日，以政府宣布全面解除限产，哈法亚公司在阻工问题频发、安保力量薄弱、政府签证审批延迟、新冠肺炎疫情下人员动迁困难等严峻形势下，8月底实现13部钻机、6部修井机全部就位启动；推进小油藏评价，落实接替产能。开展MishirifC2、Hartha油藏评价，Yamama高温高压油藏试采，以及超低渗透Sadi油藏水平井多段压裂试验，取得良好效果。协同推进注水井、水源井和增压注水工程，完成19台高压注水泵安装调试，投产12口水源井、10口注水井，年底日注水水平达到14.8万桶。优化钻井工艺设计、采取针对性防漏卡措施、改善钻井液性能、推广旋转导向钻井技术。全年开钻57口，完钻52口，完成钻井进尺19.4万米。加强措施作业，全年修井87井次，酸化47井次，酸压4井次，水平井分段压裂6井次，年产量贡献约45万吨。

（金光军）

【中国石油（哈萨克斯坦）阿克纠宾公司】 中国石油（哈萨克斯坦）阿克纠宾公司（简称阿克纠宾公司）是中国石油在哈萨克斯坦的第一个油气合作项目，位于哈萨克斯坦西北部阿克纠宾州，公司机关设在阿克纠宾市，所属油气田区块构造上位于滨里海盆地东缘。是集油气田勘探开发、工程服务、产品销售、科研和后勤服务于一体的综合性石油公司，是哈萨克斯坦第六大石油公司和阿克纠宾州最大的油气企业，占该地区原油产量的60%和天然气产量的75%。

阿克纠宾公司前身是成立于1981年的阿克纠宾石油生产联合体，隶属于苏联石油工业部。1997年6月4日中国石油与哈萨克斯坦签署购股协议，购买阿克纠宾公司60.33%股份，同年9月26日签署76号石油合同。合同模式为矿费税收制。2022年，中国石油通过中油勘探开发有限公司、中油国际（里海）公司和中油国际（哈萨克斯坦）有限公司共持有阿克纠宾公司89.64%的股权，有97.02%的投票权。

2022年底，包括控股KMK石油股份公司在内，阿克纠宾公司有5个开发合同、3个勘探合同。7个开发油气田，分别为让纳若尔油气田（含A南和G北两个已开发气顶）、北特鲁瓦油田、肯基亚克盐上油田、肯基亚克盐下油田、科克日杰油田、库姆萨伊油田和莫尔图克油田，开发区面积1242.48平方千米；3个勘探区块分别为滨里海中区块、德莱斯肯Ⅰ和德莱斯肯Ⅱ区块，面积7298平方千米。20个机关部门、10个二级单位，中哈方正式员工6200余人，其中中方员工102人，占员工总量的1.6%。另有4家与中国石油旗下钻井服务、机械加工、成品油贸易和运输业务的合资企业。

阿克纠宾公司主要生产经营指标

指标	2022年	2021年
原油产量（万吨）	376.93	400.12
天然气商品量（亿立方米）	35.42	36.02
新增探明石油地质储量（万吨）	255.67	173
三维地震（平方千米）	735.6	0
探井（口）	5	5
开发井（口）	146	130
钻井进尺（万米）	13.10	11.32
勘探投资（亿美元）	0.42	0.22
开发投资（亿美元）	2.06	2.22
资产总额（亿美元）	19.33	22.41
收入（亿美元）	11.97	11.83
利润总额（亿美元）	1.86	2.96
税费（亿美元）	3.80	3.48

1997—2022年，阿克纠宾公司累计生产原油1.26亿吨，全部作业产量2.09亿吨油气当量。2010年实现油气当量千万吨并连续稳产10年，2022年仍保持在800万吨水平。中国石油累计权益分红为购股投资的15.65倍。2022年5月，阿克纠宾公司等级类别调整为A级一类海外项目，列中国石油集团公司一级企业管理。

2022年，阿克纠宾公司在德莱斯肯Ⅱ区块完成735.6平方千米三维地震资料采集；在3个勘探区块共完钻探井5口，其中，滨里海中区块3口，德莱斯肯Ⅰ区块和Ⅱ区块各1口。完成19层/8口井试油，其中油气层5层/4口，低产油层2层/2口，油水同层3层/3口，含水油层1层/1口，含油水层1层1/口，干层7层/4口。在滨里海中区块东部成藏带已明确油气成藏特征的中部鼻隆区AK-7井KT-Ⅱ层12毫米油嘴日产油128.1立方米、气17.3万立方米；AK-11井KT-Ⅱ层9毫米油嘴自喷日产油47.9立方米、气9.2万立方米。对北部缓坡区的AK-1井P1as阶油层进行重新评价及油藏解剖后重新测试，获日产55立方米油气流。在前期作业者9口探井均未获油气发现的德莱斯肯Ⅰ区块，首口探井AK-9井KT-Ⅱ层测试自喷日产油45立方米；在随后滚动部署的 AK-8 井 KT-Ⅱ层两个不同井段中途测试均获工业油气流。在无早期钻井的德莱斯肯Ⅱ区块新部署 BAK-2 井、BAK-3 井和 BAK-4 井，全部获油气发现。

（邓鹏飞）

【中国石油乍得公司】 2022 年 5 月 23 日，根据集团公司《中国石油乍得公司职能配置、内设机构和人员编制规定》，中国石油乍得公司（简称乍得公司）成立，管理乍得上游项目和乍得炼油项目两部分业务。

2003 年 12 月 18 日，中国石油和中信能源集团公司合作，分别购买克里夫顿公司拥有的乍得 H 区块 12.5% 的股份。2006 年 2 月 20 日，克里夫顿公司转让 H 区块 25% 的权益给中国石油，2006 年 6 月 14 日又转让 H 区块 12.5% 的权益给中国石油，12 月 8 日，中国石油就购买加拿大恩卡纳公司 H 区块 50% 股份与该公司达成协议，并于 2007 年 1 月 12 日完成交接。自此，中国石油持有乍得 H 区块 100% 权益，中油国际（乍得）有限责任公司（CNPCIC）成为 H 区块的独立作业者。2018 年，根据中油国际《关于规范海外中方管理机构名称的通知》，中油国际（乍得）有限责任公司中方名称变更为中油国际（乍得）上游项目公司。中油国际（乍得）上游项目公司下辖矿税制项目、产品分成项目各 1 个，以及两条总长 508 千米的管道。

2006 年 8 月 6 日，时任中国外交部长李肇星与乍得外交和非洲一体化部长艾哈迈德·阿拉米分别代表各自政府，在北京签署复交公报，中国与乍得正式恢复外交关系。中国政府承诺为乍得共和国建设一座百万吨级现代化石油炼制企业。2007 年 9 月 20 日，在中国国家主席胡锦涛和乍得共和国总统代比的见证下，中油国际公司与乍得石油部在北京人民大会堂正式签署《中油国际与乍得政府炼厂合资协议》。2008 年 7 月 23 日，恩贾梅纳炼油有限公司（NRC）在乍得正式注册成立，中方名称为中油国际（乍得）炼油有限公司。2009 年 6 月，乍得炼厂开工建设。2011 年 6 月 29 日，炼厂正式投产运营。乍得炼厂项目是中乍两国恢复外交关系后签署的第一个炼化合作项目，中方持股 60%，乍方持股 40%，双方合作期限 99 年。乍得炼厂初期设计（中国标准）的总体规划为 250 万—300 万吨 / 年。2018 年 10 月 23 日，根据中油国际《关于规范海外中方管理机构名称的通知》，中油国际（乍得）炼油有限公司更名为中油国际（乍得）炼油公司。

截至 2022 年底，乍得公司有员工 1590 人，中方员工 586 人（主体员工 107 人），其中党员 309 名，占中方员工总数 52.7%，国际化员工 23 人，本地员工 687 人，本土化率 86.5%。

乍得公司优化勘探部署、精心组织实施，多赛欧（Doseo）坳陷和邦戈尔

（Bongor）盆地风险勘探和滚动评价取得系列新突破。多赛欧坳陷揭开 1 个亿吨级和 2 个 5000 万吨级富油气区带，进一步落实开发方案申报的资源基础。中央低凸起在下白垩统深—中—浅多套层系获全面突破，亿吨级储量规模落实。南部斜坡带低部位 4 口探井获厚油气层，向斜坡中部甩开钻探卡普克南 1 井（KapokS1）和卡普克南 7 井（KapokS7）获突破，揭示新区带 5000 万吨级地质储量潜力。北部陡坡带向凹甩开钻探西梅尼亚南 1 井（XimeniaS1）获成功，打开勘探新局面，揭示 5000 万吨级储量规模。邦戈尔盆地奥拉克斯西南 1 井（OlaxSW1）试油成功，奠定维特克斯（Vitex）开发可行性研究区申请的资源基础。

炼油项目安全运行 365 天，加工原油 77.82 万吨，完成全年加工计划 71 万吨的 109.60%；加工损失 0.69%，同比下降 0.07%；综合商品收率 91.06%，比业绩指标高 1.06%，可比轻收 72.18%，比业绩指标高 1.42%，综合能耗 101.43 千克标准油 / 吨，比业绩指标低 11.07 千克标准油 / 吨。炼油项目 2022 年完成"开源节流、降本增效"措施 15 项，为安全生产和长周期运行提供保障，累计提质增效 1231 万美元。

（王文君）

【中国石油尼日尔公司】 中国石油尼日尔公司（简称尼日尔公司）前身是 2004 年 5 月成立的中油国际（尼日尔）有限责任公司。2008 年 6 月，集团公司与尼日尔政府签订阿加德姆上下游一体化合作项目，成立了 CNPCNigerPetroleumS.A.（简称 CNPCNP）。2009 年 2 月，中油国际（尼日尔）有限责任公司调整后，下辖上游项目部、管道项目部和中油国际（尼日尔）炼油有限责任公司。2012 年 11 月，中油国际（尼日尔）有限责任公司机构规格调整为副局级。2017 年 11 月，中油国际（尼日尔）有限责任公司划归中油国际西非公司，中油国际（尼日尔）有限责任公司机构设置和人员编制仍延续了先前的情况。2018 年 10 月，中油国际（尼日尔）有限责任公司更名为中油国际（尼日尔）公司，下辖中油国际（尼日尔）上游项目公司、中油国际（尼日尔）炼油公司、中油国际尼贝管道公司 3 个项目公司。中油国际（尼日尔）公司不设中方专职人员，由上游项目公司人员兼任。2022 年 5 月，按照集团公司"三定"规定，中油国际（尼日尔）公司更名为中国石油尼日尔公司，列集团公司一级企业管理，等级类别初次确定为 A 级二类。中国石油尼日尔公司管理在尼上游项目、炼厂项目、尼贝管道项目。按照"共享管理"思路，尼日尔公司与上游项目公司设置一套中方机构，履行国别公司、上游项目公司双重职责。中国石油尼日尔公司是中国石油在尼日尔、贝宁地区投资业务管理机构，业务涵盖油气勘探开发、管输和炼化的上中下游一体化产业链，在尼日尔和贝宁油气行业占主导地位，涉及矿税制、产品分成制和公司制三类合同模式，中方权益占比从 60% 至 100% 不等，所属项目资产总额 58 亿美元。

2022 年，尼日尔公司在确保一期生产经营安全平稳的基础上，聚焦二期上下游一体化建设，全面推进各项重点工作有序落实，主要生产经营指标较好完成。毕尔玛（Bilma）区块新增探明原油 EV 可采储量完成年度计划 122%；阿加德姆（Agadem）区块油气作业产量完成年度计划 110%；炼厂原油加工量完成年度计划 106%；二期油田开发地面工程及外输管道建设累计进度分别达到 65.5% 和 66.5%，超出年度计划 5% 以上；一体化项目净利润考核指标超额完成。阿加德姆（Agadem）区块一期完成油气作业产量当量 92.65 万吨，完成年度计划的 110%。毕尔玛（Bilma）区块勘探许可于 2022 年 4 月 7 日到期，项目公司已向尼日尔石油部提交勘探转开发许可申请，毕尔玛（Bilma）区块新增原油 EV 可采储量完成年度计划 122%。

尼日尔公司加强统筹谋划和组织协调，勘探开发作业有序实施。毕尔玛区块勘探作业结束，按时提交开发许可申请，积极与政府沟通谈判，推动转开发工作。毕尔玛区块完成探井钻井 2 口，总进尺 3327.00 米，平均井深 1663.50 米，平均机械钻速同比提高 5.13%；平均完井周期 14.59 天，同比缩短 1.92%；平均米成本（含搬家）同比下降 3.32%。该区块完成试油作业 4 层。阿加德姆区块完成钻井 55 口井，总进尺 109339.00 米，平均井深 1987.98 米，平均钻井周期 10.50 天，同比缩短 4.79%；平均完井周期 15.79 天，同比缩短 4.33%；平均米成本（含搬家）同比下降 0.12%。该区块完成完井作业 53 口和修井作业 7 井次。2022 年全年无井控安全事故，井身质量合格率 100%，固井质量合格率 100%，油层段固井质量优质率 96%，实现"零事故、零伤害、零缺陷、零污染、零疫情"目标。

2022 年，尼日尔公司完成年产原油 89.6 万吨，超计划指标 7.6 万吨，完成计划指标的 109.2%。

（苏子开）

【中国石油加拿大公司】 2009 年 9 月，中油国投（加拿大）公司经中油国际批准成立，2018 年 10 月更名为中油国际（加拿大）公司。2022 年 5 月，集团公司海外业务体制机制优化调整，原中油国际（加拿大）公司撤销，成立中国石油加拿大公司（简称加拿大公司）。加拿大公司管理着麦凯河项目、多佛油砂项目、白桦地天然气项目、都沃内天然气项目、LNG 项目激流管道项目和中加公司项目，业务涵盖油砂、重油、页岩气、致密气、LNG 以及常规油等领域。

2022年，加拿大公司积极践行"转观念、勇担当、强管理、创一流"主题教育活动，贯彻集团公司"五提质、五增效"十大举措，坚定不移按照"严控投资、退油增气、有效发展"的经营策略，围绕"油"和"气"两个资产组，转变观念，拓展思路，突出价值创造，落实低成本发展和全生命周期成本管控，着力解决资产项目治亏的难点和瓶颈问题，形成亏损治理的长效机制。2022年，加拿大公司完成油气权益产当量173.32万吨，实际完成投资5.97亿加元（4.82亿美元）。都沃内、白桦地和激流管道3个项目持续保持"双正"，麦凯河、都沃内、白桦地和激流管道4个在产项目整体实现"双正"。

2022年5月23日，集团公司海外业务体制机制优化调整，原中油国际（加拿大）公司撤销，成立中国石油加拿大公司，为海外国别公司，列一级企业管理。

加拿大公司组织抓紧推动横山管道管输量整体永久转让，就2.3万桶转让与霍利福兰特（HollyFrontier）公司达成意向，最终转让成功后有望降低照付不议成本约5600万加元/年。都沃内项目通过重新投标将阿莱恩斯（Alliance）管道美国段管输费降低0.14美元，每年节约成本约230万美元；与卡瑞亚（Keyera）管道公司签订6个月的转让彭比纳管道（Pembina）分馏处理服务协议，转让彭比纳管道下多余分馏处理能力，合同期内可节约46万—92万加元。白桦地项目积极转让或终止冗余天然气管输量，减少管输负担240万加元。麦凯河项目与森科公司（Suncor）就道路协议复议，将初始成本回报率从11%降低至9%，每年节省道路成本15万加元。

（瞿华平）

【中国石油集团西部钻探工程有限公司】 中国石油集团西部钻探工程有限公司（简称西部钻探）2007年12月底成立，是中国石油按照集约化、专业化、一体化整体协调发展思路，整合原新疆石油管理局、吐哈石油勘探开发指挥部工程技术队伍成立的首家专业化钻探企业。截至2022年底，有各类大型工程技术装备1.6万台套，工程技术服务队伍1000余支，资产总额近300亿元。主要开展钻井、固井、录井、压裂、试油等工程技术服务，兼营油气合作开发、技术研发与产品研制等业务，年钻井能力700万米、压裂1.3万层（段）、录井3400口、固井6000井次、试油600层、定向服务1500口以上，合作开发年外输天然气9亿立方米以上。有"两院四中心"科技创新平台，先后打造21项工程技术利器、23项优势特色技术、11项综合配套技术，自主研发的SAGD磁定位系统、精细控压钻井系统、自动垂直钻井系统、雪狼3.0综合录井仪、XZ系列堵漏剂、井下实时安全监控系统等38项科技利器总体达到国际先进水平，获省部级以上成果奖93项，其中"水平井钻完井多段压裂增产关键技术及规模化工业应用"获国家科学技术进步奖一等奖，"基于深井钻柱动力学的高速牙轮钻头与振动筛研究及应用""万米级特深井陆用钻机设计制造与工业化应用""化学固壁与保护油气储层的钻井液技术及工业化应用"3项成果获二等奖，有效专利727件，保持"国家级高新技术企业"称号。国内服务于新疆、青海、吐哈、塔里木、玉门、长庆、西南、煤层气等10余个油气田，海外业务分布在中亚哈萨克斯坦、乌兹别克斯坦、中东伊拉克、阿联酋和非洲埃及等8个国家。西部钻探具有光荣历史传承，10余年来，打出以高探1井、康探1井、博孜13井、柴9井、切探2井、石钱1井、富东1、玛页1H井、满深72井为代表的一批重大发现井，完成亚洲第一深井轮探1井、乌兹别克斯坦明15井、新疆油田水平段最长井JHW00422井、准噶尔盆地最深井呼探1井、柴达木盆地最深井昆1-1井、吐哈油田最深井葡探1井、中国石油海外最深井吉达4井、海拔最高井祁参1井等重大工程，以及助力呼图壁国家级储气库建设、玛湖和吉木萨尔一体化服务、青海南翼山、凤西和涩北等重大项目，加快西部各油气田勘探开发进程。

2022年底，西部钻探下设机关部门12个、二级单位19个，员工1.46万人。其中，本科及以上学历占比37.4%、少数民族占比16.4%，享受国务院津贴5人，新疆维吾尔自治区天山英才4人，集团公司青年科技人才2人，中油技服井筒技术专家9人，各类专家、技师近千人，涌现出一批以大国工匠、中华技能大奖获得者谭文波和全国五一劳动奖章获得者高维明为代表的先进模范，为油气事业发展作出突出贡献。

2022年，西部钻探贯彻落实集团公司、中油技服各项决策部署，全力以赴"夯实基础、厚植优势"，积极应对突发新冠肺炎疫情、市场变局等不确定因素交织叠加风险，统筹推进服务保障、市场营销、提速提效、单井工程、安全井控、党的建设等工作，取得较好成效，全年完成进尺539万米、实现收入240亿元。呈现出基础夯实、优势集聚的良好态势。改善经营质量，全力稳价保量、扩链增效，推动价格回归合理区间，关联交易区服务保障率90%；塔里木、长庆、西南战略市场规模增长13%、再创新高；海外市场持续提量推价，连续4年盈利、实现质效双增；苏里格油气风险合作开发天然气产量突破9亿立方米，天然气回收业务产值突破1亿元。突出业财融合，将"四精"理念贯穿生产经营全过程，优化资源配置，打造提质增效"升级版"，百元收入营业成本降至94.6元、创5年最低。将单井安全提速创效工程作为撬动管理变革、效率变革的"支点"，全面下放经营自主权，实现各专业全覆盖，钻井米成本再降 11%；全员劳动生产率提升 5%，人均营业收入 161.2 万元 / 人。

西部钻探主要生产经营指标

指 标	2022 年	2021 年
钻井（口）	2039	2324
钻井进尺（万米）	539	594
完井（口）	1983	2260
录井（口）	1716	1909
固井（口）	1473	1482
井下作业（层段）	11334	12566
试油（层）	1142	778
定向井（井次）	404	761
收入（亿元）	240	232
利润总额（亿元）	2.28	−6.98
税费（亿元）	2.41	1.63

西部钻探全年跨区域调整钻机 31 部，满足新疆、青海、吐哈及西南等区域上产需求。精细刻画地质油藏建模，打造"地质工程一体化、水平井钻井、储层改造"三把利剑，实施定、录、导一体化，增强服务保障和竞争实力，助力盆中 1 井、吉新 4 井、牛 17 井、大北 4 井等 12 口重点探井获地质发现，打出夏云 1、富东 1 井、玛页 1H 井、佳南 1H 井等 60 余口发现井、高产井，彰显钻探价值。

2022 年，西部钻探坚持事前算赢，推进"一区一策"精准营销，夯实生存发展根基。在新疆油田，创新实施"EUR+ 效益总包"差异化合作模式，联合开展车 471 等井区风险总包，推动玛湖提速 15.88%、吉木萨尔完井周期缩短 12.74%，内部收益率同比提升 6.6 个百分点。在吐哈油田，发挥一体化联动保障优势，精准打出吉新 4 井等多口发现井、高产井，服务保障率 100%。在青海油田，积极推价稳价，开发井价格恢复到 2019 年水平，达成探井"一井一签"。在塔里木油田，瞄准"深井第一军"定位，建立常态化沟通机制，按需优化钻机结构，实施克拉、富满区块专打，钻机 100% 动用，压裂、试油、录井等高端业务占比稳居第一。在长庆、玉门、西南等油气田，建立"自营+合作"联动保障模式，强化全产业链一体协同，川渝市场钻机规模由14部增至19部，长庆沿线市场自营钻机扩充至22部，进尺和收入贡献进一步扩大。在苏里格油气合作区，深入拓展油气风险合作业务链条，完成商品气量9.16亿立方米，销售轻烃1.8万吨，利润规模不断扩大。

西部钻探聚力科技创新，召开科技与信息化创新大会，明确今后三年创新方向，加快推进"两院四中心"建设，统筹战略性、前瞻性与基础性创新布局，加大科研投入和政策支持力度，牵头实施9项国家、集团公司和中油技服重大科技项目，5项成果达到国际先进水平。

（贾博博）

【中国石油集团长城钻探工程有限公司】 中国石油集团长城钻探工程有限公司（简称长城钻探，英文缩写GWDC）2008年成立，由原辽河石油勘探局钻探系统与中油长城钻井公司重组而成，总部位于北京，是集团公司的直属专业化石油工程技术服务公司。主营业务包括工程技术服务和油气风险作业两大业务板块，业务领域涵盖地质勘探、钻修井、井下作业、录井、固井、钻井液、油田化学业务等石油工程技术服务，并向油气田前期地质研究、勘探开发方案设计、天然气（煤层气、页岩气）开发、地热开发、油田生产管理等领域延伸。公司有较高的市场化国际化水平，国内市场范围涉及近20个省（自治区、直辖市），主要服务于辽河、长庆、中油煤层气等油区，以及川南页岩气等中国石油重点增储上产区域和中国石化等外部市场；海外业务遍及非洲、美洲、中东、中亚等区域28个国家和地区，累计服务全球130多个客户，打造GWDC品牌，在国际油服市场具有较高知名度。围绕业务发展实际和市场格局，建立总部机关统一管控，国内东部、西部、西南3个生产指挥中心靠前支持，国际事业部统筹负责国际业务的新型矩阵式管理架构，在国内设有21家二级单位，在海外设有22个项目部。

2022年底，长城钻探用工总量18000余人，包含外籍员工3000余人，有各类工程技术服务队伍1500余支，主要工程技术装备7000余台套，资产总额362亿元，集成完整的石油工程技术装备能力，先后引进和研发全液压钻机、系列自动化钻机、旋转导向、LWD、连续油管、电驱压裂机组、高功率水泥车、综合录井仪、自动化固井设备、带压作业装置等高端设备，提高各业务板块装备技术水平，能够适应全球范围内各种复杂条件下进行油气勘探开发需要。

全年完成钻井进尺553.98万米、压裂4092层段，生产天然气43.2亿立方米，收入189.8亿元，超额完成集团公司下达的经营指标。

长城钻探主要生产经营指标

指标	2022年	2021年
录井（口）	3331	2507
钻井（口）	2048	2230
钻井进尺（万米）	531.98	463.32
完井（口）	1991	2152
固井（口）	1794	1535
井下作业（井次）	6320	2490
试油（层）	6261	4706
国际市场签订及中标待签合同额（亿美元）	18	14.2
收入（亿元）	189.80	169.82

长城钻探坚持技术立企，推动工程提速取得突破成效。工程提速效果突出。以"示范工程"为抓手，发挥区域专班的技术引领作用，5000米以上深井钻井提速18.6%。新创立技术指标132项，特别是雷72平台刷新辽河油田11项施工纪录；古巴CMN-100RE井刷新陆上钻井等5项纪录，获"创古巴国家纪录"证书。事故复杂持续下降。发挥工程作业智能支持中心（EISC）平台数字信息集成功能，依托专家远程技术支持，事故复杂损失同比减少435天，其中集团公司"五类重点井"事故复杂率同比下降13%。服务质量稳步提升。落实井筒主体责任，强化施工过程监管，井身质量合格率98.2%、固井质量合格率94.9%、压裂丢段率0.17%，均优于集团公司下达的考核指标。倾力保障国内勘探开发，高效施工各类探井155口。

长城钻探在国际市场上深化业务改革，统筹强化市场营销和项目运营，推进"二次创业"实现新突破，新签合同额18亿美元，同比增长26%。乍得、尼日尔、伊拉克、古巴"四大支柱市场"保持硬稳定；高端市场成功中标墨西哥4部3000马力钻机、泰国66口井钻井总包等一批具有突破性意义的新项目，斩获4个超过1亿美元的大合同；新签阿曼和苏丹稠油热采、哈法亚酸化等多个合同，业务转型见到实效。

长城钻探承担国家、集团公司重大项目20项，获省部级以上科技奖励11项，首次获孙越崎青年科技奖。

（杨晓峰）

【中国石油集团渤海钻探工程有限公司】 中国石油集团渤海钻探工程有限公

司（简称渤海钻探）是中国石油天然气集团公司的全资子公司，是集石油工具、仪器、设备研发、制造及技术服务为一体的专业化、国际化石油工程技术服务公司。2022年底，资产总额307.5亿元；各类施工队伍1300余支；用工总量19242人，其中，大学本科以上学历人员占比40.4%。

2022年，渤海钻探坚持走"管理技术型"发展道路，提升"五种能力"，打好"六大战役"，实现营业收入210.45亿元、同比增长11%，完成钻井进尺600.18万米，压裂6801段，生产天然气15.76亿立方米，全面完成集团公司下达的各项任务。被评为集团公司生产经营先进企业、质量健康安全环保节能先进企业。

渤海钻探国内坚持以效益为中心，持续优化市场布局，跨区域调整钻机28部，创收187.94亿元，增长10.4%，其中大港、华北属地市场增长0.1%、集团公司内部其他市场增长13.1%、国内社会市场增长8%。国际坚持"稳老拓新"，创收22.51亿元，增长16.9%，其中伊拉克和印度尼西亚市场分别增长27.3%和82.5%。剔除委内瑞拉和伊朗市场影响，设备动用率73%，提高38个百分点。技术服务业务收入155.2亿元，增长11.9%，占比达到52.7%。其中，压裂、钻井液、固井、录井收入分别增长10.1%、26.6%、14%、13.9%。服务范围持续拓展，从单井向区块、单项业务向全产业链一体化延伸，创收152.6亿元，增长7.8%。服务模式持续创新，在塔河南岸6口开发井推行非目的层风险总包、目的层联合管理，在吉林流转区块实施钻试一体化总包。

渤海钻探主要生产经营指标

指标	2022年	2021年
录井（口）	3013	2353
钻井（口）	1802	1714
钻井进尺（万米）	600.18	506.75
完井（口）	1813	1642
固井（口）	2073	1846
井下作业（井次）	3780	3836
试油（层）	1763	1520
收入（亿元）	210.45	185.21

渤海钻探打出满深8等3口千吨井，张海21-22井、临华5X1井等42口

百吨井。

渤海钻探通过省部级成果鉴定12项，新认定集团公司级自主创新重要产品1项。制修订行业标准7项、集团公司企业标准9项，获专利授权101件，获省部级科技奖励14项。"BH-VDT垂直钻井技术"通过集团公司10项重大科技成果规模化转化示范项目和2022年度十大科技进展初审。研发形成BH-VDT3000垂直钻井工具、BH-RSS2.0系统、电控精细控压系统等10种工具仪器装备，升级BH-WEI等5类井筒工作液体系。

（吴立新　马　强）

【中国石油集团川庆钻探工程有限公司】　中国石油集团川庆钻探工程有限公司（简称川庆钻探）2008年2月25日由原四川石油管理局、长庆石油勘探局及塔里木油田的工程技术等相关业务单位组建成立，是集团公司所属工程技术服务企业，享有独立对外经济贸易和经济技术合作业务权。主营钻井工程、录井、固井、储层改造、试油修井及油气合作开发等业务，国内市场主要服务于西南油气田、长庆油田、塔里木油田，作业区域分布于四川、重庆、陕西、甘肃、宁夏、内蒙古、新疆7个省（自治区、直辖市）；海外市场主要集中在土库曼斯坦、巴基斯坦、厄瓜多尔等国家，同时服务于壳牌、道达尔等国内反承包项目及地方企业。截至2022年，川庆钻探坚持服务油气与效益发展相统一，高质量服务四川盆地安岳龙王庙气田、长宁—威远国家级页岩气示范区、鄂尔多斯盆地陇东致密油气、塔里木盆地富满气田、土库曼斯坦阿姆河及复兴气田产能建设等一批重大工程、重点项目建设，先后打成中国第一口页岩气井（威201井）、国内陆上最深天然气井（双鱼001-H6井，最深9010米）、亚洲陆上最深直井（蓬深6井，最深9026米）、亚洲陆上最大水平井丛式井平台（华H100平台，共31口井），累计完成钻井进尺10530万米，生产天然气389亿立方米。先后获省部级以上科技奖193项，其中国家科技发明二等奖1项、国家科学技术进步奖一等奖2项；获授权专利2005件，其中发明专利875件。有享受国家级特殊津贴人才10人，1人入选国家"百千万人才工程"；建立博士后科研工作站，国家级科研基础条件平台5个，集团公司（省部级）科研基础条件平台2个。连续4次通过国家级高新技术企业认定，是集团公司首批创新型企业。获四川省"五一劳动奖状"。2022年底，川庆钻探有二级单位25家，机关处室17个，机关附属机构8个，机关直属机构5个。

2022年，完成钻井进尺759.23万米、同比增长14.8%，创近3年新高；压裂酸化1.55万层次、增长25%，生产天然气45.12亿立方米、增长2.3%，均创历史新高。实现营业收入376.18亿元、增长12%，创近10年新高（同口径）；

完成净利润 3.08 亿元、增长 30%，创近 7 年新高。

川庆钻探主要生产经营指标

指　　标	2022 年	2021 年
录井（口）	1159	937
钻井（口）	2193	2058
钻井进尺（万米）	759.23	661.58
完井（口）	2176	1974
固井（口）	3895	3420
井下作业（井次）	3812	3042
试油（层）	2560	2139
生产天然气（亿立方米）	45.12	44.1
新签合同金额（亿元）	374.8	358
收入（亿元）	376.18	335.28
利润总额（亿元）	3.85	3.15[①]
税费（亿元）	2.9	2.63

①利润总额 2021 年与中油技服汇编同口径，考核剔除当年减值损失等因素。

　　川庆钻探坚持协调、共享、均衡、高效组织生产，持续推进"四提"（提质、提速、提产、提效）工程，钻完井整体提速 8%，创指标纪录 55 项，打成无阻流量超百万立方米高产气井 82 口，支撑西南油气田跨越 3000 万吨、长庆油田突破 6500 万吨、塔里木油田达到 3300 万吨。

　　川庆钻探积极应对资源品位下降、限电控产、外输不畅等困难，深化"三个一体化"（地质工程一体化、勘探开发一体化、技术经济一体化），威远页岩气区块年产量连续 8 年硬增长，苏里格致密气区块年产量在连续 11 年稳产 18 亿立方米的基础上再上 19 亿立方米。

　　川庆钻探国内总包深层页岩气、大安区块、盐下高含硫、塔里木迪北等一批项目，新进入延长油田市场，海外签订厄瓜多尔伊什平戈（ISHPINGO）钻井总包合同，创该国单体项目签约金额纪录（3.56 亿美元）；创新增供气贸易款支付工程款模式，促成土库曼斯坦 3 个技术服务项目落地。

（汪亚军）

【中国石油集团东方地球物理勘探有限责任公司】 中国石油集团东方地球物理勘探有限责任公司（简称东方物探公司，英文缩写 BGP）2022 年 12 月成立，前身是 1973 年 7 月成立的燃料化学工业部石油地球物理勘探局。是集团公司的全资物探专业化子公司，是以地球物理方法勘探油气资源为核心业务，集油气陆上与海上勘探、资料处理解释、综合物化探、物探装备制造及软件研发等业务于一体的综合性国际化技术服务公司。

东方物探公司是国家级企业技术中心、油气勘探计算机软件国家工程研究中心，国务院国资委深化人才体制机制改革示范企业和国家引才引智示范基地，国际地球物理承包商协会核心会员，欧洲地球物理学家与工程师协会、勘探地球物理学家协会主要会员。成立以来，始终以为国找油找气为己任，围绕建设世界一流地球物理技术服务公司目标，实施"两先两化"（创新优先、成本领先、综合一体化、全面国际化）战略，做大做强油气勘探主业，加快发展资料处理解释、综合物化探、信息技术服务、深海勘探和软件、装备研发制造等业务，实现向物探全领域技术服务的转变。陆上勘探技术实力居国际领先地位，处理解释业务建立亚洲最大的地震勘探资料处理解释中心，综合物化探业务建立全球最大重磁电及地球化学勘探与综合地质研究服务中心，深海勘探打造形成全球领先 OBN 勘探作业能力，软件、装备研发制造能力居国际先进水平。为全球客户在石油勘探、油气田开发、固体矿产勘查、非常规能源勘查、水资源勘查、工程地质勘查等领域提供优质服务。

2022 年底，东方物探公司有中国工程院院士 1 人，享受国务院政府津贴专家 10 人，百千万人才工程国家级人选 1 人。在册员工 24643 人，其中合同化员工 20130 人、市场化用工 4513 人。按岗位性质划分，管理人员 6219 人、专业技术人员 6324 人、技能操作人员 11172 人、内部退养等不在岗人员 928 人；按队伍结构划分，油气主营业务 544 人、工程技术服务 16307 人、工程建设 44 人、装备制造 287 人、生产服务 1074 人、矿区服务 1994 人、社会服务 417 人、科研与设计 549 人、国际业务 1309 人、两级机关及附（直）属 2118 人。具有中专及以上学历人员 18306 人，占员工总数的 74.3%；管理、专业技术人员中，具有中级及以上职称人员 9204 人，占管理、专业技术人员总数的 76%；员工平均年龄 46 岁。

设备资产原值 238.8 亿元（含国内、国际子公司设备资产，不含无形和摊销资产），净值 77.21 亿元，新度系数 0.32，其中国际设备原值 125.36 亿元，占比 52.49%，国内设备原值 113.44 亿元，占 47.51%；国际设备净值 47.48 亿元，占 61.5%，国内设备净值 29.73 亿元，占 38.5%。

2022年，东方物探公司营业收入189.73亿元、同口径增长2.64%，连续8年稳居全球行业首位；净利润5.06亿元、同口径增长4.23%。获2022年度集团公司先进集体，与塔里木油田共同获集团公司2022年度油气勘探重大发现特等奖和一等奖，集团公司重大油气发现成果参与率保持100%。

东方物探公司主要生产经营指标

指　　标	2022年	2021年
落实市场金额（亿元）	271.07	304.83
新签合同金额（亿元）	186.39	237.47
二维地震采集（万千米）	3.78	3.46
三维地震采集（万平方千米）	8.04	8.65
收入（亿元）	189.73	184.74
其中，国内勘探	111.09	69.32
利润（亿元）	5.01	6.96
税费（亿元）	4.18	3.02

2022年，东方物探公司推进管理提升，强化技术服务保障能力，被河北省科技厅认定为"2022年度河北省科技领军企业"、河北省2020—2021年度地理信息产业甲级测绘资质"十佳单位"及河北省"健康企业"称号；改革案例《完善市场化经营机制，推进全面国际化发展，东方物探以改革赋能世界一流企业建设》在国资委《国企改革三年行动简报》2022第176期专刊发布；应邀参加北京服务贸易交易会及2022年中国海洋经济博览会；自主研发的EV-56高精度可控震源在"奋进新时代"主题成就展室外展出。积极开拓海外市场，提升国际竞争力，中标阿联酋阿布扎比国家石油公司10000平方千米过渡带超大复杂三维OBN处理项目。强化项目管理，突出技术引领，承担的阿联酋阿布扎比国家石油公司陆上项目采集完成，该项目是全球物探史上最大陆海勘探项目；东方物探公司创新者号（BGPINNOVATOR）DP浅水特种作业船在阿联酋阿布扎比国家石油公司海上项目首次作业；"超大型国产油气勘探地震资料解释软件系统研制及重大应用成效"项目获2022年度河北省科学技术奖科技进步二等奖，"2021年度鄂尔多斯盆地伊陕斜坡合水地区三维地震采集工程""2020年度柴达木盆地咸东地区三维地震采集工程测量项目"均获2022年河北省地理信息产业优秀应用工程金奖；中油奥博分布式光纤传感系统综合研究成果"uDAS

光纤井中地震采集系统研制及应用"获中国地球物理学会2022年中国地球物理科学技术进步奖一等奖，中油奥博主导研发的uDAS分布式光纤传感地震仪获2022年首届"金燧奖"金奖；创新成果"BV330型低频可控震源的研制"获集团公司第二届创新大赛生产创新工程技术专业比赛一等奖，"解决相邻工区井炮激发相互干扰的难题"获集团公司第二届创新大赛一等奖。

东方物探公司投入地震队113支，投产230队次，运作地震勘探项目185个。其中：二维地震勘探项目56个，完成二维地震采集工作量37833千米，生产炮245.3万炮；三维地震勘探项目129个，完成三维地震采集工作量80388平方千米，生产炮5062.1万炮。投入井中地震队伍9支，完成井中业务项目233个。

东方物探公司坚持外拓市场保规模、内抓项目提效益、优化结构稳增长。国内树立"为油田创造价值，物探才有价值"的理念，海外坚持"线上+线下"营销相结合，组建国际化市场营销团队，主动营销。落实市场价值工作量271.1亿元，新签市场价值工作量186.4亿元，完成年度市场指标。

东方物探公司投入科研经费7.86亿元，强度为4.15%。获授权专利61件，其中国内发明专利45件、PCT专利6件，1项获第23届中国专利优秀奖；海洋OBN勘探技术入选集团公司年度十大科技进展，uDAS仪器获中国光学工程学会技术发明一等奖和首届"金燧奖"金奖。释放GeoEast2022最新版本，股份公司"2919"工程落地实施；KLSeis性能持续改进，形成"应用一代、储备一代"的格局。研制升级版节点eSeisNeo，海洋节点oSeis研发获新突破。"两宽一高"技术应用领域扩大，横波源矢量勘探技术在大庆、四川等地区开展先导性试验，陆上3D-VSP成像技术在王窑井地联采项目获高品质资料。编制数字化转型试点方案并通过评审。打造智能决策生产指挥体系，支撑项目高效生产。发布智能化地震队4.0版本，累计在200多个项目中运用，作业效率整体提高8%以上。开展"处理解释技术攻坚年"活动，推动OBN处理、高精度建模成像等关键技术加快突破并实现成果转化。创新科研组织模式，推进"三共"（共建、共享、共赢）研发机制，开展科研攻关项目"揭榜挂帅"。

（要奕轩　王培霞）

【中国石油集团测井有限公司】 中国石油集团测井有限公司（简称中油测井，英文缩写"CNLC"）2002年12月6日成立，是中国石油天然气集团有限公司独资的测井专业化技术公司，注册地在陕西省西安市高新技术产业开发区，党组织关系隶属于中共陕西省委。主营业务以测井技术研发、装备制造、技术服务、资料应用研究为主体，形成"基础理论—技术研发—产品标准化"测井科技创新平台，建立 CPLog 测井装备、CIFLog 测井软件两大技术支撑体系，有裸眼井、套管井、随钻、射孔、录井等完整系列装备，为钻井、压裂、采油等业务提供相关技术支持，具备年 10 万井次以上施工作业能力。建成 4 条测井装备、射孔器材自动化加工生产线，实现智能制造快速升级。有机械制造设备 183 台，具备 47.4 万工时/年机械加工、70 套/年测井成套装备、射孔弹 180 万发/年、射孔枪 50 万米/年的制造能力。是集团公司测井技术试验基地、集团公司测井重点实验室、石油工业测井计量站依托单位。

中油测井主要生产经营指标

指标		2022 年	2021 年
总作业井次		97239	87597
裸眼井	探井（口）	1310	1557
	开发井（口）	14796	13003
	随钻（口）	541	222
生产测井（井次）		15062	13563
工程测井（井次）		27628	24395
射孔（井次）		29963	28573
录井（口）		418	487
快速与成像测井仪（支）		601	285
随钻测井及旋转导向测井仪（支）		0	13
生产测井仪（支）		49	106
射孔仪（台）		0	5
其他仪器仪表（支）		1354	185
射孔枪（万米）		49.68	50.63
射孔弹（万发）		158.73	180
工艺工具类（支）		4	7
总产值（亿元）		121.74	105.20
收入（亿元）		105.03	92.20
利润（亿元）		2.53	2.21
税费		2.18	2.02

2022年底，本部部门13个，二级单位18个。二级单位包含工程技术服务单位12个，技术创新单位3个，支持保障单位3个。在册员工11083人，其中合同化员工9097人、市场化用工1986人；高级职称以上2165人、中级职称4219人；硕士博士981人、本科5688人；从事技术服务7765人（不含国际公司）、研发制造1174人。部署各类作业队伍843支，其中测井368支、射孔216支、生产测井146支、录井61支、随钻测井51支、连续油管1支。成套测井装备1079套，其中完井测井装备606套、生产测井装备167套、射孔装备222套、随钻装备35套、录井装备49套，有井下仪器20628支，工程技术服务车辆及拖橇2613台，含一体化测井车932辆、工程车752辆、拖橇49台，装备新度系数0.19。

2022年，中油测井学习贯彻习近平新时代中国特色社会主义思想和党的二十大精神，认真落实集团公司"五大战略"和"四大战略举措"，锚定世界一流目标，开展"基础管理年"活动，以"三基"工作为抓手，推动战略实施，聚焦市场、技术、管理、人才重点工作，着力强基固本，实现高质量协同发展，经营业绩再创历史最好水平，世界一流测井公司建设取得重要进展。获集团公司"先进集体""生产经营先进单位""科技工作先进单位""质量健康安全环保节能先进企业"等称号，入选陕西省工业品牌培育示范企业，公司重组整合以来业绩考核首次跃入集团公司A级，连续4年党建工作责任制考核获评中国石油A级，通过国家高新技术企业认证，连续7年保持"全国文明单位"称号，为全面完成"十四五"规划目标奠定坚实基础。

2022年，中油测井完成各类作业97239井次，同比增长11.01%。其中裸眼测井24168井次，同比增长17.44%；生产测井15062井次，同比增长11.05%；工程测井27628井次，同比增长13.25%；射孔29963井次，同比增长4.86%；录井418口，同比减少14.17%。随钻测井541口，同比增长143.69%；桥射联作2940口/24058段，同比增长42.24%和15.24%。制造仪器650台（套/支）、射孔弹158.73万发、射孔枪49.68万米。完成总产值121.74亿元，增长15.72%，实现收入105.03亿元，考核净利润2.53亿元，上缴税费2.18亿元，超额完成集团公司下达的各项业绩考核指标。

中油测井建立4大共享研发平台，发布CPLog测井装备、CIFLog测井软件技术标准体系，配套7个业务机构、10个实验室，加速平台核心技术迭代积累。科创中心、荔参1井平台建设稳步推进。科技管理系统全面上线。统筹实施十大科技创新项目，"揭榜挂帅"选聘10名项目经理，推动"平台+项目"管理。实施科技岗位分红，科研投入强度达到5%。成立射孔技术研究实验室。

完善院士工作站运行机制。建立博士后科研工作站。205℃声波换能器形成试验样机，高性能中子管打靶超500小时。CNPC-IDS智能测导、175℃/20h一串测、CIFLog-LEAD被认定国际先进。230℃/170兆帕高温高压小直径系列形成深井作业能力，FITS过钻具成像测井填补国内空白。"先锋"射孔弹打靶穿深2258毫米，通过API标准认定，再创世界新纪录，射孔器材承压指标提升至245兆帕。自主研发的智能测导通过专家鉴定，进尺突破20万米。建成车载快速岩石物理实验室。设立面向社会的测井创新基金。受理授权专利242件，登记软件著作权23件。获省部级科学技术进步奖11项、自主创新产品8项，新一代桥射联作技术获集团公司2022年十大科技进展。

2022年，中油测井深化3D打印技术在测井传感器制作中的应用，极板、岩密探头外壳实现小批量生产，形成过钻具中子源舱一体化3D打印技术，FITS57中子源舱一体化打印和磨损钻铤原位修复等2项技术实现新突破。随钻导向仪器通过产品鉴定，达到国际先进水平，随钻LWD、MWD电路实现自主化。3型He-3管实现国产化，技术指标与国外产品一致，供货周期及单套成本大幅降低。iWAS智能采集地面系统进入生产制造阶段，完成11套系统换装。国内首条测井装备智能化加工生产线投产，初步建成测井智能工厂，形成数字化仿真、信息化管理、自动化加工、自动化检测的装备制造能力，支撑年产100套测井装备产业化制造。建成投产4条自动化加工线，实现仪器零件生产效率提高2.5倍、射孔枪加工效率提高2倍、射孔弹生产效率提高30%。测井装备全生命周期管理系统全面上线，实现全过程数字化线上流转及可视化集约管理。CPLog测井成套装备进入尼日尔、乍得等市场，射孔器材销往美国、土库曼斯坦、泰国等37个国家。CPLog测井成套装备外销收入连续2年超2.4亿元。

（张　沫）

【中国石油集团海洋工程有限公司】　中国石油集团海洋工程有限公司（简称海洋工程公司，英文缩写CPOE）是根据集团公司加快海洋油气资源勘探开发步伐，推进专业化重组的战略部署，整合大港油田、辽河油田滩海作业队伍，于2004年11月组建的海上石油工程技术服务公司，注册地设在北京。2007年12月，与原中国石油天然气第七建设公司和原中国石油集团工程技术研究院重组整合。2009年11月再次重组，将原中国石油天然气第七建设公司划转中国石油集团工程建设公司。2011年4月，海洋工程公司机关办公地点迁至北京市朝阳区太阳宫南街23号丰和大厦。

海洋工程公司业务涵盖海洋钻完井、海洋工程、技术服务等3大领域。在海洋石油工程领域取得一批国内外领先的技术成果，形成深水油气与可燃冰试采、浅滩海钻完井工程、复杂井固井、井下作业与试油测试、海洋工程、地面工程十大技术系列，打造深水天然气水合物试采浅软地层水平井钻完井、防窜增韧水泥浆固井、LNG模块建造焊接等技术利器，具备120米水深海洋油气勘探开发一体化综合服务保障能力，1500米超深水钻井服务能力。建成青岛海工建造和唐山生产支持两大基地。有海洋工程、海域天然气水合物工程、固井技术、涂层材料与保温结构等4个集团公司重点实验室和研究室，其中固井技术研究室为油气钻井技术国家工程实验室的分支机构，是油气钻完井技术国家工程研究中心分中心；海域天然气水合物工程重点实验室为天然气水合物勘查开发国家工程研究中心分中心。中油技服固井材料与外加剂质量控制中心，设在中国石油天然气集团工程技术研究有限公司。

2022年底，海洋工程公司在册员工2451人。其中，大专及以上学历2101人，副高级及以上职称429人，中级职称962人。享受国务院政府特殊津贴人员10人，企业首席专家1人，企业高级专家3人，高级技师3人，技师7人。有7家所属单位，1家直属单位，9个职能处室。有钻井平台16座，作业采油平台5座，各类船舶22艘。

海洋工程公司主要生产经营指标

指　　标	2022年	2021年
钻井（口）	121	96
钻井进尺（万米）	30.88	21.6
海上固井（井次）	25	12
酸化（层/井次）	1/1	2/2
压裂（层/井次）	6/5	5/4
大修（井次）	9	5
连续油管（井次）	11	10
试油（层）	5	5
收入（亿元）	31.3	27.80

2022年，天津中油渤星工程科技有限公司被国务院国有企业改革领导小组办公室评选为"科改示范企业"，是中国石油集团入选的七家企业之一。海洋工程公司6项成果获集团公司科技奖，其中获集团公司科学技术进步奖一等奖1

项、二等奖 2 项、三等奖 3 项。获授权专利 23 件，其中发明专利 21 件；累计有效专利 231 件。申请专利 39 件，其中发明专利 38 件，实用新型 1 件，发明专利占比 97.43%。

2022 年，海洋工程公司发挥一体化服务保障和特色产品技术优势，深化与业主沟通、交流，持续开拓行业市场，稳步推进新能源市场。新签、续签合同 308 份，同比增长 179%，营业收入 31.2 亿元。

全力保障集团内部市场。动用 4 座钻井平台、3 座试采作业平台、20 艘船舶为大港、冀东和辽河油田服务。成功获埕海 45 井、葵探 1 井、辽探 1 井探井项目，签订埕海一号平台年度钻完井总包和修井、采油服务合同，中标赵东 CP3 平台建造、安装项目，签订埕海二号平台初步设计合同。为西部油气田提供固井、防腐及储层改造技术服务，与中油技服签订油井水泥用降失水剂框架采购服务协议，西部油气田市场实现收入同比增长 48.4%。巩固拓展外部行业市场。以优质高效服务站稳、扩大中国海油市场，11 座平台、11 艘大马力船舶为中国海油提供日费服务；中标中国海油服 3 年防砂压裂服务项目，新签海洋工程设计合同 3 项。开拓中国石化市场，与胜利油田签订中油海 62 平台修井作业日费合同及两艘 2000HP 工作船服务合同。进军海上管道建设和隐患治理市场，中标册镇海管变形修复、嵊泗海管、美孚惠州乙烯管道等 7 个项目。推动防腐专业化、一体化发展模式，首次进入 LNG 防腐市场，中标江苏 LNG 彩虹桥钢结构防腐项目。稳步开拓新能源市场。落实集团公司新能源业务发展部署，成立服务保障领导小组，全力协助南方勘探开展儋州、揭阳、汕尾等海上风电项目前期工作，为浙江油田海上风电、光伏发电等项目提供技术支持。相继中标华能广东汕头、浙江苍南和国电投山东半岛海上升压站建造项目。与煤层气公司签订战略合作协议，推进忻州、临汾陆上光伏项目。密切跟踪国际市场。为集团公司 13 个海外项目提供技术支持，与中油国际续签技术支持合同 6 项，开拓 LNG 和炼化模块建造市场，提交资质预审 12 份，参与投标 28 项。

（魏颂珂　刘　陈）

【中国石油天然气股份有限公司勘探开发研究院】　中国石油天然气股份有限公司勘探开发研究院（简称勘探院，英文缩写 RIPED）是面向中国石油全球油气勘探开发业务的综合性研究机构，是中国石油国内外油气业务发展的战略决策参谋部、重大理论与高新技术研发中心、技术支持与服务中心和高层次科技人才培养中心。

勘探院 1958 年成立，60 多年来，勘探院直接参与中国陆上和海外大多数主力油气田的勘探发现与开发建设，有力支撑中国石油国内外上游业务的健康发展；建立并完善以中国陆相为主的石油地质与油气田开发理论技术体系，引领中国油气勘探开发理论技术持续创新发展；培养造就以20名"两院"院士、400余名教授为代表的一批专家队伍，打造一支敬业奉献、开拓创新的老中青科技人才队伍，为中国石油事业持续健康发展提供智力支撑；弘扬石油精神和大庆精神铁人精神，树立新时代科学家精神，为石油优良传统在科技领域薪火相传提供滋养沃土。

勘探院包括北京院（含廊坊园区）、西北分院和杭州地质研究院，业务领域涉及油气勘探、油气田开发、采油采气工程、非常规与新能源、信息与决策支持、研究生教育与技术培训等方面。北京院下设9个职能部门、39个科研单位、7个服务保障单位。总体上形成面向油气及新能源、扎根国内、布局全球的科研组织架构。2022年底，有员工2767人，其中在职"两院"院士4人、集团公司首席专家1人、集团公司高级专家1人、教授级高级工程师179人、高级工程师1595人，硕士以上学历2067人；建有提高油气采收率全国重点实验室、国家能源页岩气研发（实验）中心、国家能源致密油气研发中心等3个国家级重点实验室（研发中心），以及21个公司级重点实验室（研发中心），有大中型实验设备600余套，科研条件优越；作为中国石油总部级数据信息中心和勘探开发资料中心，负责公司30多个业务和管理信息系统的运行维护，是中国石油信息化建设的主力军；与国内外知名油公司、研究机构和高等院校建立广泛的交流与合作关系，出版《石油勘探与开发》等一批优秀刊物，在国内外油气行业和科技界具有良好影响力。

2022年，勘探院新增技术成果24项，牵头研发的"低渗油藏离子匹配与微纳米气水分散体系低成本提高采收率技术""智能化分层注水技术"入选2022年中国石油十大科技进展；获省部级科技奖励100余项；获授权发明专利322件，其中国际发明专利24件；登记软件著作权105项；制修订标准30项，其中国家标准4项；发表SCI论文390篇，影响因子最高达32.8。

勘探院瞄准集团公司上游业务高质量发展需求，强化靠前技术支持，抓好战略决策研究，支撑集团公司筑牢油气保供"压舱石"。

（韩伟业　廖峻）

【中国石油集团工程技术研究院有限公司】　中国石油集团工程技术研究院有限公司（简称工程技术研究院）2017年2月组建，由原中国石油集团钻井工程技术研究院有限公司和休斯敦技术研究中心强强联合、重组整合形成，同时加挂股份公司、中油技服工程院及中国石油海外钻完井技术中心牌子，保留休斯敦中心牌子，是中国石油天然气集团公司直属科研机构。其发展定位为，中国石油集团公司油气工程技术参谋部，油气工程基础前沿及高新技术研发中心，油气工程高端技术支持与服务中心，油气工程高端科技人才引进培养平台，油气工程高新技术产业化平台。业务范围为，以井筒技术为主，从事油气钻井、完井、测录试、储层改造、井下作业等的发展规划、技术攻关、产品研发、产品制造与推广应用、国内外重点工程技术支持与服务等业务。

2022年，工程技术研究院下设7个机关处室、11个专业研究所、1个休斯敦研究中心、1个国际业务部、3个子公司、1个附属机构和5个临时机构；有国内唯一的油气钻井技术国家工程实验室（2021年12月纳入国家新序列管理，更名为油气钻完井技术国家工程研究中心），设有随钻测量、控压、固井、钻井液等14个专业实验室、3个试验平台和1个检测中心。有员工1271人，其中中国工程院院士2人、新世纪百千万人才工程国家级人选5人、享受国务院特殊津贴14人；教授级高工49人，高工382人；外籍专家52人，工程技术研究院两级企业技术专家31人。

2022年，工程技术研究院承担国家和集团公司课题163项；获国家及省部级科技奖励44项，其中，中国专利银奖1项，科学技术进步奖特等奖1项、一等奖5项，基础研究一等奖1项，技术发明奖一等奖2项，专利金奖2项，行业标准特等奖1项，创新奖一等奖1项，青年科技创意大赛一等奖2项。申请发明专利399件，其中国外专利51件、国内专利342件；获授权专利79件，其中国外专利14件、国内发明63件；制修订标准97项，其中国际标准4项、国家标准10项、行业标准30项、集团公司企业标15项；组织发表论文213篇，其中：国际论文74篇；出版专著6部；登记软件著作权36项，认定技术秘密34项。

深化转型升级发展，突出关键核心和基础前沿技术攻关，全力锻造国家油气工程技术中坚力量。拓展研发布局，成功申报国资委"1025专项"2项，新开集团公司关键核心技术攻关等重大项目6项、直属院所基金课题24项，获沙特阿美石油公司项目1项，在研项目数量和重量创历史新高；成立新能源研究中心，系统布局CCUS、地热、储能等技术研究，抢占未来发展科技制高点。升级研发平台，高标准推进油气钻完井技术国家工程中心建设，联合承建国家基金委"超深特深层油气钻采流动调控"基础科学中心和教育部"矿区深部零碳负碳技术"工程研究中心，特种实验室基建可行性研究方案通过集团公司论证，显著提升研发格局和影响。强化科研项目管理，优选16个项目实施完全项目制管理，开展5个重点项目成果后评估，严格落实例会督办和经费检查，9项"卡脖子"任务全部以"优秀"成绩通过年度成效评估，有效抓实重大项目过程管控。深化提质增效价值创造行动，制订年度行动方案，细化 15 项具体措施和 7 个关键指标，确保目标可量化、可考核，盈利能力趋于稳健，"两金"压降取得显著成效。取得一批标志性技术进展，抗温 240℃井筒工作液、抗 175℃高温芯片、PDC 钻头超硬材料等基本解卡，恶性井漏综合治理技术获中国石油十大科技进展，无源磁导向等入选集团公司科委会年度重大进展，SmartDrilling 软件形成 1.0 版，膨胀管技术实现国内首次直径 311.2 毫米井眼长裸眼封堵，连续管作业机创单机年作业 500 井次世界纪录。

（王盼盼）

【中石油深圳新能源研究院有限公司】 中石油深圳新能源研究院有限公司（简称深圳院）是股份公司独资设立的有限责任公司。依照"支撑当前清洁用能替代、全产业链储备氢电转化技术、超前介入未来综合供能业务"3 个层次布局，深圳院聚焦风能、光能、地热能、氢能、储能、智慧能源六大领域，重点攻关前瞻性和颠覆性技术，着力建设能源自主创新高地和国家战略科技力量。经营范围聚焦新兴能源技术研发、技术服务、技术开发、技术咨询、技术交流、技术转让、技术推广等。

深圳院按照建设新能源自主创新中心，培育战略与决策支持平台、成果孵化与转化平台、人才引进与培养平台、国际交流与合作平台，打造新能源科技创新高地的"141"发展定位，秉承新理念、新体制、新机制、国际化、市场化、产业化的"三新三化"原则，加速建成一流的科技研发中心、一流的专业人才队伍、一流的实验研发平台、一流的科创产业园区、一流的科技创新生态等"五个世界一流"新能源实体研究院，着力打造支撑国家及中国石油新能源事业发展的技术策源地和成果转化基地。

2022 年，深圳院有综合管理部、科技管理部（知识产权、成果转化）、计划财务部、人力资源部、法务和内控部、条件保障部 6 个职能部门；设立氢能研发部、储能研发部、智慧能源研发部、地热能研发部、光能研发部、风能研发部，先期启动运行氢能研发部、储能研发部、智慧能源研发部、地热能研发部。

深圳院依托中国石油天然气集团有限公司、上海中智人才顾问咨询有限公司、国投人力资源服务有限公司等网站，委托国投人力资源服务有限公司、上海德筑企业管理等猎头公司全球猎聘顶尖人才，实施 365 天多渠道多层次招聘，逐步壮大高端技术人才梯队，管理与技术双序列形成"一支核心队伍"。成立"人才队伍建设专班"，运用市场化选人、用人机制，快速组建一支百人级的高水平管理与科研核心队伍，为深圳院快速发展奠定坚实的人才基础。氢能、储能、智慧能源、地热能4个项目部形成分管院长领衔、研究员为项目长、核心骨干支撑的技术梯队，截至2022年底，形成高级顾问1人、资深研究员3人、研究员21人、副研究员及以下79人的高层次技术团队。立足精干高效，管理团队拓展引才方式，以业务外包方式遴选管理精英，初步形成6名市场化和6名业务外包共12人管理队伍。

光伏制氢助力冬奥会点燃"一盏绿色火炬"。依托勘探院新能源研究中心，边加快前期基础筹建，边持续开展科技创新，取得以绿氢制取为代表的一批科研成果。2022年成功点燃奥运百年史上首支绿氢火炬，赢得北京奥组委、北京市海淀区政府和集团公司的肯定与嘉奖。

（王　影　周　末）

【中国石油迪拜研究院】 2021年12月28日，中国石油迪拜研究院（简称迪拜研究院）的揭牌仪式在北京集团公司总部举行。建设中国石油迪拜研究院，是集团公司贯彻落实党中央关于高水平科技自立自强重大战略部署，实施创新战略和国际化战略的重要举措，是加快建设全球新型研发机构、积极融入全球创新网络的重要布局，对于深化"一带一路"能源合作、更好保障国家能源安全、推进集团公司建设基业长青的世界一流企业，具有重要战略意义。

2022年1月25日，迪拜研究院在迪拜国际金融中心（DIFC）完成注册并取得营业执照、注册证明等相关文件，注册名称CNPCR&D（DIFC）CompanyLimited。按照集团公司相关文件，1月27日勘探院迪拜分院揭牌成立，1月30日工程院迪拜分院揭牌成立。

2022年，迪拜研究院将租赁办工场所作为上半年的一项重点工作，综合考虑便利、成本等因素，在比选19处办公场所之后，2022年4月初完成办公场所选址并签订租赁协议。10月初完成装修及家具配置，11月12日正式入驻位于迪拜国际金融中心中央公园大厦17层的新办公室。

在集团公司科技管理部支持下，迪拜研究院组织国内外科研力量，开展基础性前瞻性课题"中东地区异常高压酸性深层碳酸盐岩油藏高效开发关键技术研究"立项申请和开题论证，2022年11月8日课题立项获批。这是迪拜研究院承担的第一个科研课题，标志着迪拜研究院科研工作步入正轨。

（陈晓龙）

炼化新材料板块

【中国石油天然气股份有限公司大庆石化分公司】 中国石油天然气股份有限公司大庆石化分公司（中国石油大庆石油化工有限公司）简称大庆石化，是股份公司的地区分公司，前身是1962年成立的黑龙江炼油厂。2022年底，有二级单位25个，员工1.9万余人，生产装置、公用工程及辅助设施171套，可生产64个品种502个牌号的产品。炼油加工能力1000万吨/年，乙烯生产能力120万吨/年，合成氨45万吨/年，尿素80万吨/年，聚乙烯111万吨/年，聚丙烯10万吨/年，丙烯腈8万吨/年，丁辛醇20万吨/年，苯乙烯19万吨/年，ABS10.5万吨/年，顺丁橡胶16万吨/年，腈纶丝6.5万吨/年。截至2022年，累计加工原油3.01亿吨，生产乙烯2213.59万吨，完成工业总产值9635亿元，累计营业收入10419亿元，累计上缴税费1327亿元。

2022年，大庆石化公司坚决执行集团公司党组各项决策部署，精准抵御新冠肺炎疫情冲击，有效应对"五年一修"带来的风险挑战，统筹推进生产经营、安全环保、改革发展等各方面工作，高质量发展取得新成效。全年加工原油791.95万吨，生产乙烯128万吨，乙烯产量连续7年过百万吨；营业收入654.84亿元、上缴税费99.88亿元；上市业务净利润0.2亿元、利润总额0.27亿元；未上市业务控亏1.33亿元，同比减亏6.4亿元，账面利润减亏下降83%，创历史最佳业绩。

2022年，大庆石化统筹协调原料资源，加大管输轻烃、石脑油进厂力度，打通锦州石化、锦西石化石脑油互供渠道，原料结构持续优化。坚持"大平稳出大效益"，以强化专业管控为抓手，编制完成《调度手册》，规范操作变动预约管理，统筹开展技术攻关和防泄漏专项行动，高效完成32套装置窗口检修，优化储罐运行，彻底停用储罐208座，深化达标对标管理，推进"冬季九防"落实落地，执行三级以上操作变动2813项，主要生产装置操作平稳率99.81%，常减压Ⅰ等17套装置创造长周期运行新纪录，21项主要物耗能耗指标创历史最好水平。开展长周期运行攻关，完善设备专业KPI体系，推广智慧平台机泵管理模块应用，深化"两治理一监控"，推进无泄漏装置创建，统筹仪表、电气、抗晃电、防腐蚀管理，A+B区运行机泵占比100%，静密封点泄漏率同比下降0.153‰。突出炼化一体优化调整，连续重整等炼油创效装置高负荷运行，"三苯"产量同比增加7万吨；落实柴油保供要求，柴油产量超计划21万吨。优化化工装置运行，动态调整乙烯负荷，阶段性停运乙苯脱氢等低效益装置，保持尿素装置长周期连续生产，实现上下游效益最大化。加强产运销整体协同，打通柴油对蒙古国出口流程，同步做好石油焦、19G产品推价等工作，保障产业链顺畅运行。

大庆石化主要生产经营指标

指 标	2022年	2021年
原油加工量（万吨）	791.95	807.97
汽油产量（万吨）	182.82	195.29
柴油产量（万吨）	162.5	147.1
航空煤油产量（万吨）	21.31	27.53
乙烯（万吨）	128	135.9
丙烯（万吨）	79.19	85.93
ABS树脂（万吨）	11.37	11.59
丁辛醇（万吨）	20.25	22.58
聚乙烯（万吨）	125.4	132.6
聚丙烯（万吨）	10.65	12.05
顺丁橡胶（万吨）	15.88	17.34
合成氨（万吨）	47.34	45.85
尿素（万吨）	42.28	31.27
资产总额（亿元）	236.02	218.79
营业收入（亿元）	654.84	596.32
利润（亿元）	-1.06	35.38
税费（亿元）	99.88	91.49

2022年，大庆石化坚持事业发展、科技先行，编制完成龙江地区炼化企业转型升级、"双碳"方案、能效提标等专题规划项目7个，承担科技开发项目37个，乙烯—辛烯共聚工业试验等4个集团公司科技专项通过审查，CCUS（二氧化碳捕集、利用与封存）重大科技专项完成1.0版二氧化碳捕集工艺包设计，企业创新主体作用充分发挥。以项目建设推动结构转型升级，乙烯装置脱瓶颈及下游配套、20万吨/年ABS、40万吨/年高浓度二氧化碳回收等结构优化项目建设全面踏上计划进度，热电厂100万吨/年烟气低浓度二氧化碳捕

集项目完成可行性研究初审，为绿色低碳转型发展提供项目支撑。加大科技成果转换力度，完成 QL585P、MPEF1810、UH060P 等 10 项专用树脂开发，放大 2820D、19G 等高效新产品 56.86 万吨，生产地热管材、箱包板材等 7 项新材料 2.2 万吨，有力支撑产业增值创效。推动主营业务数字化转型、智能化发展，昆仑 ERP 系统成功单轨运行，开创国产 ERP 在大型企业应用的先例。

大庆石化优化提质增效及亏损企业治理方案，召开专题会议 19 次，推动落实提质增效项目 576 项，动态跟踪公司级投资项目 20 个，累计增效 5.02 亿元。

（钟国强）

【中国石油天然气股份有限公司吉林石化分公司】 中国石油天然气股份有限公司吉林石化分公司（吉化集团有限公司）简称吉林石化，办公地点位于吉林省吉林市。前身是吉林化学工业公司，是国家"一五"期间兴建的以染料、化肥、电石"三大化"为标志的第一个大型化学工业基地。1954 年开工建设，1957 年建成投产。1998 年划归集团公司，1999 年重组为中国石油吉林石化公司、吉化集团公司，2000 年吉化集团公司与吉林石化公司正式分立运行，2007 年吉林石化公司与吉化集团公司整合管理。2010 年集团公司授权吉林石化对吉林燃料乙醇有限责任公司实施一体化管理。吉林石化作为新中国化学工业长子，新中国的第一桶染料、第一袋化肥、第一炉电石诞生在这里，创立 60 多年来，逐步成为千万吨级炼化一体化生产基地，为中国化学工业和国民经济的发展作出突出贡献。2022 年底，吉林石化原油加工能力 1000 万吨 / 年、乙烯生产能力 85 万吨 / 年、燃料乙醇生产能力 70 万吨 / 年，有炼化生产及辅助装置 130 余套，主要分为炼油、乙烯、丙烯、碳四、芳香烃、合成氨、燃料乙醇等产品链，可生产汽油、柴油、航空煤油、聚乙烯、ABS、丙烯腈、乙丙橡胶、丁苯橡胶、甲基丙烯酸甲酯等 115 种主要石油化工产品。2022 年底，设有 15 个业务部门、6 个直附属机构、32 个基层单位；在册合同化员工 1.76 万人；公司总资产 289.6 亿元，资产负债率 34.8%。

2022 年，吉林石化全年加工原油 900.53 万吨、生产乙烯 80.87 万吨；完成现价工业总产值 733.32 亿元、同比增长 21.94%，主营业务收入 706.1 亿元，实现税费 119 亿元，利润 5 亿元。吉林石化被评为中国石油 2022 年度"先进集体""平安企业""质量安全环保节能先进单位"，被集团公司认定为第三批"创新型企业"。

吉林石化突出预知性生产及维修，高效组织生产调整 157 项、预知性检修消缺 67 项，运行平稳率 99.87%，主要装置运行天数 7279 天。开展以"炼油装置优化运行、两套乙烯装置高效运行"为核心的炼油乙烯联合优化攻关，最大

吉林石化主要生产经营指标

指　　标	2022年	2021年
原油加工量（万吨）	900.53	784.05
乙烯产量（万吨）	80.87	77.30
汽油产量（万吨）	189.36	180.74
柴油产量（万吨）	265.96	195.30
航空煤油产量（万吨）	22.11	27.26
合成树脂产量（万吨）	116.1	107.23
合成橡胶产量（万吨）	15.63	16.18
资产总额（亿元）	289.6	280.6
收入（亿元）	706.1	570.1
利润（亿元）	5	37.5
税费（亿元）	119	107.2

能力加工俄罗斯原油，掺炼比例最高达到48%、平均达到45%，创历史最高水平；成功调和国ⅥB标准车用汽油、提前7个月投放市场；增产增销石油焦、船用燃料油、焦化蜡油等炼油特色产品62.3万吨，同比增长57%；乙烯裂解原料实现品质提升与自给自足，大乙烯装置实现满负荷运行及分储分裂；乙丙橡胶产量首次突破6.3万吨、同比增长13.4%。

吉林石化锻造研发硬实力，突出研究院主体地位，将4个研发中心划归研究院管理，全面加强科研专业化管理水平；申报承担国家ABS原创技术策源地建设，通过国家论证评审。深化"产销研"协同、"产学研"合作，开展聚烯烃等新产品市场开发和技术服务，与知名高校和代表性用户合作开展上下游科研开发，组建创新联合体、联合实验室5个。统筹推进"双新"（新能源与新材料），成立新能源新材料业务发展领导小组及专项攻关组，明确新材料研发生产方向，24个新牌号产品纳入集团公司新材料目录，新材料产量首次突破10万吨。动态完善碳达峰行动方案，明确"源头清洁能源替代、生产过程节能提效、末端捕集利用封存"的总体方向，与吉林油田合作开展CCUS（二氧化碳捕集、利用与封存），明确2027年实现"碳达峰"目标及实施路径。

2022年，吉林石化提升科技创新能力，研发投入1.96亿元，研发经费投入强度达到0.27%；开展科研项目53项，6项科技成果产业化，11个牌号新产品实现量产 3.46 万吨、创效 2300 万元。被认定为集团公司第三批创新型企业。

（薛鹏越）

【中国石油天然气股份有限公司抚顺石化分公司】 中国石油天然气股份有限公司抚顺石化分公司（中国石油抚顺石油化工有限公司）简称抚顺石化，是集"油、化、塑、洗、蜡、剂"为一体的大型石油化工联合企业，有 95 年发展历史，被誉为中国炼油工业的"摇篮"。石油一厂始建于 1928 年，前身为满铁制油工厂，以炼制页岩油为主要业务，1939 年更名为西制油厂，1948 年收归国有，1952 年更名为石油一厂，1962 年开始加工大庆原油，1982 年以石油一厂、石油二厂、石油三厂为主体，联合化学纤维厂和化工塑料厂，成立抚顺石油化工公司。能够生产成品油、石蜡、聚烯烃、烷基苯等 300 多个牌号产品，产品畅销全国并远销世界 50 多个国家和地区，是世界上独具特色的石蜡、烷基苯、低硫石油焦、贵金属催化剂生产基地，其中，年产石蜡 60 万吨，产量占全国 1/3、世界 1/7 以上，获美国 FDA 免检、欧盟质量认证，获中国"十大卓越品牌"；年产石油焦 46 万吨，是国内最大的高端电极及锂电池负极原料供应商；聚乙烯瓶盖料是中国唯一获市场大规模应用的低气味瓶盖专用料，替代进口；双峰承压瓶盖料填补国内瓶盖料产品领域的空白；年产烷基苯 28 万吨，产品产量亚洲第一，国内市场占有率 40%，油田驱油用烷基苯国内独此一家；催化剂年产能 1.3 万吨，是中国石油唯一的加氢及贵金属催化剂生产及研发企业。新中国成立以来，抚顺石化累计加工原油 4.68 亿吨，实现利税 1598 亿元，上缴税费居辽宁省前列，为国民经济和国防建设作出重大贡献。为全国各地输送 2 万多名优秀的管理和技术人才。

抚顺石化主要生产经营指标

指　　标	2022 年	2021 年
原油加工量（万吨）	820	717
汽煤柴产量（万吨）	356	304
化工商品总量（万吨）	352	337
销售收入（亿元）	562	409
资产（亿元）	221	220
利润（亿元）	0.25	6
利税（亿元）	85.3	61

下辖25家直属单位，分布在抚顺市4个行政区。总占地面积1180万平方米，资产221亿元。

2022年，抚顺石化套装置实施长周期运行优化，装置平稳率99.86%、同比提高0.12%，炼化新材料公司统计口径装置非计划停车为零、位列所属13家地区公司之一，年度总计停车次数同比下降78.57%，损工时数62天、同比下降25.3%。安排14万吨/年乙烯装置长期停工、8万吨/年聚乙烯装置和9万吨/年聚丙烯装置阶段性停工，170万吨/年重油催化、80万吨/年乙烯等主力创效装置单系列、满负荷运行；优化蒸馏侧线收率确保4套酮苯装置满负荷，主要创效产品产量创历史新高；年度柴汽比峰值达3.78，四季度乙烯装置保持负荷上限运行，长输管线月输油最高23.2万吨，采取旁滤回调等有效手段，长期制约物料平衡的存疑汽油难题得到有效解决。盯紧"率、费、耗"，多维标准开展装置对标，装置达标率81.4%、同比提高21%，炼油可比综合商品率94.51%、高于炼化新材料公司平均水平0.91个百分点，炼油综合能耗69.01千克标准油/吨、同比降低5.58个单位，80万吨/年乙烯能耗533.2千克标准油/吨、同比降低12.35个单位，双烯收率48.78%、同比提高0.3%；天然气用量3.8亿标准立方米，创历史新高；开展节能节水行动，腈纶厂域蒸汽优化攻关实现供需平衡，全年节能5.8万吨标准煤、节水6.9万吨，同比降低4.67万吨、5.46万吨。抚顺石化首次获集团公司生产经营先进单位称号。

抚顺石化争取原油、原料和产品交货计划等各类计划资源，年度炼油计划执行率99.7%、化工计划执行率98.1%、互供计划执行率96.0%，高于下达指标平均两个百分点；按照"事前算赢"原则，财务、计划、所属企业联动，开展烷基苯、环氧乙烷、乙烯外购原料等专项优化测算120次，为经营决策提供充分依据。

抚顺石化召开科技与信息化创新工作会议，成立抚顺石化技术委员会，建立科技项目课题长负责制，中国科学院城市环境研究院所抚顺工作站正式运营；实施科研项目49项，研发投入强度0.288%，创历史最好水平；生产高洁净大中空FHM8255A、承压瓶盖料FHP5060、混晶蜡等11个新产品20.9万吨；新材料产量实现零的突破并超额完成集团公司考核指标，辛烯共聚超低密度聚乙烯VLF8410成功试产。乳化炸药蜡科研项目中试成功，"环保型乙醇法长链烷烃脱氢催化剂"替代进口。智慧通行系统在全公司应用，生产装置"全流程自动及净屏操作"项目（一期）全面上线，安环一体化系统完成作业前安全分析、气体报警器在线管理等系统软件模块的推广应用，安保防控项目、可视化生产运营管理系统建成试运；MES系统持续优化，完成LIMS系统不合格产品自动统计功能；推进信息"孤岛"治理专项行动，物流、信息流、资金流"三流合一"工程有序推进。

（郭　兴）

【中国石油天然气股份有限公司辽阳石化分公司】　中国石油天然气股份有限公司辽阳石化分公司（中国石油辽阳石油化纤有限公司）简称辽阳石化，是大型炼化一体化生产企业。位于辽宁省辽阳市宏伟区。前身是辽阳石油化学纤维总厂，1972 年经国家批准建设，1974 年正式动工，是 20 世纪 70 年代国家建设四大化纤基地中最大的一个，织出中国第一块国产"的确良"。经过 50 年的发展，有炼油、芳香烃、烯烃、聚酯、尼龙等主要生产线，炼化主体生产装置 79 套，辅助生产装置 52 套。其中，炼油部分有加工俄罗斯原油的全加氢炼油厂，原油加工能力 1000 万吨 / 年，为中国石油第 8 家千万吨级炼油基地，可年产优质柴油 430 万吨、汽油 260 万吨、航空煤油 80 万吨。芳香烃及衍生物生产能力位居全国前列，可年产 100 万吨对二甲苯、40 万吨苯、14 万吨邻二甲苯、30 万吨聚酯、14 万吨精己二酸和 18 万吨硝酸。烯烃部分可年产 30 万吨高性能聚丙烯，依托 20 万吨 / 年乙烯裂解装置可年产 7 万吨聚乙烯、25 万吨环氧乙烷 / 乙二醇。截至 2022 年底，累计生产成品油 524.3 万吨，苯、对二甲苯、邻二甲苯产量合计 113.1 万吨。

辽阳石化主要生产经营指标

指　标	2022 年	2021 年
原油加工量（万吨）	796	820
汽油产量（万吨）	173.62	214.17
柴油产量（万吨）	337.3	291.26
航空煤油产量（万吨）	13.4	35.45
对二甲苯产量（万吨）	66.5	79.71
环氧乙烷产量（万吨）	20.18	24.68
聚乙烯产量（万吨）	2.88	3.42
聚丙烯产量（万吨）	21.59	7.93
资产总额（亿元）	151.26	156.06
收入（亿元）	562.83	468.9
利润（亿元）	24.3	1.66
税费（亿元）	106.2	110.72

2022年底，辽阳石化设14个职能处室、5个机关附属中心、6个直属单位、20个二级单位，员工总数1.08万人。2022年，辽阳石化贯彻"疫情要防住，经济要稳住，发展要安全"的总体要求，统筹安全环保、提质增效、科技创新、深化改革、党的建设等各项工作，团结带领广大干部员工迎难而上、积极进取，取得令人瞩目的发展成就，2万吨/年1,4环己烷二甲醇装置一次开车成功，按时完成国家技术攻关任务，获集团公司"先进单位""平安企业""QHSE先进企业"称号。全年加工俄罗斯原油796万吨，生产成品油524.3万吨，化工商品总量203.8万吨。主营业务收入562.83亿元、同比增加93.93亿元；利润24.3亿元、同比增加22.64亿元；税费106.2亿元，连续4年上缴税费超百亿元。

2022年，辽阳石化树立"大平稳产生大效益"理念，强化生产受控，狠抓工艺管理，平稳率99.99%，在集团公司考核26家炼化企业中排名第四。抓预防、治未病，探索构建立体监管体系，运用仪表、报警、联锁等手段联合管控，生产、设备管理取得显著成效。严格工艺风险管控，开展高压窜低压管理专项提升，新识别装置互窜风险1600余项；组织375项工艺变更管理排查，落实风险削减措施，严格管控"变"的风险。工艺技术水平大幅提升，完成27套在役装置危险和可操作性（HAZOP）分析，绘制130张生产执行系统（MES）实时数据流程图，修订完善4821份操作卡，编制58项专业导则，开发督办信息管理系统并下发148项督办任务，有效保证指令畅通。加强设备精细化管理，对设备实行逆周期整治，推进"夏病冬治""冬病夏治"，对大机组开展机、电、仪、管、操"五位一体"管理，超过85%的机泵振值小于2.8毫米/秒；以SIL（安全完整性等级认证）评估推进联锁自控率排查与管理提升，以定点测厚整治易腐蚀部位及小接管隐患，开展"无泄漏工厂"建设。准备2023年大检修，完善检修计划和检修方案，促进检修项目和检修费用"双瘦身"。

辽阳石化聚焦价值创造，推进提质增效专项行动，深化"一企一策"，实施重汽油改造、蒸汽管线跨接等76个优化专题，征集"金点子"1317条，能耗总量、单位原油加工碳排放强度和乙烯产量碳排放强度同比下降7.8%、9.8%、8.7%。

辽阳石化加速技术进步，坚持走自主创新道路，开展科研项目120项，获8项集团公司（省部）级科学技术奖项。2万吨/年1,4环己烷二甲醇（CHDM）工业试验装置一次开车成功，获集团公司董事长戴厚良亲笔批示；共聚酯（PETG）产品质量达到国际先进水平，产品实现工业化。与国家重点实验室共建联合研究中心，助推原创技术策源地建设。光伏背板膜聚酯等3个新产品被评为集团公司自主创新重要产品，LH064 牌号锂电池隔膜料首次实现工业化生产并完成首批销售，开发 6 个聚丙烯新牌号，覆盖市场多个重点领域。多种自主研发催化剂实现工业化应用。完成制氢装置低浓度二氧化碳捕集侧线试验。深化 MES、ERP 等系统应用，安全、生产、设备、能源等一体化管控平台有力支撑公司各项决策，智能工厂建设稳步推进。召开科技与信息化创新大会，崇尚科技、崇尚技术的氛围日益浓厚，技术立企、科技创新战略深入人心。

（高大卫）

【中国石油天然气股份有限公司兰州石化分公司】 中国石油天然气股份有限公司兰州石化分公司（中国石油兰州石油化工有限公司）简称兰州石化公司，1952 年选址，1958 年建成投产，是集炼油、化工、工程建设、检维修、装备制造及矿区服务为一体的大型综合化炼化企业，是中国西部重要的炼油化工生产基地，能源战略地位非常突出。兰州石化地处甘肃省兰州市西固区，有土地面积 27 平方千米。原油一次加工能力 1050 万吨 / 年，乙烯产能 150 万吨 / 年、合成树脂产能 198 万吨 / 年、合成橡胶产能 21.5 万吨 / 年、炼油催化剂产能 11 万吨 / 年；有各类炼油化工生产装置 67 套，可加工 7 种原油，生产汽油、航空煤油、柴油、润滑油基础油、合成树脂、合成橡胶、炼油催化剂、精细化工、有机助剂等多品种、多牌号、多系列石化产品。有汽油加氢、丁二烯抽提、丁苯橡胶、丁腈橡胶、碳五加氢石油树脂成套技术，炼油化工主要工艺技术和炼油催化裂化催化剂领域达到国内领先水平。2022 年底，总资产 247 亿元。设机关处室 12 个，直属机构 8 个，二级单位 31 个，在册合同化、市场化员工 1.67 万人。下辖二级单位设党委 35 个、党总支 8 个、党支部 307 个，有党员 9293 名。

2022 年，兰州石化加工原油 947 万吨，生产汽油、航空煤油、柴油 650.6 万吨，乙烯 144.6 万吨，合成树脂 187.6 万吨，合成橡胶 19.7 万吨，炼油催化剂 7.5 万吨，分别同比增长 4.5%、44.6%、31%、1%、14.1%。营业收入 773 亿元、上缴税费 143 亿元，分别增长 30.2%、4.6%，上市业务账面利润 18.06 亿元，榆林乙烯盈利近 10 亿元，未上市业务一举扭转多年亏损局面，连续 14 年成为甘肃省纳税超百亿元企业。

2022 年，兰州石化始终把政治建设摆在首位，开展"建功新时代、喜迎二十大"主题活动，跟进学习贯彻习近平总书记最新重要讲话和指示批示精神，集中开展两级党委中心组学习，第一时间学习宣贯党的二十大精神，深刻领悟"两个确立"的决定性意义，不断增强"四个意识"，坚定"四个自信"，做到"两个维护"。制定《兰州石化公司党委前置研究重大经营管理事项清单》，审议"三重一大"事项，领导班子牵头清单式推进党委重点工作，发挥党委把方向、

兰州石化主要生产经营指标

指　标	2022 年	2021 年
原油加工量（万吨）	947	915
汽油、航空煤油、柴油总量（万吨）	650.6	623
乙烯产量（万吨）	144.6	100.2
合成树脂产量（万吨）	187.6	143.2
合成橡胶产量（万吨）	19.7	19.57
炼油催化剂（万吨）	7.5	6.56
资产总额（亿元）	247	232.69
营业收入（亿元）	773	593.51
利润（亿元）	18.06	25.33
税费（亿元）	143	136.79

管大局、促落实的领导作用。调整成立二级单位党委、基层党支部，理顺宝石花医院、宝石花物业等市场化改革单位党组织隶属关系，有力推动党的领导融入公司治理各环节。兰州石化一线骨干管东红当选党的二十大代表。

兰州石化抢抓项目落地，紧密对接甘肃省石化产业集群战略，主动融入集团公司"陕甘宁青蒙"区域规划部署，快马加鞭推动炼化业务转型升级。成立工作专班，组建项目筹备组，乙烯改造项目可行性研究编制、土地征迁、评价手续等前期准备工作全面启动，专项研究润滑油、氢能利用、未上市等业务规划。利用自主技术建成投产国内外单线生产能力最大的特种丁腈橡胶装置，完成氯化聚乙烯基料包装改造，西罐区裂解汽油储罐按期投用，电容膜聚丙烯项目主体装置基本建成，炼油、化工集中控制室项目顺利推进，重催装置 MIP 二期改造、注塑专用料等 5 项技改项目落地实施，新建丙烯腈、聚丙烯催化剂等 6 项重点项目进入前期论证。优化总图布置，化工园区设立有序推进。加强工程建设项目集中统一管理，实施项目 58 项，建成中交 24 项。

兰州石化精细精益优化，深化事前算赢，积极争取高性价比原油资源和榆林上古液化气、轻烃原料，紧跟市场及时"减汽增柴"，100LL 航空汽油首次出厂，榆林公司生产的己烯-1 产品出口欧洲，氯化聚乙烯基料 L5200 实现工业化生产，丁腈橡胶产量创历史新高，炼油催化剂产销均创历史峰值，甲乙酮、丙烯酸、正己烷等精细化工产品实现增产增销增效。开展 27 项产品质量攻关，全面完成成品油及液体小产品火车装车自动化计量贸易交接，获评"甘肃省质量 AAA 级企业"。紧扣质效双增和价值创造，深化"五提质""五增效"，强化每月利润排行通报，累计增效超 8.68 亿元。推进降本压费，通过外转商业汇票、项目贷款降息、用好税收政策等节约各类费用，核减外包业务合同，着力盘活房屋、商铺等资产增加收入。仪表制造、国际事业、工程质量监督等业务利润持续增长，建设公司超额完成利润指标。兰州石化被授予"甘肃省先进企业突出贡献奖"、第三次获"甘肃省用户满意标杆企业"。

（王宏亮）

【中国石油天然气股份有限公司独山子石化分公司】 中国石油天然气股份有限公司独山子石化公司（新疆独山子石油化工有限公司）简称独山子石化，位于新疆维吾尔自治区克拉玛依市独山子区，初创于 1936 年。历经多年发展，具备 1000 万吨 / 年原油加工、200 万吨 / 年乙烯生产、45 万千瓦发电、500 万立方米原油储备、45 万吨 / 年合成氨、80 万吨 / 年尿素生产能力，可生产燃料油、树脂、橡胶、化肥等 16 大类 500 多种石化产品。2021 年，资产总额 258.9 亿元，有员工 1.1 万人，机关处室 14 个，机关直属机构 4 个，二级单位 24 个。独山子石化是国家环境保护总局授予的首批"国家环境友好企业"，2 次被国务院国资委评为"中国石油炼油乙烯业务最佳实践标杆企业"，4 次获中华全国总工会授予的"全国五一劳动奖状"，10 次被中国石油和化学工业联合会评为"全国乙烯生产能效领跑者"。

2022 年，独山子石化原油加工量 774.13 万吨、同比增长 6.1%，创 8 年来新高；乙烯产量 197.71 万吨、同比增长 23.5%，创历史新纪录，塔里木石化分公司乙烷制乙烯项目投产一年、全面达产；化肥装置连续运行 575 天、创行业新水平。实现销售收入 670.25 亿元，上缴税费 118.78 亿元，其中对地方财政贡献 17.65 亿元。引进新疆油田石西、中佳等区块原油，新疆原油最大管输进厂量 6700 吨 / 日、同比增加 3400 吨 / 日。新疆油田乙烷、1 号烃等优质乙烯原料进厂量同比增加 7300 吨。全年外采原油、乙烯原料分别同比增加 45.2 万吨、4.7 万吨。炼油高效产品产量上升，汽油、柴油分别同比增产 9%、25%，成品油收率 52.8%、同比提高 4.7 个百分点。独山子石化本部乙烯、丙烯收率分别达到 33.4%、14.8%，同比提高 0.08 个百分点、0.25 个百分点，化工综合商品率 84.3%、同比提高 0.17 个百分点。塔石化年产乙烯 60.1 万吨，实现"运行稳、达产快"。化肥在新冠肺炎疫情期间克服物资运输受阻、员工住厂等困难，实施停工检修项目 116 个，消除运行难题 25 项。

独山子石化主要生产经营指标

指　标	2022 年	2021 年
原油加工量（万吨）	774.13	729.32
汽油产量（万吨）	120.00	110.30
柴油产量（万吨）	305.62	244.15
航空煤油产量（万吨）	21.80	29.14
乙烯产量（万吨）	197.71	160.10
化肥产量（万吨）	70.80	87.56
聚乙烯产量（万吨）	181.38	144.44
聚丙烯产量（万吨）	66.31	65.22
橡胶产量（万吨）	24.97	22.95
资产总额（亿元）	258.9	279.06
营业收入（亿元）	670.25	496.19
利润（亿元）	0.2	32.35
税费（亿元）	118.78	93.24

2022 年，独山子石化获授权发明专利 5 项，其中"PE100 管件专用树脂的合成方法"获集团公司专利银奖。搭建完成国内首个炼油全流程分子水平模型，"高性能合成橡胶产业化关键技术"通过国家验收。全球首创茂金属聚乙烯 HPR1018HA 不水解床层转产 EZP2010HA，国内首次应用环管技术批量生产茂金属聚丙烯 mPP35S，业内率先由铬系产品 DGDX6095H 半连续转产钛系产品 DMDA8008H，首次用国产茂金属催化剂产出 mHD3605UA、mLL1018，转产效率、产品质量行业领先。装置长周期运行攻关成效显著，聚乙烯 21 线连续运行 18 个月，达近三年最好。化肥连续运行 575 天，成为行业标杆。牵头起草的《（石油产品）运动黏度测定器检定规程》，填补新疆计量领域空白。生产高端聚烯烃、高性能绿色橡胶等新材料 27.7 万吨，占集团公司总产量的 33%。开发沥青改性用 SBST165E 等新产品 10 个，改进 HP30CF、T98D 等 4 个产品质量，27 个"22+N"品牌工程产品质量评比得分排名集团公司第一。聚乙烯管材专用料 UHXP4808B 通过国际 PE100 等级认证，TUB121RCB 耐慢速裂纹增长性能通过国际权威实验室认证。溶聚丁苯橡胶入选中国石油和化学工业联合会化工新材料创新产品。数字化转型、智能化发展试点建设项目可行性研究获集团公司批

准，智慧计量管理平台、碳排放模型、能源管控系统在集团公司率先建成投用。

（肖明友　郭　楷）

【中国石油天然气股份有限公司乌鲁木齐石化分公司】　中国石油天然气股份有限公司乌鲁木齐石化分公司（中国石油乌鲁木齐石油化工有限公司）简称乌鲁木齐石化，前身为乌鲁木齐石油化工厂。1975年4月开工建设。是以原油、轻烃、天然气为主要原料，集炼油、化肥、芳香烃等加工于一体的综合性石油化工生产基地，2002年正式通过ISO 9001、ISO 14001、OHSAS 18001三项体系认证。地处新疆维吾尔自治区乌鲁木齐市米东区，占地面积18平方千米。经过40余年建设，乌鲁木齐石化有生产设备142447台，主要生产设备5253台。生产装置、公用工程及辅助设施44套，有西北地区最大规模芳烃装置。原油一次加工能力850万吨/年，对二甲苯生产能力100万吨/年、合成氨75万吨/年、尿素130万吨/年、精对苯二甲酸产能9.6万吨/年、聚丙烯10万吨/年、三聚氰胺3万吨/年，产汽能力1670吨/时，发电能力125兆瓦，工业废水处理能力3258米^3/时。具备工程设备制造安装与维修、科研开发、工程监理、分析测试、计量检定、设备检验、公路运输、铁路运输、物资供应等生产保障业务职能，以及职业教育、员工服务等职能。

乌鲁木齐石化可生产30余种石油化工产品。主要产品有汽油、航空煤油、柴油、石油对二甲苯、石油苯、尿素、精对苯二甲酸、聚丙烯、含海藻酸尿素、车用尿素、石油焦、液化石油气、沥青、戊烷发泡剂、硫黄、硫酸铵、塑料编织袋等。多次获国家、新疆维吾尔自治区、中国石油颁发的新产品开发奖、科学技术进步奖，并申请多项专利。先后获"全国五一劳动奖状""全国文明单位""全国民族团结进步模范单位""全国'安康杯'竞赛优胜企业""全国厂务公开民主管理示范单位""全国环境优美工厂"等称号。

2022年底，乌鲁木齐石化有员工7471人。其中，少数民族员工占20.96%，女员工占26.22%。有职能部门13个，机关附属机构8个，直属部门7个，炼油厂、芳烃生产部、化肥生产部、化工生产部、热电生产部等17个二级单位。固定资产原值243.32亿元。

2022年，乌鲁木齐石化加工原油670.01万吨，生产汽油、柴油、航空煤油424.77万吨，对二甲苯63.61万吨，石油苯26.77万吨，聚丙烯7.90万吨，合成氨31.03万吨，尿素53.52万吨。整体实现营业收入455.05亿元，盈利12.37亿元，上缴税费96.51亿元。

2022年，乌鲁木齐石化围绕做强芳烃产业，合资建设的120万吨/年PTA项目被列入炼化重大转型升级项目，炼油化工和新材料分公司组织完成可行性

乌鲁木齐石化主要生产经营指标

指　　标	2022 年	2021 年
原油加工量（万吨）	670.01	619.32
汽油产量（万吨）	121.93	130.6
柴油产量（万吨）	287.10	238.91
航空煤油产量（万吨）	15.74	20.7
石油苯产量（万吨）	26.77	25.83
对二甲苯产量（万吨）	63.61	59.12
精对苯二甲酸产量（万吨）	0	2.33
聚丙烯产量（万吨）	7.90	8.96
合成氨产量（万吨）	31.03	33.89
尿素产量（万吨）	53.52	58.39
资产总额（亿元）	89.32	84.25
营业收入（亿元）	455.05	327.85
利润（亿元）	12.37	9.97
税费（亿元）	96.51	80.57

研究预评估，完成政府备案。以"十四五"规划落地为核心，炼油转型升级高效发展项目预可行性研究报送集团公司发展计划部审批，完成政府备案和环评公示，履行节能评估报告审查程序。推动"三新"事业，加快科研项目和产品研发节奏，下达 38 项科技开发计划，投入研发费用 2.39 亿元。注重应用和效益转化，防水材料沥青、胶粉复合改性沥青等科研成果转化成效明显，生产沥青 21.15 万吨。完成脲铵氮肥企业标准编制，推进化肥产品多样化、特色化。开展生产瓶颈攻关，污油回炼、高化学需氧量废水处理、小接管及脉冲涡流检测等攻关成效显著。推进轻汽油改质富产低碳烯烃、重整生成油脱氯剂工业试验等重点项目，取得积极进展，为后续发展储备技术。推进数字化转型智能化发展，加快推进全流程智能控制系统（IPC）、先进控制系统（APC）重点项目，深化 MES2.0、流程模拟应用，装置自控率提升 0.36%。北斗系统上线运行，智能巡检迈出实质步伐。操作与作业受控管理、计量检测数字化、综合办公等系统相继上线，有效提升各级管理效率。

（董　琦）

【中国石油天然气股份有限公司宁夏石化分公司】 中国石油天然气股份有限公司宁夏石化公司（简称宁夏石化）始建于 1985 年，是集炼油、化工和化肥生产为一体的大型石化企业，具备 500 万吨/年原油加工能力，10 万吨/年聚丙烯、200 万吨/尿素生产能力。主要产品为汽油、柴油、聚丙烯、航空煤油、尿素及合成氨。截至 2022 年 12 月 31 日，资产总额 81.73 亿元。设 13 个机关处室、8 个直属部门、17 个二级单位。在册员工 4095 人，其中，在岗员工 3727 人，大专及以上学历员工 2676 人，具备初级以上职称员工 904 人。

2022 年，宁夏石化加工原油 424.80 万吨，生产汽油 184.05 万吨、柴油 157.18 万吨、航空煤油 10.49 万吨、合成氨 53.49 万吨、尿素 87.65 万吨、聚丙烯 10.73 万吨，实现销售收入 325.15 亿元，利润 21.15 亿元，上缴税费 106.85 亿元。

宁夏石化主要生产经营指标

指　　标	2022 年	2021 年
原油加工量（万吨）	424.80	422.89
汽油产量（万吨）	184.05	191.05
柴油产量（万吨）	157.18	142.11
航空煤油产量（万吨）	10.49	17.96
聚丙烯产量（万吨）	10.73	10.49
合成氨产量（万吨）	53.49	39.05
尿素产量（万吨）	87.65	64.32
液化气产量（万吨）	15.94	15.69
资产总额（亿元）	81.73	99.73
营业收入（亿元）	325.15	254.99
利润（亿元）	21.15	17.05
税费（亿元）	106.85	83.47

宁夏石化树立"大平稳出大效益"理念，强化以调度为中心的生产受控管理，组织生产运行瓶颈攻关，紧盯工艺指标偏差和仪表故障，及时处置异常波动，生产装置平稳率 99.85%，同比提高 0.13%。炼油装置保持第四周期连续稳定运行，全年非计划停工为零；化肥装置实现 A 类长周期运行 263 天，刷新装置投产以来最长纪录。坚持精益为本，以系统思维推进精细化管理，强化产运

销存一体联动，炼油装置全年生产计划执行率99.98%，互供计划执行率100%；主要生产指标可比综合商品率91.92%，同比提高0.45个百分点，加工损失率和综合损失率分别为0.3%和0.36%，分别同比下降0.1个百分点和0.15个百分点。三化肥装置用时321天，较设计值提前9天实现产能达标，天然气单耗1077标准米^3/吨，同比下降3.4%；合成氨综合能耗33.2吉焦/吨，同比下降6.8%，实现利润近7.11亿元，创10年以来最好盈利水平。

宁夏石化坚持降本和治亏两手抓两促进，推动10个方面29类169条具体措施落实落地，全年增效5.11亿元。

（高 丹）

【**中国石油天然气股份有限公司大连石化分公司**】 中国石油天然气股份有限公司大连石化分公司（中国石油大连石油化工有限公司）简称大连石化，是中国石油所属的大型骨干炼化企业。始建于1933年，新中国成立后先后更名为"大连石油厂""石油工业部大连石油七厂"等，1983年划归中国石油化工总公司，1998年划归中国石油天然气集团公司。长期以来，大连石化为国家炼油工业培养输送大量的管理和技术人才，被誉为中国炼油工业的"人才摇篮"。新中国成立以来，累计加工原油4.52亿吨，生产各类石油化工产品4亿吨，累计实现税费2776亿元，先后获"全国节约能源先进单位""全国企业管理全马奖""中国质量诚信企业"等荣誉。

大连石化主要生产经营指标

指 标	2022年	2021年
原油加工量（万吨）	1564.17	1610.51
汽油产量（万吨）	380.92	481.11
柴油产量（万吨）	580.33	587.09
航空煤油产量（万吨）	131.11	136.82
润滑油基础油产量（万吨）	19.53	26.91
乙苯、丙烯、苯等有机原料产量（万吨）	123.36	95.96
化工产品产量（万吨）	32.37	33.14
资产总额（亿元）	132.30	152.36
收入（亿元）	967.86	764
利润（亿元）	90.20	43.2
税费（亿元）	146.02	155.8

大连石化为燃料—润滑油型炼化企业，有炼油化工主体装置36套，具备2050万吨/年的原油加工能力和27万吨/年的聚丙烯生产能力，主要生产汽油、航空煤油、柴油、润滑油基础油和石蜡、芳香烃、聚丙烯等4大类129种石化产品。占地318万平方米，海岸线长4.3千米，有油品装卸码头5座，5000—10万吨级泊位15个，年吞吐能力超过2300万吨，85%的产品通过船运销往华东、华中、华南等国内市场及国际市场。

2022年底，大连石化设处室13个、5个直属单位、17个二级单位，在册员工5155人（上市公司4506人、未上市公司649人）。2022年加工原油1564.17万吨，销售产品1429.68万吨，营业收入967.86亿元，利润90.20亿元，税费146.02亿元，工业产值1012.04亿元。

2022年，大连石化严格落实"事不过夜、溯源分析、及时退守"三大原则，严肃执行"工艺、操作、劳动"三大纪律，强化操作变动风险管控，加强"机、电、仪、管、操"五位一体巡检，进一步落实标准化操作和手指口述操作法。组织完成渣油加氢装置Ⅱ系列换剂、二三催化装置烟机转子更换等工作，消除装置运行瓶颈，确保装置安稳长满优运行。完成32项技术攻关，解决二重整分离料斗料位下降、二催化烟气氮氧化物偏高等30项生产异常和波动等问题。加强精益化指标控制，强化6σ标准执行，装置平稳率99.87%，产品出厂合格率100%。70号以上高熔点石蜡产品含油量控制取得国内同行业最好成绩，在集团公司内率先达到全精炼蜡质量要求。

（马成祥）

【大连西太平洋石油化工有限公司】 大连西太平洋石油化工有限公司（简称大连西太平洋石化）是由大连市发起、经国务院批准、由中法股东共同投资兴建的中国第一家大型中外合资石化企业，也是中国能源行业对外开放合作的标志性工程。1990年成立，总投资10.13亿美元，占地面积2.5平方千米，1992年动工建设，1996年开工投产，2018年完成股权变更，主要股东为中国石油天然气股份有限公司（84.475%）和大连城市投资控股集团有限公司（15.525%）两家。建有17套主体生产装置及配套的公用工程系统、辅助生产设施，以加工高含硫原油为主，产品全部加氢精制，其中1000万吨/年常减压、300万吨/年催化裂化、220万吨/年重油加氢脱硫、150万吨/年加氢裂化等均为中国单体加工能力较大的生产装置之一。已经形成系列轻质柴油、航空煤油、聚丙烯、硫黄、苯、混合二甲苯、重交通道路沥青等19大类50多个牌号产品的生产能力。各种产品畅销国内市场，远销东南亚等10个国家和地区。其中聚丙烯、硫黄、航空煤油、重交沥青等产品被评为辽宁省、大连市的名牌产品。优越的地理位置、良好的口岸优势及先进的技术和管理手段的综合运用，助推大连西太平洋石化经营业绩的不断提升，销售收入、纳税额等主要经济技术指标持续稳定增长，是辽宁省和大连市的主要纳税和出口创汇大户，承担着一定的政治、经济、社会责任。

大连西太平洋石化主要生产经营指标

指　　标	2022 年	2021 年
原油加工量（万吨）	588.08	848.53
汽油产量（万吨）	147.37	228.14
柴油产量（万吨）	229.01	296.80
煤油产量（万吨）	64.65	108.32
沥青产量（万吨）	23.27	53.51
丙烯产量（万吨）	9.72	12.67
硫黄产量（万吨）	8.04	11.64
苯产量（万吨）	5.06	7.46
混二甲苯产量（万吨）	18.71	25.89
营业收入（亿元）	361.04	374.02
利润总额（亿元）	14.37	23.28
税费（亿元）	77.13	71.67

2022 年，大连西太平洋石化加工原油 588.08 万吨，销售收入 361.04 亿元，盈利 14.37 亿元，上缴税金 77.13 亿元。

2022 年，大连西太平洋石化面对年初市场低迷、近 3 个月停工的重大挑战，灵活调整，利用时机，提前组织换剂消缺检修，提前部署、扎实推进、精细管理、总结提升，克服重重困难挑战，完成 15 套主体装置，627 个项目的深度检维修工作，全面消除装置运行瓶颈，平稳顺利恢复开工。

大连西太平洋石化经过系统思考、科学研究、精心筹划、优化调整，实施"四班两倒"政策，员工工作时间更加科学，生活作息更加规律，提高安全生产质量和效率；实施内部分配激励制度，班组实现轮岗操作，员工技能潜力得到充分释放，队伍活力进一步激发。

（吕佳轩）

【中国石油天然气股份有限公司锦州石化分公司】 中国石油天然气股份有限公司锦州石化分公司（中国石油锦州石油化工有限公司）简称锦州石化，始建于1938年，是一家以炼油为主、化工为辅的燃料化工型企业。是我国重要的润滑油添加剂科研生产基地和辽西地区最大的原油、成品油储备基地，也是国内首家生产国Ⅳ标准汽油、京Ⅴ标准汽油的企业。新中国第一滴人造石油、第一块合成顺丁橡胶都在这里诞生。有54套炼油化工生产装置，原油一次加工能力750万吨/年，固定资产总额151亿元，可生产44个品种81个牌号的石油化工产品。有长输管线、铁路、陆路、海上"四位一体"输出通道，产品畅销国内外。2022年底，有员工5896人，设11个处室、5个直属单位、22个基层单位。

锦州石化主要生产经营指标

指　　标	2022年	2021年
原油加工量（万吨）	548.6	541
汽油产量（万吨）	205.4	249.6
柴油产量（万吨）	154.8	124.7
航空煤油产量（万吨）	21.8	29.6
化工添加剂产量（万吨）	25.9	32
资产总额（亿元）	113.09	106.44
营业收入（亿元）	399.26	301.18
利润（亿元）	26.29	16.57
税费（亿元）	85.82	60.6

2022年，锦州石化以"特色鲜明、竞争力突出能源公司"为目标，构建12345发展框架，按照集团公司"集中整体资源，发挥个体优势"的指导意见，推进第三套针状焦装置建设，强化针状焦产品优势地位，加强技术攻关，提高产品品质，向打造"环境优美、创效突出、技术先进、质量高端"的世界级针状焦生产基地阔步前行。针状焦成为集团公司党组关注、"十四五"大力发展的炼化新材料。与国内新能源龙头企业—宁德时代交流互访，达成战略合作意向，促成宁德时代在锦投资建厂，携手打造全国针状焦和负极材料生产基地。锦州市委将"推动锦州石化公司'减油增化'转型升级和建设世界最大石油针状焦生产基地"写入落实习近平总书记在辽宁考察时重要讲话精神工作方案。辽宁

省政府在工作报告中明确加快建设辽西 100 亿元规模石化新材料产业集群。成功产出 G1 电子级异丙醇，产品出口韩国。稀土橡胶完成工业化生产，添加剂 T-205 新产品开发实现预期目标。完成 548.6 万吨原油加工任务，实现营业收入 339.26 亿元，利润 26.29 亿元。实现工业总产值 398 亿元，上缴税费 85.82 亿元。效益排名位居炼化新材料公司第二名，综合业绩晋升集团 A 级。营业收入、利润总额、效益排名同年创造企业历史最好水平。

2022 年，锦州石化完善中央控制室"三中心"建设，实现生产运行、优化调整、应急处置一体化，重要装置间数据互联互通，有力应对辽河原油停输、外网天然气中断等突发状况。深挖生产数据价值，自主设计中控室大屏数据展示平台，实现公用工程指标数据监控分析。调整生产经营调度会组织模式，计划、生产、财务、销售等部门一体协同、高效联动。开展工艺报警专项整治，实质性报警基本清零，总报警次数下降 89%，联锁投用率达到 100%，操作平稳率 99.7%，自控率 98.6%，装置操作运行水平进入先进行列。利用全流程建模，实时优化物料平衡与生产成本、加工负荷与产品收率间的最佳操作点，综合商品率同比提高 2.54%。编制生产运行日报表，实现加工量、原料性质、馏出口指标、长周期关键运行参数的远程实时监控。加强装置全生命周期管理，开发设备健康管理平台，采取主动维护、预知性检修策略，整合动静仪电防腐专业实时数据，精准排查薄弱部位，消除运行隐患。52 套装置、4 个联合车间达到无泄漏标准。

（曹继辉）

【中国石油天然气股份有限公司锦西石化分公司】 中国石油天然气股份有限公司锦西石化分公司（中国石油锦西石油化工有限公司）简称锦西石化，始建于 1939 年，1953 年恢复生产。2022 年底，有员工 6469 人（上市 4572 人、未上市 1897 人），直属单位 43 个，炼油化工装置 56 套，原油加工能力 650 万吨/年。以加工大庆原油、辽河原油为主，直接管输进厂，另有部分进口原油。主要产品有汽油、柴油、航空煤油、船用燃料油、苯乙烯、聚丙烯等。

2022 年，锦西石化统筹推进发展建设、疫情防控、提质增效等各项工作。加工原油 541 万吨，缴纳税费 67.22 亿元，效益排名跃升至炼化企业第 4 名，完成生产经营目标任务，获集团公司"2022 年度先进集体"称号。

锦西石化加强工艺基础管理，强化过程管控和平稳操作，坚决遏制非计划停工，平稳率 99.93%，波动次数同比减少 138 次，损工时数同比减少 20.37 天。强化两级达标攻关，建立月例会推进机制，推进公司级 10 项、车间级 259 项技术攻关，炼化装置达标率 100%，可比综合商品率、节能节水、特色产品收率等 7 项指标进入炼化新材料板块前十名。

锦西石化主要生产经营指标（上市部分）

指标	2022 年	2021 年
原油加工量（万吨）	541	540.5
汽油产量（万吨）	211.80	249.64
柴油产量（万吨）	131.02	123.15
航空煤油产量（万吨）	23.81	27.1
资产总额（亿元）	108.34	102.08
收入（亿元）	373.56	281.18
利润（亿元）	24.04	11.93
税费（亿元）	67.22	69.85

锦西石化以市场为导向，开发聚丙烯熔指注塑料新产品 1100P，创效 280 万元，提升低收缩注塑料 1100NG 性能指标。推动流程模拟先进技术应用，完成模拟成果 11 个，在集团公司流程模拟软件使用排名第 2 名，创效 600 万元。参与集团公司分子管理技术创新应用，参加项目 5 项。全面推动群众性质量活动，完成 QC 小组成果 62 篇，"质量信得过班组"成果 5 篇，创效 1000 万元。研究催化裂解增产低碳烯烃等发展课题，推进产业链延伸。围绕数字化转型，建设"安全受控"系统，逐步推进电子化票证。深入挖掘数据价值，炼化物料系统与排产系统、炼油与化工运行系统、企业资源管理系统等系统深化应用，推进互联互通和数据共享。在集团公司首批推行综合办公平台，办公业务功能全方位集中集成。完成"视频会议"系统部署，搭建内外部高效交流平台。升级班组绩效管理平台，新增 HSE 基层站队、百优班组、提质增效和党建模块，建立班组量化考核机制，推进生产经营管理向智能化迈进。

锦西石化落实集团"五提质、五增效"十大举措，细化制定 82 项 168 条措施，实现提质增效 5.5 亿元。

（高　远）

【中国石油天然气股份有限公司大庆炼化分公司】 中国石油天然气股份有限公司大庆炼化分公司（简称大庆炼化）2000 年 10 月由原大庆油田化工总厂和林源石化公司重组成立，2006 年 2 月与林源炼油厂进行二次重组，是以大庆原油为加工原料，集炼油、化工于一体的综合性石油石化生产企业。2022年底，员工总数7853人，主要生产装置48套，固定资产原值198.6亿元、净额41.7亿元，有600万吨/年原油加工能力和60万吨/年聚丙烯、20万吨/年润滑油基础油、15万吨/年聚丙烯酰胺、12万吨/年石油磺酸盐的生产能力，可生产汽柴油、航空煤油、液化气、石蜡、润滑油基础油、聚丙烯酰胺、石油磺酸盐、聚丙烯、白油、重质液蜡等26个品种280个牌号的石油化工产品。自成立以来，获全国"五一劳动奖状""国家重合同守信用先进企业""中国诚信企业"等省部级以上荣誉30余项。

大庆炼化主要生产经营指标

指　　标	2022年	2021年
原油加工量（万吨）	494	505.01
汽油产量（万吨）	201.08	216.2
柴油产量（万吨）	99.06	94.7
异构脱蜡装置基础油产量（万吨）	7.34	14.25
石蜡产量（万吨）	32.23	30.51
聚丙烯酰胺产量（万吨）	15.85	15.93
聚丙烯产量（万吨）	45.26	52.01
收入（亿元）	372.49	323.96
利润（亿元）	13.6	20.1
税费（亿元）	74.59	82.91

2022年，大庆炼化全面落实集团公司党组决策部署，紧扣"十四五""12345"工作思路和年初工作会议提出的"七个高质量"重点任务，克服国际油价变化和新冠肺炎疫情反复带来的不利影响，优化产品结构，增加高效产品产量，石蜡对原油收率达到6.52%，石蜡产量突破32万吨，均创历史最好水平。加工原油494万吨，营业收入372.49亿元，税费74.59亿元，特色产品收率、全流程综合能耗等48项指标创历史最好水平。

大庆炼化落实集团公司党组部署，贯彻落实"四精"工作要求，牢固树立"从严管理出效益，精细管理出大效益，精益管理出更大效益"理念，以市场为导向，深化提质增效，全面提升生产运行和产品质量管理能力。实现柴油生产方案优化、国ⅥB标准汽油质量升级、增加船用燃料油、石蜡和聚丙烯酰胺等高效产品产量的新突破。加大生产协调指挥和技术难题公关力度，完善装置长周期运行管理办法，加大计划执行、技术分析和报警管理力度，解决影响生产运行难题，提升生产操作执行力，监控装置操作平稳率100%，工艺报警次数同比降低730次，生产波动次数同比下降44%，平稳生产态势得到巩固。加强设备基础管理和仪表电气保障，建立防腐蚀管控平台，深化隐患排查、预知维修和机泵治理，无泄漏装置占比73%，大检修全生命周期指标位居前列，机泵平均修复间隔时间（MTBR）指标创历史最好水平，长周期运行得到保障。提前统筹装置大检修准备，计划编制、物资提报和施工队伍对接等工作有序推进，为2023年大检修做好准备。

大庆炼化确定42项攻关项目，实施完成39项技改项目，组织开展科研项目41项，其中新开题项目19项，科技创新初步呈现产研结合、点多面广、成果频出的良好局面。聚丙烯新产品开发取得较大突破，完成11个牌号的工业化试生产，RP300R、HA510M产品质量稳定性和市场认可度提升，年产量均已达到万吨以上。参与油田化学品创新联合体建设，推进催化裂解制低碳烯烃工业化试验，建成调堵剂、压裂液、乳液聚合物等实验平台，完成高性能聚合物DS800、减氧空气泡沫驱油、压驱用石油磺酸盐等工业化试生产。组织完成食品级石蜡工业化试验，完成70号半精炼石蜡、橡胶防护蜡首次工业化试生产，产品质量满足指标要求；完成乳化炸药专用复合蜡、相变蜡和食品级石蜡等特种蜡市场开发及生产技术调研。申报发明专利3项，制定企业标准3项，认定集团公司技术秘密1项，获省部级科技奖励1项。

（贾　楠）

【中国石油天然气股份有限公司哈尔滨石化分公司】　中国石油天然气股份有限公司哈尔滨石化分公司（简称哈尔滨石化）是以石油炼制为主的炼化企业，位于黑龙江省哈尔滨市，是黑龙江省百强企业、哈尔滨市财源骨干企业。前身是哈尔滨炼油厂，1970年筹建，1976年建成投产，1983年划归中国石油化工总公司管理，1998年划归中国石油天然气集团公司管理，1999年重组为中国石油天然气股份有限公司哈尔滨石化分公司和哈尔滨石油化工服务公司（2000年更名为哈尔滨炼油厂），2005年两家公司再次整合重组为中国石油天然气股份有限公司哈尔滨石化分公司。

2022年底，哈尔滨石化设置机关职能部门11个，直属机构3个，二级机构11个，员工总数1688人。有各类生产装置22套，分别是420万吨/年常减压蒸馏装置、120万吨/年重油催化裂化装置、60万吨/年重油催化裂化装置、80万吨/年柴油中压加氢裂化装置、75万吨/年汽油连续重整装置、10万吨/

年苯抽提装置、90万吨/年催化汽油加氢精制装置、100万吨/年柴油加氢精制装置、50万吨/年催柴加氢精制—临氢降凝装置、50万吨/年气体分馏装置、5万吨/年甲基—叔丁基醚（MTBE）装置、4万吨/年甲乙酮（MEK）装置、4000吨/年硫黄回收装置（新建）、1万吨/年硫黄回收装置、8万吨/年聚丙烯装置、15万吨/年饱和烃脱硫精制装置、15万吨/年烷基化装置、60吨/时酸性水汽提装置（环保备用）、100吨/时酸性水汽提装置、20万吨/年催化重整装置、1万标准米^3/时氢气膜分离回收装置（PSA）、10万吨/年干气脱硫和35万吨/年液化气脱硫脱硫醇装置。能够生产满足国家标准的汽油、柴油、航空煤油、石脑油、液化石油气、饱和烃、丙烷、丁烯、MTBE、苯、甲乙酮、硫黄及聚丙烯等14类27种产品。

哈尔滨石化主要生产经营指标

指　　标	2022年	2021年
原油加工量（万吨）	360	356.01
成品油产量（万吨）	271.1	276.5
特色化工产品产量（甲乙酮）（万吨）	3.75	4.07
有机原料产量（苯）（万吨）	2.52	2.32
合成树脂产量（聚丙烯）（万吨）	4.01	5.58
自由现金流（亿元）	10.08	9.84
资产负债率（%）	18.7	35.26
净资产收益率（%）	34.8	20.67
全员劳动生产率（元/人）	523	391
高标号汽油比例（%）	60.7	55.8
加工损失率（%）	0.25	0.26
炼油综合能耗（千克标准油/吨）	57.2	62.29
炼油单因耗能[千克标准油/（吨·因数）]	6.97	7.48
收入（亿元）	255.61	198.72
利润总额（亿元）	19.63	10.71
税费（亿元）	63.59	60.57

2022年，哈尔滨石化坚持"大平稳出大效益"，强化操作变动预约、生产异常管理，建成集工艺报警、技术分析、智能巡检为一体的生产技术管理平台，对工艺参数、设备状态、产品质量以及环保指标进行在线监测，异常数据实现自动采集报警提示。设置视频监控系统894套，通过岗位不间断巡检与智能监控协同，实现全天候风险管控。连续3年实现非计划停工为0。执行操作变动预约及分级管理，推进DCS和MES画面提标、装置对标排查、DCS帮助功能3项工作，甲乙酮、Ⅱ催化等5套装置开停工安全受控。Ⅰ催化等12套装置完成危险和可操作性（HAZOP）自主分析，汽油加氢等5套装置自主分析报告一次通过集团公司备案评审。推进"一分钟应急处置"机制建设，定期"桌面推演+实战演练"，提高应急处置能力。2022年，损工时数为0，生产计划执行率100%，操作平稳率99.98%。

哈尔滨石化制定提质增效价值创造方案，实施"五提质、五增效"61个项目，增效1.2亿元。

（于 洋）

【中国石油天然气股份有限公司广西石化分公司】 中国石油天然气股份有限公司广西石化分公司（简称广西石化）2010年建成投产，总投资228亿元，设计原油加工能力1000万吨/年（已标定最高可达1200万吨/年），是集团公司优化炼油化工产业布局，在南方地区建设的第一座千万吨级炼厂。建有常减压蒸馏、重油催化裂化、渣油加氢脱硫、连续重整、蜡油加氢裂化、硫黄回收等23套主体装置，有完备的环保、消防、储运、公用工程及辅助设施，产品包括汽油、柴油、航空煤油、芳烃、聚丙烯、硫黄、液化气、沥青等产品。广西石化积极推进炼化一体化项目建设，拟在2025年建成120万吨/年乙烯裂解等14套化工装置和200万吨/年柴油吸附脱芳等2套炼油装置，占地面积约4420亩，项目实施后可通过"减油增化"实现由"燃料型"向"化工产品和有机材料型"转型升级。

2022年，广西石化统揽生产经营和项目建设两大任务，操作平稳率99.99%，12项主要指标中10项同比取得进步，炼油完全加工费283.16元/吨，同比下降6.3元/吨；炼油综合能耗51.22千克标准油/吨，同比下降1.16个单位；全厂综合能耗85.64千克标准油/吨，同比下降3.84个单位，首次低于炼化新材料板块平均水平；新鲜水单耗、碳排放量、燃料自用率、蒸汽单耗、氢耗等22项指标同比改善，连续两年被评为"集团公司先进集体"，高质量发展站排头的良好局面持续巩固。2022年营业收入598亿元，实现税费96亿元，劳动生产率1212万元/人，盈利12.2亿元、净利润10.4亿元，累计纳税突破

1000 亿元，经营业绩在炼化新材料板块名列前茅。

广西石化主要生产经营指标

指标	2022 年	2021 年
原油加工量（万吨）	927	974
汽油产量（万吨）	244	283
柴油产量（万吨）	280	293
航空煤油产量（万吨）	87	93
聚丙烯产量（万吨）	17.4	18.5
芳烃（万吨）	54.4	55.5
低硫船用燃料油（万吨）	18	10
营业收入（亿元）	598	474
税费（亿元）	96	95

广西石化全年加工原油 927 万吨，生产各类产品 874 万吨，低硫船用燃料油、碳十粗芳烃和沥青等量价齐增，其中汽煤柴产量 610.5 万吨、收率同比下降 2.88 个百分点，特色产品产量 144 万吨、收率同比提高 6.04 个百分点。坚持"重质化、劣质化"原则，全年原油 API30.58、硫含量 2.4‰。建立原油采购和加工协同优化机制，通过实施套期保值、优化原油拼装等举措，降低原油采购成本 3 亿元。

广西石化牢固树立"一切成本皆可降"理念，抓实 10 个方面 59 项工作 470 项任务，实现增效 5.1 亿元。

（陈 闪）

【**中国石油四川石化有限责任公司**】 中国石油四川石化有限责任公司（简称四川石化）是由中国石油天然气股份有限公司和成都石油化工有限责任公司共同投资兴建的西南地区第一家特大型石化企业，双方股比结构为 90%∶10%，装置设计生产能力为 1000 万吨/年炼油、80 万吨/年乙烯，厂区位于四川省成都彭州市新材料产业园区，工程总占地 4 平方千米。2007 年 3 月成立，2014 年 3 月实现安全绿色开车一次成功。

四川石化炼化一体化项目突出集约化、大规模、短流程、低风险的一体化结构优势，总计 23 套主体装置，并承担国家 100 万立方米原油商储库运营任务。主要包括炼油系统、化工系统、公用工程系统、仓储运输系统等。炼油生产装置采用"环保型全加氢总工艺流程"，乙烯装置选用全球先进的 SW 公司乙烯裂解技术。主要产品包括汽油、柴油、航空煤油、聚丙烯、高密度聚乙烯、低密度聚乙烯、顺丁橡胶等多种产品。2022 年，汽油、柴油生产能力 430 万吨/年，航空煤油生产能力 160 万吨/年，化工产品生产能力 320 万吨/年。

四川石化实行"职能部门—联合装置"两级扁平化管理架构，有职能部门 11 个、直属单位 3 个、二级单位 12 个，有彭州和南充两个厂区，在册员工 2529 人。南充厂区重点以 100 万吨/年 PTA 项目为主要载体，项目由中国化学、中国成达、四川石化等合资建设，四川能投公司租赁运营，四川石化参与生产运行。四川石化在人员配备和队伍建设上走复合型、专家化的道路；推行核心业务集约化运营、非核心业务综合一体化外包、后勤保障社会化服务等一系列保障措施，为企业追求高质量发展提供体制支撑。

四川石化主要生产经营指标

指　　标	2022 年	2021 年
原油加工量（万吨）	839	837.5
汽油产量（万吨）	182	202
柴油产量（万吨）	193	146
航空煤油产量（万吨）	109	122
乙烯产量（万吨）	82.7	86.6
有机原料产量（芳烃、丁辛醇、环氧乙烷等）（万吨）	169	168
合成树脂产量（聚丙烯等）（万吨）	98	106
顺丁橡胶（万吨）	10.1	10.6
硫黄（万吨）	6.4	5.5
工业增加值（亿元）	120	160
工业总产值（亿元）	605	482
收入（亿元）	581	485
利润（亿元）	1.25	34
税费（亿元）	113	97.8

2022年，四川石化统筹安全和发展，坚持从严管理、精细管理，高水平完成各项目标任务。加工原油839万吨，生产乙烯82.7万吨；完成工业产值605亿元，实现营业收入581亿元，缴纳税费113亿元，工业产值、营业收入、税费分别同比增加123亿元、96亿元和15亿元，均创历史新高；实现盈利1.25亿元，炼油完全加工费保持板块最低。

2022年，四川石化获集团公司"先进集体""生产经营先进单位"称号，获评集团公司质量健康安全环保节能先进企业。

2022年，四川石化突出平稳运行管理。全员严格遵守"三项纪律"要求，强化工艺变更、操作变动和关键指标管控，运行质量稳步提升。汇聚力量，建立专项生产问题分析会机制，组织召开长周期运行瓶颈问题分析会、夏季高温生产瓶颈问题分析会、装置高负荷生产问题分析会等工作，着力解决制约装置长周期生产瓶颈问题，实现常减压、催化、重整、乙烯、丁二烯等关键核心装置运行55个月的历史纪录。举一反三，建立"讲清楚、回头看"工作机制，组织开展31次事件"讲清楚"，制定184条防范提升措施，推动解决28个具体问题，警示预防管理提升作用充分发挥。紧盯重点，开展能量隔离、防高低压互窜、防冻凝等10类44次专项排查，整改问题150余项。完善应急预案和一分钟应急操作卡，强化"双盲演练"，开展公司级演练5次、部门和班组级演练938次。健全"五位一体"巡检机制，对9名发现重大隐患的员工进行公司嘉奖。聚焦装置运行卡点瓶颈，实施完成公司级生产技术攻关14项，全厂装置平稳率99.97%。

四川石化实施降本增效等7大类98项具体措施，全年增效3.78亿元。

四川石化2022年开展新材料、新产品开发工作，开发新材料1种，稀土顺丁橡胶NdBR，全年生产623吨；新产品牌号5种，生产20736吨。2022年度石油石化企业管理现代化创新成果评选中，公司有1项创新成果、15篇管理论文获奖。2022年度成都市企业管理现代化创新成果评选中，4项成果获三等奖，14篇论文分别获一等奖、二等奖、三等奖。

（于言文）

【**中国石油天然气股份有限公司广东石化分公司**】 中国石油天然气股份有限公司广东石化分公司（简称广东石化）是股份公司下属的地区分公司，所在地为广东省揭阳市大南海石化工业区。中国与委内瑞拉合资广东石化2000万吨/年重油加工工程（广东石化炼化一体化项目），是中国石油天然气集团有限公司贯彻国家能源安全战略，利用"两种资源"，面向"两个市场"，建立上中下游一体化国际合作模式，建设世界一流综合性国际能源公司的重要举措。项目为国家"十三五"能源规划战略布局项目，得到党和国家领导人及各级政府的高度重视和关注。

广东石化炼化一体化项目2018年12月5日正式启动。2019年6月30日项目炼油装置开工，12月27日化工区开工。2022年6月26日，项目炼油"龙头装置"1000万吨/年常减压装置Ⅰ和1000万吨/年常减压装置Ⅱ建成中交，同年6月30日，项目化工"龙头装置"120万吨/年乙烯装置建成中交。2022年10月26日，项目全面进入投料开工试生产阶段。

广东石化炼化一体化项目是中国石油迄今为止一次性投资建设规模最大的炼化一体化项目，批复可行性研究投资654亿元。项目建设规模为2000万吨/年炼油+260万吨/年对二甲苯+120万吨/年乙烯，包括41套主体装置和192个主项单元，并配套建设30万吨原油码头及最大泊位10万吨的产品码头，占地9.2平方千米。项目加工原料是具有高密度、高含硫、高氮、高残炭、高金属、高酸值"六高"特性的委内瑞拉超重劣质原油和中东混合原油。工艺装置均采用国际先进加工工艺，以实现节能减排、清洁化和环境友好的目标。建成投产后的汽、柴油等产品全部达到国Ⅵ（B）标准，化工产品主要采用专利商标准以满足下游用户和市场需求。

广东省和揭阳市一直以来把项目作为落实贯彻新发展理念、构建新发展格局，推动高质量发展，引领地方经济跨越式发展的"一号工程"，全力保障项目建设。在建设广东石化炼化一体化项目基础上，揭阳市与中国石油密切对接，加大招商引资力度，配套引进吉林石化60万吨/年ABS项目，新增520万立方米原油商业储备库项目。广东石化炼化一体化项目的建成，将为揭阳市加快打造沿海经济带上的产业强市，以及广东省深化落实"1+1+9"工作部署及构建"一核一带一区"区域发展格局注入强大活力。

2022年底，广东石化有二级机构30个，其中职能部门11个、直属机构6个、二级单位13个。落实"人才第一资源"理念，坚持内引外聘补充人才，员工总数达到2110人。

有序推进生产准备和联动试车。2022年4月26日，项目动力中心超高压燃气锅炉点火的一次成功，项目正式引入能量。5月21日，项目首套装置300万吨/年石脑油加氢装置中交。6月1日，建筑规模与设备数量皆为中国石油系统内最大的广东石化中心控制室、中心化验室完成中间交接。6月26日，项目炼油"龙头装置"——1000万吨/年常减压装置Ⅰ和1000万吨/年常减压装置Ⅱ建成中交。6月30日，项目化工"龙头装置"——120万吨/年乙烯装置建成中交。8月30日，炼化一体化项目189个主项单元建成中交。10月26日，二套常减压装置按计划完成首开备料任务，9套炼化主体装置实现开工运行，项目全面进入投料开工试生产阶段。

（王羽欣）

【中石油云南石化有限公司】 中石油云南石化有限公司（简称云南石化）2011年5月25日成立，位于云南省昆明市安宁工业园区，占地3平方千米，总投资225亿元，与中国四大油气进口通道之一——中缅油气管道共同构成中国西南油气引进和加工的战略格局。云南石化炼油项目设计原油加工能力1300万吨/年，2013年1月开工建设，2016年主体装置建成中交，2017年8月28日正式投产。建有常减压、催化裂化、连续重整、延迟焦化等17套主要工艺装置和完备的公用工程系统。设备国产化率超过90%，可生产符合国Ⅵ标准的汽油、柴油、航空煤油、丙烯、液化气等16类69种产品。投产以来，累计加工原油5504万吨，生产汽油、柴油、航空煤油、液化气等产品5213万吨，实现工业总产值3054亿元，实现税费897.16亿元。获"国家优质工程金奖""国家工程卓越大奖""超大规模类卓越项目管理银奖"等殊荣。产品主要服务于云南省，辐射西南地区，出口东南亚国家。

云南石化主要生产经营指标

指　标	2022年	2021年
原油加工量（万吨）	1003.25	975.71
汽油产量（万吨）	308.63	314.27
柴油产量（万吨）	377.04	329.17
航空煤油产量（万吨）	62.42	97.67
液化石油气产量（万吨）	36.59	31.63
丙烯、苯、二甲苯、丙烷等有机原料产量（万吨）	69.73	64.09
硫黄、液氨等无机原料产量（万吨）	22.71	21.79
沥青产量（万吨）	53.36	47.69
石油焦产量（万吨）	29.16	26.93
资产总额（亿元）	197.48	188.99
营业收入（亿元）	684.51	521.09
利润（亿元）	-3.81	8.70
税费（亿元）	173.23	156.79

云南石化实施组织机构扁平化、辅助业务市场化的管理模式。2022年底，设10个机关处室，3个机关附属机构，3个直属部门，8个二级单位。在册员工805人，本科及以上学历504人，平均年龄38岁。

2022年，云南石化强管理、稳生产、促改革、谋发展，加工原油1003.25万吨，生产产品960万吨，营业收入684.5亿元，上缴税费173.23亿元。

云南石化坚持以"装置稳定"为核心抓管理。推行"唱票""手指口述"标准化操作、高压窜低压日常检查、单向阀排查、联锁问题专项整治，加大"五位一体"巡检力度，确保装置安全生产始终处于受控状态。开展"无泄漏工厂"创建，加强小接管及法兰专项排查，加大防腐蚀监测力度，解决影响装置长周期运行突出问题。特别是为克服新冠肺炎疫情影响，中秋、国庆期间两次转入"封闭运行"，干部员工24小时驻厂轮岗保生产，稳住正常安全生产经营秩序。全年90万吨化工产品实现尽产尽销，创造历年化工产品生产和销售最好水平；全员劳动生产率1666万元/人，在炼化新材料公司连续排名第一；单因产品能耗6.97千克标准油/吨，入围国家工信部评选的年度重点用能行业能效"领跑者"企业；炼油完全加工费319.89元/吨，同比下降8.6元/吨，与炼化新材料公司平均水平差距进一步缩小。

云南石化抓科技创新不减弱，完善科技创新制度体系。实行科研开发和技术攻关项目经理负责制，保障项目高效推进；设立科学技术进步奖和科技论文奖，调动科研人员工作积极性；建立研发经费管理制度，持续规范科技研发投入。推进"劣质重油选购、常温运输时序控制、调合及加工研究"项目立项，实现成立以来研发项目"零突破"。形成"一种包含劣重质原油的连续生产库存优化评估方法"等自主创新技术，国家专利局按发明专利受理审查，为云南石化实现知识产权"零突破"创造有利条件。成立云南石化科学技术协会，打造科技工作者之家，弘扬科学家精神，搭建创新创效、科技交流、素质提升崭新平台。创新成果项目"基于TRIZ理论解决双碳背景下炼厂新型环保材料的研究与开发"在国家科技部和中国科学技术协会联合举办的2022年中国创新方法大赛全国总决赛中获二等奖。

（邹纪丞）

【中国石油天然气股份有限公司大港石化分公司】 中国石油天然气股份有限公司大港石化分公司（简称大港石化）始建于1965年4月，原名河北勘探指挥部炼油厂，2000年8月划归股份公司直接管理，是炼化地区公司之一，地处天津滨海新区南港工业区。原油加工能力500万吨/年，主要生产装置22套，包括500万吨/年常减压蒸馏装置、120万吨/年延迟焦化装置、100万吨/年加氢裂化装置、75万吨/年催化汽油加氢装置、4万标米^3/年制氢装置、140万吨/年催化裂化装置、30万吨/年气体分馏装置、5万吨/年MTBE装置、60万吨/年连续重整装置、220万吨/年汽柴油加氢装置、10万吨/年苯抽提装置、1万吨/年硫黄回收装置、200吨/时溶剂再生装置、140吨/时酸性水汽提装置、195吨/时动力锅炉装置、1.7万米^3/时氢气平衡装置、55万吨/年干气—液化气脱硫装置、140万吨/年催化烟气脱硫脱硝配套装置、2万标准立方米气柜装置、40万吨/年航空煤油加氢装置、10万吨/年聚丙烯装置、15万吨/年烷基化装置。可生产汽油、柴油、航空煤油、液化气、船燃、石油焦、石脑油、苯、硫黄、液氨、丙烯、聚丙烯、MTBE等13个产品3个牌号的石油化工产品。固定资产原值82.58亿元，净值35亿元，厂区占地面积198.79万平方米。自成立以来，获全国五一劳动奖状、"中国能源绿色企业50佳"等国家级荣誉16项。

大港石化主要生产经营指标

指　　标	2022年	2021年
原油加工量（万吨）	494.49	411.07
汽油产量（万吨）	135.00	126.93
柴油产量（万吨）	96.90	63.89
收入（亿元）	324.75	203.22
利润（亿元）	20.39	11.68
税费（亿元）	64.10	63.21

2022年，加工原油494.49万吨，生产汽油135万吨，柴油96.9万吨，低硫船用燃料油117.8万吨、航空煤油33.6万吨，收入324.75亿元，利润20.39亿元，上缴税费64.1亿元。创近4年最好水平。同时，可比综商、综合能耗、营业收入等9项指标创历史最好水平。在册员工1920人，其中管理人员260人、专业技术人员397人、操作1263人。2022年获集团公司生产经营先进单位、质量健康安全环保节能先进企业。

大港石化装置运行平稳率99.98%，生产计划执行率99.63%、出厂产品质量合格率100%。设备完好率99.98%，振动低于标准值机泵占比98%，常减压、催化裂化等13套主要装置达到"无泄漏装置"标准，装置泄漏率0.04‰，未发生非计划停工。组织聚丙烯装置停工消缺检修，聚丙烯装置连续平稳生产238天。加强"一分钟"应急能力建设，按照"精练、实战、可操作"原则编制应急操作卡 153 个，开展应急演练 265 次，参与员工 3069 人次，"鼓励退守"理念深入人心，岗位应急处置能力有效提升，成功应对"11·2"晃电等突发事件。建成安全生产智能管控平台，推进工业视频监控系统建设，完成门禁考勤系统升级改造，实现生产信息共享。

大港石化实施科技项目 19 个，其中集团公司级科技项目 2 项、地区公司级科技项目 17 项，本年度完成 10 项。

大港石化聚焦"四精"要求，量效齐增，落实"五提质、五增效"重点工作，增效 4.68 亿元。

（肖尚辰）

【中国石油天然气股份有限公司华北石化分公司】 中国石油天然气股份有限公司华北石化分公司（简称华北石化）1985 年 8 月组建，1987 年 12 月建成投产。前身是华北石油管理局化学药剂厂，1997 年更名华北石油管理局第一炼油厂，1999 年重组为中国石油华北油田公司第一炼油厂，2000 年再次重组为中国石油华北石化公司。公司位于河北省任丘市北环东路。自成立以来，华北石化曾获全国模范职工之家、集团公司一类企业、集团公司基层党建"百面红旗"等多项省部级以上荣誉；实现利税破百亿元，为北京输送国 V 标准、京 VI 标准等系列产品；近 10 年来，"聚丙烯高速 popp 膜专用料 HB28F 的开发""降低 MTBE 硫含量攻关"等多项科技成果获集团公司科技创新项目奖。2022 年底，设机关处室 10 个，直属部门 4 个，二级单位 13 个；有员工 1999 人，平均年龄 42.9 岁，大专以上学历占 77.7%；常减压、催化裂化、渣油加氢、蜡油加氢、连续重整、航空煤油加氢、柴油加氢等主要生产装置 35 套。主要产品有汽油、柴油、航空煤油、聚丙烯等 30 余种。

2022 年，华北石化落实集团公司党组决策部署，统筹生产经营、安全环保、疫情防控，积极应对油价波动、市场低迷、行业转型、长期低负荷运行，以及地处安全环保严管区域等严峻挑战，优化产业结构，奋力开拓市场，实现连续盈利。2022 年，加工原油 574 万吨，利润 0.63 亿元，全年增效 5.2 亿元。

华北石化强化"精心监盘、精细巡检、精准操作"，加强装置生产运行系统（MES）平稳率管理，实施分散控制系统（DCS）工艺报警分级管控，建立重点参数短信推送系统，日报警数量下降 66%。对 64 套操作规程、1741 个操作卡进行修订。深化工艺变更管理，强化操作变动分级预约，推进关键操作"唱票制"，装置平稳率 99.93%。推进"讲清楚、回头看"工作机制，开展 109 次，制定提升措施 303 项。实施催化、重整等 10 套主要生产装置长周期攻关，编制运行导则。汇编《集团公司炼化装置非计划停工案例》，举一反三、深度排查，制定防范措施168项。实施公司级工艺和设备攻关41个。坚持预防性维护和预知性维修相结合，突出大机组、关键设备特保特护，强化关键机泵包机制落实。

华北石化主要生产经营指标

指标	2022年	2021年
原油加工量（万吨）	574.00	610.00
汽油产量（万吨）	180.80	233.71
柴油产量（万吨）	157.30	137.30
聚丙烯（万吨）	8.10	8.88
收入（亿元）	375.00	240.00
利润（亿元）	0.63	11.00
税费（亿元）	81.42	95.52

华北石化有序推进股份公司"炼厂重整副产氢气等氢资源提纯利用新技术研究开发"等3个科技项目攻关；开展生产优化攻关项目41项，完成27项；评选技术创新奖成果28项；"循环水外排污水的处理装置""污水处理系统"2项专利获知识产权局授权；研发聚丙烯薄壁注塑专用料HB66G。优化"MES、ERP、炼化物联网"三大系统运行，开展"信息孤岛"治理，推进数据共享、联通、互融。开发大检修信息管理系统，实现设备检修全流程、动态追踪的信息化管理；完成34套化验仪器的分析数据自动采集软件开发，数据准确率100%；开发应用"2#常减压蒸馏装置智能控制系统"，关键控制回路波动均方差较工艺卡片平均降低20%以上。作为全国首批试点企业，在集团公司率先应用"双重预防信息系统"。上线"工业互联网＋安全生产"平台，实现15个业务功能集成。开发出聚丙烯、道路沥青新产品。征集科技论文277篇。"循环水排污水处理装置"和"污水处理系统"获国家专利。

（郑晓云）

【**中国石油天然气股份有限公司呼和浩特石化分公司**】 中国石油天然气股份有限公司呼和浩特石化分公司（简称呼和浩特石化）位于内蒙古自治区首府呼和浩特市，占地200万平方米。呼和浩特石化原名呼和浩特炼油厂，曾隶属华北石油管理局、华北油田公司，是国家"八五"重点工程之一，与二连油田开发、阿赛输油管线并称内蒙古三项石油工程。呼和浩特石化从1988年开始筹建，1990年7月29日破土动工，1992年9月29日一次投产成功。中国石油重组改制后，2000年7月1日划归中国石油天然气股份有限公司直接管理，并正式更名为中国石油天然气股份有限公司呼和浩特石化分公司。

呼和浩特石化炼油加工规模500万吨/年，固定资产原值83.15亿元，14套炼油装置、1套化工装置及配套系统；配套建设有长庆—呼和浩特原油管道和呼和浩特—包头—鄂尔多斯成品油管道。主要生产汽油、柴油、航空煤油、燃料油、液化石油气、聚丙烯树脂、石油苯、工业硫黄等6大类13种产品，主要满足内蒙古中西部、山西及河北周边地区市场需求，并出口蒙古国。自成立以来，呼和浩特石化先后获全国模范职工之家，全国"重合同守信用"企业、全国"安康杯"安全生产劳动竞赛优胜企业、新中国70年企业文化建设优秀单位等多项荣誉。

2022年底，在册员工1589人，大专以上学历1073人；设有11个机关处室、5个直属单位、10个二级单位。

2022年，呼和浩特加工原油340万吨，实现轻质油收率77.37%，综合商品率92.25%，炼油综合能耗67.43千克标准油/吨原油，新鲜水单耗0.47吨/吨，综合损失率0.50%。销售收入234.36亿元、税费56.37亿元，盈利7.17亿元，超额完成集团公司业绩考核指标。

呼和浩特石化主要生产经营指标

指　标	2022年	2021年
原油加工量（万吨）	340	392.51
汽油产量（万吨）	139.45	169.17
柴油产量（万吨）	117.12	116.58
航空煤油产量（万吨）	7.83	18.39
苯（万吨）	1.98	2.36
聚丙烯（万吨）	12.19	15.67
资产总额（亿元）	68.11	72.50
销售收入（亿元）	234.36	217.94
利润（亿元）	7.17	14.71
税费（亿元）	56.37	71.41

（何淑华）

第七部分 所属单位

【中国石油天然气股份有限公司辽河石化分公司】 中国石油天然气股份有限公司辽河石化分公司（简称辽河石化）位于辽宁省盘锦市，前身为盘锦炼油厂，始建于1970年，1971年建成投产，历经半个世纪发展，成为原油加工能力550万吨/年、固定资产原值72.31亿元的炼化企业。有常减压蒸馏、催化裂化、连续重整、汽柴油加氢、润滑油高压加氢、延迟焦化、润滑油糠醛白土联合精制、气体分馏、聚丙烯、制氢、硫黄回收、酸性水汽提、干气及液化气脱硫等30套主体装置以及完善的公用工程系统和辅助生产设施。2022年设机关处室11个、附属机构5个、直属部门3个、二级机构17个，在册员工2273人。主要加工低凝环烷基原油、混合稠油、超稠油、石蜡基原油和进口稠油，主要生产石油沥青、汽油、柴油、燃料油、变压器油、聚丙烯、石油焦、液化石油气、橡胶增塑剂等10类20余种产品。

辽河石化主要生产经营指标

名　　称	2022年	2021年
原油加工量（万吨）	422.8	502.01
汽油产量（万吨）	59.76	73.17
柴油产量（万吨）	63.52	59.8
燃料油（万吨）	167.42	151.16
石油焦产量（万吨）	22.41	26.57
变压器油产量（万吨）	7.20	5.69
石油沥青产量（万吨）	30.23	62.49
液化石油气产量（万吨）	10.80	12.75
芳烃类产量（万吨）	11.44	17.59
聚丙烯产量（万吨）	0.29	2.01
橡胶增塑剂产量（万吨）	25.66	68.65
资产总额（亿元）	54.8	45.22
营业收入（亿元）	255	220.51
利润（亿元）	20.48	15.36
税费（亿元）	32.11	40.47

2022年，辽河石化党委团结带领全体干部员工，统一思想、转变作风，坚决落实"疫情要防住、经济要稳住、发展要安全"的重要要求，加强党的全面领导，夯实管理基础，深化改革创新，持续转变作风，凝心聚力、攻坚克难，全年加工原油422.8万吨，销售产品409万吨，实现营业收入255亿元，同比增加34.49亿元；利润总额20.48亿元，同比增加5.12亿元，再创历史新高；上缴税费32.11亿元，完成首次全公司规模装置检修，各项工作成效显著。

辽河石化加快转型、创新赋能，绿色发展动能不断增强。重点项目开发有序推进。"十四五"规划项目溶剂脱沥青、润滑油高压加氢、电力系统增容改造项目可行性研究报告通过初审。2号制氢装置二氧化碳回收利用项目完成可行性研究报告审查。编制《辽河石化碳达峰实施方案》，从产业结构优化调整、节能提效、清洁替代、新能源，以及二氧化碳捕集、利用、封存等方面分解重点任务，确定碳达峰目标。新产品开发取得成效。组织完成年度科技成果及科技论文评选，评选优秀科技成果19项。推进集团公司重大科技专项子项目的开发与应用，新产品钻井液基础液实现销量3000吨以上，形成集团公司级产品标准。辽河稠油减压馏分生产橡胶增塑剂A1220工业试验取得成功。制备出合格的电缆沥青样品，开发出ZN–20、ZN–30系列环保阻尼沥青，填补国内产品空白。信息化建设取得进步。完成新版门户2.0升级，进一步提升展示效果和使用体验。完善危险化学品安全风险监测预警平台，新增16套有毒有害气体报警，1300点数据上传至省市应急系统。编制网络安全智能监控平台、局域网和边缘计算平台3个项目可行性研究并上报。

（宁晓韦）

【中国石油天然气股份有限公司长庆石化分公司】 中国石油天然气股份有限公司长庆石化分公司（简称长庆石化）位于陕西省咸阳市渭城区，始建于1990年，1992年投产。有固定资产原值64.56亿元，主要生产装置17套，辅助设施12套，具备年加工500万吨原油能力。长庆石化为燃料型炼厂，产品以国ⅥB标准车用汽柴油、航空煤油、液化石油气为主，有少量的丙烯、工业硫黄、石油苯、道路沥青等化工产品。2002年底，长庆石化下设10个机关职能处室、5个直属机构、9个二级单位和3个机关附属机构。员工1072人，平均年龄40.2岁，大专以上文化程度占82.6%。多年来，长庆石化获国家安全生产标准化一级企业、国家绿色工厂、国家智能制造标杆企业、中国石油和化工行业绿色工厂、第十八届全国质量奖鼓励奖、集团公司质量安全环保节能先进单位、改革开放四十年中国企业文化优秀单位等荣誉，成功打造国内首个"5G"智能炼厂。

长庆石化主要生产经营指标

指　标	2022 年	2021 年
原油加工量（万吨）	484.33	490
汽油产量（万吨）	176.34	182.02
柴油产量（万吨）	209.1	173.58
航空煤油产量（万吨）	33.82	66.38
综合能耗（千克标准油/吨）	60.37	60.52
资产总额（亿元）	63.24	70.16
营业收入（亿元）	347.27	266.77
利润（亿元）	21.63	15.32
实现税费（亿元）	89.55	84.97

2022 年，长庆石化全年加工原油 484.33 万吨、同比减少 5.67 万吨，工业总产值 354.95 亿元、同比增加 88.61 亿元，税费 89.55 亿元、同比增加 4.58 亿元，利润 21.63 亿元、同比增加 6.31 亿元，营业收入利润率 6.23%、全员劳动生产率 992 万元/人，净利润在炼化新材料公司排名第五。

长庆石化确定催化裂化 MIP 及配套改造、加氢裂化增产航空煤油改造、连续重整装置加热炉隐患治理等重点技改项目技术路线，助力实现"油品总量不增，品质提升，化工品增量增效，结构更优化"的转型发展目标。实施"轻汽油改质副产低碳烯烃催化剂及工艺研究"等科技项目 6 个，"中间相碳微球负极材料生产技术开发"课题实现长庆石化新材料研究零突破，"60 万吨柴油加氢技术分析与应用"成果获陕西省石油学会科学技术进步奖三等奖。智能工厂建设深入推进，与华为公司合作，梳理数字化转型智能化发展顶层设计，提出数字化转型初步方案。制定数据治理专项行动工作计划。建成并投用综合报警集中管控平台，实现全公司生产运行过程中工艺、设备、安环等报警的统一集中管控，"工业互联网+危化安全生产"试点方案获评应急管理部"十佳"方案。

（罗　希）

【中石油克拉玛依石化有限责任公司】 中石油克拉玛依石化有限责任公司（简称克拉玛依石化）前身是 1959 年建立的克拉玛依炼油厂，是中国石油的稠油加工基地和高档润滑油、沥青生产基地。经过 60 多年的发展，年加工能力达到 600 万吨。按照集团公司与新疆维吾尔自治区深化合资合作框架协议，2015 年

7月克拉玛依石化完成合资公司组建，更名为中石油克拉玛依石化有限责任公司。2022年底，克拉玛依石化有员工总量2754人（男员工占比64%、女员工占比36%），其中少数民族员工425人，平均年龄44.7岁。下设12个管理处室、3个直属机构、18个直属单位。主体生产装置36套，辅助装置21套。2022年建成国内最大的高档白油生产基地，获集团公司"生产经营工作先进单位"称号。

2022年，克拉玛依石化加工原油503.4万吨（其中稠油328万吨），超年计划13.4万吨；营业收入313.4亿元，同比增长15%；上缴税费71.87亿元，其中留存地方14.45亿元，经济效益和盈利能力继续保持板块前列。

克拉玛依石化主要生产经营指标

指　　标	2022年	2021年
原油加工量（万吨）	503.4	570
汽油产量（万吨）	99	117.9
柴油产量（万吨）	164.4	178.2
航空煤油产量（万吨）	13.8	17.2
润滑油产量（万吨）	74.8	77.9
沥青产量（万吨）	61.5	93.5
资产总额（亿元）	118	121.82
收入（亿元）	313.4	272.23
利润（亿元）	22.13	25.71
税费（亿元）	71.87	88.7

克拉玛依石化立项实施科研项目26项，获省部级科技成果2项，授权专利5项，获石油石化行业专利金奖1项。坚持"研产销用"一体化创新机制，深化科技服务生产与创新推动发展，组织实施技术改造47项，开发新产品7项、应用新工艺7项。深化科技创新体制机制改革，稠油加工技术中心建设进一步完善，"大科研"格局全方位巩固。制定实施克拉玛依石化《数字化转型智能化发展方案》，坚持"三横两纵"顶层设计，推进"7+1"场景设定、信息孤岛治理、网络安全智能监控平台等信息化项目，智能炼油厂建设取得新进展。

（刘　娟）

第七部分 所属单位

【中国石油天然气股份有限公司庆阳石化分公司】 中国石油天然气股份有限公司庆阳石化分公司（简称庆阳石化）位于甘肃省庆阳市西峰区董志镇工业园区，占地面积1360亩。前身为庆阳石油化工厂，随着长庆油田开发于1971年9月成立，2001年8月整体划转中国石油天然气集团公司。2004年12月划转中国石油天然气股份有限公司。2010年10月原150万吨老厂关停，300万吨新厂建成开车，全体职工及家属整体搬迁至庆阳市西峰区。2016年5月25日甘肃省和集团公司认定庆阳石化加工能力370万吨/年。设机关管理部门10个，直属部门4个，二级单位10个，在册员工1152人。庆阳石化为燃料型炼油企业，主辅装置20套，主要产品汽油、柴油、航空煤油、聚丙烯、苯、硫黄、液化气4大类10种26个牌号。汽油、柴油全部实现国Ⅵ标准，并提前8个月实现国Ⅵ B标准。

2022年，庆阳石化加工原油305.04万吨，生产汽油131.62万吨、柴油128.63万吨、航空煤油1.60万吨、聚丙烯9.28万吨，实现营业收入221.52亿元，实现账面利润14.67亿元，吨油利润476.88元/吨，实现税费63.05亿元。有力保障庆阳革命老区财政大口径收入首次突破200亿元，为庆阳市GDP突破千亿元大关作出贡献，获甘肃省优秀企业"突出贡献奖"。

庆阳石化主要生产经营指标

指　　标	2022年	2021年
原油加工量（万吨）	305.04	352.52
汽油产量（万吨）	131.62	162.52
柴油产量（万吨）	128.63	139.99
航空煤油产量（万吨）	1.60	6.6
有机原料产量（乙烯、丙烯、苯等）（万吨）	9.23	11.26
聚丙烯产量（万吨）	9.28	11.52
吨油利润（元）	476.88	513.09
资产总额（亿元）	70.36	68.39
营业收入（亿元）	221.52	205.97
利润（亿元）	14.67	18.21
税费（亿元）	63.05	73.08

庆阳石化与中国石油石油化工研究院持续开展科技项目"原油制低碳烯烃技术开发"研究，根据原油试验分析数据，优选催化剂体系，双烯收率50%。持续做好结题科技项目验收工作，加快科技成果评估，完成"满足国Ⅵ汽油标准催化汽油加氢改质技术（M-PHG）及配套技术工业试验""大型炼油关键技术升级与工业应用"两项科技项目验收评估。加大聚丙烯新产品开发力度，提升市场竞争力和占有率。开发高端聚丙烯新产品抗菌纤维料QY40S，抗菌率大于98%，防霉等级均达到最高等级0级，丰富聚丙烯新产品技术储备。组织推进涂覆聚丙烯专用树脂QY30S的研发生产工作，产品各项指标均优于内控指标，并稳定排产，实现聚丙烯新产品当年立项开发、当年试生产、当年稳定排产。

（王增权）

【中石油燃料油有限责任公司】 中石油燃料油有限责任公司（简称燃料油公司）前身是1997年1月成立的中油燃料油股份有限公司，2011年成为中国石油全资子公司，主要从事重质进口原油自加工及产品销售，集团公司沥青、船用燃料油、油浆等炼油特色产品统购统销，炼化企业二次原料互供，原油、沥青等套期保值工作。2010年设立研究院，进行特种沥青和重质原料加工研究工作；2019年新设浙江自贸区公司，专营船用燃料油业务。2022年底，员工1812人，在秦皇岛、佛山、温州有3个沥青生产企业，总加工能力425万吨/年；在江阴、湛江、青岛设3个仓储公司，库容总量282万立方米；在东北、华北、西北、华东、华中、华南、西南设7个区域销售公司，区域销售公司在各省（自治区、直辖市）设经营部。2022年，在广州、上海两地成立船用燃料油专业化经营公司。

2022年，燃料油公司总销量1467万吨，其中沥青销量561万吨、燃料油销量94万吨、船用燃料油销量763万吨。营业收入705亿元、利润6.55亿元（剔除减值后9.47亿元），超年度预算4.95亿元，创成立以来同口径业务最好业绩。

2022年，燃料油公司把科技创新作为发展的重要战略支撑，按照"快速突破"和"久久为功"两个层面加快科研布局，强化沥青、船用燃料油产品技术攻关，加速推进数字化转型。实现SBR改性乳化沥青、阻燃沥青等5个项目108吨的特种沥青产品推广应用；白炭黑复合橡胶改性沥青和石墨烯改性沥青成功铺筑在津蓟高速；助力独山子石化、四川石化等9家炼化企业减油增特，在西北、西南、东北地区增产防水沥青40万吨；推进西北地区改性沥青基质料开发项目，合理匹配渣油资源，开发符合标准的改性沥青原料，大幅降低长距

燃料油公司主要生产经营指标

指　标	2022 年	2021 年
在营油库数量（座）	3	3
油库库容（万立方米）	282	282
自加工原油（万吨）	85	233
销售油品（万吨）	1467	2112
统销直属炼油厂小产品（万吨）	1062	607
沥青销量（万吨）	561	865
燃料油销量（万吨）	94	236
船用燃料油销量（万吨）	763	246
吨油费用（元）	93.1	73.49
收入（亿元）	705	713
利润（亿元）	6.55	18.47

离跨区调运成本；研究院跻身国家层面认可实验室行列，高性能环保防水沥青技术达到国际先进水平，开发融冰雪改性沥青胶浆等 4 类特种沥青新产品，形成专有技术；获得集团公司优秀标准一等奖一项，集团公司科学技术进步奖二等奖三等奖各一项；全年申报发明专利 7 件，授权 2 件；完成金融衍生业务信息系统建设，创新信息系统数据集成，提前完成炼化新材料公司"数据孤岛"治理工作，智能化支撑作用更加明显。

（刘珈麟）

【中国石油天然气股份有限公司润滑油分公司】　中国石油天然气股份有限公司润滑油分公司（简称润滑油公司）2000 年 12 月 19 日成立，是油剂脂液产、研、销一体化的专业公司。设兰州、大连 2 大研发中心、1 个产品设计中心，7 个产销一体化公司，9 个销售公司，4 个专业公司，2 个生产厂。2022 年底，员工总数 3605 人，资产总额 80.6 亿元，净资产 49.3 亿元。2022 年，营业收入 127 亿元，利润 0.56 亿万元，销售总量 171 万吨。

2022 年，润滑油公司着力高水平科技自立自强，按照快速突破和久久为功两个层面，聚焦战略研究、基础研究、应用研究 3 个层次，完善"十四五"科技规划，部署并稳步实施专项攻关，航空用油等国家级重点项目取得积极进展；牵头制定首个自主柴油机油 D1 规格中国标准，制修订行业标准 8 项、集团公

润滑油公司主要经营指标

指　　标	2022 年	2021 年
销售总量（万吨）	171	178
工业油销售（万吨）	28.8	31.6
车用油销售（万吨）	17	21.4
车辅销售（万吨）	49	49.7
特种油销售（万吨）	62	56.8
船用油销售（万吨）	3.6	3.8
润滑脂销售（万吨）	6.2	4.1
资产总额（亿元）	80.6	80.1
利润（亿元）	0.56	1.26
税费（元）	3.5	4.6
营业收入（亿元）	127	117

司企业标 1 项；申请专利 73 件，获授权专利 26 件；获集团公司科学技术进步奖二等奖 1 项、中国化工学会科学技术进步奖一等奖 1 项、中国内燃机学会科学技术进步奖三等奖 1 项；3 款食品级润滑油正式上市，填补行业空白；无灰分散剂取得原创技术突破；变压器油首次应用于高能物理研究设备；国内首套万吨级 PAO 装置长周期运行取得积极进展。发挥"大科研"优势，突出市场导向，主动融入产研销协同，制定实施 109 个科研攻关项目，科技转化成效显著。开展 CRM、ERP 等信息系统应用评价，线上订单提报率增长 25%，客户履约完整性提升 35%。

润滑油公司制定实施 10 大类 42 个项目 110 个网格化措施，实现提质增效 3.7 亿元，完成炼化新材料板块提质增效目标 123%，为实现盈利奠定坚实基础。

（任建伟）

【中国石油天然气股份有限公司东北化工销售分公司】　中国石油天然气股份有限公司东北化工销售分公司（简称东北化工销售）是按照集团公司发展战略部署，在整合中国石油东北地区大庆石化、吉林石化、抚顺石化、辽阳石化、大连石化等 5 家生产企业化工销售业务的基础上，组建的具有集约化优势的区域性销售公司。2006 年 6 月 2 日正式运营，主要负责中国石油东北地区 11 家炼化企业化工产品销售、东北区域外销售产品调运组织和区域产品互供管理等业务，销售产品应用于塑料、纺织、橡胶、石蜡深加工、化工、医药、农业等行业。东北化工销售机关驻地在辽宁省沈阳市。

2022年底，东北化工销售下设机关职能部门15个，基层分公司7个。合同化员工总数377人，固定资产总额9.14亿元。公司自成立以来，坚决贯彻落实党中央及集团公司各项决策部署，着眼企业发展和做大做强销售，深化战略管理和机制创新，实现了跨越式发展。截至2022年底，公司累计销售化工产品8800万吨，调运化工产品1.5亿吨，实现营业收入4800亿元，利润28.6亿元。经过不懈努力，公司在东北化工市场主导地位愈发稳固，企业发展迈上了新台阶。

东北化工销售主要经营指标

指　　标	2022年	2021年
化工产品销量（万吨）	854.7	841.6
调运量（万吨）	1376.6	1362.1
进销率（%）	100.55	100.19
直销率（%）	83.8	86.2
价格对标缩差（元/吨）	−105	−128
资产总额（亿元）	21.20	27.90
收入（亿元）	542	485
利润总额（亿元）	4.31	3.61
税费（亿元）	1.9	1.55

2022年，东北化工销售实现产品销量854.7万吨；营业收入542亿元；考核利润4.31亿元；调运量1376.6万吨；各项关键技术指标全部超额完成，考核利润、产品销量、调运量、营业收入等4项核心指标均创历史新高。

2022年，东北化工销售围绕提升市场份额发力，狠抓渠道扁平化、价格市场化和服务一体化，营销主业发展规模和发展质量稳步提升。

资源管控更为高效。把握以销定产、以产促销原则，按照"M+3"生产计划滚动优化排产要求，做好各方对接、准确提供市场需求，需求计划波动率稳步下降。

市场开发更为有力。围绕固体、液体两条主线，推进市场网格化建设，由近及远梯次饱和推进，新增辽宁恒旭、吉林宇通等工业直供户182家。

客户服务更为精细。优化营销渠道建设,开展"一品一策、一户一案、一地一策"差异化、定制化营销,推进甲基叔丁基醚(MTBE)等大宗液体产品线下销售试点模式。

（倪　玉）

【中国石油天然气股份有限公司西北化工销售分公司】 中国石油天然气股份有限公司西北化工销售分公司(简称西北化工销售)2006年6月8日成立,是中国石油6家化工销售企业之一,主要负责中国石油兰州石化、独山子石化、乌鲁木齐石化、宁夏石化、庆阳石化、塔里木石化、长庆石化、克拉玛依石化和玉门油田炼油化工总厂、青海油田格尔木炼油厂10家炼化企业化工产品在陕西、甘肃、新疆、宁夏、内蒙古、青海等省(自治区)的销售业务,以及西北地区炼油化工企业生产的化工产品向中国石油其他5家化工销售公司的运输、配送任务。主要经营合成树脂、合成橡胶、合成纤维、液体化工原料和尿素等大宗化工产品,牌号种类160余个,可用于生产农膜、包装膜、管材、容器等塑料制品,以及轮胎、胶管、胶带、密封件等橡胶制品和涂料、染料、聚酯切片、日用化工产品等,广泛应用于建筑、汽车、家电、医疗、军工、纺织和精细化工领域,承担着重要的工农业生产资料社会供给职责。总部设在甘肃省兰州市,设8个职能处室和6个分公司,其中,销售事业部设11个产品营销团队和1个技术支持团队。2022年底,有合同化员工335人、市场化员工69人。本科及以上学历占83%,中级及以上职称占66%。设党委8个,党支部25个,党员303人。2022年,西北化工销售产品销售量579.11万吨,调运量939.02

西北化工销售主要经营指标

指　标	2022年	2021年
化工产品销量(万吨)	579.11	556
购销率(%)	100.00	100.19
直销率(%)	68.50	67.24
调运量(万吨)	939.02	831
全员劳动生产率(万元/人)	205	191
营业收入(亿元)	313.98	274.00
利润(亿元)	5.15	4.91
税费(亿元)	1.80	1.71

万吨，创历史最好水平；营业收入 313.98 亿元，首次突破 300 亿元大关。利润 5.15 亿元，创历史最好水平，在 6 家化工销售单位中排名第一，获集团公司 2022 年度业绩考核 A 级单位。发展质量明显提升，综合实力持续增强，获集团公司"生产经营先进单位"称号。

加大直供客户开发力度，直销率 68.5%，比关键技术指标提升 2.54 个百分点。成立产销研联合推广小组，协调客户开展加工应用评价，及时反馈评价结果和意见，促进产品改进提升，实现新材料销量 13.34 万吨，完成关键技术考核指标 119%；实现新产品销量 29.27 万吨。

（马红苍）

【中国石油天然气股份有限公司华北化工销售分公司】 中国石油天然气股份有限公司华北化工销售分公司（简称华北化工销售）2006 年 2 月成立，是在 2000 年成立的化工与销售华北分公司基础上整合升级而来，总部设在北京市，主要负责中国石油所属企业生产的石油化工产品在华北区域的统一销售业务，销售网络全面覆盖北京、天津、河北、河南、山东、山西、湖北、内蒙古 8 省（自治区、直辖市），主要经销合成树脂、合成纤维、合成橡胶、液体有机无机和化工新材料等数十个品种、上百个牌号化工产品及原料，产品销量和销售收入逐年增长。截至 2022 年底，累计销售产品 3900 万吨，实现盈利 19 亿元，曾获"中央企业先进集体"，集团公司"生产经营管理先进单位""信息化工作先进单位""抗击新冠肺炎疫情先进集团"，以及"北京市西城区 A 级纳税企业"等多项荣誉。

2022 年底，华北化工销售机关设 15 个处室，下辖湖北、河南、山东、天津、内蒙古和任丘 6 个分公司（调运部）。员工总数 198 人，其中党员 144 人，本科及以上学历占 88%，中级及以上职称占 67%。

华北化工销售主要经营指标

指　　标	2022 年	2021 年
化工产品销量（万吨）	357.13	364.15
资产总额（亿元）	15.05	12.60
销售收入（亿元）	276.80	280.00
利润（亿元）	3.00	4.29
税费（亿元）	2.15	2.00

2022年，华北化工销售克服新冠肺炎疫情和化工市场震荡的不利影响，销售各类化工产品357.13万吨，销售收入276.8亿元，账面利润3亿元；购销率99.3%，综合直销率58.1%；经济增加值1.71亿元，账面利润3亿元，利润完成率111%、排名大区第二，各项工作均取得较好成绩。

2022年，华北化工销售推进落实市场营销三年行动方案，补齐直销率、对标缩差、产品结构和量价配合等短板弱项，提升主营业务发展质量。实行市场开发台账机制和"网格化"区域摸排，加大直供客户开发力度，强化产品经理、客户经理协同，在"三个1/3"基础上补充"AB队"设置，组成"技术+销售"市场调研小组，开展走访750人次，走访客户2340多家，实现合成树脂直销量110.9万吨、直销率同比提升2.7个百分点。查找对标缩差问题根源，形成体现价格、销量和销量占比关系的有效对标推导公式，加大专用料、高附加值产品配置，扩大价格信息获取渠道，对标缩差水平较上半年缩窄11元。结合区域市场特点和中国石油新材料业务发展目标，加强高价值专用料开发推广力度，成立多部门联合工作小组，开展新材料市场调研，实现重点高效产品销量120万吨，新产品销售11.7万吨，新材料销售16.9万吨，完成预算目标129%，为增产上量奠定良好基础。实施均衡销售策略，保持低库存运行，有效应对市场下滑的跌价风险，实现高压产品4月同比增效872万元，苯、邻二甲苯等产品9月、10月、11月增效3669万元。

（王　颖）

【中国石油天然气股份有限公司华东化工销售分公司】　中国石油天然气股份有限公司华东化工销售分公司（简称华东化工销售）始建于2000年，是中国石油天然气股份有限公司直属地区分公司，业务上由中国石油炼油与化工分公司垂直管理，党组织关系归属上海市经济与信息化工作党委。自成立以来，历经多次重组整合，业务版图由拓荒华东华南八省一市到深耕华东四省一市。深入推进产销研用一体化协作，以产品技术、经营模式和服务保障创新为支撑，开拓高端市场、开发高效产品，开发瓶盖料、水桶料、管材料、低压包装膜料、洗衣机专用料、汽车油箱料、油田输油管专用料等高端专用产品，持续优化产品结构，打造中国石油品牌。先后承担集团公司、炼油与化工分公司科技项目33项，获集团公司科学技术进步奖23项。优化销售渠道，与1300多家终端工厂及经销商开展业务往来，向市场提供优质高效产品服务，体现中国石油产业链终端价值。探索市场营销模式创新，践行"互联网+"行动计划，率先提出并承建中国石油化工产品电子商务平台，推动中国石油炼化销售模式升级。

截至2022年底，销售化工产品4485多万吨，营业收入3907多亿元，上缴税费 25 亿元；合成树脂产品销量占华东市场 10%，合成橡胶产品销量占华东市场 25%；电商平台自建成以来，完成上线客户 3171 家，累计成交 491 万吨，销售额 330 亿元。曾获全国企业文化建设优秀单位、上海市文明单位、上海市陆家嘴金融贸易区经济发展突出贡献企业奖等荣誉，基层党组织被国务院国资委授予"中央企业先进基层党组织"，企业文化展厅被集团公司评为首批"石油精神教育基地"，1 人次获中央企业劳动模范、3 人次获集团公司劳动模范、1 人次获上海市劳动模范、1 人次获上海市"三八红旗手"。

2022 年底，华东化工销售公司设有 8 个职能处室、7 个业务处室、3 个直属单位，以及 1 个作为二级单位管理的上海中油石油交易中心有限公司，分别在上海、江苏、江西、安徽、杭州、宁波等贴近市场一线地区设有 6 个区域销售分公司，同时在以上 6 个区域内的主要消费集中地和物流集散地配备余姚、上海 2 个自有中转仓库和 26 个社会仓库，总库容 22 万吨，能够快捷方便地服务客户和满足为上游炼化生产企业保后路的需要。华东化工销售以市场为导向，以客户为中心，凭借中国石油的资源优势、品牌优势、上下游一体化优势，一品一策、一户一案，健全完善营销网络，厚植一站式服务客户，构建同向同行、共享共生的市场利益共同体，与众多知名的行业龙头、上市公司建立战略伙伴关系，产品广泛用于医疗、汽车、家电、建材、食品饮料等国计民生领域。

2022 年，华东化工销售产品销售 321.8 万吨，销售收入 272.2 亿元，利润 2.32 亿元，比预算增加 0.5 亿元；经济增加值（EVA）0.78 亿元，比预算增加 0.47 亿元。

华东化工销售主要经营指标

指　　标	2022 年	2021 年
化工产品销量（万吨）	321.8	338.1
购销率（%）	99.0	100.3
直销率（%）	64.3	64
直发、断卖比例（%）	41.41	39.8
资产总额（亿元）	26.2	31.0
营业收入（亿元）	272.2	297.4
利润（亿元）	2.32	4.6
税费（亿元）	2.5	1.6

2022 年，华东化工销售利润完成率、直销率、价格对标缩差等指标在大区公司中排名靠前。直销率完成 64.3%，比预算提高 4.3 个百分点；购销率 99%；价格对标缩差 –27 元 / 吨，比预算提高 53 元 / 吨；劳动生产率 197 万元 / 人，比预算提高 30 万元 / 人。连续 8 年实现盈利，连续 22 年保持应收账款、法律纠纷、公关危机、安全环保事故"四个为零"，为集团公司经营业绩增长和安全大局稳定作出积极贡献。

华东化工销售以"日均衡、周达标、月平衡"为原则提升营销质量，制订以"稳龙头、树品牌、解难题"为宗旨的综合配套营销方案，从多维度为客户成长增动力，与合作伙伴共成长。做好承接、定型和增量推广，销售兰化榆林、独山子塔里木、辽阳石化等新装置产品。搭建线性高开口系列、高压电缆料产销研用云端交流平台，为中财管道等战略客户培训炼化生产工艺和应用技术。运用"托盘+冷套膜"方式运输兰州石化 2240H 等吨包装产品。激活"中油 e 化"竞拍、闪购、拼单等线上交易模块，平稳有序做好新老电商平台的业务切换。协助 26 家优质客户获得昆仑银行授信 8.33 亿元，为海外客户开通提供国际信用收付服务。全年客户综合满意度 97.7%，同比提升 0.8 个百分点。

华东化工销售注重创新营销模式探索，依托中国石油化工品电商平台为中国石油 6 家化工销售企业开展互联网电子销售业务，截至 2022 年底平台注册客户数 3200 余家，销售产品 80.5 万吨，成交金额 52 亿元，其中竞拍销售实现推价金额 6500 万元，提升客户应用体验，促进提高市场占有率。

（李文娟）

【中国石油天然气股份有限公司华南化工销售分公司】 中国石油天然气股份有限公司华南化工销售分公司（简称华南化工销售）2004 年 5 月 18 日正式成立。负责中国石油统销化工产品在广东、福建、广西、海南四省（自治区）的市场营销业务和区内生产企业化工产品的调运任务，主营合成树脂、合成橡胶、有机和无机化工产品。成立以来，被评为广东省 500 强企业、广东省大型骨干企业、广东省直通车服务重点企业和广州市纳税信用 A 级企业，为国家和地方经济社会做出贡献。

2022 年底，设有 14 个部门，下设厦门、汕头、深圳、南宁、海口和钦州 6 个分公司。化工产品总销量 285 万吨，收入 218 亿元，上缴税费 1.55 亿元。

2022 年，华南化工销售在市场下行期采取偏快销售节奏，年末库存降至全年最低水平，全年销售统销产品 278.2 万吨，购销率 100.9%；销售化工新材料 8.61 万吨，完成考核指标。坚持拓展销售渠道，开发统销用户 162 家，其中直供用户 135 家，占比 83.33%；实现直销率 65.58%，同比提升 0.5 个百分点。严

华南化工销售主要生产经营指标

指　标	2022 年	2021 年
化工产品销售量（万吨）	285	305.1
资产总额（亿元）	18.09	20.41
购销率（%）	100.9	99.5
直销率（%）	65.58	67.39
推价到位率（%）	101.19	101.11
收入（亿元）	218	232.69
利润（亿元）	1.52	3.15
税费（亿元）	1.55	1.66

格客户管理，施行半年考核评价和动态升降级管理，客户结构进一步优化。始终在合规、风险可控的条件下开展扩销业务，实现扩销销量6.8万吨。与国际事业公司紧密合作，抢抓窗口期开展出口业务，出口化工产品2.1万吨。稳步推进基础调研与专项研究有机结合，完成新能源汽车及动力电池领域涉及的新材料、ABS、茂金属聚烯烃、POE等产品市场调研。加大新产品开发推广力度，与中国石油研究院所、生产企业和客户签订"锂电池隔膜创新联合体"合作开发协议，达成"电池用石油基碳材料创新联合体"开发意向；协助立项科技项目3个。推广销售新产品牌号25个，实现销量6.56万吨，其中独山子石化锂电池隔膜专用料T98D产品在深圳中兴小试合格，正在进行中试试验，在实现锂电池隔膜专用料的国产替代方面取得阶段性成果。

（叶婉英）

【中国石油天然气股份有限公司西南化工销售分公司】　中国石油天然气股份有限公司西南化工销售分公司（简称西南化工销售）2001年按照中国石油化工统销战略部署整合成立，原名为中国石油天然气股份有限公司化工与销售西南分公司，2009年4月机构规格由处级调整为副局级。主要负责中国石油在四川、重庆、湖南、云南、贵州、西藏6省（自治区、直辖市）的化工产品统销业务，承担四川石化和云南石化的化工产品调运业务，经营中国石油所属炼化企业生产的合成树脂、合成橡胶、有机化工、无机化工4大类200多个牌号的化工产品。本部在四川省成都市，设有15个职能和业务处室，以及四川、重庆、湖南、云南、贵州5个销售分公司，彭州和安宁2个调运部。2022年底，员工总数 226 人，其中本科以上学历占 88%，中高级职称人员占 60%。党员 162 人，占员工总数 72%。

2022 年，西南化工销售积极应对新冠肺炎疫情影响、化工市场大幅波动的冲击，推进"十四五"规划落实，经营业绩再创新高，全年销售化工产品 531.6 万吨，利润总额 4.01 亿元；四川分公司、湖南分公司销量分别突破 100 万吨、20 万吨，创历史新高。

西南化工销售主要经营指标

指　标	2022 年	2021 年
化工产品销量（万吨）	531.6	502
资产总额（亿元）	35.8	32.5
收入（亿元）	362.8	319.8
利润（亿元）	4.01	3.85
税费（亿元）	1.83	1.62

西南化工销售围绕"十四五"规划目标，立足市场供需、新材料行业发展态势和区域化工产业发展趋势，制定《未来三年橡塑产品结构调整及客户渠道建设工作方案》《高新专特产品三年销量提升滚动实施方案》等专题方案，明确了到 2025 年公司橡塑、高新专特等产品线的发展目标、思路方向、实现路径和重点突破领域。

2022 年，西南化工销售橡塑产品销量同比增长 17%；有机产品销量同比增长 5%；橡胶、高压、聚丙烯、硬塑料等产品利润实现较好。积极争取资源配置，橡塑产品稳固四川石化资源，全力争取独山子、兰州石化等资源；东西北资源买断量增长 49%，保供能力进一步增强。有机产品克服下游终端大厂装置生产不稳、减产减负荷等不利影响，争取纯苯、混二甲苯等大宗资源，紧盯西部其他炼厂资源，全年买断同比增加 12 万吨。优化资源流向，推进四川石化资源向川渝回撤，乙烷资源向云贵湘倾斜，着力改善各区域产品结构。推进"减油增化"产品渠道建设，首次实现乙烯焦油销售、全年销量 3.69 万吨；四川石化、云南石化甲苯销量同比增长 43.4%。

落实"基础+高端"业务发展路径，西南化工销售联合四川石化共同推进大宗基础产品品牌建设。在推进新产品开发推广上实行双项目长制，推广新产品 49 个牌号、新材料 32 个牌号，新材料实现销量 10.1 万吨。车用料、医用材料销量创新高，2022年高新专特产品销量同比增长20.5%，占橡塑产品销量比例达65%。

（梁　东）

【中国石油天然气股份有限公司天然气销售北方分公司】　中国石油天然气股份有限公司天然气销售北方分公司（简称天然气销售北方公司），于2017年1月在北京正式成立。是按照2016年11月中国石油天然气集团公司天然气销售业务管理体制改革的总体部署，以原股份公司华北天然气销售分公司为基础，划入股份公司管道（销售）分公司东北地区及河北省廊坊市天然气销售业务，接收股份公司西气东输管道（销售）公司山西省天然气销售业务，整合股份公司天然气销售大庆分公司、吉林分公司、辽河分公司组建而成。主要负责中国石油在役天然气长输管道和各油田输气管线进入黑龙江、吉林、辽宁、北京、天津、河北、山西、内蒙古（东部）等8省（自治区、直辖市）的天然气市场开发、营销管理、资源平衡、管道运行协调、终端销售业务协同、合资合作，股份公司天然气销售分公司授权下的管网规划建设等工作。主要气源来自中国石油长庆、塔里木、大港、冀东、华北、大庆、吉林、辽河等油气田的国产天然气，以及中亚长输管道进口天然气，大连、唐山LNG接收站进口LNG和大唐煤制气。区域内供气用户617个。

2018年10月，股份公司对天然气销售管理体制进行调整，按照《关于进一步调整优化天然气销售管理体制的通知》文件要求，天然气销售分公司（昆仑能源有限公司）内部实行"公司机关—省公司"两级管理为主、天然气销售区域公司协调监督为辅的管理模式。天然气销售北方公司定位调整为天然气销售分公司（昆仑能源有限公司）的派出机构，负责区域内的天然气销售业务规划协调、天然气资源组织、区域价格平衡、安全环保监督、审计监察等工作。协调监督范围为黑龙江、吉林、辽宁、内蒙古、山西、河北、北京、天津8省（自治区、直辖市）的15家单位。

2021年2月，股份公司再次决定进一步调整优化天然气销售业务管理体制及天然气销售区域公司功能定位，天然气销售北方公司改设为天然气销售北方事业部，对外沿用"中国石油天然气股份有限公司天然气销售北方分公司"名称，作为天然气销售分公司的下属机构，承担区域天然气销售、液化石油气销售和LNG接收站等单位运营组织管理职能，负有实现区域效益最大化责任，对二级单位经营类指标进行考核。党组织关系隶属天然气销售分公司党委，设立党总支。天然气销售北方公司负责黑龙江、吉林、辽宁、北京、天津、河北、山西7省（直辖市），7家天然气销售省公司、京唐液化天然气公司等10家单位的业务运营组织管理。

2022年,天然气销售北方公司牢牢把握保供稳效工作主线,以抓调研、建机制、强管理、控成本、提能力夯实"稳"的基础,以跑政府、访客户、扩销量、推价格、拓市场保持"进"的作为,有力保障区域市场天然气平稳供应,完成各项任务。全年实现批发销量543.2亿立方米,同比增长6.3%,整体销量、销售增量继续保持第一;实现终端销量130.6亿立方米。

天然气销售北方公司主要经营指标

指　　标	2022年	2021年
批发销量（亿立方米）	543.2	511.13
零售销量（亿立方米）	130.6	124.17
LPG销量（万吨）	302	341.11
LNG销量（亿立方米）	6.4	12.95

（陈雨昕）

【中国石油天然气股份有限公司天然气销售东部分公司】 中国石油天然气股份有限公司天然气销售东部分公司（简称天然气销售东部公司）是按照中国石油天然气集团公司天然气销售管理体制改革部署成立的区域天然气销售分公司,以原西气东输一线东段销售机构为基础组建,由原西气东输销售分公司更名而来,在上海自贸区注册,自2017年1月1日正式运营。市场区域覆盖鲁、豫、皖、苏、浙、沪等六省（直辖市）,主要负责区域内天然气市场开发与营销管理、资源平衡、产销衔接、输销衔接、终端销售业务合作协同及管网规划运行具体衔接协调等工作。2018年底,集团公司实施天然气销售管理体制改革,区域公司调整为天然气销售分公司派出机构,重点承担管理协调和监督控制职能。2021年初,集团公司再次调整天然气销售管理体制,区域公司改设为区域事业部,定位为天然气销售分公司的下属机构,作为机关业务管理职能的延伸,负有实现区域效益最大化责任,有对二级单位经营类指标的考核权,设立综合管理部、计划财务部、业务运行部3个业务部门,并承接质量安全环保监督中心、审计中心、纪检监督中心和工程监督中心的人事关系和党组织关系等。2022年底,天然气销售东部公司有员工69人,负责区域内各省公司及江苏液化天然气公司等7家单位的业务运营组织管理。

2022年,天然气销售东部公司全面落实业务运营组织管理职能,深入实施提质增效工程，与各二级单位协调配合、优势互补，批发业务实现销量 524.6 亿立方米，同比增长 4.3%；实现销售收入 1331 亿元，同比增长 27%。零售业务完成销量 197.5 亿立方米，同比增长 11.8%；实现收入 519.6 亿元，同比增长 36%。

天然气销售东部公司紧紧围绕效益中心，多措并举推进提质增效，实现经营效益的持续提升和市场占有率的稳步扩大。深刻领会天然气销售合同要求，指导省公司制定切实可行的签订方案。协调天然气江苏公司调整电厂合同价格，较原方案增收约 10 亿元。经过协调，上海燃气较往年大幅提前，至 4 月底对合同达成一致意见，价格达到加权二档水平，较预期价格增收 11.8 亿元。全年东部区域综合销售价格达 2.76 元/米^3，同比提高 0.49 元/米^3，增幅 21.3%。在开展常规月度交易的基础上，增设专场交易、节假日交易和短期交易，服务用户临时需求和自身产业链疏导，调剂短期市场余缺空间，同时大幅提升销售收益。全年完成市场化交易气量 8.35 亿立方米，平均成交价格 5.69 元/米^3，较三档销售价格增收 17.2 亿元。组织城燃用户全口径用气结构核查，为签订民生合同及冬季保供提供依据，严格把关居民气量超管制气签署情况，修正天然气江苏公司不合理居民分摊方式，规避损失 0.9 亿元，维护集团公司整体利益。发挥资源主体优势，通过优化平衡、补充市场化资源、资源串换等方式增加供应量，市场份额同比增长 4 个百分点至 55%，市场主导地位更加巩固。

（蔺军伟）

【**中国石油天然气股份有限公司天然气销售西部分公司**】 中国石油天然气股份有限公司天然气销售西部分公司（简称天然气销售西部公司）注册在乌鲁木齐，2017 年初成立运行，历经 3 次改革调整，根据授权管理新疆、甘肃、青海、宁夏、内蒙古、陕西、西藏西部 7 省（自治区）天然气销售业务。2021 年 2 月，集团公司调整优化天然气销售业务管理体制后，作为天然气销售分公司机关业务管理职能延伸，对内改设为天然气销售西部事业部，对外沿用天然气销售西部分公司，负责西部 7 省（自治区）天然气、液化石油气销售及昆仑系统终端项目开发运营。

2022 年 12 月 31 日，天然气销售西部公司下设 3 个部室（综合管理部、计划财务部、业务运行部）和 4 个中心（第三质量安全环保监督中心、第三审计中心、第三纪检监督中心、第三工程监督中心），编制定员 77 人、实有员工 62 人，其中，女员工 13 人（20.97%）、少数民族 4 人（6.45%），本科及以上学历 59 人（95.16%），中级及以上职称 55 人（91.94%），定员 77 人、实有 62 人，其中，女员工 14 人、少数民族 4 人，本科及以上学历 58 人，具有中级及以上职称 55 人。党总支下设 7 个支部，中共党员 54 人（87.10%），平均年龄 46.56 岁。组织管理 10 家公司（6 家天然气省公司，1 家液化气公司，2 家控股公司甘肃燃气、新疆博瑞，克拉玛依筹备组），从业员工近万人。

天然气销售西部公司主要经营（运营）指标

指标	批发分增		终端零售	
	2022 年	2021 年	2022 年	2021 年
天然气销量（亿立方米）	433.8	411.7	69.2	63.5
综合价格（元/米^3）	1.865	1.577	—	2.106
收入（亿元）	644.71	509.28	218.83	171.27
利润（亿元）	-14.72	12.83	6.69	7.08

2022 年，天然气销售西部公司面对疫下企业长期停摆用气、疫后复工复产恰逢压非保民、冬季上游资源短缺等挑战，全系统坚持眼睛向内、主动应变，用内部运行、地方管控、产业协同、批零供应"四大链条"完善区域治理，创造条件保供保畅创效，油气田周边销售平稳交接，队伍士气、经济效益、经营环境持续向好变化，全年天然气批发分销 433.8 亿立方米、终端零售 69.2 亿立方米。市场份额持续巩固在 80% 以上，高出中国石油全国平均水平近 23 个百分点。

天然气销售西部公司抢抓宽松时机组织合同外用气、LNG 工厂用气线上交易，交易频次由半月一次加密为每周一次，实现增销填谷创效一举多得。全年累计组织线上交易 56 场次，成交量 109.8 亿立方米，较业绩目标（90 亿立方米）增加 19.8 亿立方米、增幅 22%；其中，LNG 工厂与合同外成交 21.5 亿立方米、均价 3.8 元/米^3，较门站价上浮 2.6 元/米^3、增幅 208%，实现推价增收 55 亿元，同比增加 19 亿元、增幅 53%。全年线上交易量价效再创新高，中国石油 LNG 工厂"定价中心"地位和作用得以巩固和发展。

（李金超）

【中国石油天然气股份有限公司天然气销售南方分公司】 中国石油天然气销售南方分公司（简称天然气销售南方公司）是按照中国石油天然气集团公司天然气销售管理体制改革部署成立的区域天然气销售分公司，于 2016 年 12 月 15 日完成注册，2017 年 1 月 1 日正式上线运行，负责广东、湖北、湖南、江西、海南五省及香港特别行政区的天然气销售业务。2018 年 10 月，集团公司对天然气销售管理体制进行调整，天然气销售南方公司定位调整为天然气销售分公司（昆仑能源有限公司）的派出机构，重点承担管理协调和监督控制功能。天然气销售南方公司协调监督范围为湖北、湖南、江西、广东、云南、贵州、广西、海南、四川、福建、重庆11省（自治区、直辖市）及香港特别行政区；负责协调监督区域15家单位，并代表中国石油对广东省天然气管网有限公司、江西省天然气投资有限公司2家单位进行股权管理（2020年9月30日移交至国家管网集团）。

2021年2月，股份公司再次调整天然气销售管理体制，南方公司改设为南方事业部，定位为天然气销售分公司的下属机构，承担区域天然气销售、液化石油气销售和LNG接收站等单位运营组织管理职能，有对二级单位经营类指标的考核权。党组织关系隶属天然气销售分公司党委，设立党总支。南方事业部负责广东、湖北等9省（自治区）和香港的9家天然气销售省公司、华南液化石油气公司、西南液化石油气公司等单位的业务运营组织管理。

2022年，天然气销售南方公司面对油气价格高位运行和竞争异常激烈的市场局面，全面落实集团公司党组决策部署，按照天然气销售分公司党委工作安排，牢牢把握高油价、高气价下区域市场呈现的量价效特点和趋势，加强市场分析研判，强化精益营销和价值创造，充分发挥市场引领作用，努力保障市场占有率稳中有升，推动市场销售稳中提质，为天然气销售公司打造国际知名、国内一流绿色能源综合供应商贡献力量。南方区域全年实现天然气销量259.71亿立方米，同比增长11.63%；终端销量83.59亿立方米，同比增长5.3%。终端零售业务实现净利润1.47亿元。实现天然气销售业务综合价格2.83元/米^3（含税），同比增长27.87%；天然气销售业务推价增收率47.8%，综合推价199.67亿元。

天然气销售南方公司强化市场细分，针对竞争型、占先型、追赶型等不同类型市场，因省施策制定差异化营销策略。统筹资源流向，优化合同方案，统一顶格推价，实现扩销增量、推价增效。优化资源流向高价值市场。坚持"量价挂钩"原则，结合供需形势变化，灵活调整营销策略，合理统筹有限资源流向高端高效市场。

天然气销售南方公司创新线上交易模式，丰富线上交易产品。全年组织交易24场次，成交气量6亿立方米，均价4.7元/米^3，同比增加1.5元/米^3，实现增幅45%，较基准门站价格上浮2.9元/米^3；推价增收17.3亿元，同比增加8.5亿元，实现增幅97%。非采暖季，分不同时段开展竞价交易，有效缓解市场用气缺口。

（赵　辉）

【中国石油天然气股份有限公司东北销售分公司】 中国石油天然气股份有限公司东北销售分公司（简称东北销售）1998年6月组建，是中国石油所属大区销售公司之一，是股份公司销售分公司在东部地区的派出机构。主要负责东北、华北、华南地区14家直属炼化企业和部分地炼企业成品油资源的统一采购、配置、调运和结算；22个地区销售公司和9个专项用户资源的全部或部分供应和一次物流组织；东北三省、内蒙古东部二次物流的主动配送；海进江区域二次物流组织；东部地区成品油出口业务的组织协调和实施；物流区域内沿海、沿江、沿成品油管线具有集散和储备功能的所属油库的建设和管理。东北销售本部设在辽宁省沈阳市，设8个机关部室、2个直属机构、15个二级单位，分布在黑龙江、吉林、辽宁、河北、天津、山东、江苏、浙江、广东9个省（直辖市）。员工总数1716人。管理资产型油库14座，库容351.21万立方米。运营成品油铁路罐车3255辆，其中产权车2297辆、租赁车958辆。作为国内最大的成品油物流中心之一，东北销售有效发挥衔接上下游、协调产运销的物流枢纽作用。成品油年销量约占股份公司销售分公司成品油年产量的50%。

东北销售主要经营指标

指　标	2022年	2021年
成品油销量（万吨）	4647.19	4442.95
汽油销量（万吨）	1912.21	2167.06
柴油销量（万吨）	2509.22	1963.79
航空煤油销售（万吨）	214.12	306.56
运费总额（亿元）	75.8	75.16
商流费用（亿元）	22.97	28.60
吨油费用（元）	163.12	169.16
油库数量（座）	14	14
油库库容（万立方米）	351.21	351.21
资产总额（亿元）	237.28	209.12
油品收入（亿元）	3738.86	2855.03
净利润（亿元）	1.54	0.21
税费（亿元）	17.16	2.27

第七部分 所属单位

2022年，东北销售全面配置油品4647.19万吨，总比增长4.6%，直炼配置计划完成率100%；运费总额75.8亿元，较预算节约0.05亿元；商流费用22.97亿元，较预算节约2.53亿元；实现净利润1.54亿元，超预算考核指标0.04亿元，连续两年实现盈利，主要业绩指标创近十年来的最好水平。

东北销售实现直炼资源交货计划完成率和省区公司配置计划完成率均100%，确保东部地区炼销企业整体运行平稳。以市场为导向、订单式生产为载体，协调炼化企业调整生产质量富余大的产品107万吨，全部让利省区公司，提高市场竞争力。强化资源供需趋势研究，协助实现出口897万吨，促进供需平衡。与中国石化4个大区公司开展资源串换82万吨，节约运费1.39亿元。5—7月库存最高和市场前沿困难时段，利用炼销企业仓储设施代储40余万吨/月，化解产运储矛盾。

（孟天放）

【中国石油天然气股份有限公司西北销售分公司】 中国石油天然气股份有限公司西北销售分公司（简称西北销售）前身是成立于1946年9月的中国石油有限公司兰州营业所，新中国成立后先后隶属于商业部、甘肃省、中国石化总公司，1998年成建制划转中国石油天然气集团公司，总部设在甘肃省兰州市，是中国石油销售公司在西部地区的派出机构。西北销售主要承担着中西部地区13家直属炼化企业、21个省市区销售公司，铁路、民航、兵团等10家专项用户的成品油产销计划衔接、资源优化配置、物流调运组织、质量计量监督、油品统一结算和地炼资源的集中采购等职责，业务范围覆盖中国陆地国土面积的80%。

截至2022年底，西北销售有8座成品油库，总库容198.5万立方米，有铁路专用线近20千米、自备罐车4045辆。西北销售先后获全国文明单位、全国五一劳动奖状、全国企业文化建设先进单位、甘肃省先进基层党组织、甘肃省先进企业突出贡献奖、甘肃省高质量发展突出贡献奖、甘肃省脱贫攻坚先进集体、集团公司先进集体等多项称号，获"石油销售摇篮""石油金桥"等赞誉。

2022年，西北销售油品销售4987万吨，调运油品9067万吨，营业收入4007亿元，首次突破4000亿元大关，利润总额13.62亿元，位列中国石油销售企业第一，获评甘肃省先进企业"突出贡献奖"。

西北销售主动应对新冠肺炎疫情反复侵袭、国际油价高位震荡、产销运行矛盾突出、提质增效任务艰巨等多重挑战，坚持产运销储贸一盘棋运行思路，抢抓有利时机，优化资源配置，科学组织运行，做好党的二十大、北京2022年冬奥会等特殊时段以及节庆假期、防灾减灾等应急保供。特别是进入下半年，针对"金九银十"旺季不旺、上游增产增交和终端低迷滞销等异常严峻形势，

西北销售主要经营指标

指　标	2022 年	2021 年
成品油销量（万吨）	4987	5323
汽油销量（万吨）	1963	2307
柴油销量（万吨）	2692	2496
煤油销量（万吨）	332	520
调运总量（万吨）	9067	8925
油库数量（座）	8	9
油库库容（万立方米）	198.5	216.5
运费总额（亿元）	77.33	78.4
吨油运费（元）	155.06	147.28
资产总额（亿元）	137.68	106.03
收入（亿元）	4007	3323
利润（亿元）	13.62	16.22
税费（亿元）	14.72	10.16

优运行、扩配置、拓渠道、腾空间，实施"西油东运"计划，西部汽油资源最远辐射福建、浙江等东南沿海地区，资源覆盖范围达 25 个省区。采取重车滞留、到站压车、到港压船等方式以空间换时间，实现西部地区汽油超高库存承压运行 100 余天，确保西部原油产业链安全平稳运行。结合中西部地区产销形势，提前部署、倒排时间，完成庆阳石化、玉炼等 4 家炼厂检修保供和国ⅥB 标准汽油升级置换任务，诠释了守土有责、守土尽责。

（李青桓）

【中石油昆仑好客有限公司】 中石油昆仑好客有限公司（简称昆仑好客）2017年 9 月在北京市昌平区注册成立，列股份公司直属企业序列，作为股份公司销售分公司非油业务的管理运营平台和合资合作平台，指导各成品油销售企业非油业务专业化运营，主要负责非油业务的管理协调与考核、顶层设计、标准规范制定等工作，承担非油商品统采统配、自有商品开发运营、物流优化、合资合作等经营职能。2022 年，设综合部（党委办公室、人事处）、财务部、商品与供应链管理部、运营部、品牌与发展部、数字化与电商部、销售部等 7 个部门，控股福建武夷山水食品饮料有限公司，参股中石油五粮供应链管理有限责任公司、西藏山南雅拉香布实业有限公司；员工73人，其中公司本部54人、武夷山水公司19人，本科及以上71人，中级及以上职称49人，中共党员56人。2022年，昆仑好客克服国内疫情多点散发、民生产品原材料价格上涨、经济下行压力持续增大等因素影响，各项工作取得新成绩。组织非油业务全年实现非油店销收入277.6亿元、非油毛利50.1亿元，同比分别增长11.5%和10%。昆仑好客本部实现利润8018万元、同比增长70%。

2022年，昆仑好客聚焦市场抓营销，实现经营发展逆势突围。完善昆仑好客运营体系，分级分类形成管理分册，心法、干法、技法齐头并进。健全行业、石化、内部多维度全覆盖的对标体系，优化13项关键指标，形成了对标提升长效机制。编制非油业务综合评价指标体系，进一步增强规范化、标准化、科学化管理能力。按照52周顾客行事日历，联合上百个一线品牌，筹措近千项促销资源，压茬开展冬奥主题、年货节、饮水节、购物节、爱车节等六档全国性营销活动，大幅拉升了客户参与度和高价值商品销售占比，促进油品纯枪明显增长，营销策划、宣传组织、油非互动、数据分析、督导检查等"五个能力"全面提升。按照"千店百面"原则实施门店分类发展，建立三级联动督导机制，以及IT/DT系统、视频监控系统和人工稽核相结合的督导工具，实现了单品单站的精确指导。鼓励省区公司合理提高非油考核权重，试点推广一线员工非油毛利提成制和高毛利商品营销奖励制，推动奖励到站到人，员工投身非油业务的积极性空前高涨。门店品效、坪效增幅均超过15%，百万元门店总量增长9个百分点。

昆仑好客持续提升集采执行力，指导省区公司建立集采制度体系，严格落实竞品排他要求，高起点、高标准推进第四期集采，集采商品开码率提升20%，平台外采购得到有效遏制，实现集采28亿元、同比增长33%。

（关志强）

【中国石油天然气股份有限公司北京销售分公司】 中国石油天然气股份有限公司北京销售分公司（简称北京销售）前身系1999年4月成立的中国石油华北销售公司，曾先后负责七省两市的成品油销售、非油销售和终端网络建设工作。2009年12月，原华北销售公司机关与原北京销售公司整合，上划中国石油天然气股份有限公司直接管理，主要负责中国石油在北京市的成品油和非油销售、网络建设和市场开发等工作。2022年底，北京销售资产总额45.52亿元，投运加油站153座，橇装供油设施118座，加氢站2座，重卡换电站1座，在用油库2座，总库容2.95万立方米，便利店192座，员工1761人。

2022年，北京销售成品油销售104.7万吨，纯枪销售74.43万吨；LNG毛利1.34亿元，同比增加7068万元；非油业务收入4.03亿元，同比增长1亿元；非油业务毛利8499万元，同比增长511万元；净利润亏损2.58亿元。

北京销售主要经营指标

指　　标	2022年	2021年
成品油销售（万吨）	104.7	120
汽油销量（万吨）	53.31	73
柴油销量（万吨）	51.39	47
加油站总数（座）	192	197
在用油库数量（座）	2	2
在用油库库容（万立方米）	2.95	3.1
纯枪销量（万吨）	74.43	93
非油业务收入（亿元）	4.03	3.02
非油业务毛利（万元）	8499	7988
资产总额（亿元）	45.52	38.86
收入（亿元）	100.21	93
净利润（亿元）	-2.58	0.11

北京销售坚持"稳销量、保份额、增效益"，全力聚焦主责主业，夯实转型发展"两块田"，统筹各方资源保供和降本创效。强化数字应用、打造营销品牌，一品一策、一客一策，"10惠"参与15.7万人次、充值2.7亿元，带动非油收入241.3万元；CN98累计销量6878吨，逆势增长28.6%，位列销售企业前茅；高频客户销量1.36万吨，增长9.1%。精研市场形势，科学把控节奏，聚焦客户端，批零联动营销，柴油纯枪销量25.33万吨，增长32.7%，市场份额提升9.2个百分点，吨油毛利增加89元；直批36.75万吨，吨油毛利增加14元。强化市场研判，加快策略供给，按照"毛利最大、成本最低、风险可控"原则，完善采、储、配、销全链条协调机制，实现外采10.51万吨，降本1.46亿元。加强营销数字化技术应用，挖掘中油好客e站App、凌智大数据智能营销平台、CRM系统、加油卡网上服务平台、高德地图、加油站大数据支撑平台等智能营

销工具功能。坚持问题导向，全力推进企业微信群和微信公众号建设，推动中油好客 e 站 App 服务功能集成化，加强三大平台专业化运营能力，解决营销触达痛点和短板。开展异业合作，依托电子券营销媒介和加油站刚需消费场景的优势，与有实力的异业方建立合作渠道，累计采购金额 2529 万元，带动纯枪销量 2800 吨。

（刘倩倩）

【中国石油天然气股份有限公司上海销售分公司】 中国石油天然气股份有限公司上海销售分公司（简称上海销售）前身为中国石油华东销售公司，成立于 1998 年 5 月，是中国石油在区外成立的第一家销售企业。"十一五"期间历经多次改革重组，2009 年底调整成立上海销售，主要负责中国石油在上海市辖区的油气销售、市场开发和终端网络建设业务。

2022 年，上海销售全年实现净利润 1314 万元，超额完成最终确定的全年效益指标，主要效益指标在区外销售企业中恢复至上游水平，商流费、税前利润、吨油利润等效益类指标在股份公司销售分公司排名靠前。上海销售获评 2022 年度集团公司先进集体，连续六年在集团公司企事业单位业绩考核中斩获 A 级。

上海销售主要经营指标

指　　标	2022 年	2021 年
成品油销量（万吨）	115.81	154.93
汽油销量（万吨）	60.33	87.91
柴油销量（万吨）	55.48	67.02
非油业务收入（亿元）	5.14	4.66
非油业务利润（亿元）	0.62	0.31
吨油费用（元）	394.86	324.07
资产总额（亿元）	69.79	66.01
收入（亿元）	102.45	110.34
利润（亿元）	0.77	1.34
税费（亿元）	0.64	0.58

上海销售统筹资源组织，全年配置计划完成率 100%。精心组织国ⅥB 标

准汽油置换，提前一个月完成任务。在抗击新冠肺炎疫情的各个阶段保障生产稳定运行，四季度资源紧张时期保障党的二十大和进博会期间油品供应。与中国石化、中国海油互供和跨区串换创效显著，创效 3931 万元；三季度及时启用浦江公司外采汽油 2.15 万吨，保客户、减亏损，增效 2967 万元。开展浙江乍浦和江苏长江石化油库的跨区配送 1.26 万吨，降低物流费用 66 万元。直批销售油品 51.5 万吨。新开发机构客户 93 个，新增直销量 0.96 万吨，9 名客服经理销售油品 4.85 万吨。开展直批差异化营销，利用昆仑银行批直贷销售油品 0.4 万吨，销售 B5 车用柴油 0.58 万吨；根据客户和市场竞争需要，试点定金锁价销售 0.25 万吨。出台超期客存收费制度，年底客存 0.36 万吨，大幅低于控制目标，再流通客存实现清零。

2022 年，上海销售新能源项目完成"2 座加氢、2 座换电、2 座光伏"的股份公司销售分公司任务目标。发挥临港新片区主战场功能，同汇路、古棕路项目获股份公司销售分公司批复，其中同汇路加氢站实现了"当年批复、当年投运"，为全国首列氢动力中运量列车提供运营保障，正茂路、花柏路等 5 个项目梯次推进；跟进"环上海加氢走廊"布局规划，启动了松江、青浦 2 座加氢项目。加氢项目实现运营平稳、量效递增，中油港汇公司全年氢气加注量突破 14 万千克，平霄路站日加氢量突破 1200 千克，成为上海市加氢"第一站"；编制加氢业务核算手册、加氢站岗位设置方案，研究制定涉氢业务规章制度、操作规程 60 余项，贡献先行经验，统筹油氢电非多项业务，初步形成多能互补格局，呈现良好发展态势。大力推动新能源项目合作，启动与捷能智电合作项目，6 座合作换电项目进入可研论证，嘉松、华浦换电项目建成投运，方皇、青华 2 座光伏发电项目相继建成投运。

（安明珠）

【中国石油天然气股份有限公司湖北销售分公司】 2000 年 5 月，西北销售公司通过组建控股公司——南顺中油销售有限公司进入湖北成品油市场。2002 年 10 月，湖北市场划归华北销售公司管理，中国石油天然气股份有限公司湖北销售分公司（简称湖北销售）正式注册成立。2004 年 4 月，集团公司正式组建华中销售公司，主要负责华中河南、湖北、湖南三省成品油销售及市场开发工作。2008 年 12 月，河南、湖南上划集团公司管理，华中销售公司与湖北销售公司整合，实行"一个机构、两块牌子"运行。2009 年 12 月，注销华中销售公司，湖北销售以省属公司模式运营管理，主要承担中国石油在湖北省的成品油销售、市场开发、网络建设等业务。办公地点位于湖北省武汉市江汉区常青路 149 号中国石油武汉大厦。

湖北销售主要经营指标

指　　标	2022 年	2021 年
成品油销量（万吨）	280.73	288.68
汽油销量（万吨）	138.58	157.36
柴油销量（万吨）	142.15	131.32
润滑油销量（万吨）	0.44	0.43
加油站总数（座）	817	813
油库数量（座）	12	13
油库库容（万立方米）	30.68	22.53
纯枪销量（万吨）	190.17	193.4
非油业务收入（亿元）	10.91	10.55
非油业务利润（亿元）	2.30	1.70
吨油费用（元）	479	485
资产总额（亿元）	106.68	104.41
收入（亿元）	249.86	211.88
利润（万元）	2195	1696
税费（亿元）	1.9	2.06

湖北销售是中国石油所属驻鄂企业牵头单位，负责中国石油在鄂企业与地方政府的联络与协调。2021年底，机关本部设9个部门、2个附属机构、2个直属单位，下辖14个分公司和9个股权企业。有员工4249人，其中合同化100人，市场化4149人，平均年龄42.8岁，实行同工同酬。运营加油站817座、油库12座（资产型6座，其中2座关停；租赁型6座），资产规模逾百亿。2022年全年实现利润2195万元，销售成品油280.73万吨，其中零售190.17万吨、直批（含互供）90.56万吨，车用天然气销售951.88万立方米，非油收入10.91亿元，毛利2.3亿元。

2022年，湖北销售着力市场运作，推动经营组织上台阶。坚决落实集团公司"二十四字"营销方针和"六个坚持"基本遵循，用活用好"量效平衡、效益优先、毛利最大化"经营策略，扩销上量近年最佳，盈利水平全面提升，一体化营销初见成效，主要经营指标符合预期。

提升销售质量。提质量、增效益，严控吨油营销支出，把控节奏增强纯枪创效能力，全年纯枪略有下降，实现毛利9.49亿元，同比增长0.4%，营销支出5.29亿元，同比基本持平。盯走势、抢机遇，不断优化量本利日监测，直批销售更加精准，全年实现直批毛利0.8亿元，同比增加0.29亿元，增长56.86%。牢牢把握市场导向。观大势增销柴油，批零互动精准客户政策实施，全年柴油销售141.07万吨、同比增长9.97%，其中零售81.08万吨、同比增长13.69%，柴油相对市场份额突破30%，同比提升2.35个百分点，零售相对市场份额达到28.71%，为2019年以来最高，直批连续2年增长。谋长远稳定客户，深入"1+2"会员体系建设，丰富会员营销手段和模式，汽油卡销比29.78%，同比提升6.29个百分点，汽油价格到位率98.62%，排名区外第三，"中油好客e站"App注册客户116万，股份公司销售分公司排名第三，有效支撑汽油销售。

2022年，湖北销售开展系列性主题促销。全年开展年货节、牛奶节、饮水节、购物节、爱车节等促销活动，优选武夷山水、良品铺子等核心品类重点单品重点打造，其中，年货节良品铺子礼盒实现销售735万元，节日礼盒销售同比增长122%；饮水节武夷山水等累计销售36.8万箱，同比增长105%，增幅排名股份公司销售分公司第二；购物节活动商品累计收入6061万元，同比增长71%，排名股份公司销售分公司第三。非油毛利完成规模股份公司销售分公司第五。

开展机制性工作实践。建立对标机制，全年下调318个商品采购价格，调价商品的平均采购毛利率提升5.1%。实施采购降本谈判，全年组织3次续签集中谈判，推行带量采购、竞品谈判，争取供应商搭赠商品1100万元，争取返利等政策支持82万元。实行公开招商，新品平均采购毛利率达38.2%，同比增长4个百分点。推行厂家直配、商品直配，全年直配近1.65亿元，同比增长26.2%，节约运费791万元。

开展推进性销售组织。突出单品、站外、全员销售奖励，不断提升员工积极性，单品销售奖励近500万元，明确团购客户开发意见，下半年以来实现收入1260万元，兑现奖励31万元。完成油惠商城升级，完善商城直播、员工分销、异业合作等重要功能。开展常态化直播组织，建立主播人才库，选拔优秀主播30人。分步推进自有廉洁文创产品设计、开发和营销，已完成开发产品30余款。

（史业鹏 罗婕）

【中国石油天然气股份有限公司广东销售分公司】 中国石油天然气股份有限公司广东销售分公司（简称广东销售）前身为1998年9月成立的广州经济技术

开发区中油油品销售中心。2002年12月更名为中国石油广东销售公司，先后隶属华东销售、华南销售。2008年12月，划归股份公司直接管理。2018年9月，被定为一级一类企业，2011年11月25日，广东销售分公司机构规格由副局级调整为正局级。广东销售主要负责中国石油在广东地区油气销售、网络开发建设工作，受托管理中油碧辟石油有限公司。截至2022年底，广东销售投运加油站1064座，运行资产型油库10座，总库容达140.1万立方米，资产总额257.14亿元。共设有9个机关部室，2个直属机构，1个附属机构，21个地市分公司，1个综合服务中心，97家股权企业，有员工11525人。公司党委下设26个二级党委，4个党总支，158个党支部，党员2037名。

2022年，广东销售面对原油宽幅震荡、新冠肺炎疫情跌宕反复、能源加速替代、外部政策瓶颈等多重压力，全面防控疫情、科学运作资源、积极平衡量效、全力提质增效，保持总体向好的发展态势销售成品油798.2万吨，其中纯枪426.46万吨（含中油碧辟198.5万吨）；直批371.7万吨（含中油碧辟3.4万吨），同比增长1.5%。深化区域目标市场责任制，设立客户开发专项奖励，116

广东销售主要经营指标

指　　标	2022年	2021年
成品油销量（万吨）	798.18	807.83
汽油销量（万吨）	380.36	464.89
柴油销量（万吨）	417.82	342.94
加油站总数（座）	1064	1105
油库数量（座）	10	11
油库库容（万立方米）	140.1	142.5
纯枪销量（万吨）	426.46	443.50
非油业务收入（亿元）	15.32	13.22
非油业务利润（亿元）	2.03	1.69
吨油费用（元）	394.91	448.92
资产总额（亿元）	257.14	239.36
收入（亿元）	669.71	565.52
利润（亿元）	0.10	5.22
税费（亿元）	11.06	9.17

名客户经理全年交易客户 5017 家,同比增长 56.4%。不断优化客户结构,直销占比从年初 47% 提升至 57%。开拓线上市场,直批 App 客户认证率实现 100%,线上订单量和业务量均以指数倍数增长。其中,"线上抢购"互联网营销活动,实现 2.1 万吨柴油在 2 小时内被抢购一空。零售会员体系日益完善,发放个人电子卡 92.8 万张,汽油移动支付比例由年初 4.8% 提升至 14.9%;开展"逢 8 约惠"会员日活动,累计充值 0.91 亿元。利用系统工具,精准挽回流失客户 7.5 万人,实现汽油增量 3000 吨。异业合作拉新引流,售券 2.9 亿元,合作方补贴投入 3656 万元。抢夺高频客户市场,建立集团及高频客户组 669 个,销售汽油 11.4 万吨,获专项补贴 782 万元。佛山分公司与顺德高端餐饮异业合作,带动附近站点 98 号汽油实现 26% 的销售增长。

广东销售店销非油收入 14.9 亿元(含中油碧辟 3.8 亿元),同比增长 15%;非油毛利 3.3 亿元(含中油碧辟 1.1 亿元),同比增长 8.4%。广东销售激活一线,优化管理模式。统筹各团组非油指标,同步选拔 131 名店长,将定价权、订货权、促销权等五项权利下放到一线门店,效益重返股份公司销售分公司第二。制定全员营销方案,通过重点关注大礼包、粮油、烟酒等大宗商品团购,实现店外销售 2.5 亿元,同比增长 26%。韶关分公司非油规模首次突破亿元大关,以"四线"的区位赢得"一线"的业绩。举办首届非油业务发展论坛,培育 1500 万以上级战略合作伙伴 11 家。以爆款思维打造常态化主题营销活动,实现销售收入 2.1 亿元,打造爆款礼包 46 组,带动家庭食品销售 1.5 亿元、奶类 0.6 亿元、酒类 1.7 亿元,分别同比增长 23%、61% 和 164%。开展"粤星之秀"等直播大赛 191 场次,实现收入 860 万元。创新业态模式,"化肥专营门店""前置仓+服务中心"轮胎综合店相继开设,化肥、轮胎销售收入分别同比增长 64% 和 43%。加强润滑油业务顶层设计和服务体验,开发 70 个合作换油点,实现销售收入 0.84 亿元,同比增长 25%。优化店销模式,因站施策,"千店千面"打造旗舰店 86 座,平均日销增量 832 元。全面推行"满货位"运行,交班盘点效率和商品临期管控水平显著提升。

(徐 彬)

【中国石油天然气股份有限公司云南销售分公司】 中国石油天然气股份有限公司云南销售分公司(简称云南销售)前身是成立于 1999 年 2 月的中国石油西南销售公司。2008 年底股份公司销售管理体制调整后,改名为中国石油天然气股份有限公司云南销售分公司,主要负责中国石油在云南省的市场开发,成品油批发和零售业务,便利店、润滑油、化工产品和汽车服务等非油销售业务,以及车用新能源相关业务。2022 年底,下设 9 个机关职能处室、1 个附属机构、2

个直属机构、15 个地市公司、41 个控参股公司，员工总数 4721 人，党员 1625 人（占比 34.42%），员工平均年龄 35.4 岁。资产总额 168.23 亿元，运营加油站 849 座，油库 6 座，库容 41 万立方米。

2022 年，云南销售实现成品油销售总量 523.46 万吨，在股份公司销售分公司排名第六。其中，自营销量 460.79 万吨，同比下降 5.5%；纯枪销量 258.59 万吨，排名区外销售企业第三，同比增长 3.9%。非油店销收入 13.61 亿元，在股份公司销售分公司排名第五，同比增长 9.8%。净利润排名区外销售企业第四，完成股份公司销售分公司调整目标。在云南省百强企业排名第九。

云南销售主要经营指标

指　　标	2022 年	2021 年
成品油销量（万吨）	523.46	601.05
汽油销量（万吨）	191.24	247.2
柴油销量（万吨）	332.22	353.85
润滑油销量（万吨）	0.32	0.31
加油站总数（座）	849	831
油库数量（座）	6	7
油库库容（万立方米）	41	42.8
纯枪销量（万吨）	258.59	248.9
非油业务收入（亿元）	13.99	12.61
吨油费用（元）	368.66	336.83
资产总额（亿元）	168.23	169.05
收入（亿元）	456.6	416.05
税费（亿元）	2.56	3.06

2022 年，云南销售始终把价值创造作为核心，破局立势定义新营销，推动油品销售扩销增效。坚定战略出击，推进"站、客、机、营、服"48 项纯枪增量措施，全力落实区域市场及加油站商圈分类营销，133 座吨级站销量 103 万吨，29 座新开站增量 6.6 万吨。发挥"1+15+N"创新营销工作室作用，发行电子卡 182 万张，超股份公司销售分公司目标任务 109 万张，带动汽油消费 30.6 万吨。提升油站现场服务质量，投诉同比下降 65 起。健全机制直批扩销，开

发南方电网、邮政、国储局等单位客户1800余家，同比增加410家，贡献销量32.5万吨。二次开发集团客户，销量超31万吨。全年社会加油站客户销量超40万吨。健全直批营销机制，102名客户经理实现销量128万吨，人均销量1.25万吨、创效208万元。

2022年，云南销售构建全域零售会员体系，中油好客e站会员达531万人。优化营销活动，固化10惠日、周二会员日等促销活动，加油卡充值额9.1亿元，非油销售1446万元。与高德联合打造主题站，与银联等17家商业平台权益互嵌，引入异业资源超5500万元，带动消费超4.14亿元。多轮循环激活70余万名睡眠、低频客户，唤醒10.6万人，带动汽油消费5447万元。锁定车主"第一箱油"，开发4S店409家。

2022年7月8日，云南销售首座"高德地图主题站"亮相昆明。自2022年4月中旬起，云南销售与高德地图全面深化战略合作，基于高德地图导航动线的在线加油功能，全年全省共计747座站使用高德加油产生交易，累计核销电子券7.6万张，带动汽油消费超2400万元。

（金红梅）

【中国石油天然气股份有限公司辽宁销售分公司】 中国石油天然气股份有限公司辽宁销售分公司（简称辽宁销售）成立于1955年2月，前身为中国石油公司辽宁省公司，1998年6月成建制上划中国石油天然气集团公司，2015年12月与原中国石油天然气股份有限公司大连销售分公司整合。2022年底，辽宁销售设9个职能部门、2个附属机构，下设18家二级单位和2家直属单位，另有股权企业34家。运营加油（气）站1419座、便利店1344座。在用油库12座，库容46.3万立方米。用工总量1.19万人。资产总额147.55亿元。

2022年，辽宁销售深入学习贯彻党的二十大精神，锚定建设世界一流销售企业目标，聚焦"油气、非油、新能源"三大业务，保持党建与经营同向发力、同频共振，开创发展形势稳中向好、经营业绩跃居前列、企业大局和谐稳定、队伍面貌焕然一新的发展局面。全年实现汽柴油销售总量594.4万吨，纯枪销量399.3万吨，非油销售收入15.07亿元，非油毛利2.46亿元。实现净利润4.03亿元，同比增长88.4%，创近6年最好效益水平。纯枪销量、非油销售收入、非油毛利、净利润等主要经营指标均位列股份公司销售分公司前三位。辽宁销售首次获评集团公司年度先进集体，业绩考核被评为集团"A级"。

2022年，辽宁销售坚持批零一体，主动配合做好批零一体化政策试点工作，分区域、分品号、分客户实施差异化营销，汽柴油综合价格到位率同比增长1.02个百分点。坚持"油卡非润"协同，持续打造"10惠""油惠星期六"

辽宁销售主要经营指标

指标	2022年	2021年
成品油销量（万吨）	594.43	615.49
汽油销量（万吨）	289.04	331.5
柴油销量（万吨）	305.39	284
润滑油销量（万吨）	4.15	4.55
加油站总数（座）	1419	1373
油库数量（座）	12	12
油库库容（万立方米）	46.31	46.31
纯枪销量（万吨）	399.27	421.42
非油业务收入（亿元）	15.07	14.17
非油业务毛利（亿元）	2.46	2.37
吨油费用（元）	407	426
资产总额（亿元）	147.55	136.16
收入（亿元）	539.44	479.73
利润（亿元）	4.20	2.30
税费（亿元）	5.03	6.63

等促销品牌，全年参与人数201.3万人次，充值金额23.5亿元，同比增长9%。坚持线上线下互动，依托直批App平台，引流直批客户5500多个，直批线上订单占比超过99%；依托"好客e站"，发行电子卡153.6万张，汽油移动支付消费占比达15.8%。坚持开展"四率"提升行动，采取氛围营造、布局优化、开口营销、全流程诊断等举措，拉动进站率、加满率分别提高7.1%和6%。坚持推动市场整治，通过"打谈结合"的方式，取缔侵权站25座。坚持做好客户服务，实施分级分类客户管理，两级公司开发和维护直批活跃客户5593户，通过电话回访挽回睡眠客户近8万人，新增充值金额1亿元。

（史修竹　陈占凤）

【中国石油天然气股份有限公司吉林销售分公司】　中国石油天然气股份有限公司吉林销售分公司（简称吉林销售），前身为吉林省石油总公司，始建于1949年，1998年6月上划集团公司。2022年，机关按"9+2"大部制运行，下辖9个地市（州）分公司、2个直属机构、50个经营片区、5个控参股公司。资产总额 76 亿元。运营加油站 1000 座；运营油库 11 座，库容 34.19 万立方米。全口径用工 7957 人。网点份额 38%，市场份额 71%。

2022 年，吉林销售全年实现成品油销售 302.7 万吨，纯枪销售 224.37 万吨，其中，柴油纯枪 100.7 万吨，实现超同期、超计划；直批销售 63.5 万吨，完成计划的 106%。

做好趋势营销、序日营销，营销组织更加精准。坚持预算导向、目标引领，科学把握量价效和进销存关系，全员算账意识和售前算赢意识显著提升，全年综合价格到位率达 96.07%，同比增加 2.06 个百分点，增加毛利 1.9 亿元。

抢抓市场机遇，激发全员营销活力。3—5 月新冠肺炎疫情期间，面对销量一度断崖下跌 90% 的至暗时刻，吉林销售柴油纯枪同比增长 16%，农耕用油销售同比增长 21%，吉林销售作为典型单位在集团公司市场营销座谈会发言交流。疫情缓解以后，销售总量、纯枪销量两项关键指标同比、环比均逐月提升，疫情导致的纯枪欠量由最高时的 31 万吨收窄至 20 万吨，实现了销售提质、稳量提效。

吉林销售主要经营指标

指　　标	2022 年	2021 年
成品油销量（万吨）	302.7	348.7
汽油销量（万吨）	143.5	179.2
柴油销量（万吨）	159.2	169.25
润滑油销量（万吨）	0.07	0.25
加油站总数（座）	1000	1010
油库数量（座）	11	12
油库库容（万立方米）	34.19	37.34
纯枪销量（万吨）	224.37	240.24
非油业务收入（亿元）	11.35	9.85
非油业务利润（亿元）	1.11	0.86
吨油费用（元）	468	427
资产总额（亿元）	76	76.8
收入（亿元）	273.96	254.33
利润（亿元）	1.05	0.62
税费（亿元）	2.4	1.53

全力保障资源供应，营销调度成效明显。克服阶段性资源紧张、道路封闭封堵及油库浮盘改造等不利因素影响，全力协调资源与运力，办理加急通行证200余张，有效确保加油站油品平稳供应。协调股份公司销售分公司、东北销售、吉林石化，争取低凝点柴油24.6万吨，在保障产业链、供应链平稳运行的同时，多实现毛利5153万元。

"一站一策""一客一议"初见成效。"一站一策"抢夺市场份额，59座加油站参与市场保卫战，销量同比上升220%，115座加油站参与"泉眼站"点对点竞争，92号汽油销量环比开展活动前增幅2倍，56座农村潜力网点开展降价促销，销量环比增幅12%；"一客一议"开发包括一汽物流、一汽解放在内的大客户336家，新增柴油销量1.4万吨，柴油纯枪超计划、超同期的同时，价格到位率较预算提高3.18个百分点，多实现毛利1.32亿元。

变"坐商"为"行商"，全员上阵开展"六进办卡"。组建150支办卡小分队，开展"扫街"和"敲门"行动，各级领导带头加入办卡小分队，亲自带队到政府和企业上门对接办卡事宜，各单位办卡数量质量逐月提升，全年新增电子卡53.68万张，储值额4.66亿元，移动支付比例从年初的0.43%提升至4.32%。

2022年，吉林销售全年实现非油收入11.35亿元，非油毛利1.61亿元。收入规模迈上新台阶。坚持一体化营销策略，突出"油+卡、油+非、油+电子券、油+非+润"的组合营销，9家地市公司非油收入及店销收入全部实现同比增长。便利店运营质量持续提高。扎实做好门店督导、单店管理和店面优化，50万元和100万元店分别同比增加73座和51座。店销收入5.24亿元，同比增长35%，毛利1.05亿元，单店日收入同比增加16%。拓展非油销售新增长极。推动"好客吉享"商城上线启动，配套出台专属营销政策，开展包括"母亲节""好客油礼惠生活"等直播销售12场，实现线上销售404万元。特色商品及团购销售成果喜人。开发通化白小桃、梅河精酿、吉安鸭蛋等38种特色商品，实现销售收入933万元，油非互动成效明显。开展"抗疫有备、生活无忧""好客饮水节""加油赠热饮"等多项油非互动活动，带动非油收入2亿元、实现毛利9911万元；结合全年销售实际，开展"奋战四季度、冲刺保全年"销售竞赛，单季实现收入2.4亿元，毛利6039万元。

（王今强）

【中国石油天然气股份有限公司黑龙江销售分公司】 中国石油天然气股份有限公司黑龙江销售分公司（简称黑龙江销售）前身是1954年10月成立的黑龙江省石油总公司，隶属于黑龙江省政府管理，1998年划归中国石油天然气集团公司管理。2022 年底，设 11 个职能部门，下辖 15 个分公司（13 个地市分公司、2 个专业分公司），6 个股权投资公司。各地市公司设 83 个党总支，运营加油站 1135 座，在用油库 15 座，库容量 43 万立方米。

黑龙江销售主要经营指标

指　　标	2022 年	2021 年
成品油销量（万吨）	411.08	415.7
加油站总数（座）	1135	1123
油库数量（座）	15	15
油库库容（万立方米）	43.03	43.6
纯枪销量（万吨）	273.99	280.6
非油业务收入（亿元）	12.1	8.82
非油业务利润（亿元）	1.58	1.37
资产总额（亿元）	95.82	88.1
收入（亿元）	364.33	300.42
利润（亿元）	3.61	3.1
税费（亿元）	4.72	4.74

2022 年，黑龙江销售坚持新冠肺炎疫情防控和生产经营两手抓、两不误，实现销售总量 411.08 万吨，纯枪销售 273.99 万吨；非油店销收入 12.05 亿元，同比增长 37%，非油业务利润 1.58 亿元，同比增长 16%；实现利润总额 3.61 亿元，同比增长 15%，黑龙江销售 2020 年、2021 年连续两年被集团公司评为业绩考核 A 级企业。生产经营呈现"四增四减"趋势，"四增"即市场份额由 73.7% 增至 74.7%，价格到位率由 97.1% 增至 98.3%，全员劳动生产率由 21.6 万元 / 人增至 27.7 万元 / 人，利润总额同比增加 0.46 亿元。"四减"即商品流通费同比减少 1.39 亿元，库站外人员占比压减 2.6%，83 个片区全部完成职能转型，闲置资产同比减少 85 个。党的建设呈现"三巩固三提升"态势，即党建覆盖领域得到巩固，所属党支部标准化率 100%。基层党建"三基本"建设与"三基"工作融合得到巩固，基层党组织全部实现坐站运行。良好政治生态持续巩固，基层"微腐败"问题得到有效治理。支部战斗堡垒作用提升，党支部"五联工作法"入选集团公司典型案例。企业文化引领作用提升，"身在龙江学大庆·最

北最冷最忠诚"精神文化成为广大员工的共同价值遵循。党员先锋模范作用提升，国家、省级劳模获选比例大幅提高，3人获评"黑龙江省劳动模范"，黑龙江销售获评"中国石油天然气集团有限公司生产经营先进单位"。黑龙江销售历史上首次产生黑龙江省人大代表、连续产生黑龙江省政协委员，参政议政能力和行业影响力大幅提高。

2022年，黑龙江销售保障农业生产、交通运输、大型基础设施建设等稳经济重点领域油气需要，将送油惠民服务延伸到田间地头、工程现场，建立农户电子档案31万户，供应农柴33.82万吨，同比增长5.65万吨，助力黑龙江粮食生产实现"十九连丰"。推进"中国石油平台+"建设，全年引入异业合作资金1.2亿元，同比增长882万元，带动交易金额9.5亿元，带动销量8.3万吨，新增销量2.7万吨。协助配合政府相关部门查办"三黑"案件126起，查扣油品889吨，查扣违法车辆107台，封存油罐37个。13个地市公司全部建立新型客户服务中心，形成"订单、销售、配送、售后、评价"一条龙服务架构。客户经理人均销售量同比增长33.4%。直批购油客户同比增长411户，增至3024户。开发149个省、市百大工程项目，销售油品2.17万吨。办理电子卡109万张，完成年计划的158%。

2022年，黑龙江销售保障民生物资供应及差异化消费需求，打造非油名优品、香烟、酒类、扶贫商品、医药、服饰"六大专区"，共实现销售收入3.44亿元；拓展自有商品、线上销售、"店中店"、内购展销等渠道，全年累计油非转换率16.5%。

2022年，黑龙江销售以打造"油气氢电非"综合服务商为目标，开发充换电站12座，已建成10座。紧盯全年开发300座、建成投运200座光伏站的目标，共开发光伏发电项目319座，建成70座，投运49座，实现收益15.4万元，累计降碳170.88吨。10月15日，黑龙江销售投资建设的首个加氢加油充电综合能源示范项目在七台河落地，实现黑龙江省加氢业务"零"的突破。

（徐静斌）

【中国石油天然气股份有限公司天津销售分公司】 中国石油天然气股份有限公司天津销售分公司（简称天津销售）于1999年10月正式注册成立，隶属于原华北销售公司，2009年11月上划股份公司管理。2022年底，天津销售总资产24.15亿元，运行油库2座（全资库），库容13.6万立方米；运营加油站180座，其中全资站125座，股权站26座，租赁站29座。员工1563名，其中：具有大专以上学历的员工894名，占比57%，其中硕士23人，博士3人；具有副高级及以上职称的60名，中级职称157名，高级技师4名，技师24名。下属基层党委 9 个、党支部 72 个，党员 753 人。

天津销售主要经营指标

指　　标	2022 年	2021 年
成品油销量（万吨）	76.42	72.87
汽油销量（万吨）	27.54	36.78
柴油销量（万吨）	48.88	36.08
润滑油销量（万吨）	0.04	0.05
加油站总数（座）	180	191
油库数量（座）	2	2
油库库容（万立方米）	11.6	12.60
纯枪销量（万吨）	43.69	48.39
非油业务收入（亿元）	3.64	3.41
非油业务利润（亿元）	0.07	−0.009
吨油费用（元）	628.99	723.61
资产总额（亿元）	24.15	23.54
收入（亿元）	67.59	54.29
利润（亿元）	−1.74	−2.44
税费（亿元）	0.71	0.96

2022 年，销售油品 76.42 万吨，其中纯枪销量 43.69 万吨；实现利润 −1.85 万元；非油业务收入 3.64 亿元，非油毛利 6012 万元。

2022 年，天津销售坚持以市场为导向，以客户为中心，开展客户挽回活动，挽回客户 4000 人以上。优化零售促销政策，压减纯枪价格直降比例，纯枪价格直降占比由 2021 年的 55.6% 降至 30.4%。推进异业合作力度，深入对接第三方资源，共享平台客户，全年异业合作共计引流消费 1.28 亿元，带动销量 1.25 万吨。柴油销售，抓住油价上行的有利时机，充分算好批零一体化大账，全年实现柴油销售 48.88 万吨，创效 9438 万元。建立网格化客户开发体系，实施客户分级分类管理，全年实现新增直销客户 282 家，新增销量 6.7 万吨。聚焦客户延伸需求，优化直销配送服务，全年直批配送 3 万吨，客户忠诚度增强。

2022 年，天津销售全年完成 45 座便利店优化提升，店面形象和创效能力显著增强，单店日均收入 6122 元，同比增长 19.7%，在股份公司销售分公司排名第四。精心组织"年货节""美酒节""十佳销售门店"等 10 种主题促销和专项竞赛活动，有效激发销售热情，实现销售收入 3341 万元，毛利 1414 万元，同比增长 53% 和 68%。有效规范销售行为，出台供应商准入流程，建立供应商资质审核把关和考核淘汰机制。基于存量客户，深度挖潜团膳业务，扩大业务规模和服务范围，有效减少客户流失，收入同比增长 29%。抢抓节假日有利时机，定制差异化服务，全年累计为 187 家政企单位提供节日福利及团购服务，收入同比增长 13%。与内部单位密切对接，撬动省外市场，销售定制产品与特色商品，实现销售收入 1787 万元。

（胡良宇）

【**中国石油天然气股份有限公司河北销售分公司**】 中国石油天然气股份有限公司河北销售分公司（简称河北销售）成立于 2000 年 5 月，"十一五"期间经历多次改革重组，2009 年 12 月上划股份公司直接管辖。主要负责中国石油在河北省行政区域的成品油批发、零售、便利店、润滑油、化工产品和汽车服务等非油销售业务以及市场网络开发工作。

河北销售主要经营指标

指　标	2022 年	2021 年
成品油销量（万吨）	213.99	227.59
汽油销量（万吨）	83.73	103.93
柴油销量（万吨）	130.27	123.66
运营加油站总数（座）	877	880
油库数量（座）	7	14
油库库容（万立方米）	25.93	35.83
纯枪销量（万吨）	119.74	117.29
非油业务收入（亿元）	12.53	10.73
非油业务利润（亿元）	0.34	0.22
吨油费用（元）	553.07	570.31
资产总额（亿元）	69.84	68.07
收入（亿元）	186.96	161.55
利润（亿元）	-5.28	-8.19
税费（亿元）	1.41	2.03

2022年底，河北销售下设9个职能部室、13个地市分公司、2个专业分公司、22个股权企业，员工总数4368人。下设1个机关党委、15个基层党委、1个党总支、2个直属党支部和128个基层党支部，党员1565人，占总人数35.8%。资产总额69.84亿元，投运加油站877座，投运油库7座，总库容25.93万立方米，"昆仑好客"便利店837座。

2022年，河北销售累计销售成品油213.992万吨，汽油销量83.73万吨，柴油销量130.27万吨；其中，纯枪销售119.74万吨；油品抽检合格率保持100%。非油业务收入12.53亿元、利润0.34亿元；总收入–5.28亿元，上缴税费1.41亿元。

2022年，河北销售获集团公司"生产经营先进单位""集团公司2022年度'三重一大'决策和运行监管系统应用优秀单位""质量健康安全环保节能"先进单位、"集团公司健康企业"等称号。

2022年，河北销售营销政策更加精准。发挥主动营销、精准营销，新增市场监测点232个，深入摸排中央及地方经济发展策略、新冠肺炎疫情管控措施、实现引流10万人次，价格到位率同比增长0.6个百分点；紧盯调价节点，快速价格反应，全年实现直批销量66.3万吨，股份公司销售分公司预算完成率131%，同比增长9%，清算后毛利7182万元，同比增长173万元；全年实物直批价格到位率保持在90%以上，同比提高3个百分点；稳固汽油客户群，电子卡客户达137万，任务完成率排名股份公司销售分公司第一、移动支付占比提升至26%，同比提升2.3个百分点；客户开发成效突出，App线上客户占比达94%，同比提升41个百分点；与72家驻冀央企、知名企业建立战略合作，全年开发维护零售、直批客户5140家，带动纯枪销量12.4万吨、同比增长136%，直批销售31.9万吨、同比增长30%。零售终端日益稳固。发挥政策优势，全年点对点促销站销量环比增长11%，汽油高频促销增量4万吨，新增客户8.3万人，华北区域大客户开发增量28万吨。优化"双低"站"一站一策"治理模式，287座低负效站同比减亏1.07亿元。强化客存管控，6个月以上客存全部清零。

2022年，河北销售多措并举，网络结构持续优化，与7个地市政府或所属企业签订战略合作协议，完成4个合资公司组建，新增立项加油站4座、投运3座。加气网络坚持自主扩建，立项加气站3座、投运2座，完成与昆仑能源一体化整合实施方案，加气网络布局扎实推进；加强与头部企业合作，与蔚来合作的保定72站充换电项目已投入运营；与国网合作的唐山3座充电站已建成；7座光伏项目已完成自建，为新能源业务全面开展奠定了基础；全年完成隐患治理87座、形象提升15座、自建洗车24座，完成杏园油库浮盘改造，建成肯德基项目4座；健全设备管理制度，全面推进数字化应用，基本实现设备检查、检测和维修上线运行，关键设备完好率增长3.5个百分点。

（韩　锐）

【中国石油天然气股份有限公司山西销售分公司】　中国石油天然气股份有限公司山西销售分公司（简称山西销售）1999年组建成立，负责中国石油在山西省的成品油批发、零售、储运和网络开发建设及便利店、化工产品等非油销售业务。2008年11月，为优化销售业务资源配置，加快推进市场化战略，上划股份公司直接管理。2022年底，设9个部室、2个直属机构，有11家分公司、1家全资子公司、4家控股公司、4家参股公司，在册员工2401人。党委下设12个基层党委，1个党总支，77个党支部，党员768名。运营加油站381座，运营油库6座。

山西销售主要经营指标

指　　标	2022年	2021年
成品油销量（万吨）	127.33	120.5
汽油销量（万吨）	42.44	55.04
柴油销量（万吨）	84.88	65.46
润滑油销量（万吨）	0.02	0.15
加油站总数（座）	381	444
油库数量（座）	6	7
油库库容（万立方米）	19.3	21.3
纯枪销量（万吨）	67.58	71.72
非油业务收入（亿元）	3.98	3.57
非油业务利润（亿元）	0.24	0.33
吨油费用（元）	553	638
资产总额（亿元）	48.53	47.06
收入（亿元）	108.91	84.86
利润（亿元）	-4.49	-4.59
税费（亿元）	0.49	0.54

2022年，山西销售实现成品油销售127.33万吨，同比增长5.7%；非油收入3.98亿元，非油毛利6538万元。

2022年，山西销售全年成品油自营销售108.35万吨；电子卡发卡量39.5万张。优化零售价格体系，突出客户群体差异化策略、油非互促和优化支出管理，赋能地市公司不断提升应对市场能力和差异化营销水平。纯枪价格到位率95.4%、同比增长1.3%。先后推出各类专属营销活动，累计转化客户2.5万个，好客e站App累计新增注册用户45万人。深化异业合作，与平安银行、邮储银行、中国联通等商家开展联合促销，引入促销资源7083万元，带动销量1.86万吨。充分发挥保份额、调结构、稳价格作用，全年直批量40.77万吨，直批毛利5092万元。完善直批App营销服务功能，App线上销量占比80%、同比提升30%。强化激励考核，将新客户开发纳入对地市公司和客户经理日常考核，实现新开发客户755个，新增销量8.38万吨，终端客户增量占比95%。

2022年，山西销售实现非油收入同比增长11.2%和非油毛利同比增长17.6%，属于股份公司销售分公司14家两项指标双完成企业之一。销售化肥4.18万吨，收入1.13亿元，毛利532万元。

（王丽萍）

【中国石油天然气股份有限公司内蒙古销售分公司】 中国石油天然气股份有限公司内蒙古销售分公司（简称内蒙古销售）1951年成立，1998年上划中国石油天然气集团公司，主要负责内蒙古地区成品油销售、天然气销售、非油销售业务、新能源综合补给等业务，是内蒙古自治区主要的成品油供应商，服务范围覆盖自治区全境。上划以来，成品油销售累计突破亿吨，历史上，2011年销售成品油710万吨，零售量619万吨，排名股份公司销售分公司第一，创历史峰值。上划以来，在集团公司和股份公司销售分公司的正确领导下，内蒙古销售先后获全国五一劳动奖状、全国文明单位、人民网"第十五届人民企业社会责任奖"、自治区产品服务双满意单位等称号。2022年底，内蒙古销售下设9个职能部门，2个直属机构，1个附属机构，下辖12个盟市分公司、3个控股公司、2个参股公司，运营加油站1331座，便利店1304座，运营油库15座，库容92.5万立方米，资产总额92.61亿元。

2022年，销售总量530.45万吨，超预算36万吨，同比增长7.92%；纯枪销量361.12万吨，同比增长2.42%；非油店销收入14.03亿元、毛利2.02亿元，同比增长分别为7.4%和18%；实现收入470亿元，同比增长28.8%；净利润0.93亿元，上缴税费5.02亿元，完成提质增效奋斗目标。

2022年，内蒙古销售按市场化原则动态平衡量效关系，价格到位率提升

1.7 个百分点；汽油主抓高频客户、单位客户、中小微客户，销量增速高于市场需求增速，绝对份额和相对份额分别提升 1.1 个百分点和 0.5 个百分点；柴油主抓农柴、工矿、物流等大客户，超需求增长 15 个百分点；客存油压降超额完成控制目标，油品量效额均超越同期。推进油卡非润一体化，开展"逢 10"会员日、"逢中国节"必有优惠等促销活动，油非转换率提升 3.7 个百分点，达 16.4%；线上线下齐发力，线上用户增长尤为突出，卡销比提高 4.2 个百分点，活跃客户数增长 41%；"蒙油游"微信小程序新增用户 116 万人；建立 4600 个企微群，群用户达 38 万人；App 应用人数 113.2 万人，同比增长 214%。深入推进异业合作，与通讯、金融、保险等 22 个单位开展跨界营销，引入资源 2.4 亿元，是同期的十倍，拉动油品销售 4.7 万吨。

内蒙古销售主要经营指标

指　　标	2022 年	2021 年
成品油销量（万吨）	530.45	491.52
汽油销量（万吨）	207.14	236.44
柴油销量（万吨）	323.31	255.08
润滑油销量（万吨）	3.04	2.87
加油站总数（座）	1331	1348
油库数量（座）	15	18
油库库容（万立方米）	92.5	100.9
纯枪销量（万吨）	361.12	352.6
非油业务收入（亿元）	14.03	13.06
非油业务利润（亿元）	2.02	1.72
吨油费用（元）	297	355
资产总额（亿元）	92.61	101.8
收入（亿元）	470	365
净利润（亿元）	0.93	3.01
税费（亿元）	5.02	4.02

2022 年，内蒙古销售打造 28 座标准示范店、24 座自有商品专营店，商品

品效、平效分别提升21个百分点和8个百分点。打造"饮水节""购物节"礼包组合，拉动沉淀资金同比增长8.7%，活跃客户数增长40.7%；开展社群营销，快速精准触达40万客户；"柴油+"营销活动拉动化肥、车用尿素大宗商品销售分别提升22.5%、20.3%。深入挖掘地方特色资源，联手地方知名品牌，助力乡村振兴的发展思路，对部分昆享自有商品更新迭代，升级包装和品质，结合市场需求新开发17个单品，持续打造昆享绿祥牛羊肉大单品，拓宽昆壮饲料销售渠道，自有品牌商品全年销售收入同比增50%以上。店外销售走出发展新路，抓住内蒙古自治区发展"农""牧"利好政策，主打"化工农资+饲料+金融+N"营销组合拳，将销售触角延伸到乡间地头，销售规模同比增长22.5%，毛利率同比增长1.3个百分点。

（巴音巴特）

【中国石油天然气股份有限公司陕西销售分公司】 中国石油天然气股份有限公司陕西销售分公司（简称陕西销售）是中国石油天然气股份有限公司所属地区公司，前身为陕西省石油总公司，成立于1953年，于1998年6月上划中国石油天然气集团公司，主要从事成品油批发和零售业务以及便利店、润滑油、天然气、充换电、汽服等非油销售业务。2022年底，设9个职能部门、1个附属机构、1个直属单位，下辖10个地市分公司和综合服务保障中心，股权企业20家。运营加油站948座，油库4座，总库容21.2万立方米，资产总额64.63亿元。用工总量6887人，其中合同化员工3727人、市场化用工1551人、劳务外包用工1609人。党委下设11个基层党委，178个党（总）支部，党员总数2758人。

2022年，陕西销售结合上级调拨价机制和营销政策，建立纯枪、直批毛利、重点指标日监控模型，开展批零一体化销售，纯枪相对市场份额同比增长1.5个百分点，价格到位率同比增长0.6个百分点。完善三级联动的市场整顿机制，联手延长石油集团、中国石化协助政府查处黑加油点、黑加油车、黑加油站55个，查处非法油品752吨。加大客户开发力度，开发陕鼓、法士特等集团大客户227家、同比增长32个，直批客户达1718家、同比增长41家，零售单位客户53775家、同比增长3272家。强化政企合作，争取消费券政府补贴480万元，办理拥军"优待卡"6424张，开发农机卡客户3391个、销售同比增长65%。服务24家集团内部单位，油品供应同比增长51%。以电子卡营销为重点，加强10惠充值、高频汽油、CN98上量等营销政策宣传，网格化开展社群营销，建立企业微信群1890个，群成员13.8万人，电子卡开卡数达88万。开展异业合作，引入邮储、交行、平安、高德地图等15个异业渠道资源补贴

3200万元，带动消费4.5亿元。推进全流程诊断，改进城市、高速站三班模式，采取"基础两班+削高峰"模式提升单班服务能力，月均开展神秘顾客、远程视频、电话访问"计件考核"3000次，"星工程"选树累计奖励171万元，投诉环比下降29%，陕西销售连续10年获评陕西省顾客满意度测评行业第一。

陕西销售主要经营指标

指　　标	2022年	2021年
成品油销量（万吨）	267.32	331.2
汽油销量（万吨）	143.91	189.07
柴油销量（万吨）	122.86	142.13
润滑油销量（万吨）	1.58	0.95
加油站总数（座）	948	1035
油库数量（座）	4	4
油库库容（万立方米）	21.2	21.2
纯枪销量（万吨）	212.37	239.69
非油业务收入（亿元）	8.97	8.1
非油业务利润（亿元）	1.66	1.54
费用总额（亿元）	16.69	17.67
吨油费用（元）	624.34	532.83
资产总额（亿元）	64.63	76.08
收入（亿元）	246.68	245.19
利润（亿元）	-8.82	0.02
税费（亿元）	1.28	3.94

2022年，陕西销售共有24座加气站营业，销售天然气4.98万吨。其中CNG销售4414千立方米、同比减少2218千立方米（停业站减量779千立方米），LNG销售46257吨、同比减少5234吨（停业站减量3876吨）。毛利2000万元，其中CNG毛利同比减少261万元，LNG毛利同比减少161万元。加气业务共亏损849万元，同比增亏1065万元。

（胡瑞翔　张　露）

【中国石油天然气股份有限公司甘肃销售分公司】 中国石油天然气股份有限公司甘肃销售分公司（简称甘肃销售）是中国石油天然气股份有限公司销售分公司下属的省区分公司，前身为1953年成立的甘肃省石油总公司，1998年划入中国石油天然气集团公司，1998年8月集团公司实施内部重组改制时划入股份公司，2018年企业类别明确为一类一级。经营范围包括成品油批发零售、车用天然气零售、非油业务经营、汽车服务、加油（气）站及相关设备设施改造等。2022年底，设职能部门9个，所属地市分公司16家，直属公司2家，控参股公司8家，资产总额81.25亿元，在册员工5528人，离退休人员4897人。运营油库13座，总库容45.25万立方米；运营加油（气）站858座（其中纯气站13座，油气混合站48座）。加油（气）站网络份额64.2%、成品油市场份额92%，是甘肃省成品油供应服务的主渠道商。

2022年，甘肃销售强化精准营销，优化制定营销方案6个，组织专题营销34次，引入异业合作资金4921万元，价格到位率同比提高0.8个百分点，零售综合能力排名股份公司销售分公司第二。狠抓直批，新增App认证客户1231家，存量客户成交率94%，自营直批销量同比增加17万吨、增幅24.3%。促进燃气销售，新增加气站12座，新开发LNG客户628个，LNG销量、毛利分别同比增长13.8%和26.9%。发展加油卡会员，累计发行加油卡130.5万张、其中电子卡96.5万张，沉淀资金14.1亿元，线上拉新会员229万人、社群营销关注粉丝155万人，移动支付占比同比提高5个百分点。保障资源供应，出台应急保供措施12项，疏散炼厂库存13.25万吨，协调办理车辆通行证711份，油库周转次数同比增加1.7次，最高单日配送量2.2万吨。做优现场服务，单车流程标准时间缩短59秒，高峰拥堵指数降低0.28，千万次服务投诉次数保持系统最低。甘肃销售与西部战区陆军部队、定西及陇南市政府签订合作框架协议，与甘肃药投等5家企业建立战略合作关系。

甘肃销售主要经营指标

指标	2022年	2021年
资产规模（亿元）	81.50	74.81
资产负债率%	41.05	39.22
收入（亿元）	412.37	335.16
商品流通费（亿元）	15.58	16.69
利润（亿元）	9.37	8.53

续表

指　　标	2022 年	2021 年
净利润（亿元）	9.35	8.40
吨油创效（元/吨）	193.04	178.24
EVA（亿元）	6.89	6.04
油气销量（万吨）	485.29	478.62
油气零售量（万吨）	379.96	389.13
油品纯枪销量（万吨）	350.89	361.07
天然气销量（万吨）	30.96	29.11
市场份额%	92.00	92.45
零售率%	77.2	86.40
价格到位率%	98.97	98.19
非油业务店销收入（亿元）	11.94	10.52
非油业务毛利（亿元）	1.67	1.46
汽服收入（万元）	3174.32	846.5
品效[元/(个·日)]	525.5	448.5
平效[元/(米^2·日)]	74.9	67.8
油非转换率（%）	23.5	19.2
库存价值（亿元）	1.87	1.71
库存周转天数（日）	63	65
运营加油（气）站（座）	846	818
单站日销量（吨）	11.86	13.54
单站创效（万元）	110.74	96.61
人均销量（吨）	863.97	773.37
人均零售量（吨）	676.45	631.8
人均创利（万元）	16.68	13.73
单站用工（人）	4.48	5.2

2022年，甘肃销售攻坚开拓市场，新增亿元级品类3个、千万元级品类3个，实现线上销售1823万元。精细业务管理，打造百万元店347座、50万元店211座，平均采购价格下降1.2%，商品优化率36.8%，释放滞销库存1338万元。抢抓营销机遇，车润车辅销售突破2.1亿元、排名股份公司销售分公司第三，实现大客户销售9372万元；自有商品销售同比增加30%。创新运营发展，新建速洗门店21座、润滑油快换中心2座，销售收入同比增加727万元；新增异业合作项目9项、站外店5座，销售收入同比增加2132万元。兰州石化等5座站外店销售突破500万元。

（张岩峰）

【中国石油天然气股份有限公司青海销售分公司】 中国石油天然气股份有限公司青海销售分公司（简称青海销售）成立于1954年，1998年上划集团公司，承担青海省汽油、柴油、润滑油等成品油稳定供应的责任。青海销售从2006年开始连续每年名列"青海省百强企业"前10强，成为青海省上缴税收大户。曾获全国"五一劳动奖状""抗震救灾英雄集体""中央企业先进基层党组织"等称号。2022年底，机关设置9个职能处室，下设9个地市公司、3个专业公司、14家合资公司，在册员工2043人；资产总额27.9亿元，运营加油站321座，直属油库4座、总库容21万立方米。

2022年，青海销售全年销售汽油、柴油157.83万吨，同比下降13.61%；零售109.01万吨，同比下降14.15%；销售天然气0.8万吨，同比增长63.26%；非油业务收入2.9亿元，同比增长2.83%；非油业务毛利5660万元，同比增长2.38%；营业收入139.09亿元，上缴税费1.39亿元。获"青海企业50强"，位列第10位。

2022年，青海销售落实"市场导向、客户至上，以销定产、以产促销，一体协同、竞合共赢"市场营销工作方针，遏制销量下滑趋势，全年完成汽油、柴油销售量157.83万吨，同比下降14%。其中，汽油销售60.07万吨，同比下降25%；柴油销售97.76万吨，同比下降4%。加强客户维护和管理，围绕"市场网格化、客户全覆盖、营销全员制、服务全链条"工作部署，开展市场大调查、客户大普查专项活动，新开发客户11600个，其中直批客户526家，零售客户11074家。深化跨界合作，与电信、移动、银联等行业合作，引入营销资源4751万元，撬动油品销售8.72万吨。巩固市场主导地位，针对社会经营单位低价倾销，及时打响市场保卫战，纯枪市场份额为63.1%，同比提高0.2个百分点。推进直批App应用，线上注册直批客户2016家，销售油品20.27万吨，同比增长49%。利用第23届中国·青海绿色发展投资贸易洽谈会、第21届环青海湖国际公路自行车赛等活动契机，宣传促销政策，推销电子加油卡，全年销售加油卡 15 万张。

青海销售主要经营指标

指　　标	2022 年	2021 年
成品油销量（万吨）	157.83	182.70
汽油销量（万吨）	60.07	80.40
柴油销量（万吨）	97.76	102.30
润滑油销量（万吨）	0.07	0.11
天然气销量（万吨）	0.8	0.49
加油站总数（座）	321	315
油库数量（座）	4	4
油库库容（万立方米）	21	21
纯枪销量（万吨）	109.01	126.98
非油业务收入（亿元）	2.9	2.82
非油业务利润（亿元）	0.4	0.37
吨油费用（元）	431	389
资产总额（亿元）	27.9	29.93
收入（亿元）	139.09	130.63
利润（亿元）	-0.69	1.11
税费（亿元）	1.39	1.33

2022 年，青海销售全省实现收入 2.9 亿元，同比增长 2.8%；毛利 5660 万元，同比增长 2.4%。开展"年货会"促销、"月度单品"促销、"季度主题"促销、"10 惠"会员促销、"周六大放价"促销、以及昆仑好客"饮水节""购物节""啤酒节"等活动，实现销售收入 2300 万元。加大线上销售力度，开展直播带货 15 场次，实现销售收入 52 万元。开展氯化钾销售业务，实现销售收入 1400 万元。加大自有商品促销，天佑德系列青稞酒、昆仑缘麻辣面、昆仑缘红油面皮、昆仑缘菜籽油 4 款商品纳入全国扶贫商品名录，并与内部单位签订供销协议，自有商品销售收入 1331.97 万元。加大润滑油销售，开展车辅产品销售竞赛，实现收入 3797 万元。

（高国鹏）

【中国石油天然气股份有限公司宁夏销售分公司】 中国石油天然气股份有限公司宁夏销售分公司（简称宁夏销售）成立于1953年，前身是宁夏回族自治区石油总公司，1998年上划集团公司，主要承担中国石油在宁夏地区的成品油销售、天然气销售、非油业务拓展、市场开发等业务。设9个机关职能部门，2个直属单位，下辖6个地市销售分公司。员工总数2525人；油库4座，总库容8.3万立方米；运营加油站340座；资产总额31.45亿元。

宁夏销售主要经营指标

指标	2022年	2021年
成品油销量（万吨）	153.8	156.03
汽油销量（万吨）	56.05	63.26
柴油销量（万吨）	97.71	92.77
天然气销量（万吨）	21.4	19.83
润滑油销量（万吨）	1.42	1.25
加油站总数（座）	340	340
油库数量（座）	3	4
油库库容（万立方米）	8.3	13.8
纯枪销量（万吨）	104.9	115.27
非油业务收入（亿元）	6.93	6.08
非油业务利润（亿元）	1.22	0.61
吨油费用（元）	398	461
资产总额（亿元）	31.45	32.64
收入（亿元）	149.87	123.24
利润（亿元）	-0.99	0.45
税费（亿元）	0.8	1.52

2022年，宁夏销售全年实现油品销量153.8万吨、非油业务收入6.93亿元、天然气销量21.4万吨、充电和换电等新能源业务收入38.5万元，实现利润-0.99亿元。

2022年，宁夏销售增强汽油客户黏性，纯枪价格到位率98%、同比提高

1.36%；市场营销部零售团队 8 名年轻职工，充分发挥计算机编程优势开展汽油高频客户开发，累计触达汽油高频客户 41 万人，核销电子券 5304 万元，增加利润 2389 万元；柴油销售坚持动态匹配最优量价关系，在竞争激烈区域的"作战站点"实施微策略、开展微营销，量效兼顾提效益。天然气销售构建完善"资源＋零售＋直批＋反供"一体化销售体系，突出资源配置导向作用，灵活运用关键道路"点、线"竞争策略，培育推广"17 月月惠、一起约约惠"主题品牌日活动，增量 1.5 万吨，实现毛利 5732 万元、同比增长 3.15%。新能源业务以现有站点挖潜、合资合作的方式拓展充换电业务，运营充电站 51 座、充换电一体站 1 处、分布式光伏项目 1 座，贡献利润 42.4 万元。

2022 年，宁夏销售推进昆仑好客运营体系，线上线下齐发力，实现毛利 1.22 亿元，百万元便利店 153 座。

（魏思雯）

【中石油新疆销售有限公司】 中石油新疆销售有限公司（简称新疆销售）前身是 1954 年 7 月成立的新疆石油总公司，新疆销售 1998 年上划中国石油天然气集团公司，1999 年重组至中国石油天然气股份公司，2015 年初改制为全资子公司，2017 年 12 月变更为国有控股合资公司。改制整合后，业务范围覆盖成品油销售、润滑油等石油副产品销售、食品销售、餐饮服务、日用百货及家电销售、办公用品销售、化肥等农用物资销售、汽车服务等多个领域，供应区域遍及新疆 166 万平方千米。多年来，新疆销售弘扬石油精神和大庆精神铁人精神，践行"为新疆社会稳定和长治久安加好油、为新疆各族人民服好务"的承诺，充分发挥长期积累的品牌、文化、管理、网络、队伍优势，深化改革，强化管理，先后获"全国五一劳动奖状""中央企业思想政治工作先进单位""新疆维吾尔自治区民族团结进步模范单位""中央企业先进集体""新中国成立 70 年企业文化建设优秀单位""新疆维吾尔自治区文明单位"等多项称号。

截至 2022 年底，新疆销售机关有职能部门 9 个、直属机构 2 个、二级单位 16 个；共有各类用工 9529 人，其中第三方业务外包 5379 人；运营油库 7 座、运营加油站 993 座。

2022 年，新疆销售面对三年来最严峻的新冠肺炎疫情考验，取得了极为不易的业绩。与 2021 年相比，成品油销售总量下降 0.5%，其中，纯枪下降 14.3%；非油店销收入增长 4.3%，毛利增长 5.4%；车用燃气销量增长 42.6%；净利润减少 65.1%。

新疆销售主要经营指标

指　标	2022 年	2021 年
成品油销量（万吨）	671.37	674.84
汽油销量（万吨）	223.8	273.27
柴油销量（万吨）	447.57	401.57
运营加油站（数）	993	985
油库数量（座）	7	7
油库库容（万立方米）	39.6	41.7
纯枪销量（万吨）	363.86	424.75
非油业务收入（亿元）	11.78	11.3
非油业务利润（亿元）	−0.19	0.4
吨油费用（元）	346	368
资产总额（亿元）	147.32	145.94
收入（亿元）	587.36	487.01
利润（亿元）	3.68	11.89
税费（亿元）	4.83	7.92

（罗丽戈）

【中国石油天然气股份有限公司重庆销售分公司】 中国石油天然气股份有限公司重庆销售分公司（简称重庆销售）前身是 1950 年成立的中国石油公司西南区公司，1998 年上划中国石油天然气集团公司，1999 年重组为中国石油天然气股份公司下属的省（直辖市）级销售企业。主要从事成品油批发零售业务和非油业务销售及服务，是重庆市最大的国有石油企业，承担全市成品油供应主渠道责任。多年来，重庆销售履行经济、政治、社会三大责任，承担市场保供任务，构建方便用户的零售网络，努力提升库站本质安全水平，弘扬大庆精神铁人精神、红岩精神，参与扶贫、抢险等公益事业，努力为重庆经济社会发展"加油""打气"，获重庆市政府"党和政府放心，群众满意"的评价，先后获评全国五一劳动奖状、全国模范职工之家，涌现出一批国家级、省部级劳模和先进个人。2022 年底，设 9 个职能部门，2 个附属机构，2 个直属机构，下辖 7 个地市分公司、8 个直属股权企业（4 个控股公司、4 个参股公司）。截至 2022 年底，员工总数 4306 人，营运油库 9 座，营运加油（气）站 646 座，销售成品油 371 万吨。

重庆销售主要经营指标

指　　标	2022 年	2021 年
成品油销量（万吨）	371.37	407.67
汽油销量（万吨）	180.81	223.41
柴油销量（万吨）	189.96	184.26
加油站总数（座）	646	629
油库数量（座）	9	9
纯枪销量（万吨）	237.53	265.32
非油业务收入（亿元）	11	9.13
非油业务利润（亿元）	1.75	1.54
吨油费用（元）	337	336
资产总额（亿元）	78.99	78.46
收入（亿元）	333.58	299.21
利润（亿元）	3.86	3.72
税费（亿元）	2.17	3.49

2022 年，重庆销售全年成品油绝对市场份额同比增长 0.3 个百分点，柴油销售逆势上扬、在市场消费量下降 2% 的情况下增长 4.8%，车用燃气销售的增量和增幅居系统内首位。

2022 年，重庆销售非油收入和毛利再创新高，同比分别增长 20.4%、13.3%，百万元门店同比增加 42 座、达 353 座。商品核心竞争力提升，打造"头部品类"专营店 70 座、站外便利店 18 座，构建起"渝悦好客""好客养车"等 11 项自有商标体系。

（严春莉）

【中国石油天然气股份有限公司四川销售分公司】 中国石油天然气股份有限公司四川销售分公司（简称四川销售）前身是 1952 年 9 月成立的四川省石油总公司，1998 年成建制上划中国石油天然气集团公司。主要负责成品油、润滑油、天然气等销售业务，氢能、电能、光伏发电等清洁能源开发利用，以及广告、化工产品、食品、烟酒、地方特产等非油销售业务。2022年底,设机关部门9个、专业公司3家、二级公司22家、全口径股权企业104家;加油(气)站运营总数2024座;在用油库21座、安全油库库容77.91万立方米。

2022年,四川销售汽柴油销量连续第五年站稳千万吨,营业收入超过950亿元,实现考核利润9.35亿元,非油店销收入突破22亿元,非油毛利达到4.3亿元。"中油优途"注册会员突破1300万人、电子加油卡发卡量380万张,"中油优途""中油直批"年交易额分别达260亿元、330亿元。统筹抓实店销、团购、大单品三大业务,非油店销收入和毛利2项指标位居销售企业首位。

四川销售主要经营指标

指　　标	2022年	2021年
成品油销量(万吨)	1021.7	1082.3
汽油销量(万吨)	475.2	576.1
柴油销量(万吨)	546.5	506.0
润滑油销量(万吨)	0.62	0.10
加油(气)站运营总数(座)	2024	1984
在用油库(座)	21	21
油库库容(万立方米)	77.91	74.56
纯枪销量(万吨)	600.1	632.6
非油业务收入(亿元)	22.67	17.3
非油业务利润(亿元)	2.13	1.61
吨油费用(元)	334.88	308.35
资产总额(亿元)	194.59	192.52
收入(亿元)	954.88	782.67
利润(亿元)	4.17	8.63
税费(亿元)	3.96	7.93

全年新开发油气终端63座、年新增可研零售能力25.3万吨,新增投运站点65座、实现纯枪销量4.6万吨。

(陈　晶)

第七部分 所属单位

【中国石油天然气股份有限公司贵州销售分公司】 中国石油天然气股份有限公司贵州销售分公司（简称贵州销售）2001年4月成立，负责中国石油在贵州省的成品油销售、市场开发等工作。2022年底，有9个部门、2个直属单位，9个分公司，员工2279人；油库3座，总库容15.4万立方米；加油站341座（全资302座、参控股35座、遵义中油铁投4座），加油站服务网点遍及全省高速公路、国道、省道和中心城市、重点集镇。2022年，贵州销售全年销售油品201万吨，其中自营销售172万吨；非油收入4.7亿元，毛利9500万元；实现净利润4600万元；全年开发网络30座，投运24座；实现安全环保"零伤害、零污染、零事故"目标。

2022年，贵州销售油品销售总量201万吨，其中自营总量172万吨、自营纯枪106万吨。

贵州销售主要经营指标

指　　标	2022年	2021年
成品油销量（万吨）	201	210
汽油销量（万吨）	96.8	117
柴油销量（万吨）	104.2	93
润滑油销量（万吨）	0.09	0.1
加油站总数（座）	341	342
油库数量（座）	3	3
油库库容（万立方米）	15.4	15.4
纯枪销量（万吨）	106	103.6
非油业务收入（亿元）	4.7	4.02
非油业务利润（亿元）	0.46	0.82
吨油费用（元）	336	337
资产总额（亿元）	54.28	51.48
收入（亿元）	168.82	146.47
利润（亿元）	0.47	0.7
税费（亿元）	0.31	0.72

坚持扩思路与拓渠道并重，非油创效更加凸显。以效益为目标，拓展非油业务，非油销售创效贡献能力增强。2022年，贵州销售非油销售收入4.7亿元，实现毛利9500万元。

（杨珊珊）

【中国石油天然气股份有限公司西藏销售分公司】 中国石油天然气股份有限公司西藏销售分公司（简称西藏销售）成立于1962年1月27日，前身为1962年1月成立的西藏自治区石油公司，1998年11月上划至中国石油天然气股份有限公司。主要从事西藏地区成品油及石油液化气、润滑油的批发、零售、运输、储存及非油品经营等业务。

2022年底，西藏销售下辖9个部室、11个二级公司。设有公司党委1个、直属机关和地市公司党委11个、党支部33个，党员607名，基层党组织和党员全覆盖生产经营各领域。所属油库8座，液化气库1座，总库容17.39万立方米。加油站183座，营运加油站176座（万吨级加油站1座），在册人员总数1229人，其中藏族及其他少数民族员工占比67%。

西藏销售主要经营指标

指标	2022年	2021年
成品油销量（万吨）	97.93	125.68
汽油销量（万吨）	38.67	51.1
柴油销量（万吨）	54.7	66.3
加油站总数（座）	183	183
油库数量（座）	8	8
油库库容（万立方米）	17.23	17.03
纯枪销量（万吨）	63.71	82.58
非油业务收入（亿元）	2.495	2.20
非油业务利润（亿元）	0.06	0.77
吨油费用（元）	874	708
资产总额（亿元）	38.60	74.25
收入（亿元）	94.98	98.20
利润（亿元）	1.01	0.77
税费（亿元）	1.16	1.47

2022年，西藏销售为全区经济社会发展提供成品油97.93万吨，其中汽柴油纯枪63.71万吨，汽柴油直批29.66万吨，航空煤油3.56万吨，沥青1万吨，非油业务突破2.5亿元。

（梅朵拉姆）

【中国石油天然气股份有限公司江苏销售分公司】 中国石油天然气股份有限公司江苏销售分公司（简称江苏销售），前身是2003年9月成立的中油销售江苏有限公司成品油分公司，2008年12月由中国石油华东销售公司管理上划集团公司直管，2009年9月中国石油上海销售苏州分公司划入江苏销售，标志着江苏销售在江苏地区成品油销售业务实现了统一管理。截至2022年底，设9个职能部门，2个附属机构（非油分公司即非油品经营部、储运分公司即仓储调运部），下辖13个地市分公司，现有股权企业53家，其中独资10家、控股33家、参股10家。员工总数3823人，其中合同化员工77人，市场化用工3746人。江苏销售党委下属基层党委13个，党总支5个，党支部102个，党员1233人。有加油站765座，在用油库14座，库容55.31万立方米。

江苏销售主要经营指标

指　　标	2022年	2021年
成品油销量（万吨）	383.24	388.19
汽油销量（万吨）	216.99	238.57
柴油销量（万吨）	166.24	149.63
加油站总数（座）	765	771
油库数量（座）	14	13
油库库容（万立方米）	55.31	59.30
纯枪销量（万吨）	266.61	266.77
非油业务收入（亿元）	9.53	9.14
非油业务利润（亿元）	0.52	0.71
吨油费用（元）	359.81	400.96
资产总额（亿元）	99.90	100.98
收入（亿元）	338.88	282.99
利润（亿元）	1.58	1.27
净利润（万元）	2601	2163
税费（亿元）	4.24	2.98

2022年，江苏销售面对复杂严峻的市场环境和延宕反复的疫情形势，江苏销售始终咬定稳增长目标不动摇，努力打造价值链优势，不断提升运营效率，增强数字化支撑能力，推进提质增效，营造和谐稳定的发展局面。全年销售成品油383.24万吨，相对市场份额提升1.7%，实现净利润2601万元，同比增长438万元，2022年度江苏销售业绩考核获评集团公司A级单位，被集团公司评为2022年度生产经营先进单位，连续两年在集团公司工作会议上作经验交流。

（薛 涛）

【中国石油天然气股份有限公司浙江销售分公司】 中国石油天然气股份有限公司浙江销售分公司（简称浙江销售）成立于1999年1月，2008年12月上划由股份公司直接管理，主要承担中国石油在浙江地区的成品油批发、零售和非油业务，负责浙江地区销售网络的开发建设和管理工作。累计销售油品5793万吨，实现非油收入64.75亿元，非油毛利12.96亿元，缴纳税费53亿元。

2022年底，本部职能部门9个，二级单位12家，专业公司2家，全口径用工4350人。

浙江销售主要经营指标

指 标	2022年	2021年
成品油销量（万吨）	293.59	304.57
汽油销量（万吨）	185.07	202.75
柴油销量（万吨）	108.52	101.82
加油站总数（座）	459	458
油库数量（座）	8	11
油库库容（万立方米）	33.79	41
纯枪销量（万吨）	186.89	199.70
非油业务收入（亿元）	8.02	7.75
非油业务利润（亿元）	0.35	0.84
吨油费用（元）	414	493
资产总额（亿元）	93.56	94.62
收入（亿元）	263	225.43
利润（亿元）	-1.42	-1.19
税费（亿元）	3.25	3.25

2022年，浙江销售以店面优化诊断为抓手，挖掘店内销售潜力，50万元店同比增加15座，实现收入4.6亿元，同比增长14%；单店日均销售4982元，同比增长16%，全国排名第五。精心策划主题促销活动10期，实现收入1.1亿元。

（吴孝翔）

【中国石油天然气股份有限公司安徽销售分公司】 中国石油天然气股份有限公司安徽销售分公司（简称安徽销售）负责中国石油在安徽省的成品油销售、市场开发、非油销售业务。2002年6月成立中国石油天然气股份有限公司安徽销售分公司筹备组，2002年9月正式注册成立中国石油天然气股份有限公司安徽销售分公司。2022年底，安徽销售设机关职能部门9个，直属机构2个，所属二级单位13个，控股公司21个，参股公司9个。在册员工2955人。安徽销售党委下属基层党委15个，党总支1个，党支部56个，共有党员1096人，其中在职党员1094人。资产总额72.04亿元，在营加油站562座，管理油库10座，库容28.46万立方米。

安徽销售主要经营指标

指标	2022年	2021年
成品油销量（万吨）	236.12	221.09
汽油销量（万吨）	113.32	122.62
柴油销量（万吨）	122.80	98.47
在营加油站总数（座）	562	570
油库数量（座）	10	10
油库库容（万立方米）	28.46	28.46
纯枪销量（万吨）	156.61	155.09
非油业务收入（亿元）	7.65	8.97
非油业务利润（亿元）	0.89	0.74
吨油费用（元）	416.78	464
资产总额（亿元）	72.04	70.37
收入（亿元）	209.44	164.98
利润（亿元）	1.09	0.49
税费（亿元）	1.59	1.96

2022年，安徽销售油品量效"双增长"，成品油销售总量236.12万吨，同比增长15.03万吨，实现净利润1.09亿元。成本费用"双下降"，商流费用比预算节支1590万元，同比下降4064万元，吨油营销成本比预算节支36元，同比下降42元。可持续发展指标"三超"，效益创近6年最好水平。净利润完成率在31家销售企业中排名第四位，在区外销售企业中排名第一位。首次获集团公司生产经营先进单位、集团公司质量健康安全环保先进企业。全年劳动竞赛获综合类先进单位，营销类、零售类、降本控费类获单项评比先进单位。

2022年，安徽销售全年实现非油收入7.65亿元，毛利1.54亿元。

（辛家璇）

【中国石油天然气股份有限公司福建销售分公司】 中国石油天然气股份有限公司福建销售分公司（简称福建销售）前身是1999年2月成立的厦门中油油品销售中心，2008年12月上划股份公司直接管理，主要负责中国石油在福建地区的成品油、非油仓储销售业务，车用加气及充换电、光伏发电等新能源业务。成立24年来，累计在福建投资90.57亿元、销售成品油4380万吨、上缴税费35亿元，先后获全国五一劳动奖状、五四奖章等荣誉。2022年底，设9个职能部门、下辖9个地市分公司和非油分公司、储运分公司，有员工3255人。在营加油加气站460座；资产库4个，库容30.6万立方米。

福建销售主要经营指标

指　　标	2022年	2021年
成品油销量（万吨）	228.96	218.1
汽油销量（万吨）	115.18	120.36
柴油销量（万吨）	113.42	97.74
加油站总数（座）	460	476
油库数量（座）	4	4
油库库容（万立方米）	30.6	30.6
纯枪销量（万吨）	127.65	119.89
非油业务收入（亿元）	7.37	6.2
非油业务利润（亿元）	1.35	1.16
吨油费用（元）	383.83	424.11
资产总额（亿元）	72.74	71.78

续表

指　标	2022 年	2021 年
收入（亿元）	201	156
利润（亿元）	-2.6	0.05
税费（亿元）	1.5	1.52

2022 年总销量 228.96 万吨，其中直批 101.31 万吨、自营纯枪 127.65 万吨；非油收入 7.37 亿元、非油毛利 1.35 亿元。成品油总销量、纯枪、非油店销、非油毛利等主要经营指标实现同比增长，其中总销量计划完成率排名区外第六名，自营纯枪计划完成率、同比增幅均排名股份公司销售分公司第二名，QHSE 体系量化评估水平稳居优秀 A2 级，获评集团公司生产经营先进单位、"十三五"内控与风险管理工作先进单位、2022 年法治建设 A 级企业、教育培训先进集体等荣誉。九家地市公司发展能力全部迈入全国前 200 名。其中，全国前 1—50 名 2 家，前 50—100 名 4 家，前 100—160 名 3 家；厦门、三明分公司以区外排名第五、全国进步最快第五的成绩登上股份公司销售分公司光荣榜。

（肖腾飞）

【中国石油天然气股份有限公司江西销售分公司】　中国石油天然气股份有限公司江西销售分公司（简称江西销售）于 2001 年 12 月成立，前身是中国石油华东销售江西分公司，2008 年底上划股份公司直接管理。主要从事成品油批发、零售业务及便利店、润滑油、天然气等非油销售业务，承担销售网络开发建设及管理等职责。2022 年底，下设 9 个部室和 2 个直属机构（专业分公司），下辖 11 个地市分公司和 16 个控（参股）公司，全口径用工总数 2045 人，运营加油站 306 座，加气站 2 座，油库 8 座，库容 13.3 万立方米。

2022 年，江西销售深入学习贯彻党的二十大精神和习近平总书记对中国石油和中国石油相关工作的重要指示批示精神，全面落实集团公司党组各项决策部署，锚定建设"小而精小而强"江西销售战略目标，攻坚克难、深耕市场，扩销创效，全年销售收入首次突破 100 亿元，销售油品 126.6 万吨，同比增长 1.2 万吨，超预算 3.6 万吨；纯枪销售 79.1 万吨，同比增长 2.5 万吨。非油收入 3.6 亿元、非油毛利 7448 万元，同比分别增长 3.7% 和 23.4%。净利润 -1.7 亿元、同比减亏 3.3 亿元，比预算增利 1 亿元。质量、计量和安全环保事故为零。

江西销售主要经营指标

指　　标	2022 年	2021 年
成品油销量（万吨）	126.6	125.42
汽油销量（万吨）	50.56	62.76
柴油销量（万吨）	76.03	62.67
润滑油销量（万吨）	0.27	0.23
加油站总数（座）	306	305
油库数量（座）	8	8
油库库容（万立方米）	13.3	13.3
纯枪销量（万吨）	79.1	76.59
非油业务收入（亿元）	3.6	3.40
非油业务利润（亿元）	0.74	0.33
吨油费用（元）	483.73	584.70
资产总额（亿元）	47.73	48.84
收入（亿元）	109.01	88.38
净利润（亿元）	-1.7	-4.99
税费（亿元）	0.36	0.09

（刘　卉）

【中国石油天然气股份有限公司山东销售分公司】　中国石油天然气股份有限公司山东销售分公司（简称山东销售）是中国石油天然气股份有限公司在山东省设立的全资分公司，主要从事成品油（气）与非油销售业务，2000年成立，本部设在济南。2022年底，山东销售机关本部设职能部室9个，设地市分公司16家，专业分公司2家，控参股公司36家；运营油库5座、库容17.2万立方米；加油站数量993座，占全省加油站总数的10%；用工总量5531人，其中合同化员工101人、市场化员工4408人、外包人员1022人；资产总额102.64亿元。

2022年，山东销售全年累计销售成品油192.4万吨。全年实现非油收入11.03亿元，非油毛利1.37亿元。

山东销售主要经营指标

指　标	2022年	2021年
成品油销量（万吨）	205.56	219.69
汽油销量（万吨）	99.39	125.13
柴油销量（万吨）	106.17	94.56
加油站总数（座）	993	1020
油库数量（座）	5	6
油库库容（万立方米）	17.2	18.3
纯枪销量（万吨）	149.01	166.35
非油业务收入（亿元）	11.03	12.24
非油业务利润（亿元）	0.49	0.77
吨油费用（元）	795	834
资产总额（亿元）	102.64	98.23
收入（亿元）	186.15	164.83
利润（亿元）	-8.91	-10.23
税费（亿元）	1.13	1.74

（李晓东）

【中国石油天然气股份有限公司河南销售分公司】 中国石油天然气股份有限公司河南销售分公司（简称河南销售）成立于1999年2月，主要从事成品油批发、零售业务以及便利店、润滑油等非油销售业务，承担加油、加气、加氢、充换电综合能源站开发建设及管理等职责。2022年底，机关设职能部门9个、直属机构2个，下辖17个分公司、28个股权企业，在册员工3781人；运营加油站829座，运营油库9座，库容23.9万立方米；资产总额76.41亿元。

2022年，河南销售党委带领广大干部员工，锚定三年扭亏脱困目标，落实"强、变、拓、压、创、促、保"七字方针，深入推进"三大工程"，全力开拓市场、巩固份额，着力提升营销质量，深入推进提质增效，有效防范经营风险，各项业务平稳发展。

2022年，销售成品油238.4万吨，纯枪销量140万吨；非油业务收入8.71亿元，非油业务毛利1.05亿元；营业收入202.02亿元，剔除减值准备及费用化研发支出后净利润-4.73亿元。

河南销售主要经营指标

指　　标	2022 年	2021 年
成品油销量（万吨）	238.4	256.99
汽油销量（万吨）	94.63	132.48
柴油销量（万吨）	143.77	124.51
润滑油销量（万吨）	0.25	0.41
加油站总数（座）	829	842
油库数量（座）	9	9
油库库容（万立方米）	23.9	23.9
纯枪销量（万吨）	140	144.87
非油业务收入（亿元）	8.71	8.17
非油业务利润（亿元）	0.43	0.42
吨油费用（元）	473.52	530
资产总额（亿元）	76.41	69.74
收入（亿元）	202.02	176.36
利润（亿元）	−5.22	−6.81
税费（亿元）	1.45	0.87

2022 年，河南销售深化一体化营销，以 3 天为周期动态优化营销政策，吨油营销支出同比下降 34 元，纯枪价格到位率同比增长 0.6 个百分点。实现直批销售量 98.4 万吨。发挥一体协同优势，打造营销品牌，"逢 10 活动日"储值 5.1 亿元。加大集团客户、规上客户、汽油高频客户开发力度，新开发客户 1.3 万户，月增销量 3 万吨。加快电子卡推广，发放 73.4 万张，计划完成率 122%。开展经营团队竞赛，激发销售热情，柴油纯枪同比增长 17.4 万吨，卡销比同比增加 11 个百分点。以建行战略合作为突破，拓展合作单位 13 家，引入营销资源 3684 万元。

2022 年，河南销售坚持量效并重，着力加强以便利店为核心的业务运营督导和组织，实现销售收入 1.5 亿元。

（荀凤龙）

第七部分　所属单位

【中国石油天然气股份有限公司湖南销售分公司】　中国石油天然气股份有限公司湖南销售分公司（简称湖南销售）2000年6月进入湖南市场，2002年10月正式注册成立，2008年12月上划股份公司管理，主要负责中国石油在湖南地区的成品油、天然气、新能源、非油商品的零售及直批业务。2022年，面对宏观经济下行、市场竞争加剧、油价跌宕起伏、疫情多发散发、能源加速替代等复杂局面与严峻形势，湖南销售以习近平新时代中国特色社会主义思想为指导，深入落实集团公司党组各项决策部署，不断加强党的领导和党的建设，有效应对市场竞争，持续推进改革创新，大力强化企业管理，党的建设和经营管理各项工作取得新进展和新提升。2022年底，湖南销售机关设9个职能部门、1个附属机构，设2个专业分公司（非油分公司和储运分公司）、13个地市分公司、13个控参股公司，布局加油站、加气站、光伏充电站等终端网络675座，有资产型油库6座（含中南地区最大成品油库——长沙油库），租赁油库4座，总库容达60余万立方米，在册员工2892人。

湖南销售主要经营指标

指　　标	2022年	2021年
成品油销量（万吨）	230.22	224.23
汽油销量（万吨）	126.86	142.58
柴油销量（万吨）	103.35	81.65
加油站总数（座）	675	674
油库数量（座）	10	15
油库库容（万立方米）	18.05	29.9
纯枪销量（万吨）	156.69	141.14
非油业务收入（亿元）	7.21	5.41
非油业务利润（亿元）	0.65	0.42
吨油费用（元）	440.13	469.24
资产总额（亿元）	85.07	86.5
收入（亿元）	201.5	161.85
利润（亿元）	-2.22	-3.04
税费（亿元）	1.68	1.51

2022年，湖南销售整合营销资源，打造4个异业品牌，引入促销资金1850万元。提炼总结三大类12种营销工具包，灵活调整823站次竞争策略，纯枪增幅超主要同行16.8个百分点。加油卡活跃率33.5%，提升10.6个百分点。98号汽油销售增长3.8%，在股份公司销售分公司排名第四。成品油销售230.22万吨，纯枪销售155.69万吨，同比分别增长2.7%和10.3%。

2022年，湖南销售常态化开展直播销售，全年线上收入2245万元。非油店销收入7.17亿元，非油毛利1.36亿元。

（熊翔宇）

【中国石油天然气股份有限公司广西销售分公司】 中国石油天然气股份有限公司广西销售分公司（简称广西销售）2000年10月组建，2008年12月由西南销售公司上划股份公司管理，主要负责中国石油在广西地区的成品油市场开发、销售以及非油品经营和车用天然气终端销售工作。

广西销售主要经营指标

指标	2022年	2021年
成品油销量（万吨）	246.02	286.07
汽油销量（万吨）	93.19	115.08
柴油销量（万吨）	152.83	170.99
润滑油销量（万吨）	0.2	0.42
加油站总数（座）	599	590
油库数量（座）	8	8
油库库容（万立方米）	40.62	40.62
纯枪销量（万吨）	167.67	163.2
非油业务收入（亿元）	8.09	7.43
非油业务利润（亿元）	0.83	0.7
吨油费用（元）	380.41	332.2
资产总额（亿元）	73.77	75.11
收入（亿元）	214.59	199.01
利润（亿元）	1.56	1.02
税费（亿元）	2.19	3.14

2022年底，有9个机关部门、2个直属机构，下辖14家地市分公司，28家控（参）股公司；员工3104人（另有外包966人）；加油站599座（自营520座，参股79座），其中在营594座（自营515座，参股79座）；油库8座，库容40.62万立方米。资产总额73.5亿元。

2022年，广西销售净利润1.52亿元，实现成品油销量246.02万吨，其中自营纯枪167.67万吨、同比增量4.5万吨；非油业务实现收入8.03亿元、非油毛利1.38亿元，同比分别增长0.66亿元、0.15亿元。

2022年，广西销售围绕做大做强零售开展各项工作，逐步建立零售"基本盘"理念，将站点直降优惠控制在最低限度，推广会员日、CRM、持卡暗降等类型优惠方式的应用，实现批零整体毛利9.34亿元，并连续4个月单月破亿元，贺州、梧州、崇左三家分公司零售同比增长16%以上。

2022年，广西销售坚持"地付+管道+铁路+公路"一体化运作，完成202座加油站运距复测，减少跨区配送，物流运费较预算减少1065万元，同比下降2670万元，管输上量突破100万吨。

（潘　峰　李凯平）

【中石油海南销售有限公司】　中石油海南销售有限公司（简称海南销售），主要负责海南省内的成品油储运和批零销售、油库（站）开发建设、便利店业务以及充换电、光伏等新能源业务。前身为中国石油天然气股份有限公司海南销售分公司，2004年6月注册登记，2015年6月被批准设立为有限责任公司（法人独资），同年12月完成工商注册并正式更名。2017年8月完成股份多元化改革，成为中国石油天然气股份有限公司（51%）、中海石油炼化有限责任公司（39%）、海南省发展控股有限公司（10%）共同持股的合资公司。2022年底，设有9个机关处室、1个附属机构、4个分公司，管理16家参控股公司，员工649人；运营加油站108座，全资和参股油库各1座，库容6万立方米，资产总额17.15亿元。

2022年，海南销售紧跟中石油海南区域整体布局，锚定建设自贸港特色现代销售企业定位，落实人才强企、提质增效、低成本发展、文化引领"四大战略举措"，在疫情反复、油价高企、库容有限、运作受限等多重考验下，攻坚克难，凝心聚力加速布局转型发展，实现利润总额2.68亿元，上缴税费4.48亿元，跻身2022年度海南省企业100强、服务业企业50强，获"海南省模范劳动关系和谐企业""第十一届海南省优秀企业"等多项荣誉，选报的"完整准确全面贯彻新发展理念，推动高质量发展实践研究"课题被评定为集团公司优秀研学成果三等奖。

海南销售主要经营指标

指　　标	2022 年	2021 年
成品油销量（万吨）	67.08	69.54
汽油销量（万吨）	33.13	36.30
柴油销量（万吨）	33.95	33.24
加油站总数（座）	108	108
油库数量（座）	2	2
油库库容（万立方米）	6	6
纯枪销量（万吨）	35.02	37.71
非油业务收入（亿元）	2	1.8
非油业务利润（亿元）	0.29	0.25
吨油费用（元）	476.72	488.72
资产总额（亿元）	17.15	17.49
收入（亿元）	57.76	48.8
利润（亿元）	2.68	3.34
税费（亿元）	4.48	4.80

（周继华）

【中国石油天然气股份有限公司石油化工研究院】 中国石油天然气股份有限公司石油化工研究院（简称石化院）是根据集团公司党组和股份公司管理层的决定，于 2006 年 6 月在原股份公司炼油化工技术研究中心基础上组建的直属炼化科研机构。本部位于北京，下设兰州、大庆 2 个研究中心，北京院部设新材料、生物化工和氢能 3 个研究所，8 个研究室、8 个职能处室、5 个支持服务中心。2019 年 12 月，为适应发展需要，成功注册"中国石油集团石油化工研究院有限公司"，具备独立法人资质。2020 年 12 月，取得博士后工作站资格，2021 年 4 月，被授予"中关村高新技术企业"证书，在炼化高新技术领域的科研能力、科研环境、科研平台等方面得到政府、市场和社会的广泛认可。

截至 2022 年 12 月底，石化院共 1114 名员工，54 名教授级高级工程师（正高级职称），672 名高级工程师（高级职称），高级职称占比 60.32%；硕士以上学历占 56.91%，博士占 17.15%。设立院士工作室 2 个。

石化院主要从事炼油化工催化剂和工艺研发，新能源新材料技术研发，合成树脂和合成橡胶等新产品开发、清洁生产技术开发、标准化和质量检测、知识产权与决策支持研究等。建院以来，紧密围绕集团公司炼化业务发展需求，全力推进新技术研发、推广应用、新产品开发等工作，炼油全系列催化剂、化工重点催化剂、清洁生产技术取得突破，形成160项可推广应用技术，累计开发100余个高附加值化工新产品，新技术推广应用到国内外50余家企业170余套工业装置，有效支撑了炼化转型升级和高质量发展。

石化院固定资产原值25亿元。有包括原子级分辨球差校正透射电镜、24通道加氢催化剂制备系统等在内的高水平装置设备1000多台套；合作建设石油石化污染物控制与处理国家重点实验室，石化院设有催化裂化催化剂及制备工艺等5个石化行业重点实验室，清洁燃料等5个集团公司重点实验室，聚烯烃催化剂与工艺工程等5个关键领域实验基地，国家合成橡胶质量监督检验中心等4个国家级技术机构，炼化清洁生产中心等6个集团公司级技术机构，合成树脂检验中心、北京石油产品质量监督检验中心等5个CNAS/CMA双资质认证机构，世界知识产权组织（WIPO）认定"国家技术与创新支持中心（TISC）"。同时，与国内知名高校和科研院所开展合作研究，与炼化企业和工程设计单位构建技术合作联盟，与重点客户建立产品开发战略联盟，广泛开展国际交流，拓展国际业务，加快推进"世界一流石化院"建设进程。

2022年，获集团公司及省部级以上科技奖励12项；获中国专利优秀奖1项，集团公司专利金奖1项、银奖2项、优秀奖2项；获集团公司优秀标准特等奖1项。1人获集团公司突出贡献奖，2人入选中国化工学会会士，引进5名高层次人才，30人入选集团公司青年科技人才。申请PCT国外发明专利42件、中国专利632件；牵头制修订并发布国际标准2项、国行标和团体标准16项。

（韦栋宝）

【中石油（上海）新材料研究院有限公司】 中石油（上海）新材料研究院有限公司（简称上海新材料院）成立于2021年12月，是股份公司全资子公司，在中国（上海）自贸试验区临港新片区注册。上海新材料院定位于科研开发、技术孵化、产业布局、学术交流、技术服务为一体的新型综合性研发机构，是中国石油向综合性国际能源公司转型发展的战略举措，也是中国石油在中国市场经济最为活跃和发达的长三角区域落地起航的一个新起点。上海新材料院以建设世界一流新型研究院为目标，构建"开放、包容、创新、协作"的创新生态，整合集聚全球创新资源，吸纳、集聚海内外高层次科技创新人才，建设没有"围墙"的创新体系，推动产业链、创新链、人才链有效结合，打造科技创新与管理模式的示范、高端国际化人力资源引进与培养的示范、高端国际交流合作的示范。2022年，上海新材料院围绕国家重大战略需求和中国石油产业规划布局，聚焦医用高分子材料、高端碳材料、新能源材料、电子信息材料、弹性体材料等化工新材料领域，开展关键核心技术攻关，打造科技成果、项目、企业、人才"孵化器"。

2022年，上海新材料院提高科研效率，搭建高效科研管理体系和快速立项流程。在集团公司科技部及炼化新材料公司支持下，按照"三新三化"原则，探索简化立项流程、"科研经费包干制"等科研管理机制，加快推进科技开发和成果转化。根据科技部的要求，在"医用级环烯烃聚合物制备及加工技术开发"项目先行试行经费包干制，已完成上海院经费包干制管理办法初稿，经过专家审查修订完善，报送总部科技部备案。在炼化新材料公司支持下，梳理搭建快速科研立项流程，精简立项环节、缩短立项流程、提升科研效率。

（何良好）

第七部分 所属单位

支持服务板块

【中国石油管道局工程有限公司】 中国石油管道局工程有限公司（简称管道局，英文缩写CPP）是中国能源储运领域的专业化公司，发端于1970年大庆—抚顺原油管道工程会战（史称"八三"工程），1973年4月16日正式成立。1999年，集团公司将输油气业务剥离，重组设立中国石油管道公司，管道局被集团公司定位为油气储运工程建设专业化公司。2016年，管道局实施主辅分离，主业部分随中油工程整体上市。未上市部分名称为中国石油天然气管道局有限公司。

管道局是行业领军的工程承包商。拥有石油化工施工总承包特级、海洋工程专业承包一级、市政公用工程总承包一级资质，拥有15个系列、139项核心技术，承担中国4条能源战略通道70%以上的综合工作量，累计建设国内外长输油气管道超过12万千米、海洋管道近500千米；承担中国石油长庆、青海、塔里木、大港、华北等油气田地面工程服务保障任务；设计建设中国石油第一座大型地下水封原油储库，建成各类原油和成品油储罐2800万立方米；设计或建设湖北黄冈、天津南港、广东潮州、中交营口等LNG储配站、接收站；设计建设国内管径最大、压力最高、输量最大的河南济源—洛阳氢气管道；有20余年市政工程建设经验。建设的中亚天然气管道工程、中缅天然气管道工程（境外段）、中俄东线天然气管道工程（黑河—长岭）获国家优质工程金奖，兰州—银川输气管道等17项工程获国家优质工程奖；中缅天然气管道工程（境外段）、北京燕山石化30万吨乙烯改扩建工程获中国建设工程鲁班奖，中亚天然气管道工程获中国土木工程詹天佑奖。"十三五"以来，57项工程获省部级以上荣誉。

管道局是行业优选的综合服务商。构建了能源储运工程从规划、科研、咨询、勘察、设计、采办、施工、通信、自动化、机械制造到投产运营、维修抢修、技术服务保障的全产业链全生命周期的建设管理能力，经营足迹遍及全球50多个国家和地区，为70余家国内外能源公司提供服务。有油气管道工程勘察设计咨询综合甲级设计院、油气管道科学技术研究院，以及行业唯一的油气管道输送安全国家工程研究中心，具备陆上和海洋管道、大型油气储库全生命周期设计建设能力；掌握油气田地面集输和炼化装置设计安装、管道通信及自动化控制系统设计安装，以及LNG净化、液化、储存、接收站设计建设核心技术；在氢能制储运销、超临界二氧化碳输送等新能源新业务领域研发形成22项专项技术；自主研发CPP900全自动焊技术装备、管道数字孪生体平台、管道光纤预警系统、国产 SCADA 软件系统，填补多项国内技术空白；具备全自动焊、全自动超声检测、智能型快开盲板、管道承压设备、工业加热炉等装备规模化制造能力。"十三五"以来，获省部级以上科技奖励 28 项，授权专利 681 件，参编国际标准 2 项，主编国家标准 32 项、行业标准 103 项、中国石油企业标准 110 余项。

管道局是行业认可的投资运营商。有 50 年管道运营管理经验，油气储运安全专业研究所，以及通信、维抢修、检测、防腐等 7 支专业化技术服务队伍，廊坊抢险中心是国内唯一的油气管道国际救援队；有亚洲最大的检测数据分析中心和管道智能检测器测试中心，自主研发原油管道加热输送等管道运行技术，制定油气管道运营技术规范，具备油气管道、储库、LNG 接收站/液化工厂、单点系泊等各类储运设施运营管理能力，承担国家石油储备库运营任务，运行各类管道总里程 3 万余千米。创新服务模式，以"投建营一体化"方式建设揭阳天然气管道等项目，以"EPC+运营"方式承揽泰国北部成品油管线、孟加拉单点系泊及双管线等多项海外工程，努力为客户创造更大价值。

2022 年底，管道局有机构 45 个，包括 9 个机关职能部门、6 个直属机构、30 个二级单位（其中参股单位 1 个）。管道局上市部分和未上市部分是一套总部机关。员工总数 21638 人，其中合同化员工 13894 人、市场化员工 7744 人，另有劳务派遣用工 1985 人。本科及以上学历 11266 人，占比 52%；中高级职称人员 8961 人，占比 65%。国家级勘察设计大师、管道局首席专家 1 人，行业勘察设计大师 5 人，集团公司技能大师 1 人，集团公司技能专家 14 人，享受政府特殊津贴人才 6 人，各类专业技术人才 7568 人。

2022 年，管道局新签合同额 307 亿元，经营收入 220 亿元，利润总额 0.88 亿元，上缴税费 4.31 亿元，资产总额 418.53 亿元，大型施工设备 3719 台套，设备新度系数 0.12。

管道局主要生产经营指标（上市业务）

亿元

指　　标	2022 年	2021 年
新签合同额	307	309
经营收入	220	210
利润总额	0.88	0.03
税费	4.31	4.44

（赵利杰）

第七部分 所属单位

【中国石油工程建设有限公司】 中国石油工程建设有限公司(简称工程建设公司,英文缩写 CPECC)成立于 1980 年,注册地点为北京市西城区,是以原中国石油工程建设公司和原中国石油集团工程设计有限责任公司为基础,整合油气田地面工程设计和施工业务组建的以陆上石油天然气上游工程前期设计咨询、工程承包、装备制造和运营维护为主营业务,发展海洋石油天然气工程、液化天然气工程、非常规油气工程和非油能源工程业务的专业化公司。

工程建设公司曾连续 24 年入选美国工程新闻纪录(ENR)全球最大 250 家国际承包商排名,是连续入围次数最多的中国承包商,最好成绩第 27 位。工程建设公司连续 14 年获"对外承包工程 AAA 级信用企业"。获省部级及以上奖励 749 项。其中:国家级科学技术进步奖 6 项、中国建设工程鲁班奖 6 项、勘察设计奖 38 项、国家"百项经典暨精品工程"3 项、优质工程奖 129 项;省部级科技进步奖 316 项、勘察设计奖 721 项。获"全国五一劳动奖状"。连续 4 年保持集团公司国际社会安全五维绩效考核"卓越级"。2022 年,获集团公司先进集体和生产经营先进单位。

2022 年底,工程建设公司各类用工共计 32058 人,其中中方自有用工 25378 人、外籍雇员 6680 人。中方自有用工中管理和专业技术人员 9407 人。其中:本科及以上学历人员 7428 人,占比 79%;中、高级职称人员 7475 人,占比 79.5%;拥有享受政府津贴专家 8 人,行业级勘察设计大师 10 人,集团公司技能专家 11 人,全国技术能手 23 人。

2022 年,工程建设公司新签合同额 326 亿元、营业收入 398 亿元,为近 5 年最高。全面超额完成业绩指标,排名集团公司工程建设企业首位。

2022 年,工程建设公司新签合同额同比增长 6.9%,完成率 127.84%;系统外占比 60%,同比增长 43.4%;海外新签合同额系统外同比增长一倍。新能源新业务,新签合同额 32 亿元,占比 9.8%,同比增长 113.8%。

2022 年,工程建设公司执行项目 5382 个,完工 2648 个;其中重点项目 98 个,投产 37 个。获国家级 QC 成果 4 项,省部级 QC 成果 49 项,创历年之最。

2022 年,工程建设公司建成国家能源局液化天然气技术研发中心,牵头建设中国石油天然气综合利用技术研发中心,共建中国石油地热能技术研发中心和中国石油煤炭地下气化技术研发中心。成立新能源事业部并确立天然气综合利用、地热、清洁电力、CCUS、氢能、煤炭地下气化等六大发展领域,承接 2 项国家级课题,成功应用于新疆塔里木西南天然气综合利用工程。设计制造首台全国产化 60 万米^3/日 LNG 绕管式换热器并一次性开车成功。成立软件国产化领导小组和项目组,推动三维设计和流程模拟软件国产化并在集团公司申请立项。"二氧化碳捕集与电化学生物转化集成平台技术"获第一届中国青年碳中和创新创业大赛银奖。推广应用公司生产经营管理 EMP2.0 信息化系统，工程建设公司中东地区公司实现项目全过程信息化管理。哈萨克斯坦巴佐伊压气站扩容、土库曼斯坦西部气田、尼日尔油田二期等项目成功使用数字化交付平台。"六化"建设成果广泛应用，广东石化项目抽余液塔制造使用 4000 吨级超大型压力容器整体制造技术。

（罗洪岩　陈　璐　陈晓慧　方　璇）

【中国寰球工程有限公司】 中国寰球工程有限公司（简称寰球公司）成立于 1953 年，2005 年划入中国石油，是以技术为先导，以设计为龙头，集咨询、研发、设计、采购、施工管理、设备制造、开车指导、融资等多功能于一体的、国内领先的炼油化工工程总承包公司。寰球公司有工程设计综合甲级资质、工程咨询甲级资质、环评甲级资质、工程造价甲级资质、化工石油工程施工总承包特级资质和对外工程承包资质。

寰球公司主要生产经营指标

亿元

指　标	2022 年	2021 年
签订合同额	305	305
收入	217	212.2
净利润	5.5	3.2
税费	4.5	5.3

寰球公司工程领域涉及化工、炼油、石油化工、化肥装置及储运工程、精细化工、油田地面设施、海洋石油工程、天然气液化与接收、煤的清洁利用、新能源、轻工、纺织、医药、化学矿山采选、工程地质勘察、工程测量、岩土工程、环境工程、储运设施及压力容器设计制造安装、非标设备、钢结构及管道加工制造安装、无损检测等多个行业和领域。业务遍及国内以及东南亚、西欧、美洲、中东等近 30 个国家和地区，是国内同行中国际化程度较高、项目运营国家较多的企业，也是率先独立进入美国、沙特阿拉伯、新加坡、加拿大、意大利等炼化工程建设高端市场的国际工程公司。近 70 年来，完成 2000 多项国内外大中型项目的咨询、设计、施工和总承包建设任务。近 10 多年来，成功执行一批代表国际规模、技术的大型乙烯、炼油、化肥、煤化工、LNG 等国内外项目的工程总承包（EPC）。

寰球公司有良好的企业资信和商誉，首批获"AAA级信用企业"和北京市"高新技术企业"称号，被评为国庆60周年勘察设计行业"十佳工程承包企业"，连续20年被美国《工程新闻纪录》评为全球最大的225家国际工程承包商和全球最大的200家国际设计公司，且排名稳步提高，是连续20年同时进入上述排行榜的唯一一家中国公司。

2022年，寰球公司面对复杂多变的国内外经济环境和新冠肺炎疫情持续反复带来的严峻考验，聚焦主责主业、强化创新驱动、提升治理能力、巩固和谐稳定氛围，全面完成年度重点任务。连续两年获评集团公司先进集体和质量健康安全环保节能先进企业，连续五年获集团公司党建工作责任制考核A级评价，全年新签合同额305亿元，营业收入217亿元，净利润5.5亿元，全方位高质量发展成效显著。

2022年，寰球公司执行项目1081个，项目整体运行平稳受控，先后获省部级以上奖励52项，其中乌兹别克斯坦PVC项目获国家工程建设最高荣誉"鲁班奖"。

2022年，寰球公司获国家级、省部级以上奖励67项，授权专利56件，技术秘密24项，主参编国际级、国家级以上标准55项；寰球公司再获国家高新技术企业认定；乙烯关键工艺技术获中国专利银奖，千万吨炼油技术获集团公司科技进步一等奖。

（杨　洁）

【中国昆仑工程有限公司】　中国昆仑工程有限公司（简称昆仑工程公司，英文简称CKCEC）前身为1952年成立的纺织工业部设计院。2000年划归中央企业工委（后为国务院国资委）直接管理，2007年重组进入中国石油，2009年重组更名为中国昆仑工程公司，2016年重组改制更名为中国昆仑工程有限公司，2020年8月东北炼化工程有限公司划入。昆仑工程公司下设中国昆仑环境工程有限公司、上海德赛工程技术有限公司共2家全资子公司，沈阳、大连、辽阳、吉林、辽锦5家分公司，江苏德赛化纤有限公司1家控股公司及中国纺织工业设计院1个托管企业。昆仑工程公司发展定位为打造国际一流环境工程及纺织化纤综合服务商。作为高新技术国有骨干企业，昆仑工程公司长期致力于环境工程、芳烃及其衍生物、纺织化纤及合成材料、特色炼油化工等领域的建设、创新与发展，承担各类大中型工程项目4800余项（其中国外工程100多项）业绩遍及全国及30多个国家和地区，是集咨询、研发、设计、采购、施工管理、开车指导和工程监理、工程总承包、项目管理承包、技术服务、项目运营等多功能于一体的国际工程公司。

昆仑工程公司承担多项国家级、集团公司级、中油工程级科技攻关任务，在各主营业务领域取得专利345件（其中发明专利147件），获国家科学技术进步奖7项、国家及省部级各类奖励650余项；主参编国家及行业标准规范74项，其中国家标准40项。2022年，昆仑工程公司取得工程设计综合甲级资质，且具有工程咨询专业甲级资质，工程咨询、工程勘察综合类和工程监理等甲级资质证书，环境影响评价、工程造价等专项设计甲级资质，以及特种设备（压力容器、压力管道）设计许可证书。

昆仑工程公司主要经营指标

亿元

指　　标	2022年	2021年
签订合同额	68.46	61.1
营业收入	60.35	60.2
利润	1.11	0.92
实缴税费	1.78	0.75

昆仑工程公司始终坚持"诚信、创新、服务、共赢"的经营理念，强化质量、安全、环保责任，信守品牌承诺，被评为国庆60周年勘察设计行业"十佳工程承包企业"，多次荣获中央企业先进集体、首都文明单位、全国工程勘察设计先进企业、全国工程建设管理先进单位、首批"AAA级信用企业"、全国勘察设计百强企业等荣誉称号，自2002年起，连续获评北京市"高新技术企业"称号，享有较高社会知名度与良好信誉。

昆仑工程公司拥有建立在ISO 9001、ISO 14001、OHSAS 18001、NOSA五星安全健康环境管理体系框架下，以GB/T 19001—2000标准为基础，融合GB/T 24001—2004标准、GB/T 28001—2001标准、CMB 253—2004管理标准要求，实现质量、环境、职业健康安全一体化管理"四标一体"的QHSE管理体系。通过ISO 9001质量管理体系、ISO 14001环境管理体系、ISO 45001职业健康安全和Q/SY 1002.1健康安全环境管理体系认证，享有国家授予的对外经营权。

2022年底，在职职工2060人。其中：专业技术人员1275人，全国工程勘察设计大师1人，全国行业设计大师5人，正高级职称31人，副高级职称777人，具有各种国家执业注册资格610人。

2022年，昆仑工程公司连续5年获评集团公司业绩考核A级企业。

（赵汉生　关金龙）

第七部分 所属单位

【中国石油集团工程有限公司北京项目管理分公司】 中国石油集团工程有限公司北京项目管理分公司（英文缩写 CPMC，简称北京项目管理公司）是根据集团公司推进油气工程建设项目管理专业化战略发展要求，在 2016 年 9 月，整合中国石油工程建设板块所属企业范围内的工程监理与项目管理业务注册成立的专业化项目管理公司，注册地设在北京。2018 年，集团公司工程建设业务持续重组整合，将原中国寰球工程有限公司所属的兰州寰球工程有限公司、原中国石油天然气管道局所属的中国石油管道局工程有限公司天津分公司划归北京项目管理公司，提升了北京项目管理公司在全过程工程咨询的管理能力。2021 年，中油工程公司持续推动内部工程建设业务重组整合，将原西南分公司所属的四川佳诚公司和原寰球工程公司所属的吉林亚新公司整建制划入北京项目管理公司。

北京项目管理公司定位于服务支持集团公司国内外油气核心业务发展，打造具有国际竞争力的工程项目管理服务商。2022 年底有 7 个职能部门和 1 个直属机构，下属 5 家项目管理单位、2 家设计单位、1 家检测单位。自有用工 1806 人，业务范围涵盖石油化工上中下游各领域，辐射全球 23 个国家和地区，曾先后参与完成集团公司上中下游各业务领域所有重点工程建设的项目管理。2022 年，北京项目管理公司重点开展工程咨询、工程设计、项目管理、设计及施工监理、设备监造、安全及环境监理、项目竣工验收、检验检测和后评价等业务。

2022 年底，北京项目管理公司拥有国家专利 46 项、专有技术 54 项，参编国家标准 13 项，主编行业标准、集团公司企标 120 余项，获科技成果奖 326 项，获优质工程奖 378 项。具有工程监理综合资质、石油化工咨询甲级资质、化工石化医药设计甲级资质、A 级特种设备检验检测等资质，拥有地下储气库地面工艺技术、海洋油气陆上终端技术、合成橡胶技术等十大特色技术。具备工程建设项目全过程项目管理能力。

北京项目管理公司主要经营指标

亿元

指　　标	2022 年	2021 年
签订合同额	24.7	19.3
收　　入	24	18.67
利　　润	0.35	0.31

2022年，北京项目管理公司全面完成集团公司下达的年度业绩合同指标。新签合同额24.7亿元，同比增长28%，创历史新高；营业收入24亿元，较上年增长28%；净利润3,046万元，较上年增长13%，创北京项目管理公司重组以来最好水平。

2022年，北京项目管理公司全年累计新签合同额24.7亿元，系统外占比保持40%以上；高端高效业务占比41%，同比增长73%；新能源、新材料业务占比22%，同比增长462%。系统内参与了集团公司所有重点大型工程建设项目，累计为集团公司内部55家地区公司提供"项目管理+设计服务"，持续稳固了油气田地面和炼油化工两个内部传统规模市场。全年新增战略合作伙伴3个，国际石油公司（IOC）客户1个，千万级项目首次突破60个，中标广西北海、中交营口LNG和浙江石化二期等一批重大项目，在LNG、社会炼化等领域上形成多个亿元以上的规模市场。成功承揽了西气东输三线中段、西气东输四线（吐鲁番—中卫）等重大项目，保持了在国家管网集团干线管道80%以上的市场份额。中标了乌干达翠鸟油田地面PMC、埃克森美孚惠州化工综合体PMC，以及土库曼斯坦B区地面技术服务等项目，实现新兴市场和海外市场的新突破。

（张孝鹏　金雪平）

【中国石油技术开发有限公司】　中国石油技术开发有限公司（英文缩写CPTDC，简称中油技开）成立于1987年7月，是集团公司海外项目物资装备的供应主体，是集团公司在海外业务覆盖区域最广的国际能源装备业务的综合服务商。2022年，中油技开有中方员工524人，外籍员工1016人，在39个国家和地区建立了50个境外机构，覆盖了1000万吨以上产油国的90%多，业务范围拓展至全球97个国家和地区。在中亚—俄罗斯、非洲、美洲、中东、亚太等地区形成了稳定的规模市场，客户规模发展到2300多个，与200多个国家石油公司、知名服务公司和跨国石油公司建立了合作关系。自成立以来，累计签约超410亿美元，营业收入2370多亿元，人均累计创收超2亿元，获"全国五一劳动奖状"等多项荣誉。

中油技开本部设有综合管理部（党委办公室）、人力资源部（党委组织部）、党群工作部（党委宣传部）、纪委办公室（审计部）、财务部、战略发展和市场营销部、法律和企改部、质量健康安全环保部、技术和信息部9个职能部门；设有装备事业部、石化事业部、工业和民品事业部、中亚—俄罗斯分公司、亚太分公司、非洲分公司、美欧分公司、中东分公司、物流分公司、海洋工程项目部10个所属单位。

第七部分 所属单位

2022 年，中油技开签约 12.2 亿美元，营业收入 70 亿元，净利润 0.75 亿元，自由现金流 0.78 亿元，主要经营指标均超额完成集团公司考核要求。全年 HSSE 平稳运行，未发生安全责任事故。

（刘　霞）

【中国石油集团渤海石油装备制造有限公司】　中国石油集团渤海石油装备制造有限公司（简称渤海装备）是集团公司所属全资子公司。2008 年 4 月 3 日由华北油田、大港油田、中油物装的装备制造企业重组成立，2010 年、2012 年整合兰州石化、辽河油田的装备制造业务。渤海装备注册在天津滨海新区，依托"一带一路"、京津冀协同发展、长江经济带国家战略，合理规划布局，服务市场需求。

2022 年，渤海装备全力推动公司"高质量发展攻坚年"的部署落实和目标实现，生产经营呈现良好发展态势，高质量发展开创新局面，创造超越预期、跨越历史的骄人业绩，扭转 2012 年以来持续亏损的被动局面，主要指标同比均实现两位数以上的增长，并为未来几年发展打下坚实而又可持续的经营基础。

2022 年，渤海装备内外市场并举，多向发力，签约、收入、回款三项市场指标超额完成，有力支撑年度目标任务完成，牢牢掌握发展主动权。服务保障集团公司内部市场。总计签约 62.1 亿元，同比增长 19.4%。精准聚焦客户需求，加强集采工作统筹，19 项产品参加集采招标全部入围，中标率同比提高 22%；油套管优分量、抢增量，获取工作量 42.7 万吨，井口、隔热管、钻机改造、钻杆租赁等实现有效提升。巩固拓展集团公司外部市场。签约 91.8 亿元，同比增长 17.6%，占比达 60%。在国家管网集团年度框架招标中取得优异成绩，市场占有率超过 40%，获 64.6 万吨优质钢管订单；国际市场在东南亚、非洲、中东及北美地区实现新突破，总计获取工作量 4.4 亿元，同比提升 33.8%。服务转型取得新突破，实现收入 21.24 亿元，同比增长 30.8%，收入占比达 15.3%，超额完成集团公司考核目标。五大业务围绕用户需求深化服务转型，实现新发展，采油装备注采修一体化服务、拓展成效突出，支撑企业扭亏为盈。

2022 年，渤海装备全年完成产值 144 亿元，同比增长 22.75%。18 种主要产品产量全部实现增长，6 种创历史纪录，"输送管+油套管"产量达 141 万吨、同比增长 4.3%，为国家管网集团供应钢管 64 万吨，支撑国脉工程建设；坚持以销定产，实施大排产，高质量保供专用管 31 万吨、钻杆 2.7 万吨、螺杆钻具 2233 套、抽油机 935 台套、抽油杆 508 万米、抽油泵 2 万台、潜油电泵 776 台，改造钻机 15 部，有力支撑油气主业勘探开发。

2022 年，渤海装备实现提质增效 15 亿元，产品综合毛利率同比提升 0.79

个百分点。

（王迪娜　刘　语）

【宝鸡石油机械有限责任公司】　宝鸡石油机械有限责任公司（简称宝石机械）前身是始建于1937年的陇海铁路管理局宝鸡机车修理厂，1953年划转石油系统，2002年改制成立有限责任公司，2008年成为集团公司独资设立的一人有限责任公司。经过86年的发展，成为集研发、制造、集成、销售、服务为一体的综合性油气钻采装备企业。

宝石机械是国家油气钻井装备工程技术研究中心依托单位，承担全国石油钻采设备和工具标准化技术委员会钻机标准化工作部、海洋石油钻采设备标准化工作部秘书处工作，建有博士后科研工作站。截至2022年底，累计承担国家及省部级科研项目120项，获国家级和省部级科技奖项179项，获授权专利1604件，制修订各类标准639项。

宝石机械主要生产经营指标

指　　标	2022年	2021年
钻机（套）	47	65
钻井泵及泵组（台套）	509	253
三牙轮钻头（只）	1888	3837
金刚石复合钻头（只）	310	202
钢丝绳（吨）	103318	95988
井口装置（套）	3102	1797
压裂车（台）	84	14
特种车辆（台）	118	130
电气控制设备（套）	129	92
宝石电气开关柜（台）	720	120
签订合同额（亿元）	98.81	101.36
收入（亿元）	70.64	60.65
利润（亿元）	0.48	0.48
税费（亿元）	2.37	2.19

宝石机械产品覆盖50多个类别、1000多个品种规格，主导产品包括1000—12000米全井深、全天候、全地貌石油钻机系列，700—7000型系列压裂设备，500—3000马力系列钻井泵、海洋钻井系统、修井机、甲板设备、水下装备，重要场合用钢丝绳、吊索具、系列钻头、井口井控设备、油田工程车辆、电气电控设备等。15大类56项产品获美国石油学会API会标使用权。具备年产钻机100套以上、钻井泵及泵组800台、钢丝绳10万吨、压裂设备150台、钻头3万只的能力。

宝石机械秉持"感悟客户需求，超越客户期待"的营销理念，推进专业化、数字化、一体化的"大营销""大服务"体系建设，推行全生命周期服务模式，产品远销80多个国家和地区，建成投运国内14个维保服务共享中心、国外5个维保服务站点，形成国内热点区块、国际主产油区全覆盖的终端服务网络。

2022年底，宝石机械下设10个职能处室、3个直属机构、16个二级单位，本部位于陕西省宝鸡市，成员企业分布在咸阳、成都、西安、北京、广汉等地。员工总数5263人，主要生产设备3500余台套，总占地面积250万平方米，总资产108.59亿元。

2022年，宝石机械坚持强化战略引领，创新发展举措，推动公司高质量发展，全力推进"十四五"战略规划落地落实：实现营业收入70.64亿元、同比增长16.47%、创近十年新高，经济增加值（EVA）2.69亿元，净利润4828万元、超额完成集团公司下达指标，新增订货80.12亿元，回收货款61.24亿元。主要指标超出预期，安全环保形势平稳向好，精准开展专项防控，及时启动驻厂生产，最大限度减少新冠肺炎疫情对生产经营的影响，产品质量稳步提升，员工队伍保持和谐稳定。

（孙艳超）

【宝鸡石油钢管有限责任公司】 宝鸡石油钢管有限责任公司（简称宝鸡钢管）前身是始建于1958年的宝鸡钢管厂，是中国"一五"期间156个重点建设项目之一，是中国第一个大口径螺旋埋弧焊管生产厂家，是中国规模大、品种全、市场占有率高的专业化焊管企业。

宝鸡钢管主要为国内外油气长输管道建设和油气勘探开发提供钢管装备的研发、制造、服务与保障，产品覆盖油气输送管、油套管、连续管、管材防腐、焊接材料和钢管辅料等多个领域，形成输送管、油套管、连续管和技术服务"四大业务"。24种产品取得API认证，10种产品获"中国石油装备"背书品牌。钢管综合产能196万吨。截至2022年底，累计生产输送管2212万吨、33万千米，铺设重点管线200余条；生产专用管550万吨、连续管6.6万吨，产品出口至美国、加拿大、俄罗斯、印度、沙特阿拉伯、荷兰、土库曼斯坦、哥伦比亚等40多个国家和地区。

宝鸡钢管技术实力雄厚，是我国焊接钢管生产工艺研究、试验检测和科技情报中心，是国家和行业标准起草单位，也是国家级创新型企业和国家火炬计划重点高新技术企业。2014年建成行业唯一的国家油气管材工程技术研究中心。

宝鸡钢管总部位于陕西省宝鸡市，2022年底，资产总额82.67亿元，员工4446人；设机关处室10个、直属机构2个，所属二级单位13个（9个全资企业、2个控股企业和销售总公司、钢管研究院），分布在中国东北、华北、华东、西北、西南和新疆"六大发展区域"，形成"十个生产基地、四个出海通道"。

2022年，宝鸡钢管围绕"管理创新年"总体部署，统筹推进生产经营、改革发展各项工作，有效应对各类冲击挑战，拓市场、稳运行、强改革、促转型、防风险、增实力。全年钢管订货量159.6万吨，同比增长13.6%；钢管产量148.1万吨，同比增长17.8%；钢管销量149.5万吨，同比增长10%；营业收入106.2亿元，同比增长22.9%；上缴税费2.9亿元，同比增长62%。

宝鸡钢管主要生产经营指标

指标	2022年	2021年
钢管签约额（亿元）	124.9	106.6
钢管订货量（万吨）	159.6	140.5
钢管产量（万吨）	148.1	125.8
钢管销量（万吨）	149.5	136.5
收入（亿元）	106.2	86.4
利润（亿元）	1.27	0.54
税费（亿元）	2.9	1.8

（娄喆雄）

【中国石油集团济柴动力有限公司】 中国石油集团济柴动力有限公司（简称济柴）始建于1920年，是集团公司下属唯一动力装备研发制造服务企业，是国家级企业技术中心、高新技术企业，集团公司动力装备试验基地、科技先进单位，山东省高端装备领军企业、瞪羚企业。全国燃气发电设备标准化标委会、钻采设备标准化委员会、燃气发动机标准化标委会工作组均设在济柴。

历经百年发展，济柴形成以发动机、压缩机为主导，延伸燃气动力集成、动力电气控制等多板块动力装备家族。其中发动机开发出涵盖140毫米、175毫米、190毫米、200毫米、260毫米、270毫米、320毫米等7大缸径系列，适用于柴油、重油、天然气、煤层气等多种燃料介质的产品集群，产品功率范围覆盖200—6300千瓦，可广泛应用于油气产业上中下游、社会、船舶、军用等多个领域；压缩机已形成整体式、电驱分体式、燃气分体式、气体钻井式、车载移动式五大类别，适用于天然气、煤层气、页岩气、LNG等多种工作介质的产品集群，产品功率范围涵盖85—7500千瓦，排气压力覆盖15—70兆帕，可广泛应用于油田集气、加气、气举、钻井、储气库、CCUS等多个领域。

2022年底，济柴参股公司1个（中国石油集团资本股份有限公司，参股1.91%）。有山东济南、四川成都、新疆库尔勒、河北青县、内蒙古乌审旗、湖北武汉6个生产服务基地。有各类主要生产检测设备3395台套，其中"精、大、稀"设备114台套，总资产47.6亿元，在岗员工2025人。

2022年，济柴着力提质量、增效益、促改革、防风险，继续保持"零疫情"，完成集团公司下达的考核指标，经营业绩为2012年以来最好水平。

济柴主要生产经营指标

指　　标	2022年	2021年
内燃机（台）	1613	1115
天然气压缩机（台）	122	100
签订合同额（亿元）	27.5	26.97
收入（亿元）	23.4	20.3
利润（亿元）	3110	2619
税费（亿元）	0.9	0.77

2022年，济柴加强资源统筹，灵活组织生产，特殊时段闭环驻厂工作，全力克服供电紧张、新冠肺炎疫情封控等不利因素，下线产品总功率107.1万千瓦、增长18.4%。聚焦稳链强链，对5637种零部件开发第二供应商，推进43家供应商直购转寄售，清退多年无动态供应商129家，供应链效率、质量、成本实现"两升一降"。加强设备管理，健全完善保养标准，明确三级管理职责，维保责任得到压紧压实。

（李文博）

【中国石油天然气股份有限公司规划总院】 中国石油天然气股份有限公司规划总院（简称规划总院）前身是成立于1978年的石油工业部规划设计总院（石油工业部设计管理局）。1999年，中国石油重组，设立中国石油天然气股份有限公司规划总院。2008年，加挂中国石油天然气集团公司规划总院牌子。2021年4月，按集团公司组织体系优化调整方案，规划总院纳入集团公司支持和服务板块管理。

规划总院成立以来，始终秉承"战略引领、创新思维、问题导向、追求卓越"的理念，紧紧围绕国家能源安全和中国石油重大战略需求，充分发挥决策参谋作用。近年，组织完成能源中长期规划、油气体制改革、"一带一路"油气合作、天然气产供储销体系建设、四大能源战略通道等一大批国家重大项目，牵头完成中国石油高质量发展总体谋划、炼化转型升级、新能源新业务新模式、碳达峰行动方案、海外业务优质高效发展等一系列重大专项研究，深度参与包括总体规划、专业规划、专项规划、区域规划、地区规划等在内的集团公司各级各类中长期规划课题，形成一批"国内领先、效果显著、影响深远"的精品成果，为国家能源产业政策制定、集团公司高质量发展发挥重要支撑作用。

经过多年的发展，规划总院建立覆盖油气业务全产业链的专业技术体系，形成"战略规划、运行优化、科技研发"三大核心业务，是全国石油行业唯一能承担油气业务全产业链规划研究与咨询服务的综合性科研机构。规划总院设有11个业务研究所（中心），挂牌运行11个研究中心。全院员工规模460余人，其中专业技术人员比例达90%以上，副高级职称以上员工和具有硕士以上学历的人员占比均超过60%。2012年以来获得国家和省部级奖励164项，获得知识产权325项。

2022年，规划总院运行项目1134项，横向创收11521万元、净利润5499万元，新增科技创新成果数7项，完成重要战略规划成果33项，成果产业化应用率33%，投资优化控减率8.2%，全员劳动生产率88.69万元/人，规划总院连续10年业绩考核为A。

（吴小卫）

【中国石油集团经济技术研究院】 中国石油集团经济技术研究院（简称经研院）前身为1964年成立的石油工业部科技情报研究所，2005年重组更名为经济技术研究院，2015年作为唯一一家企业类智库入选首批国家高端智库建设试点单位。经研院被集团公司党组赋予功能定位为"一部三中心"，即集团公司把握内外部环境、研究制定竞争对策和发展战略的"参谋部"，谋划全局性重大战略问题的研究中心、国内外石油石化信息资源开发中心、经济和技术信息的对外交流与合作中心。国家高端智库理事会赋予经研院的功能定位为"立足'能源'和'企业'特色，围绕能源战略与能源安全'一带一路'能源合作、国有企业改革发展、国有企业党的建设等研究领域，提供具有前瞻性、战略性和针对性的研究咨询服务。"集团公司党组高度重视高端智库建设工作，戴厚良董事长亲自担任智库建设工作领导小组组长、学术委员会主任和首席专家。2022年底，经研院下设20个二级单位，员工总数334人。其中：一级正、副职6人，二级正、副职48人；硕士、博士182人，占在岗人数57%；副高级以上职称147人，占在岗人数46%；中级职称228人，占在岗人数71%。

2022年，经研院在集团公司党组的坚强领导下，全院上下坚持以习近平新时代中国特色社会主义思想为指导，深入贯彻落实董事长戴厚良作出的"志存高远、志创一流"批示要求，转观念、抓落实、提能力，克服世纪疫情带来的不利影响，全力服务党和国家工作大局，紧密服务集团公司决策，以前所未有的力度深化改革、强化管理，取得一批重大建设性成果，决策影响力和综合实力显著提升，各方面工作呈现出新亮点、展现出新气象。

2022年，经研院贯彻落实国家高端智库理事会工作要求和集团公司党组决策部署，着力打造中国特色世界一流新型企业智库，更好服务党和国家工作大局，努力为全面建设社会主义现代化国家提供智力支撑。全年认领智库课题和自主设立课题同比大幅度增长。上报决策支持报告创历史最好成绩，一大批政策建议获采纳应用。举办国际能源发展高峰论坛、中非智库能源论坛、石油精神论坛、国家发展论坛等高端论坛，参办进博会中国石油国际合作论坛、金砖国家能源合作论坛、APEC能源智库论坛等公共外交活动，首次编写发布《全球能源安全报告》，连续第14年发布《国内外油气行业发展报告》、连续第7年发布《世界和中国能源展望报告》，智库专家在中央级媒体发言发声，在国际高端平台发声，学术影响力提升。

（魏雪萍）

【中国石油集团安全环保技术研究院有限公司】 中国石油集团安全环保技术研究院有限公司（简称安全环保院）前身是成立于2007年11月的中国石油集团安全环保技术研究院。2008年7月，中国石油天然气股份有限公司安全环保技术研究院获批设立，与中国石油集团安全环保技术研究院合署办公，"一个机构，两块牌子"。安全环保院是中国石油安全环保战略决策的参谋部，是集团公司、股份公司安全环保技术研究中心、HSE信息中心、安全环保技术服务中心。2017年11月，中国石油集团安全环保技术研究院由全民所有制企业改制登记为有限责任公司，更名为"中国石油集团安全环保技术研究院有限公司"。2019

年，安全环保院加冕"中国石油天然气集团有限公司海外 HSE 技术支持中心"，增设质量技术研究所、石油天然气工程质量监督总站、特种设备检验监督管理办公室和中东 HSE 技术中心等机构。

安全环保院有安全、环保、质量、节能和信息等领域国家级业务资质 15 项；有"石油石化污染物控制与处理"国家重点实验室、石油与化工含油废物处理及资源化工程技术中心和中国石油 HSE 重点实验室等标志性科技支撑平台；建成 11 个特色试验平台和 2 个 HSE 监测实验室，形成 12 项特色技术。设有中国石油 12 个安全、环保、职业健康领域的机构，承担中国石油安全、环保、职业健康的监督、检测、评价、考核等职能职责。此外，安全环保院还承担国家环境标准化 TC207/SC4 分委会秘书处、石油工业环境专业标准化工作组秘书处等 7 个安全环保标准化机构的工作任务。

2022 年底，安全环保院有 6 个机关职能部门，下设 16 个业务单位。有员工 396 人。其中：博士、硕士研究生 194 人，大学本科 188 人，本科以上学历占 94.7%；教授级高级职称 23 人，高级职称人员 219 人，高级以上人员占 60.24%（正高+副高），中级职称人员 107 人，占 26.38%。

2022 年，安全环保院获省部级及以上科技成果奖 29 项，制修订国家标准 8 项，授权发明专利 21 件，完成创新成果 12 项，集团公司认定首台套重大技术装备 2 项、自主创新重要技术产品 2 项、重大技术装备推广应用计划产品 4 套。获集团公司先进集体称号，连续 8 年获评业绩考核 A 类企业。

（马敬昆　齐　乐　张　琳　张译之）

【中国石油集团工程材料研究院有限公司】　中国石油集团工程材料研究院有限公司（简称工程材料研究院，英文缩写 TGRI）是集团公司的直属研究院，本部位于西安高新技术产业开发区，是我国在石油管及装备材料领域唯一从事科学研究、质量标准、成果转化"三位一体"的权威科研机构，也是石油石化行业（涵盖油气开发、管道储运、炼油化工、工程技术、装备制造、工程建设、新能源等领域）唯一从事工程材料的科技创新中心。工程材料研究院以建设世界一流研究院为目标，致力于打造科技创新、质量标准、成果转化"三个平台"，构建成果、技术、创效、人才"四大高地"，努力建设精干高效、独具特色的高质量科技创新体系，矢志成为国际石油管及装备材料技术引领者和先进工程材料原创技术策源地。

1981 年，原石油工业部成立了石油专用管材料试验中心（中国石油集团工程材料研究院前身）；1988 年成为原石油工业部直属科研机构，更名为石油工业部石油管材研究中心；1993 年更名为中国石油天然气总公司管材研究所；

1994年由宝鸡搬迁至西安；1999年更名为中国石油天然气集团公司管材研究所；2010年更名为中国石油集团石油管工程技术研究院；2021年更名为中国石油集团工程材料研究院有限公司。

工程材料研究院在科学研究、质量标准、成果转化等方面取得重大成果，获全国重点实验室和国家市场监管重点实验室、国家质检中心、国际标准化机构SC2副主席单位和国行标秘书处等37项重要机构、资质和授权；建立了金属和非金属、微观分析和全尺寸模拟的国际先进水平试验研究装备体系；有中国工程院院士1人、双聘院士2人，国家及部省级突出贡献专家72人，正高级工程师55人、高级工程师185人，博士和博士后93人，建成年龄、专业和梯次结构合理的高水平人才队伍；创建和不断完善以石油管工程学为核心的工程材料学科和技术体系，完成国家重点研发计划等国家、省部级、央企科研项目300余项，质检项目10000余项，失效分析项目2000余项，获国家级科技奖励16项，省部级、中国石油及各类社会力量科技奖励230余项次，授权专利741件（其中发明专利410件），开发软件94套，发表论文2800余篇，制修订国际、国家、行业、企业标准500余项（其中ISO国际标准7项、国家标准47项），成为油气和新能源工程材料领域国家战略科技力量。

工程材料研究院高度重视国内外合作和联合攻关，与国内油气开发、管道储运、炼化、工程技术、装备制造、工程建设、冶金系统等企业和高等院校、科研院所开展了广泛深入的合作、提供了技术支持；和英国、美国、俄罗斯、加拿大、韩国、日本、意大利、阿根廷、挪威、德国、澳大利亚等国家的10多个科研机构和企业建立了合作关系。

2022年，工程材料研究院油气钻采输送装备全国重点实验室通过优化重组，国家市场监管重点实验室建设高效推进，获批组建"陕西省储气库安全评估工程技术研究中心"，成立集团公司"油气装备失效分析和预测预防技术中心""油井管检验检测与试验评价中心"两个创新平台，与渤海钻探共建集团公司固完井工具研发中心，与宝石机械成立石油装备材料联合研究中心，复合管中试基地落户秦皇岛，国际焊接研究中心完成一期任务，TEC2022国际会议顺利召开，《石油管材与仪器》的学术影响力和期刊质量显著提升，工程材料研究院科技创新平台日益完善。

2022年，工程材料研究院新承担国家重点研发计划3项（牵头1项，参与2项），国家自然科学基金面上项目1项，国家工信部项目1项，陕西省科技项目7项，集团公司各类项目计划13项。

（杨　溪）

【昆仑数智科技有限责任公司】 昆仑数智科技有限责任公司（简称昆仑数智）成立于2020年11月，是集团公司贯彻落实党中央、国务院关于推动新一代信息技术与制造业深度融合、打造数字经济新优势等决策部署组建的数字化智能化科技公司。股权结构为集团公司35%、股份公司15%、东方物探30%、中国石油集团工程股份有限公司10%、中国石油集团资本股份有限公司10%。

昆仑数智是北京首批100家高新技术企业、双软认定企业及北京市专利示范单位，通过ISO 9001、ISO 20000、ISO 27001、CMMI五级等管理体系认证，获涉密信息系统集成、国家信息安全测评信息安全服务、安防工程、电子智能化专业承包、建筑智能化工程设计等多项专业资质。昆仑数智面向油气行业，形成智慧油田、智慧油服、智慧天然气与管道、智慧炼化、智慧销售、经营管理、智慧财金、智慧管理、智慧党建、系统集成、网络安全、云数据中心12项主营业务，实现油气产业链、新型基础设施全覆盖，为客户提供信息化和数字化咨询、设计、研发、交付、运营、培训等全生命周期、一体化服务。市场布局覆盖国内外。在国内，昆仑数智作为中国石油数字化转型和信息化建设的主力军，为中国石油、下属专业公司、地区公司、海外公司提供油气行业数字化转型专业服务；为国务院国资委、中央企业提供国资监管、党建等产品和服务。在国外，客户涉及阿尔及利亚SONATRACH、阿联酋ADNOC等多个国家石油公司、石油管理局和"一带一路"沿线国家政府、驻外中资企业，为海外国家油公司（NOC）客户提供ERP咨询、智慧油田、智慧管道等专业服务。

2022年，昆仑数智坚持客户价值导向，持续完善市场体系，加强大客户管理和市场开发能力，开展从线索到回款（LTC）流程变革等工作，市场规模持续扩大，2022年新签合同额50.21亿元，同比增长25.4%。统建市场方面，推进保卫信息化平台、钻井工程作业智能支持中心（EISC）、综合管理体系等15个项目的立项批复及合同签订。地区公司市场方面，全面参与30家数字化转型试点单位建设，完成河北销售数字化转型、山东天然气销售数字化转型、A19地块智能化等多个重大项目的签约，新签合同15.7亿元，同比增长9.1%。国内政企市场，深耕国家管网集团，签约生产运行管理、供应链管理等核心业务系统；加大对国资委、中国海油及中央企业、地方国企的市场开发力度，将党建、国资监管、司库等产品在黑龙江省国资委、中国建筑集团有限公司、中国航空工业集团有限公司等中央企业进行推广。海外市场，完成尼日尔数字油田二期项目、阿尔及利亚ERP增补项目等重点项目落地，新签合同额7.65亿元，同比增长62.5%。加强市场营销工作，参加阿曼国际石油展、中国国际数字经济博览会等国内外大型展会，通过数字平台开展品牌营销活动，提升昆仑数智品牌知名度。

（薛正燕）

【中国石油中东公司】 1997年6月4日，中国石油签署伊拉克艾哈代布油田开发项目，中国石油在中东地区的石油勘探与开发合作开始起步。2009年12月，股份公司成立中国石油股份有限公司伊拉克公司（简称伊拉克公司），行政上由股份公司直接管理，业务上归中国石油海外勘探开发公司管理，为正局级。12月，集团公司决定，在中油国际（伊朗）有限公司基础上成立中国石油天然气集团公司伊朗公司，为正局级（简称伊朗公司）。伊朗公司行政上由集团公司直接管理，业务上归中国石油海外勘探开发分公司管理，为集团公司内部海外业务区域性管理机构。2015年12月，集团公司强化对中东地区布局的战略管理，整合伊拉克公司、伊朗公司，以及中国石油海外勘探开发公司直接管理的中油国际（阿联酋）公司、中油国际（叙利亚）公司、中油国际（阿曼）公司，组建中国石油中东公司并和中东地区协调组合署办公。2017年7月，中国石油中东公司按照集团公司实施海外油气业务体制机制改革部署，更名为中油国际中东公司。2021年3月，根据中国石油组织体系优化调整实施方案，中油国际中东公司更名为中国石油中东公司（简称中东公司）。中东公司在伊拉克、伊朗、阿曼、阿联酋、叙利亚等5个国家以技术服务、回购、矿税制、产品分成等4种合同模式，同埃克森美孚（ExxonMobil）、英国石油公司（BP）、法国道达尔能源（TotalEnergies）、壳牌石油（Shell）等18家合作伙伴，合作15个石油勘探和开发投资项目；并协调在伊拉克、伊朗、阿联酋、阿曼、叙利亚、科威特、沙特阿拉伯、卡塔尔等8个国家和地区中国石油服务保障单位业务。业务涵盖工程建设、工程技术、物资装备、技术支持、后勤保障、原油贸易、金融服务等产业链。中东公司实施做大中东战略任务，高质量打造中国石油海外业务"一带一路"合作旗舰。"十三五"期间，权益年产量增长450万吨以上，2019年迈上年作业产量1亿吨新台阶，经营效益和规模同步提升。中东公司已连续四年保持作业产量过亿吨，权益产量过5000万吨，投资回报率保持在较好水平，同时发挥中国石油"一体化"优势，实现投资与服务保障业务协调发展，实现"十四五"良好开局。

2022年，面对新冠肺炎疫情持续、地区形势日趋复杂和社会安保局势严峻等困难挑战，中东公司贯彻落实集团公司决策部署，围绕年度工作目标，开展主题教育活动，推进提质增效价值创造行动，推动体制机制优化方案落实，超额完成年度生产经营指标，地区业务协同发展取得成效，质量健康安全环保形势稳中向好，推动了中东业务高质量发展。2022年，中东公司原油生产超计划完成，市场开发取得新成效，勘探工作取得新突破，新项目开发取得新进展。完成原油作业产量10768万吨、权益产量5338万吨，分别完成年度计划的105和107%，其中9个项目超额完成计划产量目标；投资业务全年实现净利润10.32亿美元、净现金流4.91亿美元，分别完成年度预算的161%和131%；服务保障业务新签合同额31.03亿美元，同比增长43%；年度累计完成合同额28亿美元，与2021年同期基本持平。国际贸易落实一手原油资源量2.77亿桶，较2021年增长8%。

2022年，中东公司累计增收7142万美元，控减成本11580万美元。桶油操作成本3.2美元，较预算降低19%。

（王朝丽）

【中国石油中亚俄罗斯公司】 2008年9月，集团公司在中油国际（哈萨克斯坦）公司的基础上组建成立中国石油天然气集团公司哈萨克斯坦公司。2017年6月30日，集团公司下发《中国石油天然气集团公司海外油气业务体制机制改革框架方案》，将中国石油天然气集团公司哈萨克斯坦公司改组为中油国际中亚公司，将阿姆河项目、乌兹别克斯坦项目、塔吉克斯坦项目、阿塞拜疆项目等纳入中油国际中亚公司管理范围。

2021年4月9日，集团公司下发《关于深化集团公司体制机制改革的意见》《集团公司总部组织体系优化调整实施方案》等系列文件，将中油国际中亚公司改组为中国石油中亚公司。2022年，集团公司下发《海外业务体制机制优化调整意见》《关于调整海外大区公司协调监督范围及设立国别代表处有关文件内容的通知》等系列文件，将中国石油中亚公司改设为中国石油中亚俄罗斯公司（简称中亚俄罗斯公司）；明确将中亚俄罗斯公司列入集团公司直属企业序列，机构层级类别为一级一类；明确海外大区公司是海外业务区域协调机构，代表集团公司党组、集团公司、股份公司，协调区域内企业组织建设工作，统筹协调区域内公共资源、公共关系、公共安全，统一处理对外事务，树立良好形象，共树一面旗帜，形成发展合力。对海外区域内单位实行矩阵式管理，履行属地协调、监督、服务职责。

中国石油中亚俄罗斯地区油气合作以1997年6月收购哈萨克斯坦阿克纠宾油气公司为起点，历经25年艰苦创业和奋力拼搏，高质量建成资源、供应、效益、品牌"四位一体"的油气核心合作区；形成集油气勘探开发、管道建设与运营、工程技术服务、炼油和销售于一体的完整上、中、下游业务链，建立一套符合当地法律法规和国际惯例的公司制法人治理结构及管控体系，获得良好的经济效益和社会效益，成为"一带一路"倡议的成功实践，受到中国及资源国领导人的高度评价，为保障国家能源安全发挥了骨干央企带头作用。

2022年，亚马尔项目侏罗系新增天然气地质储量2461亿立方米、凝析油地质储量7532万吨。PK项目多口探井获高产油气流，全年完成新增油气探明可采权益储量当量61.19万吨。

2022年，阿姆河项目提前完成B区西部气田产能建设。亚马尔项目天然气作业产量320亿立方米，超产25亿立方米；LNG产量首次超过2000万吨，达2095万吨。

（耿长波）

【中国石油尼罗河公司】 2021年4月，集团公司海外大区业务体制机制改革，中油国际尼罗河公司更名为中国石油尼罗河公司（简称尼罗河公司）。2022年，尼罗河公司以习近平新时代中国特色社会主义思想为指导，学习党的二十大精神，全面贯彻落实集团公司工作会议精神和海外业务体制机制优化调整统一部署，坚持稳中求进的工作总基调，开展主题教育活动，推进提质增效专项行动，稳妥应对域内国家安全形势严峻、抗洪防疫压力持续、商务问题更加复杂等诸多挑战，落实"总部直管+专业化管理+区域性监管"的三位一体管理架构，努力开创了海外业务发展新格局。

2022年，南苏丹两个项目遭遇特大洪涝灾害，主力油田工作受阻，苏丹6区项目油田现场频发强行闯入、堵路封路、罢工阻工等安全事件。尼罗河公司协调各投资项目及工程服务单位妥善应对，确保人员安全、生产平稳，降低了洪灾对生产经营的影响。上游三个项目全年完成年初计划产量目标的94%。剔除洪水、罢工等不可抗力因素影响，完成年初计划产量目标的106%。下游投资项目平稳运行，喀土穆炼油项目协助苏方完成老厂抢修任务，及时消除设备隐患，克服了原油来量波动和中断困难。苏丹化工项目超额完成年度生产计划。

2022年，尼罗河公司以持续提质增效为着力点，实现高质量发展新突破，开源增收成果突出。推进销售协议有效执行，原油升水继续保持较高水平，达尔油和尼罗油实现大幅增收。推动苏丹6区原油下海提油销售，增加现金收入。

降本增效成效显著。加大合同复议力度，最大限度控减费用。南苏丹两个项目利用合同延期和重新招标契机控减费用；苏丹6区项目在控减费用的同时，将苏丹镑支付比例增至80%。通过控减伞合同工作量，修旧利废、降低库存，优化化学药剂注入量等措施降低生产成本数百万美元。有效应对南苏丹政府大幅增加社区投入要求，递延减少投入、控减管理费用。

苏丹政府欠款较年初大幅降低，实现了欠款不新增的目标。石化贸易公司

5月完成退出交割，为落实集团公司"退北转南"策略，取得实质性成果。

（白　鸥）

【中国石油拉美公司】　中国石油拉美公司是中国石油在南美洲和中美洲地区海外区域协调机构，统筹协调区域内公共资源、公共关系、公共安全，统一处理对外事务，负责域内中国石油驻外单位的协调管理。拉美公司总部位于委内瑞拉首都加拉加斯。

　　拉美公司是集团公司开展海外油气合作历史最早、投资环境最复杂、合同模式最全面、一体化发展潜力最大的区域公司之一。1993年，在国家"走出去"方针和集团公司国际化战略指引下，拉美公司从秘鲁起步。1997年，集团公司成立委内瑞拉公司，先后获陆湖、苏马诺、MPE3和胡宁项目。2005年，成立厄瓜多尔公司，获T区、14区、15区、79/83区等项目经营权并接管亚马逊公司。2008年6月，集团公司批准成立中国石油南美公司，负责拉美地区投资业务及项目运营管理，肩负起建设集团公司海外重要非常规油气合作区和深海油气合作示范区等重任。2012年6月，成立中国石油拉美公司，将哥斯达黎加等中美洲业务纳入管理。2013年，集团公司相继购入秘鲁10/57/58区项目，12月成立中油国际（巴西）公司，先后签署里贝拉、佩罗巴、布兹奥斯、阿拉姆等项目，标志拉美公司进入"再创业"的新阶段，使拉美公司由最初的油田技术服务项目，发展成为油气产品种类丰富、作业环境复杂多样、合同模式类型齐全、合作形式多元的综合性区域公司，实现从小到大、从弱到强的跨越式发展。2017年7月，集团公司对海外业务进行体制机制调整，成立中油国际拉美公司，负责拉美地区投资业务。2021年4月，集团公司推进体制机制优化调整，成立中国石油拉美公司（简称拉美公司）。2022年，为进一步完善海外业务管理架构，推进海外业务高质量发展，集团公司将拉美公司调整为集团公司在南美洲和中美洲业务的区域协调机构，代表总部协调区域内企业组织建设工作，统筹协调区域内公共资源、公共关系、公共安全，统一处理对外事务，负责集团公司四大子集团业务和甲乙方业务在拉美域内的协调管理。

　　2022年底，拉美公司域内有18家集团公司所属单位，分布于11个国家，分别开展油气勘探开发、国际贸易、油田技术服务、工程建设、装备制造、科研和后勤保障等业务。其中油气勘探开发业务在委内瑞拉、厄瓜多尔、秘鲁、巴西等国家运营15个油气项目，油气资源类别包括超重油、重油、常规油、凝析油和天然气，生产地域涵盖热带雨林、深海及陆上等多种类型，为海外业务优质高效发展作出历史性贡献，贯彻落实集团公司"做特拉美"战略定位，承担起高质量建设海外重要非常规和深海油气高效开发特色合作区的重任。

2022年，拉美公司坚持资源战略不动摇，聚焦重点区块开展效益勘探，实现年度新增可采原油权益储量859万吨。巴西公司阿拉姆区块风险勘探效果显著，2022年初完钻的首口探井古拉绍-1井揭露盐下碳酸盐岩油层净厚度超80米，试油获高产油流，预测地质储量93.5亿桶，成为近十年全球十大原油勘探发现之一。巴西梅罗油田推动储量复算，实现储量升级，新增原油可采权益储量772万吨。安第斯公司增储效果突出，深化投产新井井区扩边增储研究，新增原油权益可采储量87万吨。

2022年，拉美公司突出抓好复产稳产增产工作，高效执行"一项目一策"生产管理机制，推动陆上常规油老油田持续稳产、陆上超重油油田稳步复产和深海常规油油田快速建产上产。厄瓜多尔、秘鲁、巴西等公司均超计划完成年度生产任务，委内瑞拉MPE3公司克服美国制裁被动局面，原油产量创三年新高。拉美公司年度实现作业油气产量当量1071.7万吨，同比增长121万吨，实现权益油气产量当量620.4万吨，同比增长108.4万吨，取得百万吨级增长跨越。

（朱泽徐　毛源源）

【中国石油西非公司】 2022年，中国石油西非公司（简称西非公司）认真学习贯彻党的二十大精神，坚决落实集团公司海外业务体制机制优化调整工作部署，围绕大区公司协调、监督、服务新的职能定位，攻坚克难，主动作为。域内各单位全体员工，统一思想、凝聚共识、勇挑重担、苦干实干，围绕全年目标任务，分析面临的形势与挑战，开展"转观念、勇担当、强管理、创一流"主题教育活动，推进依法合规治企和强化管理提升，全年各项生产经营指标线上运行，保持稳中求进、持续发展的良好势头，为实现全年各项生产经营目标奠定坚实基础。

2022年，新增原油可采储量1717万吨，完成年度计划的111%；实现油气作业产量752万吨，完成年度计划的122%；加工原油162万吨，完成年度计划的108%。实现净利润9.6亿美元、经济增加值8.8亿美元，分别完成挂靠布伦特65美元/桶油价下考核指标的235%和330%。

2022年，西非公司按照集团公司海外业务体制机制优化调整推动各项工作。学习研究集团公司海外业务体制机制优化调整部署文件，理解消化改革调整精神。按照大区公司新的职责定位，组织编制西非公司财务、采办、商务与合规支持等6项公司制度，为下阶段落实职责做好制度保障。与集团公司各部门对接大区公司工作流程、制度清单等体系建设工作，与域内甲乙方单位沟通落实大区公司业绩考核相关工作。编制2023年投资计划和费用预算，落实独立运营资金保障。

（胡立强　韩　朔）

【中国石油亚太（香港）公司】 2022年3月，集团公司党组下发《中共中国石油天然气集团有限公司党组关于海外业务体制机制优化调整的意见》，决定成立中国石油亚太（香港）公司（简称亚太公司），列入海外大区公司序列，驻地设在香港。2022年5月23日，集团公司人力资源部下达亚太公司机构和编制通知。6月20日，集团公司下文任命蒋奇和魏方为亚太公司总经理和副总经理。9月14日，集团公司下文任命韩绍国和刘朝全为亚太公司副总经理。根据集团公司相关文件规定，亚太公司将代表集团公司党组、集团公司和股份公司对亚太域内海外项目行使协调、监督和服务职能，对区域内油气项目、工程服务项目等单位实行矩阵式管理。亚太公司协调管理范围为西太平洋和南亚地区，重点协调美国、加拿大、日本、蒙古、印度尼西亚、新加坡、缅甸、泰国、巴基斯坦、孟加拉国、澳大利亚、中国香港等国家（地区）的业务。

根据授权，亚太公司统筹协调区域内公共资源、公共关系、公共安全，统一处理对外事务，负责甲乙方协调管理。亚太公司在中国香港以中国石油天然气香港有限公司为工作平台，承担集团公司驻香港的窗口公司职责，负责组织驻港机构履行"言商言政"职责，协同发挥集团公司一体化整体优势，借助香港区位优势和优惠政策，合力建设集团公司投资资产运作中心、国际贸易结算中心、国际贸易航运管理中心和境外资金管理中心，推进香港业务协调发展。

亚太公司与股份公司香港代表处合署办公，以股份公司香港代表处名义负责股份公司投资者关系工作。亚太（香港）公司成立后不断探索发挥综合协调、管控补位和专业赋能的作用，推动集团公司海外业务体制机制优化调整重大部署落地。

截至2022年底，亚太公司有员工18人，含8名香港属地员工，设4个职能部门。

2022年，亚太公司为做好香港地区业务发展规划编制工作，召开中心组学习扩大会，传达集团公司党组贯彻落实习近平总书记视察香港重要讲话精神重要部署；邀请特区政府前规划署长凌嘉勤解读香港行政长官题为《为市民谋幸福，为香港谋发展》施政报告中有关北部都会区发展策略，寻找中国石油与香港经济社会发展契合点；与中央政府驻港联络办经济部领导交流、考察央企驻港机构和大学、与国际咨询公司等机构开展交流，对照香港所需和集团公司所长，围绕"四大中心"建设和履行"言政"职责，向集团公司相关部门提出建设"四个中心、两个平台"的业务发展建议。协调推动专属保险公司在香港设立子公司，重点推动坐实投资中心和航运中心。推进集团公司在香港投融资平台建设，向集团公司呈报方案建议将 FK 持有的中国石油及昆仑能源股票划转至平台公司旗下中国石油海外资产管理有限公司。

（张　鹏）

【集团公司离退休职工管理中心（老干部局）】　集团公司离退休职工管理中心（老干部局）成立于 1982 年 9 月，为集团公司直属单位。2022 年底设办公室（党总支办公室）、综合服务处、保健处（老干部服务处）、文体处（老年大学）4 个处室，工作地点位于北京市西城区六铺炕街 6 号。

截至 2022 年 12 月，集团公司所属企事业单位离退休职工 627672 人。其中：离休干部 1330 人，占 0.21%；退休干部 210594 人，占 33.55%；退休工人 415748 人，占 66.24%。离退休管理工作人员 5056 人，其中专职人员 3718 人、兼职人员 1338 人。离退休职工党员总数 221846 人（其中离休干部党员 1137 人，退休干部党员 134788 人，退休工人党员 85921 人）。

（程国栋）

【中国石油天然气集团有限公司咨询中心】　中国石油天然气集团有限公司咨询中心（简称咨询中心）成立于 1993 年 12 月，办公地点设在北京。为适应国家工程咨询业发展改革需要，依据国家发展和改革委员会 2005 第 29 号令《工程咨询单位资格认定办法》要求，经集团公司同意，咨询中心于 2006 年 10 月完成"独立法人"注册，成立中国石油集团工程咨询有限责任公司（简称工程咨询公司）。咨询中心和工程咨询公司为"一家单位、两块牌子"，对内称咨询中心，对外称工程咨询公司。咨询中心是全国第一批取得甲级工程咨询证书的单位，国际咨询工程师联合会（FIDIC）会员，承担国家发展和改革委员会委托投资咨询评估机构任务的咨询单位和中国工程咨询协会（CNAEC）副会长单位。

咨询中心顺应国家投资体制改革要求，在加快推进石油工业发展建设重大决策的科学化、民主化进程中应运而生，伴随国家工程咨询行业和集团公司的改革与发展，不断完善壮大，是业内具有全景式行业战略研究、全产业链项目评估、全生命周期项目工程咨询国家级资质的上中下游一体化工程咨询机构，是国内油气咨询行业的领军企业，是在中国石油发展深厚积淀基础上建立起来的重要决策支持机构。

自 1993 年成立以来，累计完成各类咨询业务 4000 多项，涉及项目投资总额 5 万多亿元，承担了新区风险勘探、油气田大型产能建设、千万吨级炼油、油气四大通道建设等一大批影响重大、意义深远的重大工程咨询与研究工作，为保障国家能源安全、助推集团公司战略目标实现，作出了应有的贡献。

2022年底，咨询中心有院士和老中青专家150余名，内设"两会""五部""一中心"，即：中国工程咨询协会石油天然气专业委员会、咨询中心专家委员会、综合技术部、勘探部、开发部、炼化部、工程经济部和油气储量评估中心。此外，咨询中心还负责集团公司第一纪检监察中心和第六纪检监察中心的日常管理工作。

2022年，咨询中心围绕党的二十大精神，贯彻落实集团公司党组决策部署，锚定建设国内一流油气行业咨询机构目标，结合工作实际，克服新冠肺炎疫情影响，创新组织方式，全年累计动用专家3000余人次，运行项目407项，实现收入9242万元。各项工作取得显著成绩。

（葛质斌）

【北京石油管理干部学院】 北京石油管理干部学院（简称管干院）是集团公司党校、管理干部学院、远程培训学院"三位一体"的唯一直属高级培训中心，是集团公司党组培训中高层管理干部队伍、经营管理人员和战略预备队的主力军。多次获"中央国家机关文明单位""中央党校优秀办学单位""中央党校国资委分校优秀组织单位""中央党校国资委分校科研工作先进单位"等荣誉。

2022年底，管干院资产总额10.54亿元，其中固定资产7.62亿元；在册员工262人（平均年龄43岁），具有副高级职称104人，正高级职称23人；拥有北京和广州两个校区。北京校区（北京石油管理干部学院）成立于1984年，占地6.1万平方米，具备同时容纳800人的培训能力，年培训规模保持17万人·日，培训对象主要是集团公司中高层领导干部队伍和战略预备队，同时还承接国务院国资委、国家市场监督管理总局等国家有关部委和有关央企的培训项目；广州校区（广州石油培训中心）成立于1981年，占地面积4.5万平方米，具备同时容纳600人的培训能力，年培训规模保持近15万人·日，培训对象主要是集团公司中基层管理干部、职能管理人员、专业技术和关键岗位业务骨干，同时开拓社会培训市场，助力粤港澳大湾区发展。

2022年，管干院面对国内新冠肺炎疫情持续多地暴发、线下培训大幅收缩或延期等多重严重考验，坚决贯彻落实集团公司党组和人力资源部各项部署要求，积极主动作为，协力攻坚克难，各项工作取得新进展新成效。重点培训任务圆满完成，线上培训业务快速发展，科研工作再创佳绩，新冠肺炎疫情防控有力有效，基础管理持续夯实，党的建设、队伍建设、文化建设和校园建设迈上新台阶，得到各方面肯定与认可，各项考评结果均创近5年来最好成绩。全年完成培训项目376个，34.57万人·日，其中线下培训17.24万人·日，线上培训17.33万人·日，营业收入3.2亿元，净利润522万元，保持良好发展态势。

第七部分 所属单位

2022年，管干院以习近平新时代中国特色社会主义思想和党的二十大精神为指导，贯彻集团公司发展战略、人才强企工程和员工教育培训规划部署，聚焦中高层领导干部、经营管理人员和战略预备队培训，坚持学习型、服务型、研究型、智库型定位，遵循做强党校、做实学院、做大远程三位一体发展思路，实施创新、质量、品牌、市场、数智化发展战略，推进"精准赋能""智库升级""在线拓展""人才强院""智慧校园"五大系统工程，加快两校区深度融合、教研咨一体化融合和线上线下协同融合，构建科学高效的领导人员培训体系，瞄准理念一流、师资一流、装备一流、管理一流、成果一流目标，努力建设一流党校和一流干部培训学院，为集团公司建设基业长青的世界一流企业提供坚强支撑。

（郑　健）

【石油工业出版社有限公司】　石油工业出版社有限公司（简称出版社）是集团公司直属专业出版机构，是中央级行业科技出版单位，作为党的宣传思想文化工作的重要组成部分，承担着"举旗帜、聚民心、育新人、兴文化、展形象"的使命任务。出版社前身是1951年3月成立的燃料工业出版社；1956年1月，随着石油工业部的成立，石油工业出版社正式挂牌成立；2011年3月，按照国家统一安排，改制为石油工业出版社有限公司。2022年底，出版社下设4个职能管理部门、13个业务部门和2个服务保障部门，人员编制280人。经过70余年的发展，出版社形成图书策划出版高端彩色印刷、国内外展览展示等多方面业务。2022年，出版社认真落实国家新闻出版署和集团公司党组决策部署，落实戴厚良董事长来出版社调研讲话要求，经受住了世纪疫情、经济下行、图书市场萎靡等考验，着力推动高质量发展迈上新台阶，经营业绩创造佳绩，业务发展取得新突破，依法合规治企和强化管理全面践行，质量健康安全环保形势稳中向好，全面从严治党纵深推进。

2022年，出版社按照计划做好均衡生产，持续抓好招标管理、合同管理和财务管理，强化合规管理，规范各项业务流程，生产经营稳步推进。石油出版平稳运行，与中央党校出版社合作出版《中国石油基层党支部书记培训简明教程》，集团公司党组书记、董事长戴厚良亲自作序；与中国化工学会紧密配合，高标准完成《百年化工梦》纪念册编纂出版工作；编写出版《中国石油炼油化工技术丛书》，填补行业空白；中油阅读App注册企业达154家，服务用户超111万人，作为国家新闻出版署精品遴选项目的21个重点展示项目之一，受邀在首届全民阅读大会数字阅读体验馆展示区进行展示，中宣部副部长张建春参观调研，给予充分肯定；彩印公司入选北京市出版物印刷企业绿色化发展奖励项目；中油书店获安贞街道颁发的"贞美门店"称号和奖杯；石油知识云智慧服务平台入选"2021年全国石油石化人工智能优秀案例（首批）"。围绕集团公司科技发展和能源战略实施，着眼于推动能源行业发展和油气科技进步需要，瞄准非常规油气、地热新能源、双碳等前沿领域，深度发掘出版资源，强化选题自主策划，系统出版《中国石油地质志丛书》《中国石油炼油化工技术丛书》《全球典型致密油盆地地质特征》《提高采收率技术丛书》《国际油公司碳中和路径》等50多种石油地质理论、勘探开发新技术、石油石化新工艺新技术高水平图书。其中《中国高含水老油田可持续发展战略与工程技术》入选2022年度国家出版基金资助项目，《中国陆上主要含油气盆地资源潜力与勘探方向》（阿拉伯文版）入选中宣部2022年度"丝路书香工程"。

2022年，出版社全年出版图书1037种、标准764种。《中国高含水老油田可持续发展战略与工程技术》入选2022年度国家出版基金资助项目；《中国科技之路——加油争气》入选主题出版项目并获国家出版基金支持；《中国陆上主要含油气盆地资源潜力与勘探方向》（阿拉伯文版）入选中宣部2022年度"丝路书香工程"；《油气简史》获2022年四川省优秀科普作品一等奖；《油矿地质学（第五版）》等4种套书入选2022年北京高校"优质本科教材课件"。在2022年中国石油和化学工业优秀出版物奖（图书奖、教材奖）评选中，15种获一等奖，22种获二等奖。在2022年中国石油和化工自动化行业优秀科技著作评选中，8种获一等奖，19种获二等奖，12种获三等奖。6种图书分获2022年"石油石化企业管理现代化创新优秀著作"一等奖、二等奖、三等奖。

（李银涛　徐　璐）

【中国石油报社】　中国石油报社（简称报社）于1986年3月组建，1987年1月7日《中国石油报》创刊。报社承办的《中国石油报》是集团公司党组机关报，为周五刊，国内外公开发行，赠阅中央和各部委及有关领导。报社承办集团公司微信微博、中国石油海外社交账号、党建信息化平台，创办《石油金秋报》《石油商报》《汽车生活报》等子报、《石油画报》《政工研究》《地火》等刊物，运营中国石油报微信微博、手机报、中国石油新闻中心网站、媒体平台号等新媒体矩阵，同时负责中国石油新闻工作者协会和中国石油作家协会的日常性工作。在中国石油系统内设立驻企业记者站84家。

2022年底，报社设置机关职能部门4个，所属二级机构10个，在册员工255人。其中，本科学历137人，硕士及以上学历74人，高级职称69人、中级职称86人。党支部12个，党员156人。

2022年，报社编辑出版《中国石油报》250期、《石油金秋报》48期、《石油商报》50 期、《汽车生活报》49 期、《中国石油画报》12 期、《石油政工研究》6 期、《地火》4 期。7 件新闻作品获"国企好新闻"等省部级奖项荣誉，1 件进入中国新闻奖终评环节。获中国报业协会"2022 中国报业技术赋能高质量发展创新单位"称号。9 个集体和 18 名个人获集团公司级荣誉。1 人进入第九届"好记者讲好故事"全国十佳并登上央视讲述石油故事。1 人获中国报业协会"新时代党报百名优秀报人"称号。

（梁晓蓉）

【中国石油审计服务中心有限公司】 中国石油审计服务中心有限公司（简称审计中心）组建于 1990 年，是集团公司从事企业内部审计工作的一级审计机构。审计中心在业务上接受审计部指导，依照法律法规及集团公司有关制度规定，通过监督检查，调研分析，综合评价等审计工作，发现经营管理中存在的问题和不足，客观公正、有针对性地提出管理意见和建议，为集团公司党组和管理层决策提供参考。审计中心本部位于北京，设 13 个处级建制，其中审计处室 9 个，职能处室 4 个。沈阳、西安、成都、乌鲁木齐 4 个区域中心为审计中心所属二级单位。北京本部承担华北、华东、华南、海外等区域审计实施工作，各区域中心分别负责东北、西北（不含新疆）、西南、新疆区域内一级审计项目的实施工作。海外审计中心依托审计中心运作。

2022 年底，审计中心在册人员 193 人，平均年龄 43.6 岁，其中审计业务人员 168 人，占比 87%。具有高级技术职称 92 人，占比 47.7%；中级技术职称 73 人，占比 37.8%；具有国际注册内部审计师、注册会计师、注册税务师、注册造价师等执业资格的 79 人（共 123 本资格证书）；博士研究生 2 人，硕士研究生 50 人，本科学历 136 人，本科学历以上人员占员工总数 97.4%。形成了专业结构基本合理，具有一定规模的内部审计专业队伍。

2022 年，审计中心切实履行审计职责，为集团公司新时代高质量发展贡献审计力量。全年实施审计项目 118 项，其中经济责任审计 58 项，管理与专项审计 24 项，工程项目审计 36 项。出具审计要情 6 份，获评集团公司优秀审计项目 32 项。聚焦服务大局。紧扣集团公司党组中心工作开展审计，关注集团公司重大决策部署执行情况，围绕中心、服务大局。紧扣揭示风险隐患开展审计，关注企业主要矛盾和重大风险，对审计发现的重大问题和风险隐患及时分析总结，以审计专报、审计报告的形式向集团公司党组反映，实现审计成果效益最大化。38 个审计项目获集团公司党组领导批示，重要审计发现问题在集团公司 2023 年工作会上通报，发挥震慑作用，促进企业及时整改，依法合规经营。聚焦完善治理。坚持强化服务，注重揭示问题，提出改进建议，针对审计发现的重要情况和问题，督促相关部门完善制度、堵塞漏洞，推动标本兼治取得实效，实现监督与服务的有机融合，助力企业提升管理水平。全年被采纳审计建议123条，推动被审计单位制修订规章制度106条，移送问题线索12项。

（吴　涛）

【中国石油物资采购中心（中国石油物资有限公司）】　中国石油物资采购中心（中国石油物资有限公司，简称采购中心）于2007年底以中国石油物资装备（集团）总公司（装备制造业务除外）为基础组建而成，是集团公司直属的专业化物资采购企业和在国家工商总局登记注册的独立法人经济实体。2012年6月，集团公司招标中心成立，与采购中心一套人马、两块牌子。采购中心作为集团公司直属的专业化公司，主要承担集团公司、股份公司物资集中采购任务，包括大宗物资、重要物资、长周期物资、安全物资、成套设备、大型工程项目所需物资的采购业务，急需物资的供应保障和战略储备物资的仓储管理；集团公司、股份公司一类、二类物资的采购和工程、服务采购招标的组织实施工作。采购中心有国内外贸易、国际国内招标、电子商务、运输保障、商品检验、仓储物流等一体化物资采购服务功能，具有工程项目招标甲级资质、海关高级认证企业、危险化学品经营许可、辐射产品经营许可、石油专用管材检测实验室等专业资质和经营许可证书。下设中油物采信息技术有限公司、中国石油物资沧州有限公司、郑州有限公司、沈阳有限公司、天津有限公司、上海有限公司（华东分中心）、西安分公司（西北分中心）、西南分公司（西南分中心）和新疆分公司（新疆分中心）9家所属单位。

2022年，采购中心招标采购额再创历史新高，全年实现物资采购额1128亿元、同比增长29.3%，降采率11.27%；实现招标额1793亿元、同比增长9.32%，节资率8.66%；累计节约采购资金约150亿元。

（徐　羚）

【中国石油集团共享运营有限公司】　中国石油集团共享运营有限公司（简称共享运营公司）成立于2019年7月，是集团公司参与国内外市场竞争的专业运营服务提供方，致力打造世界一流智能型全球共享服务体系，为集团公司各级企事业单位、员工、合作伙伴提供财务、人力资源、信息技术服务、客户服务等共享服务。2022年，共享运营公司紧盯"世界一流智能型全球共享服务体系"建设目标，立足"运营中心、服务中心、数据中心"发展定位，全力以赴拓业务、提质量、优服务、创价值、防风险、抗疫情，各方面工作取得重要阶段性成果。财务共享，国内完成138家企业三项业务承接，"全覆盖"向"全承接"进程全面加快；海外高效完成"集团账会计核算、中方报表编制"业务全覆盖。

人力资源共享，数据分析服务完成集团总部、国内企业全覆盖，社会保险服务完成国内企业本部及海外企业全覆盖，企业年金服务稳步推进，职称评审、劳动合同、个税筹划等服务范围有序扩大。信息技术服务共享，高质量推进数据湖、数据治理、边缘计算等重点项目。客户服务共享，高质量推进客服知识库搭建，有序开展主体功能开发验证，顺利完成天然气销售与润滑油业务试点。

2022年，共享运营公司利用共享平台优势，探索推出系列见效好、有特色的服务产品。中油 e 链年度融资 14.98 亿元，共享创效 911 万元，助力企业节约财务费用近亿元，有效缓解中小微企业融资难、融资贵问题。会计档案电子化与集中管理，年减少纸质会计档案 3.6 亿张，节约各类成本超亿元。经营分析报告为管理者打造数字化"驾驶舱"。社保服务助力企业大部制改革和机构精简，兰州石化以实施社保服务为契机，精简二级机构 1 个、三级机构 7 个，优化岗位 30 个。

（李　晶）

【中国石油运输有限公司】 中国石油运输有限公司（简称运输公司）成立于 1953 年 10 月，前身是 1952 年 8 月整建制转业到石油工业部的石油工程第 1 师 3 团（原中国人民解放军第 19 军 57 师 3 团），是集团公司直属的大型专业化物流企业。主要为集团公司所属油田、炼化、销售、管道、燃气等企业提供专业化运输、石油石化产品配送及其他综合配套服务。具有道路运输经营、危险化学品经营、无船承运业务经营、对外经营者备案登记、海关进出口收发货人注册登记、石油化工工程施工总承包等经营资质，通过国家质量管理与质量保证体系认证，是行业内实力最强、规模最大的 5A 级公路运输物流企业。运输公司总部设在新疆乌鲁木齐市，截至 2022 年底，在全国 31 个省（自治区、直辖市）设有分公司，在全国地（市、县）级城市设立运输大队、配送中心（车队）、修理厂和后勤服务等生产经营三级机构 488 个。在哈萨克斯坦、土库曼斯坦、尼日尔 3 个国家设有分公司和项目部。运输公司主要业务包括油田运输（沙漠运输）、成品油配送（非油品配送）、化工与燃气运输、特种大件运输、国外与涉外运输、油田技术服务等。

2022 年底，运输公司机关设 13 个职能部门，3 个机关附属机构，48 个生产经营和后勤服务二级单位。员工总数 24486 人，各种车辆 17935 台。

2022 年，运输公司实现经营收入 190.17 亿元，同比增长 6.7%，其中运输主业完成货运量 1.42 亿吨、货物周转量 192.4 亿吨·千米，分别同比提高 8.83%、9.89%。

（殷　佳）

【中国华油集团有限公司】 中国华油集团有限公司（简称华油集团）是 2017 年由原华油集团和北京华油服务总公司组建成立的专业化后勤服务保障企业，主要业务包括行政服务、酒店商旅、物业管理、餐饮服务、海外后勤，涉及商贸物流、油气合作、地产开发等，托管华昌置业、海峡投资、海峡能源、海峡基金、宝石花医疗。2022 年，华油集团营业收入 62 亿元，同比增加 12 亿元，增长 24%；利润总额 5.17 亿元，同比增加 1 亿元，增长 26%；按照集团公司管理口径，实现营业收入 67 亿元，利润总额 7.88 亿元，上缴税费 6.78 亿元，超额完成集团公司下达的考核目标，创重组以来最好经营业绩。

2022 年，华油集团贯彻集团公司"二十四字"营销方针，划分领导班子市场开发"责任区"，发挥 2022 年北京冬奥会服务品牌价值，开创市场营销一体化新格局。战略层面，突出开发重要市场重点项目，推进战略合作单位潜在市场开发；发挥华油集团整体优势，探索现代营销新模式，统筹谋划新媒体营销，举办网络营销直播大赛，推动营销理念和模式创新。业务层面，酒店业务在石油商旅的支持下，与四川遂宁东旭酒店签订合作协议，迈出品牌输出新步伐。物业餐饮业务新承接项目 120 个，新增物业面积 64.85 万平方米；新增配餐人数近 1.35 万人，配餐规模超 8 万人，市场开发数量和质量达到重组以来新高度。国际业务面对复杂国际环境，推动新市场开发，拓展国际票务业务，拿下中亚北特努瓦油田综合后勤服务等 8 个新项目。区域层面，北京物业分公司承接北京大学第一医院后勤服务保障工作，成功挺进高端医疗后勤物业领域。西北分公司在青海油田、长庆油田取得多个新项目，油田市场进一步打开局面。华东分公司"蚂蚁啃骨头"取得实效，中标中国石化上海海洋局基地服务项目，物业配餐业务拓展到江苏、浙江两省大部分地级市。东北、华北、华东、华南四区域整合力量，全面承接东北销售本部及各地分支机构物业餐饮服务，华油集团多家区域公司首次跨区联合作战，为一体化营销打造了示范样本。

2022 年，华油集团制订实施 42 项具体措施，启动 50 余项课题研究，全年实现增效 10648 万元，目标完成率 175%。立足管理提升，有序开展制度建设和流程优化 1016 项，减少冗余环节 975 个。

（李昕颖）

【中国石油学会】 中国石油学会（简称石油学会）创立于 1978 年，是学术性法人社团组织。业务范围包括学术交流、科学普及、编辑出版、成果转化、科技服务、咨询培训、人才举荐等。办事机构秘书处设在集团公司。2022 年 12 月 1 日，集团公司党组机构编制委员会办公室发文调整石油学会秘书处机构编制，内设机构由 5 个调整为 4 个，人员编制调整为 23 人。2022 年，石油学会聚焦石油石化行业发展需要，锚定"四个服务"职责定位，坚持学术交流支撑原始创新，期刊出版强化示范引领，科普工作突出创新发展，各项管理更加规范有序，党的建设持续加强，年度考核指标全面完成，开创石油学会高质量发展新局面。

2022年，石油学会发布团体标准T/CPSI 01301—2022《油气井用高抗挤套管》，被西南油气田等单位列入钻井设计参考，在研标准项目22项，涵盖材料与装备、炼油与化工、新能源、低碳环保、计量与储运、勘探开发6大领域、26个门类，获中国标准化协会"企业标准化良好行为正式评价机构"资质。

2022年，石油学会发展个人会员137人，接纳中国石油大学（华东）、东北石油大学为单位会员，单位会员数量达到8个。

2022年，石油学会《石油学报》核心影响因子3.806，核心总被引频次5908，在石油天然气工程类科学技术期刊中总被引频次仍名列第一，入选"2022中国精品期刊展"。出版《页岩油气勘探开发技术论文专辑》，完成"中国科技期刊卓越行动计划"项目（梯队期刊）建设，制定执行学术不端行为认定与处理办法，严肃处理学术不端案例，获"中国科协全国学会期刊出版管理规范单位"称号。刊发的《渤海湾盆地渤中凹陷大气田形成条件与勘探方向》入选第七届中国科协全国百篇优秀科技论文。

（邹　刚）

【中国石油企业协会】　中国石油企业协会（简称石油企协）成立于1984年，原名中国石油企业管理协会，成立初期分别挂靠在石油工业部、中国石油天然气总公司和集团公司企业管理司、发展研究部、政策研究室等部门开展工作。2004年9月，更名为中国石油企业协会，是国家民政部批准的社会团体法人。2006年1月，集团公司决定，石油企协从集团公司发展研究部划出，挂靠集团公司管理，人事劳资关系由人事劳资部管理，财务资产由财务资产部管理，党、团、工会组织关系由直属机关党委管理。2020年6月，石油企协党支部党员组织关系划转至中国石油和化学工业联合会党委，与党关系同时划转的中国体育协会党员组成联合会党支部，接受集团公司党群工作部及中国石油和化学工业联合会党委双重管理。石油企协业务范围包括：专业交流、书刊编辑、国际合作、业务培训、咨询服务等。办公地址在北京市西城区六铺炕街6号。

截至2022年12月，石油企协设部室3个：办公室（秘书处、人事处、会员联络部、财务部）、企业工作部（咨询研究部、培训部）、《中国石油企业》杂志社（融媒体中心），均为二级一类。在册员工12人，其中专职副会长1人、处级人员3人，大专以上学历和中高级职称均为12人，其中副高级职称7人、中级职称 5 人，内部退养 2 人。下设海洋石油分会、公路运输分会、法律工作分会、油气储运工程分会、档案与史志专业委员会、编辑出版与展览专业委员会、QHSE 专业委员会和党建与企业文化专业委员会 8 个分支机构。来自中国石油、中国石化、中国海油、中国化工、延长石油等企业的会员单位 195 个。

2022 年，面对严峻复杂的外部环境和新冠肺炎疫情严重冲击，石油企协在集团公司的领导下，坚持以习近平新时代中国特色社会主义思想为指导，推进党的建设全面加强，改革创新不断深入，"三个维度服务"水平大幅提升，平台优势进一步凸显，协会影响力、感召力、塑造力显著提高，高质量完成全年既定目标任务，协会事业步入发展快车道，彰显了石油企协持续生发的旺盛生机与活力。

（刘静文）

第七部分　所属单位

资本金融板块

【中油财务有限责任公司】　中油财务有限责任公司（简称中油财务）成立于1995年12月，是由集团公司发起设立，经中国人民银行批准，在国家工商行政管理总局注册成立的一家非银行金融机构，是全国银行间债券市场、中国外汇交易中心会员，是中国证监会认可的首批IPO询价对象。作为集团公司的"内部银行"，中油财务始终坚持"依托集团、服务主业"，切实履行集团公司资金归集、资金结算、资金监控和金融服务"四大平台"职能，通过北京总部、4个境内分公司和中国香港、迪拜、新加坡3个境外子公司，全力加强集团公司资金集中管理，提高集团公司资金使用效率，坚守产业金融定位，高质量服务集团公司主责主业，核心指标长期位居行业首位，人均创效在行业和集团公司内领先，为集团公司全面建成基业长青的世界一流综合性国际能源公司发挥作用。

2022年，中油财务实现净利润63.1亿元，经济增加值23.3亿元，净资产收益率7.9%，表内资产总额5283亿元，分别完成年度预算100.7%、103.4%、101.2%、107.0%，为成员企业累计节约财务费用11.1亿元。各类指标均符合监管要求，较好完成全年任务目标。中油财务蝉联中国外汇交易中心"银行间人民币外汇市场100强"、中央国债登记结算公司"自营结算100强"称号，首次获上海票据交易所"优秀综合业务机构"称号，并作为唯一上榜的财务公司获银行间市场清算所颁发的"优秀结算业务参与者"奖项等。

2022年，中油财务为集团公司油气新能源、炼化新材料等主业板块企业办理承兑233亿元，同比增长19%。

（张　静）

【昆仑银行股份有限公司】　昆仑银行股份有限公司（简称昆仑银行）前身为克拉玛依市商业银行。2009年4月，集团公司增资控股克拉玛依市商业银行，2010年4月，克拉玛依市商业银行更名为昆仑银行。

昆仑银行机构按"总—分—支"三级设置。下设克拉玛依分行、乌鲁木齐分行、大庆分行、吐哈分行、库尔勒分行、西安分行、伊犁分行、喀什分行、国际业务结算中心、上海国际业务结算中心10个分行级机构；发起设立并控股乐山昆仑村镇银行和塔城昆仑村镇银行。2022年底，昆仑银行有分支机构80个，相比2021年减少1个；员工3246人，本科学历以上员工3014人，占比92.85%，其中具有博士、硕士学历的员工494人，占比15.22%。

2022年，利润总额32.76亿元，同比增长7.64%；资产总额3873.22亿元，同比增长9.03%；负债总额3501.62亿元，同比增长9.50%；不良率0.98%，处于同业良好水平。

2022年，昆仑银行在当代金融家杂志第五届"铁马"中小银行评选中获"最佳创新型中小银行"奖；在中国资产管理与财富管理行业"金誉奖"评比中获"卓越财富管理城市商业银行""卓越创新资产管理银行""卓越财富服务能力银行"和"优秀创新银行理财产品"奖；在金融数字化发展联盟组织的2022年"卓越信用卡"评选活动中获"公益之星"和"年度最具特色信用卡产品奖"；在全国金融系统文化建设先进单位评选活动中获"2021—2022年度金融系统文化建设优秀单位"荣誉称号。

（张建斌）

【昆仑信托有限责任公司（中油资产管理有限公司）】 昆仑信托有限责任公司（简称昆仑信托）是中国石油控股的、受中国银保监会监管的非银行金融机构，前身是金港信托有限责任公司，成立于1986年，注册地宁波，注册资本102.27亿元。2009年2月，集团公司对原金港信托有限责任公司进行重组。2009年5月，更名为昆仑信托有限责任公司。中油资产管理有限公司（简称中油资产）是集团公司下属金融业务管理专业化公司中国石油集团资本股份有限公司的直属全资子公司，专业从事投资和资产管理，是集团公司重要的资本运营平台。昆仑信托与中油资产合署办公，实行一套人马，两块牌子，分账核算，业务统管。

昆仑信托是中国信托业协会理事单位、中国银行间市场交易商协会会员，入股中国信托业保障基金有限责任公司、中国信托登记有限责任公司，拥有全国债券市场准入、同业拆借市场成员、以固有资产从事股权投资、资产证券化和私募投资基金管理人资格。昆仑信托依法开展资产服务信托、资产管理信托、公益慈善信托等业务，广泛筹集和融通资金，为社会各行各业提供金融服务，为受益人的最大利益处理信托事务。

昆仑信托坚持产业金融定位和专业化、特色化发展方向，在北京、宁波、上海、西安、成都、沈阳、深圳、南京等地设置业务团队，稳妥推进业务体系和服务平台建设，围绕中国石油产业链、供应链和生态圈，拓展产融结合、融融协同，着力培育以能源信托、绿色信托为重点的独特优势和核心竞争力。

昆仑信托努力建设以"信"为核心的企业文化，"以诚树人，以实立业，以信兴企"，倡导员工做"金融街上的石油人"。2022年底，昆仑信托设办公室（党委办公室）、财务部、金融科技部、业务总部等16个部门；员工294人，其中硕士以上学历149人，本科学历138人，其他学历7人。

2022年，中油资产（合并口径）收入13.89亿元，上缴税费5.78亿元；昆仑信托收入5.01亿元，年末信托规模1489亿元。昆仑信托获"碳中和年度行动企业"奖，第十二届"金貔貅奖""年度金牌品牌力金融机构""年度金牌市场潜力金融产品"等荣誉。

（杜建军）

【昆仑金融租赁有限责任公司】 昆仑金融租赁有限责任公司（简称昆仑金融租赁）是经中国银保监会批准，由集团公司和重庆机电控股（集团）公司共同发起设立的第一家具有大型企业集团背景的金融租赁公司，2010年7月在重庆市正式挂牌开业。昆仑金融租赁持续开展以抓党建、抓市场、抓融资、抓合规、抓管理和控风险为主线的"五抓一控"工程，实现效益、质量、规模的协调发展，累计完成资金投放1900亿元，实现利润123亿元。资产质量优良，拨备覆盖充足，资本充足率21.73%，不良资产率0.68%，拨备覆盖率600.78%，相关指标居同业前列；企业发展能力评价位列集团公司第六位，连续6年蝉联集团公司A级企业，是唯一一家2018—2020年中期业绩优秀的金融企业，近三年效益贡献排名集团公司前30位，人均净利润连续7年保持1000万元以上；昆仑金融租赁在68家金租公司中综合排名前10位，总资产回报率第一，人均净利润第三，在17家产业系公司中综合排名第一。2022年，昆仑金融租赁实现投放165亿元，同比增长20%，资产规模达609亿元，稳中有升。

2022年，昆仑金融租赁落实党委"决战四季度、大干九十天"的倡议，各部门紧紧抓住新冠肺炎疫情管控的窗口期，在四季度有效工作时间有限的情况下实现投放69.5亿元，为资产规模稳步增长赢得主动。绿色金融租赁业务实现新飞跃。贯彻新发展理念，落实监管要求，服务国家"双碳"战略，开展绿色金融，支持经济社会绿色低碳转型发展，抢抓市场机遇，全年投放绿色租赁项目114.74亿元，同比增长107.45%，获新华网"2022年绿色发展优秀金融企业品牌"奖。服务国家重大战略取得新进展。坚持把服务实体经济作为昆仑金融租赁的出发点和落脚点，服务制造强国战略，支持制造业高质量发展，投放12.25亿元；服务交通强国、京津冀协同发展等重大国家战略，落实国务院扎实稳住经济一揽子政策措施，重点支持重大交通基础设施建设，在交通领域投放115.49亿元，为稳经济大盘作出了应有的贡献。飞机租赁业务取得新成果。贯彻落实党委对飞机租赁业务"强信心、调节奏、练内功、上水平"的工作要求，有效调整飞机租赁业务节奏。全年向中国国际航空公司、中国南方航空、深圳航空交付了6架飞机，金额16.46亿元。7月，首次成功将3架国产ARJ21飞机交付中国南方航空运营，昆仑金融租赁机队中新添了国产飞机，服务国家航空强国、制造强国战略实现新突破，支持了国产大飞机事业的发展。截至2022年底，机队规模达67架，机队状态良好，运行状况稳定，在航空业持续受到新冠肺炎疫情严重冲击的情况下，没有发生任何租金逾期事件，资产质量良好，处于同业前列，抗风险能力较强，为昆仑金融租赁持续稳健发展奠定了坚实基础。

（张玉良　尹江虹）

【中石油专属财产保险股份有限公司】 中石油专属财产保险股份有限公司（简称专属保险公司）成立于2013年12月，是经原中国保险监督管理委员会（简称保监会）批准，由集团公司和股份公司在中国境内发起设立的首家自保公司。注册地为新疆维吾尔自治区克拉玛依市，注册资本60亿元，集团公司持股11%、股份公司持股49%、中油资本持股40%。

专属保险公司的经营范围是集团公司内的财产损失保险、责任保险、信用保险和保证保险，短期健康保险和意外伤害保险，以及上述业务的再保险业务，国家法律、法规允许的保险资金运用业务，经保监会批准的其他业务。

集团公司对专属保险公司的定位是"作为集团公司的专业风险管理平台和保险安排工具，全面参与集团风险管理和保险业务，构建覆盖集团上下游、国内外业务、全球一体化的保险保障体系"。

2022年底，专属保险公司内设承保运作部、国际业务部、健康险部、理赔客服部、再保部、投资部、财务部、审计部、合规法律部、人力资源部、综合管理部等19个部门；员工56人，其中硕士及以上学历47人、本科学历9人。

2022年，专属保险公司实现保险业务收入10.61亿元、净利润4.49亿元。获集团公司2022年度先进集体，集团公司2022年QHSE先进企业称号，获中国绿化基金会"我为碳中和种棵树"公益活动最佳组织奖。依据中央财经大学中国精算研究院"2022中国保险公司竞争力评价研究报告"评价结果，专属保险公司综合竞争力评价位列全国财险公司第五位。5项一级指标中，盈利能力和风险管理能力两项进入前十名。

2022年，专属保险公司持续推进落实集团公司保险政策，争取承接新项目、新险种。新增首年独家承接销售企业加油加气站现金险附加雇员忠诚保证保险，为股份公司2.12万座加油加气站（含油库、储值中心）提供保障，实现集团公司17个统保险种全覆盖承接。优化销售企业财产统括保单，保障范围扩大到非油品领域，14家销售企业的13.6亿元非油商品资产获财产损失保险保障。出具首张新能源特色专属保单，独家为南方勘探CCUS资产量身定制保险保障方案，项目保额 2733 万元。参与集团公司 23 个绿色低碳发展典型示范项目中 12 个项目的保险业务。落实重病保障项目 80% 再保份额，提增部分病种定额给付标准及报销限额，扩展健康管理服务范围，为集团公司 170 余万名在职员工及退休人员提供 4102 亿元健康风险保障。海外业务新增承接中哈原油管道项目，参与阿布扎比陆海等 4 个项目的保险业务，业务拓展至 23 国 55 个海外投资项目。

2022 年，专属保险公司在再保市场大幅收紧中国海外利益业务限额的市场环境下，发挥自保公司直接对接再保市场优势，争取到再保合约对海外业务承保能力不变，为专属保险公司国内外业务承接提供自动承保能力及风险转移保障支持。巩固水险及能源险超赔合约结构优化成果，持续优化业务保障范围，进一步纳入多种责任险保障形式提升重大风险保障及转移效果。专属保险公司再保合约优化红利持续释放，2022 年新增摊回非水险合约滑动手续费 3563 万元，对应手续费率提升至 41.73%，集团公司整体风险分散成本降至历史最低水平。专属保险公司共分出保费 19922 万元，摊回手续费 11439 万元，摊回赔款 7589 万元。

2022 年，专属保险公司实现综合投资收益 2.93 亿元、综合投资收益率 3.25%。适度增加较为安全的流动性资产配置，加大固收类资管产品的创新研究和配置，逐步减少非标资产配置比例，扩大流动性配置规模 7.75 亿元。新增投放非流动性资产 18.15 亿元。截至 2022 年底，专属保险公司保险资金运用规模 91.56 亿元。

（王占东）

中国石油天然气集团有限公司年鉴
2023简本

附 录

附表1　中国石油天然气集团有限公司主要指标完成情况

指标名称	单位	2022年	2021年	2020年	2019年	2018年
经济指标						
工业总产值（现价）	亿元	20591	16418	12432	16241	15552
工业销售产值	亿元	20329	16400	12417	16235	15424
企业增加值	亿元	12188	9090	8190	8856	8781
油气产量						
原油	万吨	18204	17944	17864	18103	17637
其中，海外权益产量	万吨	7704	7633	7639	7926	7535
天然气	亿立方米	1772.0	1692.4	1603.5	1503.0	1380.2
其中，海外权益产量	亿立方米	317.4	314.5	297.5	315.1	286.5
主要炼油化工产品产量						
汽油、煤油、柴油、润滑油合计	万吨	10742	11081	10881	12076	11451
汽油	万吨	4351	4939	4628	5044	4590
煤油	万吨	858	1128	1023	1402	1254
柴油	万吨	5365	4824	5072	5468	5446
润滑油	万吨	168	189	158	163	160
乙烯	万吨	741.9	671.3	634.5	586.3	556.9
合成树脂及共聚物	万吨	1162.0	1090.3	1028.7	958.0	916.5
合成橡胶	万吨	104.4	104.4	100.1	91.0	86.9
合成纤维	万吨	3.3	2.2	2.5	3.7	5.2
尿素	万吨	254.9	242.2	216.3	120.8	82.8
主要冶金产品产量						
石油焊接钢管	万吨	216.2	194.8	168.9	184.4	165.8
石油套管	万吨	42.1	34.2	48.9	77.2	84.2
钻井钢丝绳	万吨	7.2	6.3	6.0	7.0	5.9
主要机械产品产量						
钻机	套	62	65	46	85	47
抽油机	台	4525	4893	4458	5805	4964
抽油杆	万米	680.4	444.3	827.7	687.0	677.2
抽油泵	台	36515	39402	16948	27783	41798

（罗大勇）

附表 2　中国石油天然气股份有限公司油气业务主要数据

项　目	单　位	2022 年	2021 年	同比增减（%）
原油产量	百万桶	906.2	887.9	2.1
其中，国内	百万桶	767.4	753.4	1.9
海外	百万桶	138.8	134.5	3.3
可销售天然气产量	十亿立方英尺	4675.0	4420.0	5.8
其中，国内	十亿立方英尺	4471.3	4222.2	5.9
海外	十亿立方英尺	203.7	197.8	3.0
油气当量产量	百万桶	1685.4	1624.8	3.7
其中，国内	百万桶	1512.6	1457.4	3.8
海外	百万桶	172.8	167.4	3.2
原油证实储量	百万桶	6418	6064	5.8
天然气证实储量	十亿立方英尺	73453	74916	（2.0）
证实已开发原油储量	百万桶	5574	5375	3.7
证实已开发天然气储量	十亿立方英尺	41508	42576	（2.5）

注：原油按 1 吨 =7.389 桶，天然气按 1 立方米 =35.315 立方英尺换算。

附表 3　中国石油天然气股份有限公司炼油化工和新材料业务主要数据

项　目	单　位	2022 年	2021 年	同比增减（%）
原油加工量	百万桶	1212.7	1225.0	（1.0）
汽油、煤油、柴油产量	千吨	105354	108712	（3.1）
其中，汽油	千吨	43514	49388	（11.9）
煤油	千吨	8192	11079	（26.1）
柴油	千吨	53648	48245	11.2
原油加工负荷率	%	80.9	82.5	（1.6）个百分点
轻油收率	%	76.5	77.0	（0.5）个百分点
石油产品综合商品收率	%	93.9	93.9	—
乙烯	千吨	7419	6713	10.5
合成树脂	千吨	11620	10903	6.6
合成纤维原料及聚合物	千吨	1099	1146	（4.1）
合成橡胶	千吨	1044	1044	—
尿素	千吨	2549	2422	5.2

附表 4 中国石油天然气股份有限公司销售业务主要数据

项目	单位	2022 年	2021 年	同比增减（%）
汽油、煤油、柴油销量	千吨	150649	163307	（7.8）
其中，汽油	千吨	58209	65981	（11.8）
煤油	千吨	13678	15598	（12.3）
柴油	千吨	78762	81728	（3.6）
汽油、煤油、柴油国内销量	千吨	105164	112493	（6.5）
其中，汽油	千吨	44284	52626	（15.9）
煤油	千吨	5467	9005	（39.3）
柴油	千吨	55413	50862	8.9
零售市场份额	%	34.4	35.3	（0.9）个百分点
单站加油量	吨/日	7.79	8.05	（3.2）
加油站数量	座	22586	22800	（0.9）
其中，自营加油站	座	20564	20734	（0.8）
便利店数量	座	20600	20178	2.1

附表 5 中国石油天然气股份有限公司已评估证实储量和证实开发储量

项目	原油及凝析油（百万桶）	天然气（十亿立方英尺）	合计（油当量百万桶）
证实开发和未开发储量			
本集团			
基准日 2020 年 12 月 31 日的储量	5206.1	76437.1	17945.6
对以前估计值的修正	1159.1	（2011.6）	824.1
扩边和新发现	472.3	4885.3	1286.5
提高采收率	116.7	27.0	121.2
购入	0.0	0.0	0.0
出售	（2.5）	（1.9）	（2.8）
当年产量	（887.9）	（4420.0）	（1624.8）
基准日 2021 年 12 月 31 日的储量	6063.8	74915.9	18549.8
对以前估计值的修正	511.4	（3155.9）	（14.4）
扩边和新发现	622.9	6236.8	1662.3
提高采收率	124.9	130.9	146.7
购入	1.6	0.0	1.6
出售	0.0	0.0	0.0
当年产量	（906.2）	（4675.0）	（1685.4）
基准日 2022 年 12 月 31 日的储量	6418.4	73452.7	18660.6

续表

项　目	原油及凝析油 （百万桶）	天然气 （十亿立方英尺）	合　计 （油当量百万桶）
证实开发储量			
基准日为 2020 年 12 月 31 日	4653.6	42076.7	11666.4
其中，国内	3987.0	40732.3	10775.8
海外	666.6	1344.4	890.6
基准日为 2021 年 12 月 31 日	5374.8	42575.6	12470.7
其中，国内	4799.6	41343.5	11690.2
海外	575.2	1232.1	780.5
基准日为 2022 年 12 月 31 日	5574.2	41508.4	12492.3
其中，国内	5024.3	40449.3	11765.9
海外	549.9	1059.1	726.4
证实未开发储量			
基准日为 2020 年 12 月 31 日	552.5	34360.4	6279.2
其中，国内	387.9	34062.0	6064.9
海外	164.6	298.4	214.3
基准日为 2021 年 12 月 31 日	689.0	32340.3	6079.1
其中，国内	486.0	32116.5	5838.8
海外	203.0	223.8	240.3
基准日为 2022 年 12 月 31 日	844.2	31944.3	6168.3
其中，国内	671.6	31715.3	5957.5
海外	172.6	229.0	210.8
按权益法核算的投资			
应占联营公司及合营公司			
证实已开发及未开发储量			
2020 年 12 月 31 日	195.5	362.7	256.0
2021 年 12 月 31 日	208.5	511.4	293.7
2022 年 12 月 31 日	175.6	537.1	265.1

注：2021 年和 2022 年原油及凝析油储量中分别含天然气液（NGL）278.9 百万桶和 318.3 百万桶。

附表 6　2022 年《福布斯 2000》中综合排名前 30 位的石油天然气公司

亿美元

2022年排名	2021年排名	公司名称	所在国家或地区	销售额	利润	资产	市值
2	3	沙特阿美 /SaudiArabianOilCompany	沙特阿拉伯	5895	1564	6539	20552
8	15	埃克森美孚 /ExxonMobil	美国	3932	617	3694	4394
11	16	壳牌 /Shell	英国	3659	435	4292	2055
18	26	雪佛龙 /Chevron	美国	2321	358	2559	3035
18	21	中国石油 /PetroChina	中国	4574	222	3846	1229
21	29	道达尔 /TotalEnergies	法国	2576	211	2930	1516
28	50	英国石油公司 /BP	英国	2481	259	2787	1083
32	45	中国石化 /Sinopec	中国	4536	99	2833	1143
45	54	信实工业 /RelianceIndustries	印度	1094	83	2085	1892
52	70	挪威国家石油公司 /Equinor	挪威	1419	290	1525	918
58	65	巴西国家石油公司 /Petrobras	巴西	1242	365	1850	630
81	111	埃尼集团 /Eni	意大利	1324	131	1541	500
83	128	康菲石油 /ConocoPhillips	美国	752	158	914	1215
85	134	中海油 /CNOOC	中国香港	591	211	1336	729
117	238	马拉松石油 /MarathonPetroleum	美国	1741	164	870	454
136	317	菲利普斯66/Phillips66	美国	1679	124	773	429
165	368	瓦莱罗能源 /ValeroEnergy	美国	1744	136	602	387
167	276	西方石油 /OccidentalPetroleum	美国	363	132	748	546
215	262	森科能源公司 /SuncorEnergy	加拿大	449	70	625	390
218	234	加拿大自然资源公司 /CanadianNaturalResources	加拿大	304	73	556	633
226	229	印度石油天然气公司 /Oil&NaturalGas	印度	861	54	773	247
238	232	泰国国家石油 /PTT	泰国	960	26	986	256
246	314	依欧格资源 /EOGResources	美国	284	94	410	668
290	319	雷普索尔 /Repsol	西班牙	761	41	653	188
311	295	哥伦比亚国家石油公司 /Ecopetrol	哥伦比亚	337	79	625	188
317	391	先锋自然资源 /PioneerNaturalResources	美国	228	70	361	496
320	671	塞诺佛斯能源 /CenovusEnergy	加拿大	476	41	399	303
357	387	奥地利石油天然气集团 /OMVGroup	奥地利	597	36	591	152
445	572	戴文能源 /DevonEnergy	美国	206	60	237	329
540	358	印度石油 /Indiaoil	印度	1034	7819	559	143

注：最新排名不包括俄罗斯油气公司，福布斯使用截至 2023 年 5 月 5 日可用的最新 12 个月的财务数据。

资料来源：《福布斯》网站 2023 年 6 月 8 日。

附表 7　2022 年世界最大 50 家石油公司综合排名

综合排名	公司名称	石油储量 位次	石油储量 亿吨	天然气储量 位次	天然气储量 亿立方米	原油产量 位次	原油产量 万吨	天然气产量 位次	天然气产量 亿立方米	炼油能力 位次	炼油能力 万吨	油品销售 位次	油品销售 万吨
1	沙特阿拉伯国家石油公司	2	310.9	6	55077	1	54770	4	1173.0	3	19930	2	25415
2	伊朗国家石油公司	3	220.9	1	321002	3	18100	2	2566.0	7	11010	13	10550
3	中国石油天然气集团有限公司	7	49.7	8	45246	4	18020	3	1692.0	4	16745	11	11170
4	埃克森美孚公司	13	17.0	16	10810	7	11445	8	882.0	2	22835	1	25810
5	俄罗斯石油公司	10	30.9	12	19100	5	15480	15	519.0	14	9285	15	8515
6	BP 公司	16	14.2	15	11218	10	9755	9	818.0	17	8755	8	14160
7	俄罗斯天然气公司	17	13.7	3	157182	17	6475	1	5156.0	21	5830	20	5655
8	壳牌集团	25	6.4	21	7856	13	8695	7	898.0	10	10745	4	22295
9	雪佛龙公司	20	8.6	20	8752	12	9070	10	797.0	15	9020	9	12270
10	道达尔能源	22	8.2	19	9472	16	7500	11	744.0	16	8965	5	17905
11	委内瑞拉国家石油公司	1	425.3	5	62602	30	3270	25	303.0	11	10350	23	5210
12	阿布扎比国家石油公司	5	146.1	7	46225	9	10185	26	296.0	27	4610	27	4130
13	俄罗斯鲁克石油公司	14	16.2	24	6280	14	8390	23	322.0	19	8050	10	11370
14	科威特国家石油公司	6	142.2	14	17533	6	13800	43	222.0	26	4850	22	5430
15	阿尔及利亚国家石油公司	12	17.1	11	22792	19	6030	6	937.0	35	2805	26	4555
16	巴西国家石油公司	19	11.8	42	2451	8	11120	21	337.0	8	10765	14	10210
17	卡塔尔石油公司	9	35.3	2	246669	15	8230	5	1155.0	42	1905	40	1635
18	伊拉克国家石油公司	4	203.0	9	35283	2	19855	59	94.0	23	5580	28	3895
19	中国石油化工股份有限公司	38	2.4	43	2394	28	3830	20	340.0	1	28870	3	22685
20	墨西哥国家石油公司	21	8.5	49	1994	11	9550	37	213.0	12	9900	21	5600

393

续表

综合排名	公司名称	石油储量 位次	石油储量 亿吨	天然气储量 位次	天然气储量 亿立方米	原油产量 位次	原油产量 万吨	天然气产量 位次	天然气产量 亿立方米	炼油能力 位次	炼油能力 万吨	油品销售 位次	油品销售 万吨
21	尼日利亚国家石油公司	11	25.3	10	32291	27	3985	28	287.0	36	2445	54	670
22	意大利埃尼集团	29	4.6	26	5063	26	4065	17	477.0	30	3660	41	1585
23	马来西亚国家石油公司	39	2.4	25	5973	34	2675	13	641.0	32	3500	29	3595
24	埃及石油总公司	41	2.2	17	10689	43	1755	24	309.0	28	4165	25	4600
25	中国海洋石油集团有限公司	27	5.9	41	2524	18	6195	40	198.0	39	2200	32	2640
26	印度石油天然气总公司	31	4.0	27	4876	38	2350	35	217.0	38	2220	34	2325
26	俄罗斯苏尔古特油气公司	15	16.1	29	4564	20	5490	62	90.0	41	2020	38	1670
28	挪威国家石油公司	33	3.7	30	4355	23	4890	14	554.0	47	1580	—	—
29	印度尼西亚国家石油公司	47	1.8	55	1529	39	2225	30	270.0	24	5155	17	8015
30	利比亚国家石油公司	8	46.0	18	10491	22	4930	70	66.0	48	1350	47	1375
31	美国康菲公司	28	5.5	32	3634	21	5200	22	327.0	—	—	—	—
32	俄罗斯诺瓦泰克公司	44	1.9	13	18989	51	1175	12	663.0	—	—	—	—
33	加拿大自然资源公司	18	12.7	36	3205	25	4230	44	166.0	—	—	—	—
34	西班牙雷普索尔公司	65	0.8	47	2140	54	1025	38	212.0	25	5065	24	4672.3
35	加拿大塞诺佛斯石油公司	24	8.0	74	628	31	3210	60	93.0	33	3065	44	1458.5
36	美国西方石油公司	34	3.6	53	1657	24	4435	42	184.0	—	—	—	—
37	阿曼石油开发公司	43	2.0	34	3299	41	2215	39	212.0	—	—	—	—
38	哥伦比亚国家石油公司	42	2.0	67	892	35	2635	58	94.0	40	2025	36	1990
39	美国依欧格资源公司	36	3.3	44	2328	32	2950	49	148.0	—	—	—	—
40	哈萨克斯坦国家石油公司	30	4.0	60	1381	40	2220	66	81.0	44	1830	49	1225

续表

综合排名	公司名称	石油储量 位次	石油储量 亿吨	天然气储量 位次	天然气储量 亿立方米	原油产量 位次	原油产量 万吨	天然气产量 位次	天然气产量 亿立方米	炼油能力 位次	炼油能力 万吨	油品销售 位次	油品销售 万吨
41	泰国国家石油公司	75	0.5	52	1691	62	595	41	184.0	29	3850	35	1995
41	德国温特沙尔公司	56	1.4	33	3567	57	900	29	282.0	—	—	—	—
43	美国安特罗资源公司	49	1.8	37	2889	58	840	32	234.0	—	—	—	—
44	乌兹别克国家石油公司	66	0.8	22	7388	81	275	19	430.0	51	1120	58	425
45	日本国际石油开发株式会社	32	3.8	57	1450	44	1720	51	129.0	—	—	—	—
46	奥地利OMV公司	63	0.9	62	1070	55	1000	43	174.0	45	1640	37	1680
47	美国西南能源公司	62	0.9	28	4873	72	515	27	287.0	—	—	—	—
48	美国Ovintiv公司	51	1.6	50	1860	47	1375	46	161.0	—	—	—	—
49	加拿大森科能源公司	26	5.9	95	4	29	3660	—	—	37	2335	33	2580
50	阿根廷YPF公司	61	1.0	72	693	49	1225	50	130.0	46	1640	42	1520

资料来源：美国《石油情报周刊》2022年11月17日。

附表8 2018—2022年主要石油公司经营指标

油：千桶/日；天然气：亿米³/日

公司名称及经营指标	2022年	2021年	2020年	2019年	2018年
埃克森美孚					
原油产量	2354	2289	2349	2386	2266
天然气产量	2.35	2.42	2.40	2.66	2.66
一次加工能力	4582	4670	4755	4732	4905
成品油销售量	5347	5130	4863	5452	5512
加油站数量（座）	22513	22545	21953	21409	20806
BP					
原油产量	1214	1951	2106	2211	2191
天然气产量	2.01	2.24	2.25	2.58	2.45
一次加工能力	1637	1982	1909	1906	1890
成品油销售量	2963	2832	2691	3187	5930
加油站数量（座）	20650	20500	20300	18900	18700
壳牌					
原油产量	1460	1685	1752	1823	1749
天然气产量	2.23	2.46	2.61	2.94	3.06
一次加工能力	1698	2149	2750	3085	3174
成品油销售量	2503	2433	2276	6561	6783
加油站数量（座）	46225	46020	45612	44669	44397
雪佛龙					
原油产量	1719	1814	1868	1865	1782
天然气产量	2.17	2.18	2.06	2.03	1.95
一次加工能力	1779	1804	1804	1748	1627
成品油销售量	2614	2454	2224	2577	2655
加油站数量（座）	13776	13868	13727	13051	12896
道达尔					
原油产量	1519	1500	1543	1672	1566
天然气产量	1.91	2.04	2.05	2.07	1.87
一次加工能力	1792	1793	1967	1959	2021
成品油销售量	—	3581	3410	4111	4153
加油站数量（座）	14647	14992	14739	15060	14311
中国石油股份					
原油产量	2482	2433	2525	2491	2439
天然气产量	3.63	3.43	3.27	3.03	2.80
一次加工能力	4494	4089	4089	4008	3984
成品油销售量	3302	3579	3534	4114	3916
加油站数量（座）	22586	22800	22619	22365	21783

资料来源：各公司年报和财务经营报告。

附表9 2018—2022年主要石油公司财务指标

百万美元

公司名称及财务指标	2022年	2021年	2020年	2019年	2018年
埃克森美孚					
销售收入	398675	276692	178574	255583	279332
净利润	55740	23040	−22440	14340	20840
总资产	369067	338923	332750	362597	346196
职工人数（人）	62300	63000	72000	74900	71000
BP					
销售收入	241392	157739	105944	159307	298756
净利润	−1357	8487	−20729	4190	9578
总资产	288120	287272	267654	295194	282176
职工人数（人）	67600	65900	63600	70100	73000
壳牌					
销售收入	381314	261504	180543	344877	388379
净利润	42874	20630	−21534	16432	23906
总资产	443024	404379	379268	404336	399194
职工人数（人）	93000	82000	86000	83000	82000
雪佛龙					
销售收入	235717	155606	94471	139865	158902
净利润	35465	15625	−5543	2924	14824
总资产	257709	239535	239790	237428	253863
职工人数（人）	43846	42595	47736	48155	48638
道达尔					
销售收入	280999	205863	140685	200316	209363
净利润	21044	16366	−7336	11438	11550
总资产	303864	293458	266132	273294	256762
职工人数（人）	101279	101309	105476	107776	104460
中国石油股份					
销售收入	481582	405231	280364	364840	358892
净利润	24380	17778	4855	9715	11180
总资产	397479	387857	360723	396166	368857
职工人数（人）	398440	417173	432003	460724	476223

资料来源：各公司年报和财务经营报告。